Knaur

Von Erich J. Lejeune ist außerdem erschienen:
Aufbruch Deutschland

Über den Autor:

Erich J. Lejeune, der »nur« einen Volksschulabschluß hat, leitet als Geschäftsführer das größte freie Mikrochip-Handelshaus Europas, die Consumer Electronic, das 1998 mit überwältigendem Erfolg an die Börse ging. Er schrieb zahlreiche Bücher (u. a. *Aufbruch Deutschland*), darunter mehrere Bestseller.

Erich J. Lejeune

Lebe ehrlich – werde reich!

Knaur

Besuchen Sie uns im Internet:
www.droemer-weltbild.de

Vollständige Taschenbuchausgabe Juni 2000
Droemersche Verlagsanstalt Th. Knaur Nachf., München
Copyright © by mvg-verlag im verlag moderne industrie,
Landsberg am Lech
Alle Rechte vorbehalten. Das Werk darf – auch teilweise –
nur mit Genehmigung des Verlages wiedergegeben werden.
Umschlaggestaltung: Agentur Zero, München
Texterfassung: Brigitte Apel, Hannover
Satz: Ventura Publisher im Verlag
Druck und Bindung: Clausen & Bosse, Leck
Printed in Germany
ISBN 3-426-77446-1

2 4 5 3 1

Das Leben eines Menschen ist das, was seine Gedanken
daraus machen!

MARK AUREL
(RÖMISCHER KAISER, 121–180 N. CHR.)

Die schönste Zeit im Leben gewinnt man dadurch, daß
man zu seinen Gefühlen steht und seine Gedanken zu Ende
denkt!

ERICH J. LEJEUNE

Inhalt

VORWORT 9

EINFÜHRUNG
Wie dieses Buch entstand – und was ich damit
bewirken will 11

TEIL 1
Start aus der letzten Reihe 35

TEIL 2
Nahziele, Fernziele, Visionen 99

TEIL 3
Vom richtigen Träumen und vom Umgang mit der
Realität 166

TEIL 4
Das Vermächtnis des Sokrates: Erkenne dich selbst! 202

TEIL 5
Der Wendepunkt in Ihrem Leben – Finde dich selbst! 231

TEIL 6
Wie man sich seiner Entscheidungen bewußt wird 290

TEIL 7
Großes Loblied auf eine verpönte Tugend! 308

TEIL 8
Mut – drei Buchstaben, die alles entscheiden 327

TEIL 9
Angst – ein Zustand, der jeden Erfolg verhindert 347

Teil 10
Geistesblitze werden Wirklichkeit 368

Teil 11
Der K-Faktor und wie man mit einer Briefmarke sein
Leben verändert 387

Teil 12
Begeisterung – die Fanfare Ihres Lebens 416

Namenverzeichnis 427

Vorwort

Ich widme mein Buch all den Menschen, die an die wunderbare Kraft der menschlichen Energie glauben. **Lebe ehrlich – werde reich!** ist aus dieser Kraft des positiven Denkens und Handelns entstanden.

In meinem bisherigen Leben und auch während der Entstehung dieses Buches sind mir viele Menschen begegnet, die auf der Suche nach Ehrlichkeit wieder zu einer positiven Lebenseinstellung und zu echtem Reichtum gefunden haben. Diese Begegnungen haben mich in meiner Überzeugung bestärkt, daß Ehrlichkeit und Reichtum sich gegenseitig nicht ausschließen. Im Gegenteil!

Ich danke meinen Freunden und den vielen Menschen, die meine Botschaft **Lebe ehrlich – werde reich!** leben. Und ich freue mich besonders auf die Menschen, die sie bald leben werden!

Mein besonderer Dank gilt Herrn Manfred O. Glück, der sein Leben mit in mein Buch einbrachte.
Danke, Manfred!

Erich J. Lejeune   Cernobbio, Lago di Como,
                              im Juni 1997

EINFÜHRUNG

Wie dieses Buch entstand – und was ich damit bewirken will

Der fremde Reporter

An einem grauen, verregneten Apriltag kam ein Mann mittleren Alters in mein Büro, um mich für eine Artikelserie in einer Boulevardzeitung zu interviewen. Diese Serie sollte heißen »Wie ich meine erste Million verdiente«. So erzählte ich ihm, wie ich seit meiner frühesten Jugend versucht hatte, mich aus wirklich ärmlichen Verhältnissen hochzuarbeiten. Ich schilderte ihm, wie es mir gelungen war, bereits in jungen Jahren mit eisernem Willen, Mut, harter Arbeit und unermüdlichem Lerneifer eine Spitzenposition als Verkäufer mit einer Traumgage zu erreichen. Ja, damals fiel ich wirklich aus allen Wolken, als ein ehemaliger Schulfreund zu mir sagte: »Weißt du, daß du ein höheres Einkommen hast als der Bundeskanzler? Und das, obwohl du nur einen Volksschulabschluß besitzt!« – Da war ich das erste Mal richtig stolz auf meinen Volksschulabschluß!
Ich erzählte diesem Reporter, wie ich aus dieser Position heraus für jemanden, den ich sehr verehrte und bewunderte, ein Unternehmen aufbaute, das Millionen umsetzte. Ich schilderte ihm, wie ich trotz dieses Riesenerfolgs damals vor 20 Jahren katastrophal abgestürzt war. Ich war total am Ende. Für den Menschen, der mir da gegenübersaß, klang es schier unglaublich, daß es mir gelungen ist, aus dieser vernichtenden Niederlage heraus ein erfolgreiches, dynamisches und auf allen Kontinenten operierendes Unternehmen aufzubauen, das in der Chipindustrie Weltgeltung erlangte. Dieser nicht vorhersehbare Auf-

stieg in meinem Leben sollte in seinem Artikel das große Finale bilden.

Im Laufe dieses Interviews wurden jedoch der rein finanzielle Aspekt, der Umsatz, der Gewinn und auch die Statussymbole immer nebensächlicher. Plötzlich traten unabdingbare menschliche Werte in den Mittelpunkt des Interviews – persönliche Freiheit, Ehrlichkeit, Unabhängigkeit, körperliche, geistige und seelische Gesundheit, und nicht zuletzt die Freude am Leben und an der Zusammenarbeit mit positiv gestimmten Menschen. Wir gelangten an die entscheidende Lebensfrage: »Welche Denkweise, welcher Mut, welche Disziplin, welche Wahrheit, welche innere Einstellung und welche Kraft sind notwendig, um eine so vernichtende Niederlage zu überwinden?« Seine Frage war: »Wie kommt man von ganz unten wieder ganz nach oben?«

Ja, wir stießen zu der großen Frage allen menschlichen Erfolges vor: »Wie verwandelt man Visionen und scheinbar unerfüllbare Wunschträume in greifbare Wirklichkeit?«

In jedem Menschen begegnet uns ein Schicksal

Dieser Mann suchte immer wieder den Kontakt zu mir, obwohl seine Artikelserie längst erschienen war. Unsere Begegnungen wurden dabei immer persönlicher, anregender und lebhafter – dennoch empfand ich sehr stark, daß mit ihm irgend etwas nicht stimmte. Ich hatte den Eindruck, daß er selbst innerlich nicht mehr richtig lebte. Er sah zwar gut aus, war korrekt gekleidet, und nach außen hin wirkte er auch ziemlich selbstsicher. Aber aus vielen untrüglichen Anzeichen spürte ich von Mal zu Mal stärker, woher sein Interesse an meinen psychischen Voraussetzungen für Erfolg und Motivation kam.

Bei einem dieser Gespräche bestätigte sich mein Eindruck – denn je mehr Vertrauen er zu mir faßte, um so offener erzählte er mir von seinen persönlichen Niederlagen. Er befand sich augenscheinlich auf dem Tiefpunkt seines Lebens – so wie ich

zwanzig Jahre vorher. Er wurde gepeinigt von Rechtsanwälten, Gläubigern und Kreditinstituten, die ihn früher einmal hofiert und als Kunden überaus geschätzt hatten. Ich erkannte eine verblüffende Parallele zu meinem eigenen früheren Leben!
Obwohl er es nicht offen aussprach, entging mir nicht, daß er sich selbst am Ende eines immer dunkler werdenden Stollens stehen sah. Nie sprach er von Plänen für die Zukunft, sondern immer nur von Erlebnissen in der Vergangenheit, von äußerst erfolgreichen Projekten, an denen er mitgearbeitet hatte, von tollen Geschäftsreisen rund um den Globus und von seinen Interviews mit prominenten Künstlern und Unternehmern. Natürlich sprach er auch von Mißerfolgen und immer häufigeren persönlichen Demütigungen. Diese hatten sein Selbstbewußtsein stark in Mitleidenschaft gezogen, und sie drückten auf sein Leben wie ein Bremsklotz.

Die alles klärende Frage
Bei einem gemeinsamen Abendessen stellte ich ihm eine direkte Frage, die mir zeigte, daß er selbst in dieser scheinbar ausweglosen Situation immer noch ehrlich war. Ich fragte ihn: »Bitte, Herr Glück, sagen Sie mir, worauf sind Sie in Ihrem Leben stolz?« Ich wußte, daß es da vieles gab, auf das er mit Recht stolz sein konnte. Trotzdem fand er keine Antwort. Er schwieg lange – ein stummer Ausdruck tiefer Resignation breitete sich über sein Gesicht. Seine Gedanken waren leer, sein Kopf senkte sich, sein Körper wirkte ausdruckslos. Was war bloß mit ihm passiert? Ich dachte: »Wer ist dieser Mensch wirklich?« Ich begann, mich für sein Schicksal zu interessieren.
Er hatte offenbar schon lange keine Beziehung mehr zu der Tatsache, daß er ein vielseitig gebildeter und belesener Mann war. Hatte er doch mit großem Engagement Germanistik und Anglistik studiert. Er sprach fließend Englisch. Er spielte mehrere Instrumente und war früher ein anerkannter Fotograf gewesen. Es schien für ihn ohne Bedeutung, daß er Koautor von mehre-

ren Deutschlehrwerken war, die Millionenauflagen erzielt hatten. Er hätte auch noch hinzufügen können, daß er stolz sei, mit einer außergewöhnlichen Frau verheiratet zu sein und einen intelligenten, vielbegabten Sohn zu haben. Dieses Schweigen und das Ausbleiben einer Antwort sagten mir mehr als genug über den Zustand seines damaligen Selbstbewußtseins.
Seine beruflichen und finanziellen Niederlagen der letzten Jahre hatten ihn fast aufgezehrt und eine lähmende Angst in ihm erzeugt. Aber die konnte er sich nicht mehr eingestehen, und er lief ihr ständig – bewußt oder unbewußt – davon. Er balancierte nur noch am Abgrund seines Lebens entlang. Plötzlich liefen meine niederschmetternden Erfahrungen von früher wie ein Film in mir ab. Ich wußte, er war am Ende. – So wie ich vor 20 Jahren. Auf einmal kam in mir der große Wunsch auf: »Diesem Menschen mußt du helfen!« Ich sah in diesem Menschen ein neues Leben.

Erste Schritte zum Comeback

Wie das? – Nicht zuletzt, weil ich wußte, daß er trotz aller Sorgen Haltung und Stil bewahrte, daß er nie jammerte und daß in ihm Kraft, Geist und Energie steckten. Was mir aber das wichtigste schien: Er wollte sich um keinen Preis fallenlassen. Er wollte sich nicht aufgeben. Er brauchte in dieser Situation nur jemanden, der ihm die Hand reichte, der sich für ihn interessierte, ihm Vertrauen schenkte und ihn wieder auf die positive Seite des Lebens zog. Ich wollte ihm bewußt einen Spiegel vorhalten, der ihm seine Talente und Möglichkeiten aufzeigte, und ihm gleichzeitig sagen: »Du mußt kämpfen. Du mußt wieder an dich glauben. Du mußt erkennen, was wirklich in dir steckt!«
Sein Problem war, daß er jahrelang seine ganze Kraft dafür gebraucht hatte, sich gegen Niederlagen und persönliche Mißachtung zu wehren, anstatt für sein Comeback und seinen Aufstieg zu kämpfen. Er brauchte jemanden, der ihm zurief: »Sei mutig, sei ehrlich zu dir und vergiß, was bisher schiefge-

laufen ist. Laß dich nicht noch weiter herunterziehen. Geh auf neue, lohnende Ziele zu. Schau nicht in den Abgrund, sondern blicke hoch zum Gipfel, über dem jeden Morgen eine strahlende Sonne aufgeht!«

Ich spürte, wie er dankbar aufatmete und begierig meine Begeisterung für Arbeit, meine Freude am Leben und meine Kraft, Menschen zu mobilisieren, aufsog. Das war es, was ihm in seinem Leben so bitter fehlte. Wir sahen uns von nun an fast täglich. Unsere Begegnungen gaben ihm wieder Inspiration, Kraft und neuen Lebensmut. Er war mit einem Mal viel positiver und freier gestimmt. Er schöpfte wieder Hoffnung und Kraft. Das motivierte mich um so mehr, ihm am Beispiel meiner Lebensgeschichte Mut zu machen. Plötzlich erzählte ich ihm von meinen früheren Niederlagen, und er sprach über seine zukünftigen Ziele und Erfolge. Ist das nicht ein Wunder?

Es geschah etwas Unerklärliches

Ich erzählte ihm auch von meinen Motivationsvorträgen, bei denen ich immer wieder spüre, wie die Kraft der Begeisterung auf die Zuhörer überspringt. Weil ich fest an die Wirkung des positiven Denkens glaube. Und weil es mir einfach Freude bereitet, anderen Menschen zu zeigen, wie ungeheuer reich das Leben sein kann, wenn man sich von den Energiesaugern Angst, Lüge, Unehrlichkeit und Jammern befreit. Er äußerte den dringenden Wunsch, einen meiner Vorträge live mitzuerleben. Da lud ich ihn ein, sich doch einmal anzuhören, wie ich Menschen Mut mache, wie ich sie für das positive Denken motiviere, wie meine Botschaft der Ehrlichkeit auf Menschen wirkt. In diesem Vortrag, den er besuchte, zeigte ich ihm, wie Mut, Disziplin und Begeisterung uns zu einer neuen Art der Lebensfreude bringen.

Anschließend kam er lächelnd auf mich zu. Er sagte mit einer Fröhlichkeit, wie ich sie an ihm noch nicht gesehen hatte: »Unglaublich! Sie haben soeben über 500 Menschen mit Ihrer Botschaft begeistert. Und mich erst recht. Ich denke, ich weiß, woran das liegt – Sie leben Ihre Botschaft, und Ihre Botschaft bedeutet: **Lebe ehrlich – werde reich!** Sie stehen zur Ehrlichkeit und zur Freude am Erfolg. Sie erinnern mich sehr an Dale Carnegie! Ich finde, Sie haben auch diese wunderbare Kraft der positiven Gedanken. Wie Dale Carnegie!«

Dieser Vergleich mit Dale Carnegie ehrte mich. Ist doch der Autor von »Sorge dich nicht – lebe!« und »Wie man Freunde gewinnt« seit meiner Jugend eines der Vorbilder, die mir in meinen schwärzesten Tagen wieder Kraft und Mut gaben. Aus seinen Büchern habe ich gelernt, daß jeder Nachteil sich mit der richtigen Einstellung zum Guten wenden läßt. Aus seinen Büchern habe ich Hoffnung und Begeisterung geschöpft. Er lehrte mich das positive Denken.

In dem Augenblick fiel mir mein Versprechen ein. Ich hatte es mir vor 20 Jahren selbst gegeben. Als ich die untrügliche Gewißheit in mir spürte, daß meine Niederlagen langsam anfingen, sich in meine Erfolge zu verwandeln, hatte ich mir vorgenommen: »Wenn du jemals wieder nach oben kommst, dann schreibst du ein Buch über die Geheimnisse deines Erfolges!«

Ich bin nämlich zutiefst davon überzeugt, daß der Erfolg, den ich erfahren habe, kein unwiederholbarer Einzelfall ist und schon gar kein glücklicher Zufall. Er beruht in erster Linie auf der Verwirklichung von Grundsätzen, die jeder nachvollziehen und in sein Leben hineinnehmen kann – egal wie lange er negativ gedacht hat oder einen falschen Weg gegangen ist!

Motivieren Sie sich für Ihren eigenen Aufstieg

Diese Grundsätze sind wahr und richtig, seit Menschen sich überhaupt Gedanken über die Gesetze des Lebens machen. Von daher spürte ich schon seit langem den Ansporn und die Verpflichtung, diese Grundsätze an Menschen weiterzugeben, die noch auf der Suche nach ihrem wahren Ich sind.

Mir wurde plötzlich auch klar, daß es nicht genügt, allein in Vorträgen, Interviews und Fernsehdiskussionen den Start in eine ehrliche, erfolgsorientierte und verantwortungsbewußte Gesellschaft anzumahnen. Dieser Aufbruch kommt meiner Überzeugung nach erst dann zustande, wenn jeder einzelne sich für seinen ganz persönlichen Aufschwung motiviert, sich seiner Tatkraft bewußt wird, seinen Mut und Einfallsreichtum aktiviert und mit Selbstvertrauen seine Ziele ansteuert.
Basis dafür ist, daß jeder einzelne sich für Ehrlichkeit entscheidet – in seinem Privatleben wie im Beruf. Denn beruflich Profi zu sein und privat Amateur oder umgekehrt, das geht nicht! Nur eine geradlinige Entscheidung bringt die Kraft und den Erfolg. Lesen Sie dazu einmal das Buch »Beruflich Profi, privat Amateur?« von Günter F. Gross, das seit seinem Erscheinen 14mal neu aufgelegt wurde. Es untermauert eindrucksvoll meine Einstellung.

Auf jeden einzelnen kommt es an

So wie der Flügelschlag eines Schmetterlings Wirkung auf den ganzen Planeten hat, so hängt die Stimmung der gesamten Gesellschaft, ja der Menschheit, vom positiven Denken und von den Erfolgen jedes einzelnen ab. Auf jeden einzelnen kommt es an. Positives Denken war vor allem auch die Botschaft von John F. Kennedy, diesem großen Begeisterer. Er hatte einer ganzen Epoche mit seinem Mut und seinen Visionen die Richtung vorgegeben. Kennedy sagte sinngemäß: »Denken Sie nicht immer nur darüber nach, was der Staat für Sie tun kann, denken Sie darüber nach, was Sie für den Staat tun können!« Er meinte damit auch, daß sich Geben und Nehmen im Leben die Waage halten sollten. – Wie sieht es mit Ihrer Lebenswaage aus?
Diese Botschaft gilt meiner Meinung nach für jedes Leben, für jedes Land, für jeden Staat, nicht nur für die USA. Sie gilt darüber hinaus für jede Form von Gemeinschaft – bis hinunter zur kleinsten und wichtigsten unserer Gesellschaft – zur Familie.

Alle diese Gemeinschaften können nur dann wachsen, kreativ und produktiv bleiben und ihren Zusammenhalt bewahren, wenn diese Botschaft von John F. Kennedy die Grundlage des Zusammenlebens bildet.

Der Flügelschlag des Positiven

Je mehr Menschen ihr Denken danach ausrichten, um so größer wird der Flügelschlag des Positiven. Dieser gemeinschaftliche Flügelschlag kann nur dann gelingen, wenn die Grundlage des Zusammenlebens stimmt. Und diese Grundlage heißt eindeutig Wahrheit und Mut zur Ehrlichkeit!

Diese Aussage habe ich in Hunderten von Gesprächen mit Politikern, Vertretern der Kirchen, der Wirtschaft, der Gewerkschaften und der Verbände, mit Facharbeitern und Arbeitslosen, in zahlreichen Diskussionsrunden in Funk und Fernsehen mit meiner ganzen Überzeugung vorgetragen. Diese Bereitschaft, aus erlebter Erfahrung heraus für die Wahrheit positiv zu denken und zu kämpfen, hat mich erfolgreich, glücklich und willensstark gemacht. Positives Denken macht immer stark. Glauben Sie mir, die Zahl derer, die sich zu dieser Wirklichkeit bekennen, wächst von Tag zu Tag. Glauben auch Sie an die Kraft des positiven Denkens!

Wenn Sie in Ihrem ureigensten Interesse an der Verwirklichung meiner Botschaft **Lebe ehrlich – werde reich!** mitarbeiten wollen, dann verlassen Sie die Spirale des negativen Denkens und Handelns. Sie führt automatisch immer tiefer in die Dunkelkammer Ihrer Sorgen.

Ich weiß nur zu gut, daß es sich lohnt, seiner positiven Kraft, seiner Berufung, seinen Talenten zu folgen. Begeistern Sie sich für die Chancen, die einzig und allein für Sie bereitliegen. Die Hoffnung, den Glauben an sich selbst, den Mut und die Gewißheit, daß Sie das schaffen, will ich mit diesem Buch in Ihnen wecken!

Übernehmen Sie die Verantwortung für Ihr Leben!

Was schleppen Menschen nicht alles an tiefsitzender Unzufriedenheit mit sich herum! Sie sind unzufrieden über einen Beruf, der sie nicht ausfüllt, über ein Einkommen, das ihnen zu niedrig erscheint, über ihr Familienleben, das weit hinter den Wunschvorstellungen von einst zurückbleibt. Ja, sie sind einfach grundlegend unzufrieden mit ihrer gesamten Lebenssituation.

Wohin führt das? – Überlegen Sie doch bitte einmal, was an Fähigkeiten, Anlagen, Wissen und Bildung in Ihnen steckt. Sie gehen vielleicht täglich zu Ihrer Arbeitsstelle, tief beunruhigt von finanziellen Sorgen, von Seelenlasten, von Zukunftsängsten. Dabei tragen Sie ständig einen unvorstellbaren Schatz mit sich herum – den Schatz Ihrer verborgenen Fähigkeiten und unendlichen Möglichkeiten!

Warum wollen Sie einen Großteil Ihrer Möglichkeiten ungenutzt lassen und alle Ihre Kräfte mit dem Bekämpfen von Widrigkeiten aufzehren? Nur für die notdürftige Bewältigung der alltäglichen Sorgen? Das dürfen Sie doch sich selbst nicht antun! Heben Sie Ihre verborgenen Schätze!

Verlassen Sie die Dunkelkammer Ihrer Seele

Ich weiß aus eigener bitterer Erfahrung, daß der Verlust des Arbeitsplatzes, das Scheitern einer Partnerschaft oder der Tod eines geliebten Menschen uns in einer Woge von Niedergeschlagenheit und Resignation versinken lassen. Und ich habe selbst erfahren, daß diese Lebenssituationen lähmende Unsicherheit und Angst erzeugen. Ja, ich weiß, daß die Angst es ist, die uns auf Dauer krank macht und uns jeden Tag ein bißchen mehr Lebensfreude wegnimmt. Mal ehrlich: Richtig freuen können wir uns doch nur über den Erfolg aufgrund eigener Leistungen, für die wir die ganze Verantwortung übernommen haben.

Wer Angst hat, übernimmt aber keine Verantwortung mehr für sein Leben. Warum? Weil *Ver-antwort-ung* übernehmen bedeutet, Antwort zu geben auf Fragen, die der Alltag, der Beruf, das

Leben an einen stellt. Und diese Antwort müssen Sie geben – in allen Bereichen Ihres Lebens. Aber wie könnte man eine überzeugende Antwort geben, wenn man von Scham über vergangene Niederlagen, von Beklemmungen, Unsicherheit und Zweifeln an der Zukunft geplagt wird? Diese Antwort müssen Sie aber geben, indem Sie sich Ihre Niederlagen ehrlich eingestehen! Es ist meine feste Überzeugung: Wer seine Niederlagen nicht eingesteht, hat den Sieg bereits vergeben!

Was uns die Sprache über das Denken sagt

Hören Sie doch bitte einmal für einen einzigen Tag aufmerksam auf die Sprache der Menschen in Ihrer Umgebung. Wie oft hören Sie da Sätze wie »Tut mir leid, daran kann ich auch nichts ändern!« oder »Mein Gott, da kann man halt nichts machen!«. Wenn Sie diese Art von Sprache hören, wissen Sie sofort, daß da ein Mensch vor Ihnen sitzt, der nicht bereit ist, Verantwortung zu übernehmen, nicht für sich und schon gar nicht für andere. Sollten Sie selbst solche Sätze an sich erkennen, bitte streichen Sie ein derartiges Vokabular für immer aus Ihrem eigenen Leben!

Die Denkweise, die hinter solchen Sätzen steht, verstärkt nur die Angst. Und wer erst einmal im Gefühl der Angst vor der Angst lebt, verliert jegliches Interesse an sich selbst und an seiner Zukunft. Er fixiert seine Aufmerksamkeit auf das Verlorene, das Unwiederbringliche und das scheinbar Unerreichbare.

Angst produziert Ausreden

Menschen, deren Grundbefinden von der Angst bestimmt ist, leben nicht mehr in der Gegenwart. Sie verklären nur noch die Vergangenheit, um einer Zukunft auszuweichen, die in ihren Augen nichts Positives mehr bringen kann. Wie reagieren Menschen, denen man oft genug demonstriert hat, daß alles, was sie tun, weit hinter den Erwartungen zurückbleibt? Oder die man durch unehrliche Machenschaften immer wieder um ihren Erfolg gebracht hat? Sie verfallen oft in tiefe Mutlosigkeit. Sie reagieren nicht mit erhöhten Anstrengungen und verstärktem Lerneifer. Sie schotten sich ab und verkriechen sich hinter der anscheinend richtigen Erkenntnis: »Alles, was ich tue, ist von vornherein zum Scheitern verurteilt.« So verteidigen sie einen Rest von Selbstachtung und Stolz hinter einer plausibel klingenden Ausrede.

Wenn diese Menschen den Mut aufbrächten, dem Wegweiser zum Positiven zu folgen, müßten sie ihrem negativen Denken nicht einen so hohen Tribut zahlen. Sie wissen, wie hoch der ist. Er kostet ein ganzes Leben voll Glück und Erfüllung! Hören Sie auf, negativ zu denken! **Begeistern Sie sich für die Begeisterung!** Wie überwindet man lähmende Geisteszustände? Ganz einfach – mit Begeisterung! Sie empfinden doch sicher dasselbe wie ich: Ein Leben ohne Begeisterung ist nur halb gelebt. Begeistern Sie sich deshalb für die kleinen Freuden Ihres Lebens, für den ersten Sonnenstrahl am Morgen, für eine schöne Musik oder auch für das Lächeln eines Menschen, den Sie mögen. Aus dieser täglichen Begeisterung wird wie von selbst die Begeisterung für große Erfolge wachsen. Sie ist für Ihren Erfolg ungeheuer wichtig. Ich behaupte sogar: Ohne diese Begeisterung ist Erfolg überhaupt nicht möglich! Wenn Sie das noch nicht glauben, dann glauben Sie sicher einem Menschen, der als Musiker und Songschreiber Hunderte von Millionen Dollar verdiente und dabei jung und kreativ geblieben ist!

Paul McCartneys größtes Erlebnis

Als Paul McCartney einmal in einem Fernsehinterview, das ich selbst live am Fernseher in meinem Hotelzimmer in Los Angeles miterlebt habe, gefragt wurde: »Mr. McCartney, was halten Sie für den größten und eindrucksvollsten Augenblick in der beispiellosen Erfolgsgeschichte Ihres Lebens?«, erzählte er folgende kleine und scheinbar unbedeutende Geschichte.

Die Beatles erlebten auf ihrer ersten Amerika-Tournee einen sagenhaften Triumph. Ganz Amerika lag im »Beatles-Fieber«! Die Begeisterungsstürme des jungen Publikums beflügelten die vier »Pilzköpfe« zu immer neuen Höchstleistungen. Auf dieser Woge der Begeisterung reisten sie kreuz und quer über den Kontinent. Keine Zeitung im ganzen Land, in der man nicht das Konterfei der vier jungen Musiker und Idole einer ganzen Generation sehen, keine Fernsehsendung, in der man nicht Live-Aufnahmen oder Interviews mit ihnen erleben konnte. Die vier Beatles waren während der Wochen ihrer Tournee für die Menschen eines ganzen Kontinents interessanter als der Präsident der Vereinigten Staaten von Amerika!

Eines Abends sprangen die vier nach einem Konzert in ein Taxi und fuhren zurück zu ihrem Hotel. Sie sprudelten über vor lauter Glück und Begeisterung. Sie waren fasziniert von dem Musikrausch, den sie soeben in sich und in ihrem Publikum entfacht hatten. Sie schäumten über vor Freude über die Begeisterungsstürme, zu denen sie das Publikum mit jedem ihrer Stücke hingerissen hatten! Der Taxifahrer drehte sich während der Fahrt immer wieder um. Er freute sich mit ihnen wie ein kleines Kind. Sie hatten auch ihn mit ihrer Begeisterung verzaubert.

Als sie bereits in der Hotelhalle standen, dachte Paul McCartney noch immer über diese Taxifahrt nach. Sie war wie ein rauschender Schlußpunkt dieses großartigen Konzertabends verlaufen. Plötzlich kam ihm der Gedanke: »Haben wir überhaupt das Taxi bezahlt?« Nacheinander fragte er: »John, hast du bezahlt?« – »Nein!« – »Ringo, hast du das Taxi bezahlt?« – »Nein!« Und dann fragte er noch George. Aber der hatte auch nicht bezahlt! Sie hatten tatsächlich in ihrer Begeisterung vergessen, die Taxirechnung zu begleichen!

Aber das war noch nicht alles. Auch der Taxifahrer hatte, mitgerissen von der Begeisterung dieser vier überglücklichen jungen Menschen, vergessen, die Fahrt abzurechnen. Und was für Paul McCartney das größte Erlebnis war: Sie hatten diesen Mann in ihrem Begeisterungstaumel so mit ihrer positiven

Energie überstrahlt – daß er die vier weltbekannten Beatles nicht einmal erkannt hatte, obwohl ihm ihre Gesichter von jeder Plakatwand entgegenschauten! Ihre Begeisterung über dieses fulminante Konzert war noch um ein Vielfaches größer gewesen als ihre kaum noch zu übertreffende Berühmtheit!

Entscheiden Sie sich für Begeisterung!

Klingt es nicht fast unwirklich, daß diese Taxifahrt das größte Erfolgserlebnis für den großen Beatle, Songschreiber und Plattenmilliardär Sir Paul McCartney war, einen der erfolgreichsten Musiker der Geschichte? Was glauben Sie, warum Paul gerade diese an sich unbedeutende Geschichte für so außergewöhnlich hielt? – Sie wissen es! Er hatte die unüberwindliche Magie der echten Begeisterung erfahren. Sie bedeutete ihm mehr als Hunderte von Millionen Dollar, die er besaß! Diese Botschaft der Begeisterung, die ich live in meinem Hotelzimmer in Los Angeles gebannt miterlebt habe, werde ich nie wieder vergessen. Sie hat mir vor allem deutlich gemacht, daß das Größte am Erfolg die ungeheure Freude am Leben ist.

Entscheiden Sie sich deshalb für die Begeisterung, und lassen Sie bei sich selbst keine negativen Gefühle mehr zu. Lassen Sie sich negative Gefühle auch nicht länger von anderen aufzwingen! Warum? Weil eine derartige Verunsicherung Ihre Energie, Tatkraft und Erfolgsbereitschaft auf allen Gebieten schwächt. Und weil dadurch die Kluft zwischen dem, was Sie sind, und der Persönlichkeit, die Sie sein könnten, immer weiter auseinanderklafft. Nehmen Sie sich ein Beispiel an Paul McCartney. Begeistern Sie sich für andere Menschen. Diese Begeisterung kommt immer zu Ihnen zurück! **Befreien Sie sich von allem, was Sie kleinmacht!**

Unehrlichkeit macht immer klein! Die Versuchung, den Riß durch die Persönlichkeit mit Unehrlichkeit zu überbrücken, ist sehr gefährlich. Das ist der negative Weg. Menschen, die in Not geraten sind, belügen oftmals in erster Linie sich selbst – über ihren Gesundheitszustand, über die wahren Gründe für ausgebliebene Erfolge und verpaßte Gelegenheiten, über selbstverschuldete Wissenslücken, ein überzogenes Bankkonto, über den wenig erfreulichen Zustand ihrer persönlichen Beziehungen. Das darf nicht sein! Widerstehen Sie der Versuchung, Ihr Leben mit halbherzigen Ausreden zurechtzuzimmern! Sie müssen die tatsächlichen Ursachen Ihrer Probleme bekämpfen, bei sich und bei anderen. Dieses selbstverschuldete Patt in Ihrem Leben dürfen Sie so nicht stehenlassen!

Im Positiven finden Sie Kraft für Ihr Leben!

Ich lebe in der festen Überzeugung, daß wir die Kluft zwischen dem, was wir sind, und dem was wir sein könnten – der einzelne wie die Gesellschaft –, nur überwinden werden, wenn wir uns mit ehrlicher Begeisterung zu den Tugenden Mut, Ehrlichkeit, Gerechtigkeit, Disziplin und Fleiß bekennen. Dazu müssen wir bereit sein, gegen Unehrlichkeit, Lügen, Täuschen und Jammern anzukämpfen. Seien Sie in diesem Kampf so mutig und ehrlich, sich einzugestehen, was Sie selbst falsch gemacht haben. Erst dann werden Sie frei werden und ein Leben führen, das Ihnen entspricht, denn Freiheit ist der Atem des Lebens. Vielleicht kennen auch Sie das Sprichwort: »Freiheit kommt von Gott, Freiheiten vom Teufel!«

Befreien Sie sich von Unehrlichkeit und Abhängigkeiten, die Ihr Leben und Ihre Freiheit beeinträchtigen. Geben Sie Ihrem Leben die positive Richtung, für die es von Gott aus bestimmt ist. Finden Sie zurück zu Ihrer Freude, zu Ihrer Phantasie, zu Ihrer Kreativität, zu Ihren Talenten und Fähigkeiten. Das ist der Grund, warum ich Ihnen in diesem Buch die entscheidenden Abschnitte meines Lebens erzähle. Damit Sie erkennen: Auch meine positiven Kräfte sind wirkliches Leben. Begeistern Sie sich für Ihre ganz persönliche Vision von einem erfüllten Leben in einer Welt, die Ihren Träumen, Ihren Wünschen und Ihren Vorstellungen von Glück, Freude und Wahrheit entspricht!

Werden Sie Schatzsucher – in Ihrem Leben!
Unsere Welt steckt voll von Reichtümern, die manchmal nicht mehr kosten, als daß wir unsere Hand danach ausstrecken – nach der Hand eines Menschen, den wir lieben, den wir schätzen, nach dem seidigen Fell einer Katze, den samtenen Nüstern eines Fohlens, nach dem silbrigen Glitzern eines kühlen Baches, der durch eine Sommerwiese plätschert. Ja, öffnen Sie wieder Ihre fünf Sinne für das fröhliche Lachen eines Kindes, für die wunderbare Melodie eines Vogels, der den Tag begrüßt, für das geheimnisvolle Knirschen der Kiesel, wenn ein Hund durch den Park läuft, für den Duft eines reifen Kornfelds, über das der Wind streift, für den Regen und die Sonne auf Ihrem Gesicht! Der größte Reichtum liegt in uns selbst, wenn wir unser Denken, unser Empfinden und unser Herz für die Wunder dieser Erde, dieses Kosmos und unseres Menschseins aufschließen.

Erkennen Sie den Augenblick der Entscheidung!
Wir können uns in jedem Augenblick entscheiden, ob wir uns weiter von negativen Gefühlen und Gedanken, von einem scheinbar unausweichlichen Schicksal und einer vermeintlich von anderen auferlegten Chancenlosigkeit hinabziehen lassen. Oder ob wir uns für das Gegenteil entscheiden. Stoßen Sie die Tür auf, die zu einem ehrlichen und dauerhaften Erfolg führt. Ab sofort bestimmen Sie bitte selbst, wer für Ihr Leben die volle Verantwortung trägt. Dafür gibt es nur eine einzige Person – Sie kennen Sie besser als irgend jemand anderen. Es sind ausschließlich Sie selbst. Fangen Sie jetzt an!
Diese Entscheidung wird Ihre augenblickliche Situation schlagartig verändern. Sie zweifeln, weil Ihre Probleme noch dieselben sind wie vor einer Stunde? Das ist richtig! Aber es ist ein himmelweiter Unterschied, ob Sie nur auf das schauen, was bisher in Ihrem Leben nicht gelaufen ist, oder ob Sie fest daran glauben, daß Sie den Schlüssel für ein kraftvolles, selbstbestimmtes, gesundes und reiches Leben in Händen halten. Glauben Sie

mir – für jeden Menschen gibt es seine Tür zum Erfolg! Und Sie wissen selbst, Sie können jeden Tag, jede Stunde, mit jedem Atemzug damit beginnen, Ihr Leben zu ändern und Ihre Zukunft zu bestimmen. Schließen Sie Ihre Tür für den Erfolg auf!

Begegnung in Manhattan

Während einer meiner häufigen Geschäftsreisen nach New York suchte ich an einem tristen, wolkenverhangenen Tag inmitten der neonerleuchteten Wolkenkratzer und des brodelnden Verkehrs die dunkle Stille der St.-Patrick's-Kathedrale auf. Ich wollte nur ein kurzes Gebet sprechen und eine Kerze anzünden.
Da sah ich weit vorne, in der ersten Reihe vor dem Altar, einen Menschen sitzen, in einen undefinierbaren grauen Überwurf gehüllt. Ich war neugierig. Ich wollte wissen, wer sich hinter diesem Stoffberg verbarg, und ging wie magisch angezogen langsam an den Bankreihen entlang nach vorne. Dort verharrte ich einen Moment neben dieser in sich versunkenen Gestalt und legte ihr dann vorsichtig meine Hand auf die Schulter. Es war eine Frau, vielleicht 40, vielleicht auch 50 Jahre alt. Sie sah ziemlich verwahrlost aus. Gleichwohl hatte sie ein feingeschnittenes Gesicht und große, ausdrucksvolle, leuchtende Augen. Sie schien im Gebet Kraft zu suchen. Vielleicht wollte sie sich auch nur aufwärmen. Ihren eingefallenen Wangen sah ich an, daß sie schon lange Hunger hatte.
Deshalb überwand ich meine Scheu, ihren Stolz mit einem Almosen zu demütigen. Ich griff in meine Tasche und steckte ihr wortlos einen Geldschein zu. Da wandte sie sich mir zu, nahm meine Hand fest in ihre Hände und sagte mit weicher, aber fester Stimme: »God bless you!« Und ich fühlte die Wärme ihrer rauhen Handflächen, mit denen sie behutsam meine Hand umschlossen hielt. Sie ließ mich ihren Dank ganz aus ihrem innersten Herzen heraus spüren. Dabei sah sie mich mit einem tiefen Blick an, der mir zeigte, daß sie in ihrem Leben unendlich gelit-

ten hatte – während ihre ganze Erscheinung verriet, daß sie schon einmal sehr viel besser gelebt hatte.
Ich erwiderte ihren Blick mit einer tiefen Achtung, lange und ohne ein Wort zu sprechen. Nur unsere Augen hielten Zwiesprache. Als ich nach einer Weile zu einem stummen Abschied die Hand, die in meiner lag, ganz fest drückte, ging ein unglaubliches Lächeln über ihr Gesicht. Es kam mir vor, wie wenn am Abend die Sonne durch den Gewitterhimmel bricht und die ganze Landschaft in ein warmes Licht getaucht ist. Sie verstand, was ich ihr sagen wollte: »Sie sind ein großartiger Mensch. Sie schaffen es wieder! Sie haben die Kraft in sich, Ihr Leben zum Guten zu wenden. Vertrauen Sie darauf!« Ich bin überzeugt, daß meine Botschaft dieser Frau mehr Hoffnung gab als der kleine Betrag, mit dem sie sich vielleicht ein frisches Brot kaufen konnte.

Auf dem Weg zu wichtigen Erkenntnissen

Auch mir schenkte diese Frau – weit über die kurze Begegnung hinaus – Kraft mit ihrem Händedruck und mit diesen tiefen, aufrichtigen Blicken. Sie hat mich im wahrsten Sinn des Wortes angerührt. Ihre dankbare Berührung hat sich tief in mein Bewußtsein eingeprägt. Denn ich kenne dieses Lebensgefühl, wenn man ganz unten ist und sich von allen Menschen verlassen fühlt. Sie erinnerte mich an eine Zeit, als ich glaubte, den Erfolg schon errungen, den Gipfel erreicht zu haben.
Doch plötzlich erlebte ich den Sturz ins Bodenlose – beruflich und privat. Arbeitslos, mit einem Berufsverbot belegt, das für immer verhindern sollte, daß ich jemals wieder auf die Beine kam, wurde zur gleichen Zeit meine erste Ehe geschieden. Die leergeräumte Wohnung, in der ich noch lebte, war mit 300 000 Mark Schulden belastet. Ich besaß buchstäblich nur noch ein Hemd, ein Paar Schuhe und einen Anzug.
Als ob diese Schläge nicht gereicht hätten, verlor ich auch noch alle Freunde. Und zuletzt starb meine Großmutter, bei der ich aufgewachsen war und der ich meinen ganzen Halt verdankte.

Ich war gepeinigt von Mutlosigkeit, Verzweiflung, Hoffnungslosigkeit und Trauer. Trotzdem habe ich es geschafft, wieder auf die Beine zu kommen, mein Leben zum Positiven zu wenden. Wissen Sie, wie? Lesen Sie bitte »Start aus der letzten Reihe«!

Schreiben Sie ein neues Programm für Ihr Denken!
Wir alle machen es uns doch so gerne bequem in unseren selbstgezimmerten Lebenslügen. Bis uns dann das Schicksal unbarmherzig mit der Wahrheit die Augen und den Verstand öffnet. Deshalb war für mich die wichtigste Erkenntnis: »Werde ehrlich!« Ich hatte in zu vielen Dingen das wahre Gesicht meines falschen Erfolgs nicht sehen wollen. Weil ich die ehernen Gesetze des wahren Erfolgs nicht kannte, hatte ich mich von der chromblitzenden Oberfläche einer Traumkarosse täuschen lassen, die mit Höchstgeschwindigkeit durch eine Scheinwelt auf einen echten Abgrund zuraste. Von diesen Trugbildern mußte ich mich Schritt für Schritt entfernen, ehe ich mit Zähigkeit und totaler Leistungsbereitschaft auf die Verwirklichung meines wahren Lebenszieles zugehen konnte.
Auf diesem steinigen Weg der Realität habe ich etwas gelernt, das man auf keiner Schule oder Universität lernen kann, nämlich wie man mit der Zeit alle leistungs- und erfolgshemmenden Geisteshaltungen ablegt und zur Ehrlichkeit zurückkehrt. Ich lernte vor allem, daß nur diejenigen Ziele für uns die richtigen sind, mit denen auch unser Herz und unsere Seele in Einklang stehen. Denn wie sagt Albert Einstein: »Probleme kann man niemals mit derselben Denkweise lösen, durch die sie entstanden sind.«
Unser Denken braucht ständig ein neues Programm, wenn sich unsere Lebensumstände entscheidend verbessern sollen. Denken Sie sich deshalb mit Phantasie, Kreativität, Disziplin und Begeisterung in Ihr neues Leben hinein! Disziplin und Begeisterung sind ein hochaktiver Treibstoff für Ihren Weg in die Zukunft. Lassen Sie sich begeistern für Ehrlichkeit und Reichtum,

damit Sie mit ihrem gesunden Selbstvertrauen ans Ziel Ihrer Lebensträume gelangen.

Mit einfachen Fragen zu einem neuen Programm

Haben Sie sich schon einmal so ganz einfache Fragen gestellt wie: »Worauf bin ich stolz? Was mag ich an mir selbst? Worin bin ich unschlagbar? Wofür kann ich mich aus ganzem Herzen begeistern?« »Bin ich ehrlich zu mir?« »Habe ich Mut?« Und: »Mit wem kann ich in aller Harmonie meine Freude teilen?« Wenn Sie auf diese entscheidenden Lebensfragen ohne Zögern eine klare und positive Antwort geben können – herzlichen Glückwunsch! Sie tragen die Wurzeln des Erfolgs bereits in sich. Ihr Selbstbewußtsein und Ihre menschliche Umgebung sind in Höchstform! Geist, Körper und Seele stehen bei Ihnen in harmonischem Einklang.

Sie werden dann auch bald erkennen, daß ein paar Mißerfolge nur die notwendigen Prüfsteine für Ihre innere Einstellung sind. Wissen Sie, warum? – Das Schicksal begünstigt vor allem denjenigen, der weiß, daß es sein eigenes Denken, Handeln und Fühlen ist, das sein Leben bestimmt. Halten Sie deshalb unbeirrt an Ihrem Ziel fest, auch wenn ein paar Rückschläge kommen sollten. Nur wer sein Selbstbewußtsein und sein Unterbewußtsein mit Begeisterung auf Erfolg programmiert, kann seine unerschöpflichen Energieströme fließen lassen. Vertrauen Sie auf meine Vorhersage: Sobald Sie Ihr Selbstbewußtsein zurückgewonnen haben und Ihre Energie wieder fließt, steigt Ihr Lebensmut und wächst Ihr Reichtum ganz von allein! Selbstbewußtsein und Motivation sind die Grundlage Ihres Erfolgs. – Sie zweifeln doch nicht etwa daran? Glauben Sie mir, ich habe schon einer ganzen Reihe von Menschen, die mich um Hilfe baten, durch eine ehrliche Diagnose weitergeholfen. Ich habe als allererstes ihr Selbstbewußtsein gestärkt. Sie waren anschließend völlig überrascht, wie schnell plötzlich Energie und Reichtum flossen!

Nehmen Sie den ehrlichen Weg zu Reichtum und Erfolg!

Wirklich reich und unabhängig werden kann man nur durch Ziele, auf die man mit Begeisterung hinarbeitet – mit einem Lebensfeuer, das aus einem ehrlichen Herzen strömt! Deshalb meine Botschaft an jeden, der den unerschütterlichen Entschluß gefaßt hat, ein erfolgreiches Leben in dem ihm zustehenden Reichtum zu führen: »Lebe ehrlich!« Ehrlichkeit ist die Voraussetzung für diesen Reichtum. Ehrlichkeit ist der erste und wichtigste Schritt auf dem Weg zu dauerhaftem Erfolg! Klingt das nicht weltfremd oder gar paradox, in einer Welt, in der so viele Menschen durch Unehrlichkeit zu Macht, Einfluß und Reichtum gekommen sind?

Warum, glauben Sie, lauten die ersten beiden Zeilen der Psalmen in der Bibel, dem größten Lebensbuch aller Zeiten: »Selig ist der Mann, der nicht folgt dem Rat der Bösen, der nicht geht auf dem Weg der Sünder noch sitzt in der Runde der Spötter!«

Glauben Sie an das unumstößliche Gesetz der Wahrheit und Ehrlichkeit: Sie können nur den Reichtum ohne Schuldgefühle genießen, den Sie erarbeitet haben, ohne Ihre Mitmenschen zu täuschen, zu belügen oder ihnen sonst irgendwie zu schaden. Ehrlich erworbener Reichtum dagegen kann niemals schaden!

Die neue Definition von Reichtum

In diesem Sinne muß auch ehrlicher Reichtum neu definiert werden. Reichtum wird in Zukunft an der Gesundheit unseres wunderbaren blauen Planeten bemessen werden. Gold, Silber, Edelsteine, ja selbst Land und Häuser in den teuersten Gegenden dieser Erde sind fallende Werte. Reichtum wird in dem Zeitalter, das gerade anbricht, an der Gesundheit aller miteinander verknüpften Lebensparameter gemessen.

Wir Menschen sind doch nur ein Teil dieses bis in die letzten Einzelheiten vernetzten ökologischen Systems. Unser Körper, unser Geist und unsere Seele leben im Austausch mit unserer Erde, mit den Flüssen und Meeren, mit dem üppigen Reichtum

der Regenwälder genauso wie mit der kargen Schönheit der Steppen, Tundren und Wüstengebiete, mit allen Tieren, von den Walen bis zu den unsichtbaren Mikroorganismen – das hat schon Franz von Assisi in seinem unvergleichlichen Hymnus an die göttliche Natur, in seinem berühmten »Sonnengesang« zum Ausdruck gebracht.
Nicht das Geld auf der Bank, nicht der Egoismus des einzelnen, sondern der Gesundheitszustand unseres Planeten ist die Meßlatte. Ehrlicher Reichtum bedeutet viel, viel mehr als die unbegrenzte Ansammlung materieller Güter. Wer nur für Geld und Luxus arbeitet und dabei seinen Ursprung vergißt, wird nie dauerhaft glücklich und erfolgreich sein. Bedenken Sie: Wie viele Menschen haben auf dem Weg zu Geld und egoistischem Reichtum ihr Herz, ihr Glück, ja sogar ihr Leben verloren!

Werden Sie reich an Harmonie!
Auch im Zusammenleben der Menschen untereinander muß die Frage nach menschlichem Reichtum neu definiert werden. Sie lautet: »Bist du reich an Wissen, bist du reich an Ehrlichkeit, bist du reich an Harmonie, bist du reich an reinem Herzen, bist du reich an Freude, bist du reich an Zuwendung zu deinen Mitmenschen, bist du reich an Mut, bist du reich an Begeisterung?«
Wir leben in einer kalten, distanzierten Gesellschaft. Höflichkeit, Rücksicht, Zuneigung, Liebe und positives Denken werden oft als naiv und hoffnungslos altmodisch angesehen. Dagegen sind Mißtrauen, Kälte, Distanz, Unehrlichkeit, Egoismus, Raffgier und Neid an der Tagesordnung.
Dieses negative Denken macht krank. Glauben Sie mir, es gibt eine unwiderlegbare positive Erkenntnis: Seit Menschen über ihr Menschsein nachdenken, steht fest, daß nur positives Denken Freude, Gesundheit und Glück schafft. Schon aus diesem Grund lautet mein Rat an Sie: Glauben Sie an die Wahrheit, an Glück, an Harmonie, an die unumstößlichen Gesetze des Kos-

mos. Glauben Sie an Freude, an Zuneigung und Liebe! Das sind die wirklich positiven Wege des Lebens. – Welchen Weg wählen Sie? Welche Rolle spielt in Ihrem Leben die Nähe zu anderen Menschen, zur Familie, zu Freunden, Kollegen und Partnern? Welche Rolle spielt in Ihrem Leben die Wahrheit? Gehen Sie mit offenem Herzen auf alle Menschen zu, die Ihnen begegnen? Freuen Sie sich an ihrer Einzigartigkeit? Sind Sie offen für ein Gespräch mit Andersdenkenden?

Lebendige und vorurteilsfreie Kommunikation ist eine unersetzliche Brücke zum Erfolg und unser kürzester Weg in Richtung Glück. Offen, ehrlich und mutig auf andere Menschen zuzugehen hat mein Leben und meine Zukunftsperspektiven entscheidend beeinflußt. – Wie? – Das werde ich Ihnen in Teil 11 erzählen: »Der K-Faktor und wie man mit einer Briefmarke sein Leben verändert«.

Worin das größte Risiko liegt

Wie ist Ihre derzeitige Grundstimmung gegenüber dem Leben? Glauben Sie an die Kraft des Guten, der Freude und des Glücks? Glauben Sie an den Sieg der Gerechtigkeit? Glauben Sie an die Kraft intakter Beziehungen? Glauben Sie an ehrliche und aufrichtige Gespräche? Glauben Sie an Gott? – Ich kann Ihnen versichern, der positiv denkende Mensch glaubt. Er sieht über die dunklen Seiten des Lebens nicht hinweg. Er gibt ihnen nur einen anderen Stellenwert, denn er weiß, daß nichts in seinem Leben geschieht, ohne daß er dafür selbst verantwortlich ist.

Sie kennen doch sicherlich auch Menschen, die immer nur klagen, jammern, in jeder Lebenslage nur das Schlechteste erwarten und sich mit grimmiger Freude bestätigt sehen, wenn es eintrifft. Diese Menschen tragen häufig die durchsichtigsten Ausreden als Schutzschild gegen den Erfolg vor sich her! Weil sie sich der Gestaltungskraft ihres Geistes und der Energie des positiven Denkens noch nicht bewußt sind, bleiben sie mutlos, unzufrieden und negativ.

Obwohl sie mit ihrer Gegenwart höchst unglücklich sind, scheuen sie das Risiko einer hoffnungsvollen Veränderung für die Zukunft. Und natürlich scheuen sie auch die Forderung nach harter Arbeit und bedingungslosem Einsatz, ohne die kein Traum verwirklicht werden kann. Denen, die nicht bereit sind, zu lernen, sich zum Positiven zu verändern, kann ich keine sehr hoffnungsvolle Prognose mit auf den Weg geben! Denn wir leben in einem Risikozeitalter, in dem nur der bestehen kann, der Mut zeigt und über ausreichendes Wissen verfügt. Wer vor dem Risiko der Zeit, in der wir leben, davonläuft, wird vom Risiko eingeholt! Ein Leben ohne Risiko bleibt aber arm, eintönig, stumpf und inhaltslos. Denn das größte Risiko liegt im permanenten Vermeiden von Risiken. Wer das Risiko meidet, vermeidet seinen Erfolg!

Ihr Aufbruch zu einem neuen Leben
Begeistern Sie sich für die Fülle an Möglichkeiten, die in Ihnen steckt, und für den Reichtum, der für Sie bereitliegt! Mit meinem Buch **Lebe ehrlich – werde reich!** werde ich Ihnen aufzeigen, wie wichtig es ist, sein Leben selbst in die Hand zu nehmen. Zweifeln Sie bitte nicht an dieser wunderbaren Tatsache. Es lohnt sich immer, sein Leben zum Positiven zu verändern. Oder können Sie diese Botschaft noch nicht glauben? Dann fühlen Sie Ihren Herzschlag, und fragen Sie Ihre fünf Sinne: »Wie lebe ich?« Wenn Sie nicht zufrieden sind, dann ist es höchste Zeit für einen Aufbruch zu einem neuen Leben. Fassen Sie sich ein Herz, und gehen Sie der Persönlichkeit entgegen, die Sie sein können!
Wenn Sie davon träumen, Ihr Leben selbst in die Hand zu nehmen, wenn Sie sich an Leistung orientieren, einen sagenhaften Ehrgeiz in sich verspüren, besessen sind von einer Idee und in absoluter Strenge gegenüber sich selbst für ihre Ziele kämpfen wollen, dann kann ich Ihnen eines prophezeien: »Zeiten großer Chancen liegen vor Ihnen! Denn Sie wissen ja, Krisen sind im-

mer auch Wegweiser für große Chancen!« Auch viele meiner Erfolge begannen in der Krise! Haben Sie keine Angst vor Krisen!

Werden Sie Ihr eigenes Erfolgsoriginal!

Vor einem Trugschluß möchte ich Sie allerdings schon an dieser Stelle warnen: Ahmen Sie selbst in einer Krise nie die Erfolge anderer Menschen nach! Damit werden Sie bestenfalls eine Erfolgskopie. Nehmen Sie sich an den Erfolgen anderer Menschen nur ein Beispiel, und finden Sie dadurch Ihr eigenes Erfolgsoriginal! Hören Sie auf Ihr eigenes Unterbewußtsein, auf Ihre eigene Intuition und auf die Signale Ihres eigenen Geistes und Ihrer eigenen Kräfte. Denn es gibt nur ein Erfolgsrezept, das heißt: eigener Einsatz, eigener Mut, eigene Kreativität und Begeisterung!

Erfahrungen anderer kann man sich nicht wie einen Wundertrank mit dem Nürnberger Trichter einflößen lassen oder, um im Bild unserer Zeit zu bleiben, in seinen Arbeitsspeicher herüberladen. Man kann sich von diesen Erfahrungen nur anregen lassen – und seinen eigenen Weg zum Erfolg unbeirrt weitergehen. Dann werden auch Sie eines Tages dieses Pfingstwunder unerschöpflicher Kraft und Erleuchtung und die ewigen Gesetze des Erfolgs in sich spüren! Es gibt nur einen Menschen, der Ihren Erfolg zustande bringen kann. Er steht vor Ihnen, wenn Sie in den Spiegel schauen. Sie kennen ihn besser als irgend jemand anderen. Es sind – Sie selbst! Freuen Sie sich deshalb auf ein langes Zwiegespräch mit **Lebe ehrlich – werde reich!** Auch mit sich selbst. Wenn Sie die Erkenntnisse dieser inneren Zwiegespräche umsetzen, wird Sie niemand mehr an Ihrem Erfolg hindern können.

Beherzigen Sie die tiefe Erkenntnis des chinesischen Dichters und Weisen Lin Yutan, der sagt: »Wer sein Glück anderswo sucht als in sich selbst, wird es nie finden!«

Ich freue mich auf Ihren Erfolg und auf Ihr Glück!

TEIL 1

Start aus der letzten Reihe

Jeden Nachteil kann man ausgleichen

Fühlen Sie sich vom Schicksal benachteiligt, weil Sie aus ärmlichen Verhältnissen kommen und keinerlei Unterstützung von Ihren Eltern hatten? Weil Ihre Eltern häufig Streit hatten? Weil Sie nicht auf eine höhere Schule gehen konnten und »nur« einen Volksschulabschluß haben? Oder werden Sie von Ängsten, Sorgen und Problemen gedrückt, weil Sie in einer zu Ende gehenden Beziehung leben und gerade Ihren Job verloren haben? Weil Sie Ihre wahren Gefühle vor Ihrem Partner verstecken und allen Ärger mit sich allein ausmachen müssen? Weil Sie als Verlierer für Ihre vermeintlichen Freunde, ja, vielleicht sogar für Ihre Familie uninteressant geworden sind? Weil Sie aus heiterem Himmel von einem Menschen fallengelassen wurden, den Sie wie einen Vater verehrt haben? Und weil dieser Mensch, für den Sie alles gegeben haben, Sie mit einem Prozeß verfolgt und Sie für immer aus Ihrem beruflichen Wirkungsfeld vertreiben will? Obendrein stecken Sie wegen des unüberlegten Kaufs einer Eigentumswohnung bis zum Hals in Schulden?

Bleiben Sie nicht bei bohrenden Fragen stehen!

Einer dieser Nackenschläge würde wahrscheinlich ausreichen, um sich seine Zukunft in düstersten Farben auszumalen. Aber das Schicksal begnügt sich bekanntlich nicht mit halben Sachen. Um das Maß vollzumachen, verlieren Sie mitten in dieser traurigen Lebenslage für immer den einzigen Menschen, der Ihrem Leben Halt gab. Spätestens jetzt hätte jeder Verständnis dafür, wenn Sie in tiefe Verzweiflung und Hoffnungslosigkeit verfielen. Wenn in Ihnen die bohrende Frage aufkeimen würde, ob es überhaupt noch einen Sinn macht weiterzuleben. Wahrscheinlich fände es nach diesen Erfahrungen jeder verständlich und normal, wenn Ihre Gedanken für den Rest Ihres Lebens hauptsächlich um die eine Frage kreisen würden: »Womit habe ich das bloß verdient, warum treibt das Schicksal ausgerechnet mit mir ein so grausames Spiel?«

So werden Träume Wirklichkeit

Ihre Vorstellung von sich selbst und Ihre Einstellung zu dieser Situation können aber auch grundlegend anders sein, nämlich positiv, zuversichtlich, lebendig und voller Optimismus! Und dann wird auch Ihr Lebensweg völlig anders verlaufen. Denn Sie werden trotz aller vorübergehenden Beunruhigungen, Sorgen und vielleicht auch Mißerfolge niemals den Glauben an sich selbst verlieren. Und dieser Glaube wird Sie unüberwindlich stark machen und Ihnen die Kraft verleihen, um keinen Preis aufzugeben. Sie werden dann plötzlich die Wunderkraft Ihres Glaubens an sich selbst erleben und eine herrliche, von Leben und Freude erfüllte Zukunft vor sich sehen. Ihre Visionen und Wunschträume werden sich Stück für Stück in greifbare, fühlbare Wirklichkeit verwandeln. Werden Sie mit aller Gelassenheit ein großer Träumer! Träumen Sie von Lösungen, Erfolgen und vom Guten in Ihrem Leben!

Eines Tages fahren Sie dann in ein Büro, in dem Sie Ihre großen Träume und kühnen Pläne verwirklicht sehen. Dieser Wirkungskreis strahlt Leben, Freude an der Arbeit und sprühende Energie aus. Sie freuen sich auf die Zusammenarbeit mit hochmotivierten Menschen, telefonieren mit Geschäftspartnern rund um den Globus, schreiben Bücher, halten Vorträge und diskutieren mit den Spitzen aus Politik, Wirtschaft und Medien.

Unmöglich! Das sind doch Märchen, die man für kleine Kinder erfindet, damit sie an die Glücksfee glauben. – Nein! Ich kann Ihnen versichern: Genau so ist ein großes Stück meines Lebensweges verlaufen. Lassen Sie mich Ihnen dieses Leben etwas ausführlicher erzählen, damit Sie erkennen, daß nichts davon Glück oder Zufall ist, es sei denn, man glaubt daran, daß man Glück erarbeiten kann und daß Zufall das ist, was einem »zufällt«, wenn man den Kampf nicht aufgibt!

Meine Eltern, meine Herkunft

Geboren wurde ich im Sternzeichen des Zwillings kurz vor Kriegsende in einem kleinen Landstädtchen in der Nähe von München, weil meine Mutter wenige Wochen vor meiner Geburt in ihrer Wohnung am Marienplatz, mitten in München, ausgebombt worden war. Als ich vier Jahre alt war, kehrte sie mit mir dorthin zurück. Das ist der Grund, warum ich kaum Erinnerungen an mein frühes Leben auf dem Lande habe. Die Kindheit, an die ich mich erinnere, spielte sich im Herzen von München ab, 50 Schritte von der Mariensäule entfernt, auf die sich alle Kilometerangaben nach München beziehen. Zentraler kann man in München nicht wohnen.

Meine Kindheit im Herzen von München

Die Erlebnisse und Erfahrungen aus dieser Zeit sind für mich unvergeßlich. Kein Stadtfest, keine Feier, keine Prozession, kein Trachtenzug, keine politische Großveranstaltung, die ich nicht zusammen mit meiner Mutter aus dem fünften Stock miterleben konnte. Auch wenn keine Feste gefeiert wurden, war dieser Blick aus dem Fenster immer bunt und ereignisreich. Er stachelte meine unbezähmbare Neugierde an.
Das war spannender als Fernsehen, das es damals noch gar nicht gab. Denn auf diesem Marienplatz meiner Kindheit herrschte brodelndes Leben. Das war ein Verkehrsknotenpunkt, in dessen

Mitte sich die Schienenwege zahlreicher Straßenbahnlinien kreuzten. Der immer stärker werdende Autoverkehr zwängte sich zusammen mit den bimmelnden, weißblauen Straßenbahnen mühsam durch den gotischen Torbogen des Alten Rathauses. Zu den Stoßzeiten hatten die Fußgänger Mühe, auf den schmalen Gehsteigen und Verkehrsinseln Platz zu finden. An diesem Platz zeigte sich auch der rasante Wiederaufbau der Stadt München zuallererst. Die Ruinen verschwanden, die Straßenbeleuchtung funktionierte wieder, und wenn es neue Autotypen gab, sah man sie hier zuerst. Und welcher Junge entdeckt nicht mit großer Begeisterung neue Autos?

Dieses Schauen aus dem Fenster war immer mit großer Nähe zu meiner Mutter verbunden. Sie hatte nämlich fürchterliche Angst, daß ich aus dem Fenster fallen könnte, weil wir doch so hoch oben wohnten. Allein durfte ich nur durch die geschlossenen Scheiben spähen. Ihre Aufforderung »Komm, Erich, jetzt darfst du mit mir zum Fenster rausschauen!« war deshalb hundertmal schöner, als wenn ich meinen eigenen Fernseher im Zimmer gehabt hätte. Wir brauchten auch keine Uhr. Wir konnten die Zeit vom Glockenspiel ablesen, für das heute täglich Tausende von Touristen aus aller Welt pünktlich um elf Uhr ihre Köpfe in den Nacken legen und die Kameras zücken.

Natürlich blieb ich als Kind nicht immer in dieser luftigen Höhe. Ich durchstreifte neugierig und immer auf der Suche nach kindlichen Abenteuern die Straßen der Innenstadt und ging Fußball spielen mit meinen Freunden. Denn damals lebten mitten in der Stadt noch Kinder. Was glauben Sie, wo unser Fußballtor stand? Wir legten einfach zwei große Steine und später unsere Schultaschen an den Aufgang zum Hauptportal des weltberühmten Liebfrauendoms mit seinen ungewöhnlichen Kuppeltürmen. Ich werde nie vergessen, wie mir einmal nach einem gelungenen Torschuß der große, majestätisch wirkende Kardinal Faulhaber mit der Hand über den Kopf strich, als er aus dem Dom kam.

Warum wir die Fische nur anschauen konnten
Samstag war für meine Mutter und mich immer ein besonderer Tag. Da gingen wir beide zusammen auf den nahe gelegenen Viktualienmarkt. Am liebsten zu den Fischständen, wo man in den Bottichen die Fische herumschwimmen sah. Wir konnten die Karpfen, die Forellen und Hechte nur gemeinsam bestaunen. Kaufen konnte meine Mutter sie für uns nicht. Denn eines muß ich dazusagen: Wir beide waren bitter arm, auch wenn ich das als Kind zunächst nicht so empfand. Ich kannte ja nichts anderes. Außerdem waren zu Anfang nur wir beide da, denn für meinen Vater hatte der Krieg noch lange nicht aufgehört. Er büßte mit den schönsten Jahren seiner Jugend für die Schuld einer Clique von Verbrechern, die die halbe Welt mit Krieg überzogen, weil sie Deutschland größer machen wollten.

Jahre des Wartens
Und auch für meine Mutter vergingen diese Jahre des Wartens und der Not nur langsam. Der Mann, mit dem sie gehofft hatte glücklich zu werden, saß irgendwo in den Weiten Rußlands in einem Lager, Tausende von Kilometern entfernt, und sie hatte nicht einmal eine Ahnung, wo.
Ich habe sehr lange gebraucht, dieses harte Schicksal zu verstehen – und zu verstehen, daß ein hartes Schicksal eben hart machen kann. Denn auch ich habe in späteren Jahren mein Herz meiner Mutter gegenüber für viele Jahre abgeriegelt. Dabei spüren wir doch alle die wunderbare Wahrheit, die in dem Satz des Kleinen Prinzen liegt: »Man sieht nur mit dem Herzen gut!« Der großartige französische Dichter Antoine de Saint-Exupéry hat sie ihm in den Mund gelegt. Ich bin überglücklich, daß ich diesen Zugang zu meiner Mutter später wiedergefunden habe. Wir können heute gemeinsam auf unser Leben zurückschauen und darüber sprechen, wenn ich sie besuche, mit ihr telefoniere oder einen Ausflug mit ihr mache. Sie sagte mir erst kürzlich: »Jetzt ist die glücklichste Zeit meines Lebens!« Was glauben

Sie, wie mich dieses Öffnen ihres Herzens froh und glücklich gemacht hat.

Lange Zeit am Glück vorbei

Meine Mutter war im wahrsten Sinn des Wortes ein Stiefkind des Schicksals – die längste Zeit ihres Lebens! In ärmlichen Verhältnissen ohne Vater aufgewachsen, von frühester Kindheit an kränklich, mußte sie bereits während ihrer Volksschulzeit körperlich Schwerstarbeit leisten. Liebe, Geborgenheit, Wärme hatte sie in ihrer Familie nie erfahren, und dieses Leben ohne Liebe setzte sich leider auch in der Ehe mit meinem Vater fort. Die beiden hatten sich wenige Wochen nach der Hochzeit wieder trennen müssen, denn mein Vater wurde in den ersten Kriegstagen eingezogen. Von da an wurde er, wie Millionen anderer junger Männer auch, mit der deutschen Wehrmacht quer durch Europa von einem Kriegsschauplatz zum nächsten transportiert.
1951 kam er völlig verändert aus russischer Kriegsgefangenschaft zurück. Dieser überaus gescheite und musisch begabte Mann hatte dort die letzten Jahre seiner Jugend verbracht. Für diesen jungen Lejeune gab es jedenfalls keine »jeunesse dorée«, keine »goldene Jugend«. Er muß in diesen Jahren schreckliche Dinge erlebt haben, denn er war zutiefst deprimiert und körperlich wie seelisch gebrochen. Zu Hause fand er nichts, was ihm Hoffnung auf ein eigenes erfülltes Leben hätte geben können. Deutschland lag in Trümmern, immer noch. Wie Sie in den frühen Erzählungen des Literaturnobelpreisträgers Heinrich Böll nachlesen können, hat auch er diese Zeit mit schwersten seelischen Verletzungen durchlitten. Ja, das beginnende deutsche »Wirtschaftswunder« war keine gute Zeit für sensible Menschen.
Mein Vater jedenfalls fand keine Möglichkeit, seine musischen Fähigkeiten auszubauen und damit den Lebensunterhalt für seine Familie zu verdienen. Vielleicht hatte er einfach nicht mehr

die nötige Durchsetzungskraft, die in diesen frühen Jahren nach der Währungsreform für den Aufstieg erforderlich gewesen wäre. Im Vollbesitz seiner Kraft hätte mein Vater diese Zeit des allgemeinen Aufstiegs sicher phantastisch nutzen können, denn er stammte aus einer vornehmen und wohlhabenden Aachener Hugenottenfamilie, eine Herkunft, auf die er sehr stolz war. Wohlbehütet war er in großbürgerlichen Verhältnissen aufgewachsen – mit Kindermädchen und Chauffeur und allem Luxus, der einer erfolgreichen Kaufmannsfamilie in der damaligen Zeit zur Verfügung stand. Was hatte ihn so nachhaltig zerbrechen lassen? Wieso gelang es ihm nie wieder, im Leben richtig Fuß zu fassen? Warum fand er nie mehr die Kraft, für seinen Erfolg zu kämpfen?

Warum ich ohne Antwort blieb

Auf diese Frage, die mich sehr berührt und mich mein Leben lang beschäftigt, habe ich von meinem Vater leider keine richtige Antwort bekommen. Trotz meiner vielen Versuche, einen Weg zu seinem Herzen zu finden, ließ es sein Stolz nicht zu, sich mir zu öffnen. Ich konnte nie mit ihm darüber sprechen. Und es macht mich noch heute traurig, daß ich nicht einmal gegen Ende seines Lebens einen Zugang zu ihm fand. Ich glaube, daß er tief in seinem Innersten eine ganz große Vorstellung von seinem Leben und von seiner Vaterrolle hatte. Beides hing in dieser Vorstellung sicher ganz eng zusammen. Für ihn bedeutete, so vermute ich, ein guter Vater zu sein: beruflich erfolgreich und damit seinem Sohn ein leuchtendes Vorbild zu sein. Und da er das eine nicht war, glaubte er, auch das andere nicht sein zu dürfen. Ja, ich bin heute davon überzeugt, daß das der Grund war, warum er sich verschloß. Er wollte seine Scham über den beruflichen Mißerfolg verbergen – vor sich und vor den Menschen, die er sicherlich mehr liebte, als diese ahnen konnten. Deshalb baute er eine unüberwindliche Mauer um sein verletztes Herz. Das war die Tragik seines schweren Lebens!

Sein Leben war Enge

Mein Vater beendete seine berufliche Laufbahn als Portier der Münchner Universitäts-Tierklinik. Als Kind konnte ich ihn natürlich nicht so verstehen, wie ich das heute kann. Damals erlebte ich nur, daß er seine Verzweiflung, seine Hoffnungslosigkeit und seine Depressionen mit Alkohol betäubte. Ich werde sicherlich mein Leben lang nicht vergessen, was für ein Gefühl es war, wenn ich ihn aus einem Gasthaus angetrunken abholen mußte, weil meine Mutter Angst vor seinen Aggressionen hatte. Aber glauben Sie mir, so schrecklich der Kampf mit dieser Situation auch war, ich empfand es immer als ein Erfolgserlebnis, wenn es mir endlich gelungen war, ihn wieder einmal nach Hause zu bringen.

Manchmal brach, wenn wir zu Hause waren, sein verzweifelter Zorn aus ihm heraus. Dort spürte er die ganze Enge seines Daseins. Dann mußte ich mich in meinem Zimmer einschließen, weil er drohte, handgreiflich zu werden. Dennoch empfand ich meinem Vater gegenüber nie Aggressionen. Es tat mir nur weh, daß er sich auch in nüchternem Zustand kaum um mich kümmerte.

Worauf mein Vater stolz war

Eines aber habe ich von meinem Vater ganz sicher gelernt, und dafür bin ich ihm unendlich dankbar: Er war ein äußerst zuverlässiger und disziplinierter Arbeiter. Egal wie schlecht es ihm ging, er verließ jeden Morgen pünktlich um fünf Uhr das Haus und ging zu seiner Frühschicht als Autowäscher bei einer bekannten Autovertretung in München. In seinem ganzen Leben blieb er nicht einen Tag seiner Arbeit fern. Er war sich wohl der Tatsache bewußt, daß ein Leben ohne Arbeit keinen Mittelpunkt hat. Und wenn er schon nicht den großen Entwurf seines Lebens verwirklichen konnte, wollte er seinem Leben wenigstens durch eine solch bescheidene Arbeit Sinn und Inhalt geben. Sichtbare und zählbare Leistung war für ihn offenbar sein

Lebensinhalt. So kam er manchmal nach der Arbeit nach Hause und erzählte voll Stolz: »Heute habe ich wieder 60 Autos gewaschen!« Und ich muß hinzufügen: mit seinen eigenen Händen, denn damals gab es noch keine vollautomatischen Waschstraßen!

Sprachloser Abschied

Bei seinem viel zu frühen Tod machte ich eine unglaubliche Erfahrung. An einem ganz normalen Vormittag im Büro wurde ich durch den Anruf des Hausarztes aus einer geschäftlichen Besprechung herausgerufen. Er sagte mir kühl und ohne jegliche Anteilnahme: »Entschuldigen Sie bitte die Störung, Herr Lejeune, Ihr Vater ist soeben verstorben!« Sofort sprang ich ins Auto und fuhr zu meinem Vater nach Hause. Dort stand ich zunächst wie betäubt an seinem Totenbett, denn auch ich hatte mich viele Jahre ihm gegenüber verschlossen. Während ich so vor ihm stand, lief unser ganzes nicht gelebtes Leben wie ein Traum in mir ab.

Nach einer Weile wurde mir bewußt, daß dies der Moment der endgültigen Trennung war. Still legte ich meinem Vater zum Abschied meine Hand auf die Stirn. Plötzlich fühlte ich mit einer fast erschreckenden Unmittelbarkeit, wie eine ungeheure Energie aus diesem leblosen Körper auf mich überströmte. Ich hatte den Eindruck, daß in diesem Augenblick alle Entfernungen zwischen uns für immer aufgehoben wurden. Wir waren uns in diesem Augenblick so nahe wie nie im Leben zuvor. Dieses Gefühl seiner Kraft und Energie, die er mir zum Abschied übertrug, war unbeschreiblich. Sie ist in mir geblieben.

Erinnern Sie sich an die schönen Seiten Ihrer Kindheit!

Herkunft ist das, wo wir herkommen. Aber wohin wir auch gehen – wir können unsere Herkunft nicht einfach ablegen wie einen Anzug oder ein Kleid, das uns zu eng geworden ist. Aus vie-

len Gesprächen und auch aus meiner ganz persönlichen Erfahrung weiß ich, daß es nicht immer leicht ist, seine Herkunft anzunehmen. Überall trifft man Menschen, die davon überzeugt sind, daß alles Unglück in ihrem Leben schon mit ihrer Herkunft angefangen hat. Bis ins hohe Alter verstecken sie persönliches Versagen im Beruf und in ihren zwischenmenschlichen Beziehungen hinter dieser Ausrede: *Das ist die Schuld meiner Familie!*
Ich möchte Ihnen deshalb mit einem demütigen Rückblick auf meinen eigenen langen Lernprozeß den guten Rat weitergeben: Denken Sie bitte einmal so objektiv wie möglich darüber nach, was Ihnen Ihre Eltern Positives auf Ihren Lebensweg mitgegeben haben. Plötzlich werden Sie feststellen, daß Ihr Vater nicht nur jähzornig und Ihre Mutter nicht nur streng und unnachgiebig war. Sie werden feststellen, daß Ihre Eltern mit allem, was sie Ihnen mitgegeben haben, das Wichtigste in Ihrem Leben sind! Wir lassen uns nur zu gerne auch in unseren engsten Beziehungen dazu verleiten, uns mit vereinfachenden Klischeevorstellungen zufriedenzugeben.

Suchen Sie die schönen Stunden Ihrer Kindheit!

Denken Sie einmal darüber nach: Vielleicht haben Ihre Eltern Ihnen die Freude an der Musik und am Lesen, die handwerkliche Geschicklichkeit im Nähen oder die glückliche Hand in der Gartenarbeit mitgegeben. Erinnern Sie sich doch lieber an die schönen Stunden, die Sie zusammen verbracht haben: an den gemeinsamen Blick aus dem Fenster, den Einkauf auf dem Markt. Vielleicht hat Ihnen Ihre Mutter beigebracht, worauf man beim Einkauf für den sonntäglichen Festbraten achten muß. Wäre es nicht eine gute Idee, sich einmal, nur für ein einziges Mal, daran zu erinnern, wie so ein Mittagessen ablief, und es zu wiederholen? Oder vielleicht hat Ihnen Ihr Vater im Beisein der ganzen Familie das Tennisspielen beigebracht? Wann haben Sie das letzte Mal mit ihm gespielt? – Dabei könnte dann

auch dieser kleine Schritt geschehen, daß Sie Ihren Eltern das verzeihen, was Sie ihnen seit vielen Jahren innerlich vorwerfen und was zwischen Ihnen und Ihrem Leben als Kind steht.
Ich gebe Ihnen diesen Rat nicht von oben herab. Ich selbst habe mehr als ein halbes Leben lang einfach vergessen, daß mir meine Mutter in einer Zeit größter Not zu Weihnachten eine elektrische Märklin-Eisenbahn geschenkt hat. Die riesenhafte Summe von 16 Mark für dieses wunderbare Geschenk hat sie ein ganzes Jahr lang von ihrem hart verdienten Lohn, den sie mit Putzen erarbeitete, Pfennig für Pfennig zusammengespart. Wie konnte ich das so lange vergessen?

Mit dem Mondscheintarif zurück in die Kindheit

Wenn es auch Ihnen gelungen ist, ein solches »Vater-Mutter-Erlebnis« in den Tiefen Ihres Gedächtnisses wiederzufinden, werden Sie plötzlich feststellen, um wieviel reicher Ihr Leben mit diesem Schatz aus der Erinnerung geworden ist. Aber Sie müssen mir versprechen: Wenn Ihre Eltern noch leben, egal was Sie von ihnen trennt, teilen Sie diesen Schatz mit ihnen. Laden Sie sie ein! Postkarte genügt! Oder nutzen Sie den Mondscheintarif. Oder nehmen Sie die nächste U-Bahn, Autobahn oder auch das Flugzeug. Ich wünsche Ihnen das tiefe Glück, das daraus entsteht, von ganzem Herzen! Ich habe es leider nur zur Hälfte erlebt.

Werfen Sie einen Blick auf den Kern der Dinge!

Was hat mich zum Beispiel meine Mutter alles gelehrt? – Liebe, die ihre Taten nicht an die große Glocke hängt, Verzicht für einen anderen, Ausdauer und die Erkenntnis, daß sich Zuneigung oft hinter einer Kruste von Strenge, Disziplin, ja sogar Aggression verbergen kann. Meine Mutter, die in ihrem Leben selbst nie wirkliche Liebe erfahren hatte, war einfach nicht immer in der Lage, mich ihre Liebe spüren zu lassen. Ihre Krankheit, ihr täglicher Kampf mit ihrem schweren Leben machten sie reizbar. Aus dieser Anspannung heraus reagierte sie manchmal aggressiv und verletzend. Aber ihr starker Charakter hat mich nachhaltig geprägt. Von ihr habe ich gelernt zu kämpfen. Denn sie hat immer gekämpft, nicht den großen Kampf, bei dem man entweder gewinnt oder verliert. Nein, sie kämpfte den kleinen, alltäglichen Kampf ums Überleben, der nie aufhört. Und ich kann Ihnen sagen, sie hat nie aufgegeben. Bis heute nicht, denn ihr Kampf geht weiter. Sie kämpft jeden Tag gegen ihre schwere Krankheit. Nie habe ich sie jammern gehört. Und sie ist voller Hoffnung. Das Wissen um ihren Kampf gibt auch mir immer wieder Kraft!

Lernen Sie an Wunder glauben!

Trotz ihres schlimmen Gesundheitszustandes ging meine Mutter, als ich ein kleiner Junge war, beinahe täglich nach ihrer Arbeit als Verkäuferin noch zu verschiedenen Putzstellen. Als sie einmal längere Zeit so krank war, daß sie nicht arbeiten konnte, war unsere finanzielle Situation wieder einmal katastrophal. Wir lebten tagelang von Maggiwürfeln, das Stück für zwei Pfennige. Mit etwas heißem Wasser überbrüht ergaben sie unsere Mahlzeit. Aber glauben Sie mir, selbst auf die größte Armut fällt immer wieder ein Hoffnungsstrahl, der wie ein Wunder wirkt!

Mitten in dieser Zeit des Hungerns fand ich beim Spielen auf einer Wiese sechs blitzende Markstücke. Außer mir vor Freude lief ich nach Hause und brachte meiner Mutter diesen schier unglaublichen Betrag. Es wurde ein wirklicher Festtag! Meine Mutter besorgte ein Stück Fleisch, und während sie es briet, sah ich sie zum ersten Mal nach langer Zeit wieder lächeln. Seither weiß ich, daß Lächeln der größte Kraftspender in dunklen Tagen ist. Wir aßen uns wieder einmal richtig satt und schwelgten in einem Gefühl von unermeßlichem Reichtum. An diesem Tag hat uns das Leben freudig angelacht!

Als ich 25 Jahre später meine erste Million verdient hatte, habe ich mich nicht mehr gefreut als an diesem Tag. Nur leider holte uns damals der triste Alltag in unserer Sozialwohnung, in die wir mittlerweile gezogen waren, schnell wieder ein.

Kontakte schaffen Erfolg

In diesem Münchner Arbeiterviertel, in der unsere Art von Armut keine Ausnahme war, lernte ich früh, mich auch in freudlosen Verhältnissen durchzusetzen und zu kämpfen. Wann immer es ging, versuchte ich, diesem Leben am Rande des Existenzminimums zu entfliehen, und lernte dabei schon früh, auf andere Menschen zuzugehen. Viele Menschen, die noch unten sind, denen es sehr schlecht geht, machen den großen Fehler, sich abzukapseln. Sie verkriechen sich mit ihrer Unsicherheit, Angst und Niedergeschlagenheit hinter einer Mauer von Schroffheit und brechen oftmals den Kontakt zu ihrer Umgebung ab. Wie kann man da Freunde gewinnen und auf Menschen treffen, die einem weiterhelfen? Wie kann man da positive Impulse empfangen und Hoffnung aus der Kraft anderer schöpfen? Gehen Sie deshalb immer mit offenem Herzen auf Menschen zu, vor allem in Ihrer nächsten Umgebung. Glauben Sie mir, in einer Zeit der Veränderung gibt es nichts Wichtigeres als gute Kontakte zu anderen Menschen.
Ich überwand meine damalige Armut durch Kontakte. Ich organisierte zum Beispiel Fußballturniere, bei denen meine Freunde und Kinder aus der ganzen Gegend mitmachten. Ich veranstaltete Wettbewerbe im »Schussern« oder, wie es hochdeutsch heißt, im Murmelspielen. Ich wurde durch meine ständige Übung so gut, daß ich plötzlich die meisten Murmeln hatte. Das waren alles kleine Schritte, um diesem Elend und dieser Armut zu Hause zu entfliehen. Ich kann mich noch gut erinnern, wie ich manchmal nachts in meinem Bett lag und dieses Säckchen Murmeln fest an mich drückte. Ich hatte sie mit Geschicklichkeit und Ausdauer für mich hart erkämpft. Sie waren mein gan-

zer Stolz und gaben mir das Gefühl, unendlich reich zu sein, auch wenn ich bewußt das Risiko suchte und sie am nächsten Tag wieder aufs Spiel setzte.

Der beste Weg beginnt immer ganz unten

Ich habe mir nie die Ausrede gegönnt, daß meine Eltern schuld waren an nicht gehabten Chancen und verpaßten Gelegenheiten. Das ist die entscheidende Erkenntnis, die Sie aus der Schilderung meiner Kindheit und Jugend gewinnen können: Dauerhafter Erfolg entsteht fast immer vor dem Hintergrund von Armut, Not und dem Überwinden von Nachteilen. Lesen Sie die Biographien der Menschen, die in diesem Jahrhundert zu Symbolen von Erfolg und Reichtum geworden sind – John D. Rockefeller, Henry Ford, Aristoteles Onassis oder auch die erfolgreichsten Musiker der Geschichte, die Beatles. Dann werden Sie feststellen, daß alle diese Menschen sich aus ärmlichsten Verhältnissen hochgekämpft haben! Sie alle haben etwas gemeinsam: Sie hielten sich nie mit Problemen auf. Sie dachten immer nur an Lösungen. Freuen Sie sich auf das Kapitel der Erfolgreichen: »Geistesblitze werden Wirklichkeit«.

Was glauben Sie, warum das so ist? Weil nur in dieser Armut der unbedingte Wille herangeschmiedet wird, mit dem man die Nachteile seines Lebens durch brauchbare Ideen in ihr Gegenteil verwandeln kann. Ich hätte mich gut und gern mein ganzes Leben mit der Ausrede begnügen können, daß mir meine armen Eltern den Besuch einer höheren Schule oder gar eines Studiums nicht ermöglichen konnten. Aber Sie dürfen mir glauben, trotz aller meiner autodidaktischen Anstrengungen schmerzt mich dieser Nachteil nicht. Er treibt mich nur mit unermüdlichem Ehrgeiz und großem Willen zum ständigen Weiterlernen an. Ein Leben lang lernen – das sind die wichtigsten Ls in meinem Wortschatz. Nehmen Sie diese drei Ls auch in Ihr Leben auf!

Durst nach Wissen – Hunger nach Bildung

Bleiben Sie nie bei den Nachteilen stehen, die sich in Ihrer Ausbildung zunächst ergeben haben! Nehmen Sie sich den großen Erfinder Thomas Alva Edison zum Beispiel. Er konnte nicht einmal ein halbes Jahr zur Schule gehen. Aber er hat diesen Bildungsmangel mit unermüdlichem Fleiß wettgemacht und unsere Welt mit seinen Erfindungen nachhaltig verändert.

Wer sich und andere mit Ausreden über Mängel in seiner Ausbildung abfindet, hat einfach nicht genügend Durst nach Wissen und Hunger nach Bildung. Das ist wie mit dem Reichtum: Wer kein Gefühl dafür hat, wie er entsteht, dem kann man Millionen schenken, er wird sie in kürzester Zeit in Luft auflösen. Denn Reichtum braucht Geist, Gefühl und einen Charakter, der ihn dauerhaft absichert!

Das Geheimnis der Karpfen

Wem es genügt, daß es ihm leidlich gut geht, der sieht keine Notwendigkeit, aus dem Dunstkreis der drei Fs – Filzpantoffeln, Fernsehen und Flaschenbier – auszubrechen. Nur wer wie ich als Kind barfuß vor den gefüllten Schaufenstern gestanden hat, spürt in sich den Wunsch, sein Leben von Grund auf zu verändern. Nur wer in einen Fischbottich gegriffen und einen Karpfen berührt hat, den er sich nicht kaufen konnte, erkennt die Notwendigkeit, über diese Armut hinauszuwachsen.

Was glauben Sie, woran ich mich erinnerte, als ich bei meinem ersten Aufenthalt in Hongkong erfuhr, daß in China Karpfen für Reichtum und Glück stehen? Natürlich an die Bottiche auf dem Münchner Viktualienmarkt, in die ich als Kind vergebens gegriffen hatte. In China schenkt man sich diese Glücksbringer zum Neujahrsfest, auch in Form von großen Gebäckstücken. Reiche Geschäftsleute haben nicht selten ein Bassin mit Goldkarpfen im Eingang zu ihren Privathäusern stehen. Sie wollen sich täglich an ihr Glück erinnern. Wann greifen Sie nach Ihrem

Goldkarpfen? Wann greifen Sie in den Bottich des Reichtums und des Glücks?

Mit Zuversicht zum Neuanfang

Ich möchte Sie mit meiner Lebensgeschichte und Erfahrung überzeugen: Wenn es Ihnen zur Zeit nicht besonders gut geht, kann darin auch Ihre große Chance stecken. Sie müssen nur innerlich dafür bereit sein! Vielleicht haben Sie noch nicht erkannt, daß der Erfolg in der Regel ganz unten beginnt. Vielleicht müssen Sie auch Ihre Anstrengungen verdoppeln. Und vor allem müssen Sie fest daran glauben, daß es immer irgendwo einen Menschen gibt, der bereit ist, Ihnen zu helfen. Sie werden ihn finden. Begeben Sie sich auf die Suche! Dann werden Sie bald erfahren, daß schlechte Zeiten immer gute Zeiten für unerwartete Chancen sind.

In jedem Fall müssen Sie Ihre Vorstellungskraft auf Ziele richten, die Ihnen Freude bereiten und Ihrer Begeisterung neue Nahrung geben. Armut und Erfolglosigkeit bleiben nur dann für das ganze Leben bestimmend, wenn man der Freude, dem Glück und der Hoffnung in seinem Denken keinen Raum gibt. Überwinden Sie jeglichen Pessimismus! Warum, glauben Sie, ist Amerika ein so erfolgreiches Land? Das können Sie in jeder Geschichte der Einwanderung, in jeder Biographie eines Einwanderers nachlesen: Weil das Denken dieser Menschen nach wie vor und immer wieder vom Geist der Gründerväter beherrscht wird, von Menschen, die Elend und Unterdrückung nicht auf Dauer hinnehmen wollten. Sie brachen auf, um mit totalem Einsatz für die Vision von einem besseren Leben zu kämpfen und mit unerschütterlicher Zuversicht einen Neuanfang zu wagen.

Denken Sie daran, wenn Sie wieder in einen Hamburger beißen – Hamburger heißen deshalb so, weil die deutschen Auswanderer, die von Hamburg aufbrachen, nicht genügend Geld für ganze Fleischstücke hatten. Sie mußten sich mit dem billigen

Hackfleisch begnügen. Die Idee, daraus ein Geschäft zu machen, nahmen sie mit in ihre neue Heimat. Vieles, was im Leben billig erscheint, kann durch die richtige Idee zu Reichtum werden!

Der große Lichtblick meines Lebens
Mein Leben hatte, wie Sie sich leicht denken können, durchaus seine dunklen und schattigen Seiten. Den großen, hellen Gegenpol dazu fand ich in Agnes Lejeune. Sie war die Mutter meines Vaters, meine Großmutter. Obwohl auch sie aufgrund der Zeitläufte in relativ bescheidenen Verhältnissen wohnte, strahlten sie und ihr Zuhause doch den Glanz und den Stolz der Aachener Kaufmannsfamilie aus. Bei ihr verbrachte ich die schönsten Tage meiner Kindheit. Sie verwöhnte mich nach Kräften. Sie war optimistisch, lebensbejahend und in ihrer selbstsicheren Art durchaus auch dominierend.
Heute kann ich übrigens – trotz aller Bewunderung für diese großartige Frau – sehr gut nachvollziehen, wie meine arme Mutter, mit ihrem harten Schicksal im Hintergrund, unter dem Vergleich mit ihrer Schwiegermutter gelitten hat.
Agnes Lejeune war in jeder Hinsicht eine vollendete Dame. Sie hatte Stil, Geschmack und Lebensart. Sie war stets elegant gekleidet. Ihre Geisteshaltung und Disziplin vereinigte sich in der glücklichsten Weise mit einer aus dem Herzen kommenden heiteren Natur. Sie hatte eine aristokratische Ausstrahlung, und die Art, wie sie sich bewegte, machte sie zu einer ganz besonderen Erscheinung. Für mich ist sie das überzeugendste Beispiel, daß Vornehmheit und wirklicher Adel keine Frage von Geld oder Herkunft sind, sondern allein der Herzensbildung und einem edlen Charakter entspringen. Sie hatte Freunde in allen Gesellschaftsschichten. Bei ihr verkehrten Menschen, die man sonst nur vom Hörensagen oder aus der Zeitung kannte. So erzählte sie mir von ihren Begegnungen mit Konrad Adenauer, den sie noch als Oberbürgermeister von Köln kennengelernt

hatte und den sie in der Zeit des Wiederaufbaus mehrfach wiedertraf.

Von Erich zu Erich
Auch mit Erich Kästner war Agnes Lejeune befreundet. Von ihm bekam ich einmal als Junge eines seiner Bücher geschenkt mit der Widmung »Von Erich zu Erich!«. Wieviel Herz, Gemüt, Sympathie und Verständnis für Kinder konnte dieser große Menschenbeobachter in vier so schlichten Wörtern ausdrükken! Ich bin noch heute glücklich über diese fünfzehn Buchstaben, die er mir widmete. Zeigen sie mir doch, daß der Autor vieler weltbekannter Kinderbücher wie »Die Konferenz der Tiere«, »Das fliegende Klassenzimmer«, »Emil und die Detektive« und »Das doppelte Lottchen« auch im normalen Leben in der Sprache dachte, die den direkten Weg zum Herzen der Kinder findet.

Legen Sie nie Ihre Kindheit ab!
Von Erich Kästner stammt auch die sehr weise Einsicht über das Verhältnis von Erwachsenen zu ihrer Kindheit: »Die meisten Menschen legen ihre Kindheit ab wie einen alten Hut. Sie vergessen sie wie eine Telefonnummer, die nicht mehr gilt. Früher waren sie Kinder, dann wurden sie Erwachsene, aber was sind sie nun? Nur wer erwachsen wird und Kind bleibt, ist ein Mensch!« Diesen Satz »Nur wer erwachsen wird und Kind bleibt, ist ein Mensch!« möchte ich Ihnen ganz besonders ans Herz legen. Verlieren Sie nie das Kind in sich, das Sie einmal waren. Das Kind in uns Erwachsenen bedeutet bleibende Jugend.

Meine Lehrmeisterin für das Gute
Durch die Erzählungen meiner Großmutter und durch die selbsterlebten Begegnungen in ihrem Haus habe ich gelernt, kei-

ne Angst vor großen Namen zu haben. Sie lehrte mich, hinter Namen, Titeln oder Positionen auf den Menschen zu sehen und insbesondere den Menschen zu respektieren, der weder einen großen Namen noch einen eindrucksvollen Titel besaß. Damit gab mir meine Großmutter Selbstvertrauen, Mut und einen unerschütterlichen Optimismus. Nie habe ich sie resigniert oder deprimiert erlebt. Sie verkörperte positives Denken im besten Sinn des Wortes, denn sie lebte in der Überzeugung, daß sich alles zum Guten wendet. Sie war meine Lehrmeisterin für das Gute. Sie hatte die Kraft der positiven Gedanken. Und sie wußte: Das Geheimnis des Erfolgs liegt in einem selbst!
Sie lehrte mich, daß ein großer Teil unseres Lebens von unseren Vorstellungen geprägt wird, und sie sah jedes Problem von seiner hellen Seite an. Für jede Schwierigkeit suchte und fand sie eine Lösung. Sie gab meiner Kindheit und Jugend Liebe, Wärme und Geborgenheit und erzog mich doch mit fester Hand. Die Eckpfeiler ihres Lebens waren die Grundtugenden Ehrlichkeit, Gerechtigkeit, Mut und Disziplin. Ich bin unendlich dankbar für die Jahre, die ich bei ihr erlebte. Sie verband ein hohes Maß an Aufgeschlossenheit mit einer tiefen und aus innerstem Herzen kommenden Frömmigkeit. Sie ging mit mir zur Kirche und pflanzte mir einen starken Glauben ein, der mich mein Leben lang begleitet und stärkt.

Werde zuverlässig – oder naß!

In ihrer Erziehung konnte sie sehr konsequent sein. Einmal kam ich erst morgens gegen vier Uhr von der Geburtstagsparty eines Freundes nach Hause. Am nächsten Morgen wollte ich ausschlafen und erst später zur Arbeit gehen. Von dieser Unzuverlässigkeit und Disziplinschwäche kurierte sie mich mit Humor und einem Eimer kalten Wassers. Den schüttete sie mir kurzerhand ins Gesicht und scheuchte mich fröhlich lachend aus dem Bett. Dieser Eimer Wasser erzog mich zu Disziplin und absoluter Pünktlichkeit. Und Sie wissen ja: »Pünktlichkeit ist die Höflichkeit der Könige!« Ich möchte hinzufügen: Sie ist auch unser größtes Reservoir an sinnvoll erlebter Zeit! Meine Großmutter brachte mir damit auch bei, daß Vertrauen niemals eine Einbahnstraße ist und daß derjenige, der über die Stränge schlägt, auch die Verantwortung dafür tragen muß. Sie zeigte mir, daß Pünktlichkeit ein Teil des Erfolgs ist. Denn ohne diese Tugend gibt es keinen Erfolg!

Trotz alledem hatte sie großes Verständnis für die Wünsche und Bedürfnisse der Jugend. Dabei gab ihr ihre Intuition die beste Erziehungsmethode an die Hand. Ohne je ein theoretisches Buch über Methoden der Erziehung gelesen zu haben, wußte sie, daß man in der Erziehung die besten Erfolge dann erzielt, wenn man das Positive belohnt und das Negative löst. Das zeigt wesentlich mehr Wirkung, als wenn man das Negative kritisiert und bestraft. Als ich mit 17 Jahren meine Kaufmannsprüfung abgeschlossen hatte, belohnte sie mich mit einem Moped – und bestand darauf, auf dem Rücksitz mit mir eine Runde zu drehen. Nur so zum Spaß! Diese Neugierde und Unternehmungslust behielt sie bis ins hohe Alter.

Der siebte Sinn stellt eine Weiche

Zeitlebens hatte Agnes Lejeune den siebten Sinn für richtige und zukunftsweisende Entscheidungen. Ich glaube sogar, daß diese große Gabe der Intuition mit ein Grund war, warum sehr viele Persönlichkeiten das Gespräch mit ihr suchten. Ihre Intuition gab auch meinem Leben eine entscheidende Weichenstellung!

Während meine Mutter mit Blick auf unser kärgliches Einkommen und eines besseren Verdienstes wegen wollte, daß ich eine Friseurlehre begann, erkannte Agnes Lejeune offensichtlich, daß in mir die kaufmännische Ader meiner hugenottischen Vorfahren durchgeschlagen war. Sie besorgte mir nach dem Abschluß der Volksschule eine Lehrstelle als Großhandelskaufmann in einer Handelsfirma für Elektrotechnik. Ihrem

Spürsinn war nicht entgangen, daß es sich dabei um eine aufstrebende Branche handelte. Diese kluge Frau wußte, daß das Wirtschaftswunder nicht zuletzt seinen Boom in der Unterhaltungselektronik erleben würde.
Trotzdem war es zunächst eine Lehrzeit der klassischen Art vom Leeren der Papierkörbe bis zum Abstauben der Schreibtische, von der Lagerverwaltung über die Buchhaltung bis hin zum Verkauf. Mein Arbeitstag im grauen Kittel begann damit, daß ich den schweren eisernen Fahrradständer auf die Straße schleppen mußte. Das große Ziel, das mir damals vorschwebte, war, diesen grauen Lehrlingskittel möglichst schnell abzulegen und ihn gegen den weißen Mantel des Verkäufers einzutauschen.

Bedenke bei allem, was du tust, das Ende!

Mein Lehrherr sah neben meiner fachlichen Ausbildung in vorbildlicher Weise auf Korrektheit, Fleiß und Disziplin. Und meine Großmutter brachte mir darüber hinaus bei, daß der verantwortungsbewußte Mensch ja sagt zur Arbeit, zur Leistung und zur Disziplin, aber auch zum Leben, zur Freude, zum Glück, zum Erfolg, bei sich und bei anderen. Mit ihrem tiefen Glauben und ihrer positiven Einstellung zum Leben stand sie aber auch zu mir, wenn ich Dummheiten beging und Fehler machte. Ihr Leitspruch in solchen Fällen war: »Bedenke bei allem, was du tust, das Ende!«
Ihre mit fester Stimme gesprochene Ermahnung wurde für immer bestimmend für mein Denken und Handeln. Ich möchte Ihnen diese goldene Lebensregel wärmstens weiterempfehlen! Sie bedeutet für mich, sich ständig der Summe seiner Erfahrungen bewußt zu sein, aber auch zu seinen Fehlern zu stehen. So schlimm manche Erfahrungen für mich waren, ich möchte keine aus meiner Lebensgeschichte ausradieren. Fehler sind die Antriebsräder des Lebens, wenn man sie nicht auf der Position von Grübeln und Selbstvorwürfen anhält. Verwandeln Sie Fehler, die Sie einmal begangen haben oder die Ihnen durch

Unachtsamkeit unterlaufen sind, durch eine ehrliche Analyse in positive Einsichten!

Der Aufstieg im weißen Mantel

Meine nächste Arbeitsstelle suchte ich mir selbst. Ich wechselte bewußt in die Elektronikbranche. Und ich schaffte es, endlich den heißersehnten weißen Kittel des Verkäufers zu tragen. Er war für mich eine großartige Bestätigung, und ich stürzte mich mit Feuereifer ins Verkaufen. Ich spürte in mir den unstillbaren Drang: »Jetzt kommst du vorwärts!« Den freizeitorientierten Schongang gab es für mich nicht. Wenn unangenehme Arbeiten zu erledigen waren – ich meldete mich. Ich habe immer gerne die Arbeiten übernommen, für die sich andere zu gut vorkamen. 25 Jahre später fand ich diesen Grundsatz in einem meiner jungen Mitarbeiter wieder. Als ich ihn bei seinem Einstellungsgespräch fragte: »Was ist Ihrer Meinung nach Ihre beste Eigenschaft?«, gab er mir, ohne lang zu überlegen, zur Antwort: »Ich übernehme gerne Arbeiten, für die sich andere zu schade sind!« Michael Negel ist heute mein Juniorpartner. Sein Fleiß, seine Disziplin und seine Kreativität stehen für den Unternehmergeist der jungen Generation in Europa!
Maßstab für meine damalige Arbeit im weißen Mantel in dieser beginnenden Wirtschaftswunderzeit waren die geschriebenen Kassenzettel. Wer an den langen Samstagen die meisten Kassenzettel vorweisen konnte, bekam eine zusätzliche Prämie. Diese Prämien gewann ich reihenweise. Ich war ehrgeizig, und es machte mich stolz, wenn ich Stammkunden sagen hörte: »Ich möchte von Herrn Lejeune bedient werden!«

Eine Begegnung, die mein Leben veränderte

Mitte der 60er Jahre wechselte ich erneut die Firma. Ein Goldrausch lag über Deutschland. Das Fernsehzeitalter war angebrochen. Wer es sich irgendwie leisten konnte, wollte seinen ei-

genen Fernseher haben. Fast ein wenig schade, denke ich im Rückblick, daß nun bald ein jeder einen Fernseher hatte. Denn damit ging auch die Zeit zu Ende, in der sich bei weltbewegenden Ereignissen der ganze Freundeskreis im Wohnzimmer der Glücklichen versammelte, die so ein »Aktualitätenkino« bereits besaßen.
Auch ich interessierte mich brennend für das Fernsehen und den großen Bereich der Unterhaltungselektronik. Deshalb bewarb ich mich bei einem Industriehandelsunternehmen, das auf diesem Sektor die Nummer eins in München war. Ich kannte dieses Unternehmen schon von meiner Lehrzeit her. Mein erster Chef hatte mich immer dorthin geschickt, wenn bei uns irgendein Teil nicht vorrätig war. Die Idee, mit Ware zu handeln, die man nicht selbst auf Lager hat, bekam für mich bei der Gründung meines eigenen Unternehmens noch eine ganz zentrale Bedeutung! Sie lesen es auf Seite 370.

Begeisterung für einen blendenden Geschäftsmann

Der Mann, dem ich beim Vorstellungsgespräch gegenübersaß, sollte in meinem Leben noch eine entscheidende Rolle spielen. Er war Personalchef und Generalbevollmächtigter dieses Unternehmens. Er übte auf mich eine ganz ungewöhnliche Faszination aus. Alles, was ich mir in jungen Jahren wünschte und was mir erstrebenswert erschien – weltgewandtes Auftreten, Sprachkenntnisse und eine geschliffene Rhetorik –, schien er in sich zu vereinigen. Ganz nachhaltig beeinflußte mich sein überzeugender Briefstil. Dazu sah er blendend aus, er war groß, sportlich, braungebrannt und immer makellos gekleidet. Er besaß neben Dutzenden von Maßanzügen Hunderte von Designerkrawatten! Was mich über diese Bewunderung hinaus unglaublich beflügelte: Er honorierte meine Freude an der Arbeit und meinen unermüdlichen Einsatz mit kleinen Auszeichnungen, Prämien und Belobigungen. So überreichte er mir jeden Morgen den Schlüssel seines dunkelblauen Mercedes Cabrio

220 S, ich durfte dieses Traumauto auf den Parkplatz fahren! Auch sonst ließ er keine Gelegenheit aus, mich vor den anderen durch Lob herauszuheben. Das spornte mich noch mehr an. Er konnte mich einfach begeistern!

Schlüsselvollmacht
Arbeit und Anerkennung waren für mich immer der Motor meines Lebens. In diesen 60er Jahren fühlte ich mich als Teil einer bahnbrechenden wirtschaftlichen und technologischen Entwicklung. Um in meinem Beruf ständig auf dem neuesten Stand zu sein, besuchte ich dreimal die Woche Abendkurse für Radio- und Fernsehtechnik. Ich fuhr auch abends nach der Arbeit und an Wochenenden noch zu Kunden, um ihnen die neu erworbenen Fernsehgeräte anzuschließen.
Der Erfolg als Verkäufer blieb nicht aus. Eines Tages überraschte mich mein großes Vorbild mit einer unerhörten Auszeichnung – ich bekam die Schlüsselvollmacht. Und Sie werden es nicht glauben: Mit 24 Jahren wurde ich Verkaufsleiter, und das in dieser sagenhaften Boomzeit. Mein Einkommen war damit in kurzer Zeit auf das Dreifache meines Einstiegsgehalts geklettert!

Verliebt, verträumt, verheiratet
Diese Einkommensverbesserung konnte ich gut gebrauchen, denn eines Tages lernte ich Monika kennen. Sie war siebzehn Jahre alt, bildhübsch, schlank, großgewachsen, ein Mädchen, nach dem sich jeder umsah. Ich war unglaublich stolz, wenn ich die bewundernden Blicke anderer auf sie gerichtet sah. Unser größtes Vergnügen war, tanzen zu gehen. Der Rock 'n' Roll eroberte die Tanzsäle. Bill Haley und natürlich das Idol einer ganzen Generation – Elvis Presley – versetzten uns in einen wahren Taumel der Begeisterung! Und dann noch der junge deutsche Schlagersänger und Schwarm aller Teenager – Peter Kraus.
Hätte ich mir damals träumen lassen, daß dieses unverwüstli-

che Showtalent einmal auf der 20-Jahr-Feier meines Unternehmens ☏☏ den musikalischen Teil des Abends gestalten würde? Das hätte mich wohl über viele bange Stunden, die mir noch bevorstanden, hinweggetröstet!
Monika und ich fuhren an den Wochenenden in meinem nagelneuen feuerroten Austin MiniCooper 850 spazieren. Dieses Auto war damals der Inbegriff für Erfolg bei jungen Leuten. Es gab nicht viele, die ihn sich leisten konnten! Ich brauste damit durch eine wahnsinnig spannende Zeit. Monika und ich genossen unsere junge Liebe. Dieses abgehobene Schweben im siebten Himmel unseres Verliebtseins fand allerdings schlagartig ein Ende. Nach einem gemeinsamen Ausflug stellte sich heraus: Unser Zusammensein war nicht ohne Folgen geblieben. Monika war schwanger, und so beschlossen wir zu heiraten. Mir war diese nicht geplante Wendung in meinem Leben sehr recht. Ich wollte endlich ein eigenes Zuhause haben, und auch Monika entfloh gerne der Enge ihres Elternhauses. Rückblickend weiß ich natürlich, daß dieser Traum als Basis für eine Ehe viel zuwenig war.

Intrigen, die das Aus bedeuten

Bald erkannte ich, daß wir außer dem Tanzen kaum noch gemeinsame Interessen hatten, und ich stürzte mich nur noch intensiver in meine Arbeit. Aber die Sonderstellung, die ich mir in dieser Firma erkämpft hatte, fand von einem Tag auf den anderen ein jähes Ende. Eines Morgens war mein großes Vorbild nicht mehr da. Mein Chef war fristlos entlassen! Erst kursierten Gerüchte, und dann stellte sich heraus: Er hatte den Geschäftsinhaber von der Idee überzeugen wollen, seinen Betrieb in ein Villenviertel am Stadtrand zu verlegen, weil die Innenstadtlage angeblich auf Dauer nicht rentabel sei! Gleichzeitig hatte er versucht, über einen Strohmann die bisherigen Geschäftsräume anzumieten, um darin seine eigene Firma aufzumachen. Einer seiner engsten Vertrauten, der in diese Pläne eingeweiht war,

hatte Angst vor der eigenen Courage bekommen und den Inhaber unterrichtet. Und damit war mein großer Gönner kurz vor Erreichen seines Zieles mit seinem undurchsichtigen Vorhaben gescheitert.
Nun rächten sich an meinem Arbeitsplatz die Vergünstigungen, die ich von ihm bekommen hatte. Plötzlich stand ich allein da. Kleinliche und teils hinterhältige Schikanen von neidischen Kollegen häuften sich. Warum? Mir hing das Odium an, der Vertraute des entlassenen Prokuristen zu sein. Nur weil ich mich an seiner Verteufelung nicht beteiligte und trotz der immer wilder wuchernden Gerüchte loyal zu ihm stand. Nach einer Zeit schier unglaublicher Intrigen gegen mich, heute würde man sagen des Mobbings, legte mir die Firmenleitung nahe, meine Kündigung einzureichen. Ich willigte ein. Ich kündigte!

Leere Tage

Ich stand nun zum ersten Mal in meinem Leben auf der Straße! Ich konnte es gar nicht fassen. Plötzlich war ich arbeitslos! Was für eine niederschmetternde Situation für einen Menschen, dessen ganzer Lebensinhalt die Arbeit ist! Am Morgen nicht ganz selbstverständlich in die Arbeit gehen zu können. Jeden Tag neu überlegen zu müssen – was tue ich heute? Es war unerträglich. Mein Schicksalsschlag sprach sich jedoch wie ein Lauffeuer in der Branche herum. So bekam ich bald eine Reihe von sehr verlockenden Angeboten – von früheren Konkurrenzfirmen. Sie wußten, daß ich verkaufen konnte und daß ich darauf brannte, mich mit vollem Einsatz nach vorne zu kämpfen!
Ich weiß heute wie damals, daß ein Leben ohne Arbeit sinnlos ist. Deshalb kämpfe ich für Arbeitsplätze in Deutschland!

Ein schwindelerregendes Angebot

Noch ehe ich mich für eines der Angebote entscheiden konnte, meldete sich meine große Vaterfigur. »Sunny«, so nannte er mich immer, wenn er guter Laune war, »hör mir bitte mal gut zu! Mach dir bitte keine Sorgen. Ich habe ganz aufregende Neuigkeiten für dich. Ich habe beschlossen, wir beide bauen zusammen ein Unternehmen auf. Und wenn du gut bist, wirst du einmal mein Partner!«

Bereits für den nächsten Tag wurde ich in seine hochherrschaftliche Villa zu einer eingehenden Besprechung dieses faszinierenden Vorhabens eingeladen. Zermürbende Monate des Wartens sollten mit einem so furiosen Neubeginn zu Ende gehen. Ich sah eine glänzende Zukunft vor mir!

Mein Mentor stellte sich ein Unternehmen vor, das die Aktivitäten unserer bisherigen Firma weit in den Schatten stellen sollte. Er deutete erneut an, daß ich bei entsprechendem Einsatz einmal sein Partner werden könnte. War es ein Wunder, daß ich vor Ehrgeiz, jugendlichem Tatendrang und Stolz lichterloh brannte? Ich war begeistert von dieser Wahnsinnsidee! Am Aufbau eines Unternehmens mitzuwirken kam meinen Wünschen und Träumen so nahe, daß ich mir nicht lange den Kopf zerbrach, weswegen mein früherer Chef fristlos gekündigt worden war.

Das ist vielleicht der einzige Nachteil, den begeisterungsfähige Menschen haben, solange ihre Begeisterung nicht mit genügend Lebenserfahrung gepaart ist: daß sie sämtliche Alarmglocken und Warnblinkanlagen kurzerhand abschalten, um ihrem Traum zu folgen. Und mein Traum war geboren! Ich stürzte mich Hals über Kopf in dieses wahnsinnig aufregende Abenteuer.

Wechselbäder der Gefühle

Als erstes bekam ich den Auftrag, geeignete Räume für diese Unternehmensgründung zu suchen. Ohne Anstellungsvertrag und schriftliche Vollmacht stürmte ich los. Ich vertraute ganz einfach auf sein mündlich gegebenes Wort. Ich suchte die Gegend um den Bahnhof ab, wo sich die meisten Firmen unserer

Branche befanden. Ich rannte von einem Immobilienmakler zum nächsten. Ich hatte mir in den Kopf gesetzt: »Du findest die absolute Traumlage!« Aber was ich auch an Räumen ausfindig machte, mein großes Vorbild war mit keinem Vorschlag einverstanden. Einmal zog er seine nach scheinbar reiflicher Überlegung gegebene Zustimmung telefonisch wieder zurück, als ich gerade beim Eigentümer saß, um den unterschriftsreifen Vertrag abzuschließen. Total verwirrt und enttäuscht ging ich weg. Da erreichte mich ein erneuter Anruf, ich sollte die Räume nun doch nehmen. Bereits da begannen die Wechselbäder der Gefühle, die mich die nächsten Jahre begleiten sollten. Dieses launische und mir gegenüber mehr als rücksichtslose Verhalten hätte mir eine Warnung sein sollen.

Aus dieser Erfahrung heraus kann ich Ihnen nur den sehr ernst gemeinten Rat geben, wenn Sie vor der Entscheidung stehen, zusammen mit anderen einen Neuanfang zu wagen: Vorsicht vor Menschen, die keine eindeutigen Entscheidungen treffen und die ihre Schwäche und Entschlußlosigkeit hinter einer Fassade von Arroganz und weltmännischem Auftreten verbergen! Seien Sie auf der Hut vor Menschen mit Entscheidungsinfarkt. Sonst sind alle Ihre Anstrengungen von vornherein zum Scheitern verurteilt!

Nichts entscheiden endet immer mit Leiden

Nach der pompösen Geschäftseröffnung begann der tägliche Kampf um den Aufbau der jungen Firma. Ich stand von früh bis spät im Laden – nur kamen leider keine Kunden. Jetzt hagelte es erste Vorwürfe. Mein großer Gönner sagte streng: »Herr Lejeune, Sie sind schuld an meinem Ruin!« Verzweifelt begann ich, was ich noch nie getan hatte: Ich besuchte und akquirierte auswärts Kunden. Diese scheinbar aussichtslose Situation weckte in mir einen ungeheuren Kampfgeist und meinen Verkaufsinstinkt. Ich arbeitete unermüdlich von früh bis spät. Und ich schaffte es! Die ersten Kunden kamen. Jeden dieser Kunden betreute ich persönlich. Ich kämpfte um jeden Auftrag und um jeden noch so kleinen Erfolg. Und es gelang mir tatsächlich, die junge Firma vorwärtszubringen und in ein dynamisches Unternehmen zu verwandeln! Schon bald hatten wir bis zu 150 Kunden am Tag. Über diesen hart errungenen Erfolg war ich überglücklich. Spürte ich doch zum ersten Mal in meinem Leben die tiefe Befriedigung über einen selbsterkämpften unternehmerischen Erfolg! In diesem Erfolg fand ich meine große Bestätigung. Und es ging weiter aufwärts! Zum ersten Mal in meinem Leben sah ich eine große Karriere vor mir!

Mein erster Millionenauftrag!

Eines Tages holte ich vom größten europäischen Versandhaus durch persönlichen Einsatz einen Millionenauftrag für elektronische Bauteile. Können Sie sich vorstellen, wie ich mich da fühlte? Ich hatte zum ersten Mal in meinem Leben einen Auftrag in Händen, auf dem unten eine siebenstellige Zahl stand! Wie einen strahlenden Sonnenaufgang sah ich immer nur diese unglaubliche Zahl vor mir. Und ich hatte diesen Wahnsinnserfolg aus eigener Initiative und mit all meiner Überzeugungskraft ganz allein geschafft! Ich dachte, ich zerspringe vor Glück! Mehrmals fuhr ich auf der Rückfahrt rechts ran, um diesen Millionenauftrag zu bestaunen.

Schock am Gartentor

Nun versetzen Sie sich bitte mal in meine Lage. Aus diesem unbeschreiblichen Glücksgefühl und jubelnden Stolz heraus beschloß ich ganz spontan: »Diesen Auftrag muß ich unbedingt meinem Chef zeigen. Jetzt sofort!« Ich wollte mein unbändiges Glücksgefühl mit ihm teilen. Ich fuhr los. Ja, ich flog fast zu ihm!
Und seine Reaktion? Er ließ er mich am Gartentor ganz kühl von seiner Frau abwimmeln. Mit fast vorwurfsvollem Ton sagte

sie von oben herab: »Wenn Sie meinem Mann etwas zu berichten haben, tun Sie das bitte während der Geschäftsstunden!« Was für ein Schock! Ich kam mir vor, als hätte ich mich in der Adresse geirrt. Dieser Mann tauchte mich ständig in Wechselbäder von einschmeichelnder Sympathie und schroffer Ablehnung. Ähnlich erging es mir auf Geschäftsreisen, auf die er mich gelegentlich mitnahm. Unterwegs duzte er mich wie einen langjährigen, guten Partner und ließ nach den gelungenen Verhandlungen für uns beide Champagner kredenzen. Er gab mir augenscheinlich das Gefühl von Freundschaft, Vertrauen und Anerkennung.

Wenn er dann am Ende einer solchen Reise von seiner Frau am Flughafen abgeholt wurde, sagte er völlig distanziert: »Herr Lejeune, nehmen Sie sich bitte ein Taxi, und bringen Sie die Vertragsunterlagen morgen ins Geschäft mit!« Er erwies sich als ein Meister in der stufenweisen Zerstörung meiner Motivation.

Traumgage

Im Grunde nahm mir dieser blendende Geschäftsmann immer das Gute weg, das ich für ihn mit meinen Ideen und meinem Einsatz erkämpft hatte. Dafür gab er mir das Schlechte zurück. Dennoch ging es mit der Firma sensationell bergauf! Und dieser Aufstieg zahlte sich auch für mich aus. Im Alter von 26 Jahren verdiente ich 250 000 Mark im Jahr, nicht gerechnet die beträchtlichen Sonderprämien. Ich fuhr einen 380er Mercedes mit Autotelefon und kaufte mir auf Anraten meines »Gönners« eine luxuriöse Dreizimmerwohnung für 300 000 DM. Und das sind Zahlen von Mitte der 70er Jahre!

Aufklärung per Telefon

Das leuchtende Vorbild, das ich in meinem Kopf und in meinem Herzen auf ein Podest gestellt hatte, fing angesichts solcher Erlebnisse wie am Gartentor mit der Zeit erheblich an zu wanken.

Trotz aller Selbstmotivation für den Erfolg sperrten sich meine Gefühle immer stärker gegen ihn. Und dann kam ein unglaublicher Schlag! Eines Tages rief er mich aus seinem italienischen Feriendomizil an und sagte zu mir: »Herr Lejeune, gehen Sie doch bitte mal an meinen Schreibtisch und schauen Sie in die rechte Schublade. Da sind Papiere, die Sie genauer studieren sollten!« Was, glauben Sie, fand ich da? Bündelweise überfällige Rechnungen von Lieferanten und Brandbriefe von Banken, die mir fast den Atem nahmen. Mein Chef hatte wieder einmal die vornehme Art gewählt, um mir den Boden unter den Füßen wegzuziehen. Wieso hatte er Angst gehabt, mich von Angesicht zu Angesicht über den katastrophalen Zustand seiner Firmenfinanzen zu informieren? Er, der große Finanzstratege, der bis dahin die Firmenfinanzen ausschließlich allein verwaltet hatte, konnte nicht einmal den Anflug von ehrlicher Kritik ertragen. Er war zu feige, seine eigenen Lebensfehler einzugestehen!

Eine Beerdigung erster Klasse nimmt ihren Anfang

Ich sah ganz glasklar, was dieses Bündel Unterlagen bedeutete: Wir standen kurz vor dem Aus! Doch zum Glück hatten wir ein gutgefülltes Lager und eine hochmotivierte Mannschaft. So gelang es uns dank eines unwahrscheinlichen gemeinsamen Engagements, die Banken für eine kurze Gnadenfrist zum Stillhalten zu bewegen. In dieser kurzen Zeitspanne arbeiteten wir nicht nur rund um die Uhr. Es gelang uns sogar, die hohen Lagerbestände zu guten Preisen zu verkaufen. Wir waren bienenfleißig und schafften es, immer neue Geschäfte anzukurbeln. Nach der geglückten Rettungsaktion und mit dem »Schreibtischschock« im Hinterkopf beschloß ich, noch mehr Verantwortung zu übernehmen.

In einer Besprechung unter vier Augen erwähnte ich, daß ich eine Teilhaberschaft, und sei sie auch noch so gering, für angebracht hielte. Ich wollte nie wieder eine derartige Überraschung erleben! Ich erhielt sogar seine Zusage. Das war ja schließlich auch der Anreiz gewesen, mit dem er mich seinerzeit von den anderen Stellenangeboten weggelockt hatte. Nach endlosen Konsultationen mit seinen Anwälten willigte der bisherige Alleininhaber in diese »Partnerschaft« ein. Im April 1975 unterschrieben wir in einem feierlichen Akt den Vertrag. Ich ahnte damals noch nicht, daß dies für mich der Auftakt zu einer Beerdigung erster Klasse war!

Ein winzig kleiner Paragraph

In meiner jugendlichen Blauäugigkeit hatte ich nicht nur die wahren Absichten meines »Partners« falsch eingeschätzt, ich hatte vor allem die Brisanz eines Paragraphen dieses Vertrags völlig übersehen. Ich sollte nach Beendigung des Angestelltenverhältnisses für die Dauer von zwei Jahren »weder gegen Entgelt noch unentgeltlich« für ein Konkurrenzunternehmen der Elektronikbranche tätig werden dürfen.

Ich fühlte mich in meiner Unentbehrlichkeit viel zu sicher, um das für mehr als eine überflüssige juristische Spitzfindigkeit zu halten. Doch der feine Herr lieferte gerade mit diesem Paragraphen sein Meisterstück an Unehrlichkeit! An Weihnachten lud er meine Frau und mich zu einem sündhaft teuren Austernessen ein. Kurz vorher überreichte er mir mein Weihnachtsgeschenk: einen nagelneuen dunkelbraunen Mercedes mit Autotelefon. Das war sozusagen das Stück Speck in der Mausefalle, die Ende Januar zuschnappte. Alles schien von seinen Juristen generalstabsmäßig gegen mich vorbereitet.

Er war in seinem Stolz verletzt und wollte offenbar nur noch eines: mich unter allen Umständen loswerden! Über seine Anwälte ließ mir »mein Partner« die fristlose Kündigung als Geschäftsführer mitteilen und sperrte unverzüglich mein Gehalt. Trotz mehrfacher Versuche meinerseits gab er mir nicht einmal mehr eine Chance, mich wenigstens telefonisch zu seinen haltlosen Vorwürfen zu äußern. Er verfolgte jetzt nur noch ein einziges Ziel: *Er wollte mich vernichten!*

Die rote Karte

In einem Nebensatz versteckt, fand ich nun auch den Hinweis auf das Wettbewerbsverbot. Das war die rote Karte für mein Aus im Beruf! Ich mußte die Schlüssel abgeben und durfte die Firma, die ich wie mein eigenes Unternehmen aufgebaut und geliebt hatte, die ich von früh bis spät motiviert hatte, nicht mehr betreten. Das Auto, das mir mein »Partner« fünf Wochen zuvor feierlich übergeben hatte, ließ er von zwei peinlich berührten Kollegen abholen. Einem von ihnen hatte er meine Stelle versprochen. Und der hatte dankend angenommen!
Aber damit nicht genug! In einem Rundruf und mit Rundbriefen informierte mein ehemaliger Chef und Partner die gesamte Branche über meine Entlassung. Mit geheimnisvollen Andeutungen ließ er mich in einem Licht erscheinen, als hätte ich silberne Löffel gestohlen. Ehemalige Kollegen brachte er mit vagen Versprechungen dazu, in dem Prozeß gegen mich auszusagen. Ich hätte versucht, sie für eine eigene Firma abzuwerben! Diesen Prozeß verlor ich, obwohl ich die Wahrheit eindeutig auf meiner Seite hatte.
Von Leuten hintergangen zu werden, die ich noch vor kurzem für den gemeinsamen Erfolg motiviert und mobilisiert hatte, tat besonders weh. Ich brauchte lange, um über diese tiefe menschliche Enttäuschung hinwegzukommen. Auch darüber, daß man Prozesse verlieren kann, weil die Gegenseite die Wahrheit durch unehrliche Zeugen außer Kraft setzt!
Daß man sich trotz Wettbewerbsverbot sehr wohl selbständig machen und beim ehemaligen Arbeitgeber auch noch abkassieren kann, erfuhr ich erst viele Jahre später durch ehemalige, angeblich loyale Mitarbeiter. Aber auf Unehrlichkeit eine neue Existenz aufzubauen wäre schon damals nicht mein Stil gewesen. Ich bin mir auch absolut sicher, daß ein derartiges Verhalten auf Dauer kein Glück und keinen Erfolg bringt! Ehrlichkeit und Loyalität sind die Zwillinge für den Erfolg!
Warum, glauben Sie, erzähle ich Ihnen gerade diese Geschichte so ausführlich? Weil ich Ihnen damit zeigen will, daß man über

enttäuschte Gefühle nur dann hinwegkommen kann, wenn man sie annimmt, in kleinen Schritten verarbeitet und daraus die alles entscheidende Konsequenz zieht: niemals aufzugeben. Enttäuschungen sind die Grundlage der Erfahrung!

Ein Kindheitstraum nimmt seinen Anfang

Schon als Kind hatte ich den brennenden Wunsch in mir verspürt, einmal erfolgreich, frei und unabhängig zu werden. Das war die frühe Botschaft, die sich hinter den Karpfen, den Murmeln und den glitzernden Münzen verbarg, die ich in höchster Not wie durch eine Fügung des Schicksals gefunden hatte. Trotz meiner Armut träumte ich mit unstillbarer Sehnsucht, von Wohlstand und Glück umgeben zu sein. Dieser Traum hat mich auch in den schlimmsten Niederlagen nie verlassen. Und träumen kann man auch in den schlimmsten Zeiten!

Dennoch kann ich heute kaum nachvollziehen, woher ich den Mut und die Kraft nahm, am absoluten Tiefpunkt meines Lebens, Anfang 1976, mit meinen letzten 5000 Mark Consumer Electronic, ⓒⓔ, zu gründen. Als Gesellschafter wurden meine erste Frau und ein Bekannter eingetragen. Geschäftsführerin war eine frühere Sekretärin von mir. Und ich lebte nach dieser Gründung für kurze Zeit in der Einbildung, das Schlimmste überstanden zu haben. Was für ein Trugschluß! Was für ein Irrtum!

Mein erster Kunde! Mein erster Lieferant!

Mit ⓒⓔ, die heute zu den erfolgreichsten Handelshäusern für Mikrochips in der Welt zählt, verband ich damals noch keine klar definierte Philosophie. Ich wollte einfach in dem Metier überleben, in dem ich mich hochgearbeitet hatte und in dem ich mich bis in alle Einzelheiten auskannte. Das bedeutete Handel mit elektronischen Bauelementen und Mikrochips.

Auch wenn ich wegen des Wettbewerbsverbotes nicht in Er-

scheinung treten durfte, wußte doch jeder in der Elektronikbranche, wer als Visionär hinter diesem rotweißen Logo mit den zwei Buchstaben c und e stand. So fand die ce zunächst weder Lieferanten noch Kunden. Das heißt, es fand sich ein Lieferant, der an mich glaubte. Er ließ die Gerüchte, die Flüsterpropaganda und die Verleumdungen nicht an sich herankommen und war bereit, ce zu beliefern.
Ihm bin ich für seine Hilfe und seine Unabhängigkeit unendlich dankbar. Niemand, der nicht in einer ähnlichen Situation gestanden hat, kann nachvollziehen, wie sehr eine derartige Unterstützung den Überlebenswillen eines Einzelkämpfers motiviert. Mit Carlo Giersch und seiner Frau Karin, die trotz ihres immensen Erfolgs immer verläßliche Menschen geblieben sind, verbindet mich seither eine aufrichtige Freundschaft. Sie stehen für Vertrauen, Menschlichkeit und Glück!
Nehmen Sie meine positive Erkenntnis in Ihr Leben herein. Tauschen Sie sie aus gegen das negative Sprichwort »Ein Unglück kommt selten allein«! Auch Glück kommt selten allein. Die kleine ce fand einen ersten Kunden! Sie werden es nicht glauben, es war das größte Versandhaus Europas, mit dem ich seinerzeit meinen ersten Millionenvertrag abgeschlossen habe. Das überstrahlte mit einem goldenen Schein im nachhinein meinen Schock am Gartentor!

Auf in den Kampf, Torero!
Anderen ehemaligen Geschäftspartnern schien es – aus mir nicht nachvollziehbaren Gründen – eine große Befriedigung zu vermitteln, daß ich scheinbar hoffnungslos am Boden lag. Mit eilfertiger Schadenfreude meldeten sie jede Kontaktaufnahme sofort an meinen erbitterten Kontrahenten weiter. Die Folge waren weitere eingeschriebene Briefe von Anwälten mit neuen Unwahrheiten und Erniedrigungen. Ich habe es nie verstanden und werde es nie verstehen, warum es akademisch gebildeten Menschen eine so hämische Lust bereitet, vermeintliche Fakten

mit einem ganzen Arsenal von herabwürdigenden Anspielungen und offenen Gemeinheiten zu verbrämen! Ist etwa das Gegenteil von gebildet »akademisch gebildet«?
Aber ich konnte mich über ihre Sottisen schon lange nicht mehr ärgern. Ich ließ diese Pfeile kleingeistiger Winkeladvokaten einfach an mir abprallen! Und ich möchte auch Ihnen den guten Rat geben: *Wenn Sie einmal einen Rechtsanwalt benötigen sollten, achten Sie bei Ihrer Wahl auf seine menschlichen Qualitäten!* Viele Anwälte sehen nur den Mandanten und ihr Honorar und nicht den Menschen, der mit seinem Schicksal dahintersteht! Gute Anwälte kämpfen fair für ihren Mandanten und für die Wahrheit. Schlechte oftmals dagegen! Und wenn Sie Briefe aus dieser Richtung bekommen sollten: Halten Sie sich nicht auf mit derartig negativen Sprechblasen! Lassen Sie alles, was Ihren Mut und Ihre Entschlußkraft, Ihre Phantasie und Arbeitsfreude in irgendeiner Weise beeinträchtigen könnte, einfach an Ihrer positiven Einstellung für Erfolg zerplatzen! Ja! Fangen Sie an, sich zu wehren. Heute!!!

Der Kampf beginnt!

Ich hatte jedenfalls zu diesem Zeitpunkt bereits mit aller Konsequenz und Entschlossenheit den Kampf um meine Existenz aufgenommen. Ich spürte in mir den Mut und die Kraft, jede Stichelei und jeden neuerlichen Nackenschlag in eine noch größere Anstrengung umzuwandeln. Ich ließ mich von den juristischen Drohungen einfach nicht mehr kleinkriegen!
Dennoch blieben erneute Enttäuschungen auch innerhalb der CC nicht aus. Ein paar Monate nach der Gründung meldete sich ein ehemaliger Kollege. Er bot mir mit großen Worten seine Mitarbeit an. Als es ihm gelungen war, einige neue Kunden anzuwerben und die Umsätze anzukurbeln, schöpften wir beide Hoffnung. Doch bereits nach kurzer Zeit stellte auch er sich als Wolf im Schafspelz heraus. Seine Alternative: »Entweder überträgst du mir die Hälfte deiner Firma, oder ich gehe!« Die Ent-

scheidung fiel mir nicht leicht, aber ich hatte schon dazugelernt. Ich ging keine Kompromisse mehr ein, und wenn es mich erneut auf den Nullpunkt zurückwerfen sollte! Ich wußte zu genau, was von Geschäftspartnern zu erwarten ist, die einen mit freundlicher Miene erpressen wollen.

Auch Ihnen rate ich dringend aus dieser Erfahrung heraus: Schließen Sie niemals halbherzige Kompromisse, denn sie kosten immer den ganzen Erfolg! Ich akzeptierte jedenfalls seine Kündigung – und stand wieder vor einer schier unüberwindbaren Mauer. Ich war wieder allein.

Am Abgrund

Anfang Oktober 1976 brach die Welt für mich zusammen – mein Leben und alles, was mir jemals etwas bedeutet hatte. Am frühen Morgen rief mich meine Mutter an. Sie teilte mir eine schlimme Nachricht mit: Meine Großmutter war in der Nacht vorher gestorben! Ich hatte sie nach all den Tiefschlägen der letzten Monate lange nicht mehr besucht. Nun machte ich mir die schlimmsten Vorwürfe. Warum habe ich gerade ihr in ihren letzten Stunden nicht wenigstens die Hand gehalten? Mein einziger menschlicher Halt war für immer von mir gegangen. Für immer!

Von dieser lähmenden Nachricht, die in mir das trostlose Gefühl völliger Verlassenheit auslöste, hatte ich mich noch nicht erholt, da klingelte zwei Stunden später der Postbote und überreichte mir einen der gefürchteten eingeschriebenen blaugrauen Briefe, deren Anblick allein schon Magenkrämpfe auslösen kann. Absender: Oberlandesgericht München. Mit zitternden Fingern öffnete ich das Kuvert und las nur die beiden Wörter: »Klage abgewiesen!« Das war das Aus. Tiefer konnte ich nicht mehr fallen. Das Gericht hatte meinen Einspruch gegen die Kündigung und gegen das Wettbewerbsverbot abgewiesen und sprach mir die gesamten Kosten des Verfahrens zu. Eine ausweglos erscheinende Lage! Und ich hatte niemanden mehr, mit dem ich darüber reden konnte. Meine damalige Frau war schon Wochen vorher mit unserer Tochter Sandra aus der gemeinsamen Wohnung ausgezogen. Sie hatte ein neues Glück gefunden.

Weinen befreit!
Nach diesen Keulenschlägen eines unbarmherzigen Schicksals war jetzt alles leer in mir, tot, wie abgestorben. Ich verließ die Wohnung, fuhr ziellos in der Gegend herum, raus aus der Stadt. Irgendwann steuerte ich die in München berüchtigte Selbstmörderbrücke an. Auf meiner Irrfahrt hatte sich in meinem Kopf die wahnsinnige Vorstellung festgesetzt, dort mein Leben zu beenden! Ich stand vor einer Entscheidung letzter Konsequenz. Ruhelos lief ich auf der Brücke hin und her und starrte lange in die Tiefe. In diesem Abgrund sah ich für einige bange Stunden nur noch meine Niederlagen. Alles war schwarz, alles schien hoffnungslos – bis mir eine innere Stimme in dieses hoffnungslose Ringen hinein sagte: »Das wirst du niemals tun! Etwas Besseres als diese Ausweglosigkeit findest du allemal!« Merken Sie sich diesen Satz für Ihr Leben!
Im selben Moment schien in mir ein Damm zu brechen. Meine Augen füllten sich mit Tränen, und ich begann laut und hemmungslos zu weinen. Über Stunden! Ich konnte überhaupt nicht mehr aufhören damit. Diese Tränenflut half, alle meine verzweifelten Gedanken, die sich in den vergangenen Wochen und Monaten festgesetzt und meinen Kampfgeist unterhöhlt hatten, aus mir herauszuschwemmen. In meiner großen Not fing ich an, Zwiesprache mit meiner Großmutter zu halten. Plötzlich war ich mir wieder dieser schier unerschöpflichen Kraft bewußt, die mir diese starke Frau mit auf meinen Lebensweg gegeben hatte!
Ich konnte wieder einigermaßen klar sehen und fuhr in das Tegernseer Tal, das sie so geliebt hatte. Dort hatte ich sie früher des öfteren an sonnigen Tagen besucht. Endlich rollte ich mich in meinem kleinen Auto zusammen und schlief, in Gedanken

bei ihr, bis weit in die Morgendämmerung hinein. Die aufgehende Sonne weckte mich. Trauer und Selbstmitleid hatte ich wie eine böse Krankheit aus mir herausgeschlafen. Mein alter Kampfgeist war wieder erwacht. Laut und deutlich sagte ich zu mir: »Ich schaffe es! Ich lasse mich von nichts und niemandem mehr kaputtmachen. Ich kämpfe. Ich will siegen. Ich glaube an die Gerechtigkeit!«

Lassen Sie Ihren Gefühlen freien Lauf!
Wenn Sie je in Ihrem Leben glauben, am Ende Ihrer Kraft zu sein, lassen auch Sie Ihren Tränen freien Lauf. Sie sind immer ein Zeichen dafür, daß unser Denken allein nicht mehr fähig ist, die Widersprüche unseres Lebens aufzulösen. Sperren Sie sich nicht gegen diesen Reflex Ihrer Seele. Weinen löst alle diese Verkrampfungen, die der Kampf gegen eine scheinbar endgültige Niederlage im Körper, im Geist und in der Seele hinterläßt. Nichts ist so schlimm, daß man darüber nicht ehrlich weinen darf. Kämpfen Sie gegen Ihre Niederlage, aber nicht gegen das Weinen, wenn es unausweichlich erscheint. Weinen reinigt die Seele. Weinen befreit. Weinen macht stark!

Wenn diese innere Reinigung und Befreiung vorüber ist, hören die Tränen von ganz allein auf zu fließen. Von diesem Moment an ist Ihr Denken aufnahmebereit für die eine entscheidende Botschaft: »Ich lasse mich von nichts und niemandem erniedrigen! Ich kämpfe! Ich habe Mut!« Saugen Sie diese Botschaft in sich ein, bis Sie spüren, daß sie nicht nur Ihr ganzes Wachbewußtsein, sondern auch Ihr Unterbewußtsein erreicht hat. Diese Botschaft und die Entschlossenheit, sie durchzuhalten, müssen stärker werden als jeder Fluchtreflex. Bleiben Sie stark! Gehen Sie auf Ihre Probleme zu!

Auch mir half dieser Satz, weil ich ihn mir immer dann vorsagte, wenn neue Attacken meines unerbittlichen Widersachers auf mich niederprasselten. Denn mit jedem Einschreiben, mit jedem Gerichtsbeschluß spürte ich wieder, wie mir der Boden unter den Füßen weggezogen werden sollte. Dem setzte ich meine ganze Entschlußkraft entgegen: »Du kannst mich nicht weiter demütigen! Ich kämpfe!«

Die Langzeitwirkung einer Rede aus dem Stegreif

Mir brachte diese Entschlossenheit Mut, Kraft, Hoffnung – und den Wendepunkt in meinem Leben. Eines Tages hatte ich eine wahrhaft göttliche Eingebung. Ich sah einen Menschen vor mir, von dem ich intuitiv das absolut sichere Gefühl hatte: Auf diesen Menschen kannst du dich in allen Lebenslagen verlassen! Sein Name ist Herbert E. Graus. Ich kannte ihn seit meiner Lehrzeit. Er war Einkaufschef einer florierenden elektro-medizinischen Firma in München. Ihn hatte ich offenbar begeistert, als ich Anfang der 70er Jahre bei der Eröffnung einer Filiale in Düsseldorf aus dem Stegreif eine Rede halten mußte. Ich war für meinen Chef in die Bresche gesprungen. – Wie das? Dieser große Rhetoriker hatte mir Minuten vor Beginn der Veranstaltung mitgeteilt, daß er nicht in der Lage sei zu sprechen. Also nahm ich meinen ganzen Mut zusammen, trat vor die etwa 400 geladenen Festgäste und fing an zu sprechen! Ich weiß nicht mehr, was ich damals aus dem Bauch heraus und mit höchster Konzentration zu meinen Zuhörern sagte. Aber unter diesen Zuhörern befand sich auch Herbert E. Graus! Meine Rede hat zumindest diesen einen und für meinen späteren Lebensweg so entscheidenden Mann nachhaltig begeistert!

Er erzählte mir viel später, daß er noch auf dem Rückflug nach München zu einem Kollegen gesagt hatte: »Mit diesem Erich Lejeune würde ich gerne einmal zusammenarbeiten!« Und so kam es auch. Ich habe also mit einer spontan gehaltenen Rede nicht nur Jahre später einen Partner gefunden, sondern auch mein Unternehmen CC gestärkt. Darüber hinaus habe ich das Wertvollste gefunden, das einem beggenen kann – einen echten Freund! Außerdem erkannte ich zum ersten Mal meine neue Berufung, der ich mich neben meiner Arbeit für unsere CC mit wachsender Begeisterung widme: Ich halte mit Freude Vorträge über Motivation und Begeisterung. Ja, das alles löste meine Düsseldorfer Rede aus!

Denken Sie daran, wenn Sie einmal in die zunächst wenig angenehm erscheinende Lage versetzt werden sollten, aus dem Stegreif eine Rede zu halten. Nehmen Sie Ihren ganzen Mut zusammen, und stellen Sie sich dieser Herausforderung! Sie sehen, man weiß schließlich nie, ob nicht der eine entscheidende Mensch unter den vielen Zuhörern sitzt!

Herbert E. Graus blieb bei seinem Wort und kündigte seine sichere Stellung. Und er stand selbst dann noch zu dieser mutigen und risikoreichen Entscheidung, als ihm sein Arbeitgeber die Möglichkeit eröffnete, Teilhaber in seiner Firma zu werden und sie später ganz zu übernehmen. Er setzte voll auf dieses in keiner Weise berechenbare Risiko. Er kam zu mir, wurde von Anfang an gleichberechtigter Gesellschafter und übernahm die Funktion des alleinigen Geschäftsführers. Seine Karriere, die er mit Mut, Risikobereitschaft und unbeirrbarer Loyalität begann, birgt Stoff für eine eigene Erfolgsgeschichte. Seine enorme Erfahrung in der Elektronikbranche würde ein Buch von 1000 Seiten füllen!

Mein Fels in der Brandung

Herbert und ich ergänzten uns von Anfang an fabelhaft. Ich war und bin der »Verkäufer« mit tausend Ideen, wie und wo man noch eine Tür finden kann. Er ist der Einkäufer, der ruhig überlegende Manager, der im laufenden Geschäft jedes Risiko sorgfältig abwägt und dann mutig darauf zugeht. Er war und ist für mich und unsere ○○ wie ein Fels in der Brandung. Sein Mut, sein großes Herz, seine Zuverlässigkeit und seine Ehrlichkeit gaben mir in einer Zeit, in der ich fast ausschließlich mit Lüge und Verleumdung zu kämpfen hatte, eine unglaubliche Kraft. Ich hatte am Tiefpunkt meines Lebens einen echten Partner und Freund gefunden – und auch sein Leben nachhaltig beeinflußt! Ich kann nur jedem wünschen – auch wenn er seine Firma unter weniger dramatischen Vorzeichen gründet –, einen solchen Partner und echten Gentleman zu finden!

Ich verlor nie den Glauben an mich

In dieser schweren Anfangszeit schafften wir oftmals nur einen Umsatz von einigen 100 00 Mark im Monat. Denn die Zermürbungsstrategie meines erbitterten Gegners ließ uns nicht vorwärtskommen! Ihn trieb nicht nur eine mir bis heute unerklärliche Vergeltungssucht, sondern auch die Furcht, ich könnte wieder auf die Beine kommen und seiner beherrschenden Marktstellung ein Ende bereiten. Er beschäftigte eine ganze Anwaltskanzlei, um mich zu blockieren. Überdies sorgte er mit seinen grundlosen, aber nicht nachlassenden Anstrengungen dafür, daß niemand vergaß, wer hinter ©© stand.
Meine finanzielle Lage war immer noch deprimierend. Allein die Belastungen für die Eigentumswohnung verschlangen fast mein gesamtes Einkommen. Dazu kamen die Zahlungen an meine Frau und meine Tochter und die demoralisierende Abzahlung der Prozeßkosten. Für mich selbst blieb so gut wie nichts. Ich lebte schon lange unter dem Existenzminimum! Der einzige Luxus, den Herbert und ich uns gönnten, wenn wir wieder einmal einen kleinen Erfolg verzeichnen konnten, waren unsere sagenhaften »Leberkäsrunden« beim benachbarten Metzger. Ja, so sahen zu der Zeit unsere »Gesellschafterversammlungen« aus!

Hundert Mark und ein Berg Verbindlichkeiten

Und immer noch verging für mich kaum ein Tag ohne Mahnschreiben von den zahlreichen Anwälten und den Gerichten. Wundert es Sie, daß ich in dieser Zeit eine tiefsitzende Angst vor dem Briefkasten entwickelte? Gleichzeitig trug ich zäh und mit eiserner Disziplin hundertmarkweise den Riesenberg von Verbindlichkeiten ab. Ich besaß nicht einmal mehr meinen geliebten kleinen Austin Mini, mit dem ich in guten Zeiten durch ein aufregendes Leben gefahren war. Schweren Herzens hatte ich mich von ihm getrennt. Für Kundenbesuche blieb mir daher nichts anderes übrig, als mir von Herbert sein Auto zu leihen. Ist es da verwunderlich, daß ich mich trotz seines Zuspruchs immer häufiger leer und ausgelaugt fühlte? Manchmal bezweifelte ich sehr stark, daß es möglich war, mit dieser kleinen CC meine großen Ziele zu erreichen.

Andererseits klammerte ich mich mit einer fast irrationalen Verbissenheit an mein Ziel. Ich verlor nie meinen Glauben an Herbert – und er wohl auch nicht seinen Glauben an mich. Darin lag das Geheimnis der Kraft, mit der wir unsere kleine Firma am Leben hielten. Wir wollten uns gegenseitig nicht enttäuschen. Und so kämpften wir Seite an Seite, Tag für Tag gegen alle Widrigkeiten und Enttäuschungen, die uns das Schicksal als Prüfsteine in den Weg legte. CC war schließlich unsere Existenz geworden!

Wer einen ähnlichen Weg gegangen ist, kann sicher nachvollziehen, mit welcher Befriedigung wir täglich die Räume unseres Unternehmens betreten. Auch heute noch!

Wenn nur noch der Glaube weiterhilft

Damals sagte ich mir jeden Morgen als erstes nach dem Aufwachen: »Du kennst dein Ziel. Geh mutig darauf zu!« Diese Vision, einmal auf dem Gipfel meiner Träume zu stehen, trug mich auch über Phasen, in denen ich dem Aufgeben näher war als dem Glauben an den Erfolg. Heute weiß ich, wie unabdingbar diese Vision und wie wichtig ein tiefsitzender Glaube für die Verwirklichung von Träumen sind. Nur mit diesem Glauben kann man die letzten Reserven aktivieren und das Potential an Fähigkeiten ausschöpfen, das in jedem von uns steckt und das uns hilft, auch aus der bedrückendsten Lebenssituation einen Ausweg zu finden!

Viele Menschen hoffen ein Leben lang, daß ein Zauberer sie wie in »Tausendundeine Nacht« auf einen fliegenden Teppich einlädt und sie mühelos im Land ihrer Träume absetzt. Oder daß eine Glücksfee ihnen die sechs Richtigen im Lotto bringt oder wenigstens die Sofortrente der Glücksspirale. Es ist nicht ausgeschlossen, daß es diese Zauberer und Glücksfeen tatsächlich gibt.
Aber weitaus sicherer und unendlich viel befriedigender ist es doch, ein selbstgewähltes Ziel ins Auge zu fassen und mutig, mit Geduld und Ausdauer darauf zuzugehen. Damit aktivieren wir unsere Intuition und die übernatürlichen Kräfte, die viele Menschen als Glück und Zufall bezeichnen. Manchmal führen einen diese Zufälle auf Umwege, auf denen einem das große Glück begegnet. Es gibt viele Straßen des Glücks – man muß nur bereit sein, sie zu finden. Begeben Sie sich auf die Suche!

Am Anfang war das Wort – und die Zuversicht

Im November dieses »Unglücksjahres« beschloß ich, die »Electronica«, die größte Mikroelektronik-Fachmesse der Welt, zu besuchen. Als ich durch die Messehallen schlenderte, war mir nicht bewußt, daß ich mich auf dieser »Straße des Glücks« befand. Ich erinnere mich nur, daß plötzlich der Stand einer Schweizer Weltfirma meine Aufmerksamkeit erregte. Ich kam mit einem Repräsentanten dieser Firma ins Gespräch. Ich erzählte ihm von meinem verlorenen Prozeß und dem Wettbewerbsverbot.
Zwischen uns beiden entstand gegenseitiges Interesse, spontanes Vertrauen, und plötzlich flogen die Bälle hin und her. Es gab verblüffende Gemeinsamkeiten. Auch dieses Schweizer Unternehmen stand vor einer gerichtlichen Auseinandersetzung mit seiner deutschen Niederlassung und war auf der Suche nach einem »Troubleshooter«. Als ich für den nächsten Tag eine Einladung zu einem Gespräch mit dem Präsidenten des Verwaltungsrates bekam, spürte ich, wie sich förmlich in meinem ganzen

Denken und Fühlen die Hoffnung auf eine einmalige Gelegenheit durchsetzte!
Allein dieses Gespräch erschien mir schon wie ein Wunder. Plötzlich sah ich ein Licht am Ende des Tunnels. Ich wußte allerdings: »Für dieses Gespräch mußt du bestens vorbereitet sein!« – Also was tun? – Per Fernschreiben forderte ich bei einer Wirtschaftsauskunftei ein Profil über die Schweizer Firma und über ihre deutsche Niederlassung an. Das Ergebnis elektrisierte mich! Die Schweizer waren weltweiter Marktführer für Saphire und Industriediamanten. Sie produzierten u. a. Saphirnadeln für die Tonabnehmer von Plattenspielern. Damals ein Riesengeschäft! Die Informationen über ihre deutsche Niederlassung sprangen ebenfalls sofort ins Auge: Da waren ein bedeutender Grundbesitz, große Kapitalrücklagen und ein Firmenwert in Millionenhöhe. Ich war fasziniert! Ich hatte das Gefühl, auf eine Goldmine gestoßen zu sein – wenn ich nur diesen aussichtslosen Prozeß verhindern konnte! Ich lernte alle Daten und Fakten auswendig und legte mir für das Gespräch ein klares Konzept zurecht. Das hatte ich ganz deutlich im Kopf, als ich dem Präsidenten hoffnungsfroh die Hand schüttelte!

Wie man aus Zufällen Erfolge schmiedet

Lassen Sie mich hier bitte kurz unterbrechen. Habe ich in Ihren Augen seit meinem totalen Tiefpunkt irgend etwas getan, das Sie in einer ähnlichen Situation nicht auch hätten tun können? Ich gebe zu, daß es wahrscheinlich normal ist, wenn man in einer so ausweglos erscheinenden Situation vorübergehend die Nerven verliert. Aber der Verlauf meines Lebens beweist, daß kein wirtschaftliches oder privates Unglück mich veranlaßte, jegliche Hoffnung aufzugeben. Seien Sie sich immer der Tatsache bewußt: Wir haben erst dann verloren, wenn wir eine Niederlage als endgültig betrachten und akzeptieren!

Fangen Sie nie an aufzuhören!
Entscheiden Sie sich deshalb niemals für das Aufgeben! Hören Sie nie auf, immer wieder anzufangen. Und fangen Sie unter gar keinen Umständen an aufzuhören! Warum nicht eine Nacht über scheinbar unausweichliche Entscheidungen schlafen? Warum nicht die inneren Blockaden bekämpfen, die die Niederlagen verursachen? Und was meine scheinbar völlig ungewisse berufliche Zukunft anbelangte – ich hatte schon einmal bewiesen, daß ich in der Lage war, eine Firma von ganz unten her aufzubauen. Lange bekam ich für meine Zuversicht keinerlei Bestätigung von außen, im Gegenteil, mein erster Partner erwies sich als totaler Mißgriff.

Dennoch spürte ich in mir einen unzerstörbaren Kern, aus dem ich meine Hoffnung schöpfte. Mit dieser Hoffnung im Hinterkopf ging ich auf einen Menschen zu, von dem ich intuitiv den Eindruck hatte, daß er ein ehrlicher, geradliniger und zuverlässiger Mensch war. Ich fand ihn, weil ich nicht aufgab, über Auswege aus der scheinbar hoffnungslosen Lage nachzudenken. Ich redete mir nicht ohne Unterlaß ein: »Welcher Lieferant will mit mir noch zusammenarbeiten?« oder »Deine Feinde wollen dich alle nur am Boden sehen!« So wie ich an mich glaubte, glaubte ich auch daran, daß es irgendwo jemanden gibt, dem ich vertrauen kann.

Und ich sollte mit Herbert E. Graus recht behalten. In der gesamten Elektronikbranche gibt es weltweit keine Partnerschaft, die auch nur annähernd so lange gehalten hat wie unsere und die so erfolgreich war! Jetzt, während ich dieses Buch schreibe, dauert sie schon 21 Jahre an. Und wir beide wissen, daß sie unser ganzes Leben halten wird. Gemeinsamer Erfolg schweißt zusammen und sichert die Zukunft aller Beteiligten!

Niederlagen – eine Frage der Einstellung
Als die für meine Branche wichtige Elektronikmesse anstand, hätten die meisten Menschen verständnisvoll genickt, wenn ich

gesagt hätte: »Was soll ich dort, ich bin ohnehin am Ende! Ich bin hoffnungslos verschuldet! Ich habe nicht mal mehr genügend Geld, um mir ein gebrauchtes Auto zu kaufen. Soll ich mir anstatt der teuren Eintrittskarte zu dieser Messe nicht lieber ein anständiges Mittagessen kaufen?« Und was dann auf dieser Messe passierte – war das eine Fügung des Schicksals?
Nein, es kam aus meinem Glauben an die Macht der Vision! Dieser positive Glaube verlieh mir Kraft für die Haltung, mit der ich das scheinbar Unabwendbare bezwang. Deshalb machte ich auch in dunklen Zeiten keinen gramgebeugten oder abweisenden Eindruck. Oder glauben Sie, daß mich mit hängenden Schultern, herabgezogenen Mundwinkeln und trauriger Miene jemand von sich aus angesprochen hätte? Während dieses ersten Gesprächs erahnte ich eine Riesenchance. Und ich ließ nicht locker, bis ich erfahren hatte, mit wem ich sprechen mußte, um aus dieser Ahnung eine konkrete Möglichkeit zu schaffen! Als dieser kleine Lichtstrahl des Glücks greifbar nahe war, sagte ich nicht: »Na gut, morgen habe ich dieses Gespräch. Schauen wir mal, was sich daraus ergibt! Mehr als schiefgehen kann es nicht!« Nein, ich legte sofort los, um für mein Gespräch über alle Einzelheiten informiert zu sein, die wichtig werden konnten. Ich lernte die Fakten auswendig und legte mir eine Strategie zurecht. Mit einem unvorstellbaren Erfolg!

Eine Ahnung wird Wirklichkeit

Wissen Sie, wie dieses Gespräch endete? Ich bekam noch am Messestand ein Schreiben, das mich für die Verhandlungen mit der deutschen Niederlassung als Bevollmächtigten des Verwaltungsrates auswies, und dazu eine Einladung in die Schweiz. Stellen Sie sich vor, ich hätte aus Mutlosigkeit und Verzagtheit das Geld für den Eintritt gespart! Nun sollte ich das Stammhaus mit seinen 300 Mitarbeitern kennenlernen, ehe ich für diesen Weltkonzern verhandelte.
Dort kam ich nach genauem Studium der Akten und eingehen-

den Erkundigungen zu einer weiteren entscheidenden Erkenntnis: Das System der Exklusivvertretungen war so geschwächt, daß Firmen wie die deutsche Niederlassung geradezu aufgefordert wurden, das Monopol zu durchbrechen. Diese Erkenntnis bestärkte mich in meiner Einschätzung, daß ein Prozeß beiden Kontrahenten irreparablen Schaden zufügen würde. Gewinnen würden wieder einmal nur die Anwälte. In dieser Überzeugung verhandelte ich mit der deutschen Niederlassung und war mit meiner Vermittlung erfolgreich. Es gab keinen Prozeß!

Als ich über dieses Ergebnis dem Vorstand in einem ausführlichen Schreiben berichtete, wurde ich gebeten, sofort in die Schweiz zu kommen. Dort machte mir Charles Gerber, der Präsident des Verwaltungsrates, das sagenhafte Angebot, kaufmännischer Direktor des Unternehmens zu werden! Können Sie sich vorstellen, wie diese schier unfaßbare Wendung auf mich wirkte? Ich war sprachlos, überglücklich, verwirrt und wild entschlossen zugleich!

Aber dann kam der ernüchternde Augenblick, in dem ich entschied, diesem Mann in aller Offenheit und Ehrlichkeit meine gegenwärtige Situation zu schildern. Die falschen Anschuldigungen, die Demütigungen, den verlorenen Prozeß, alles! Ich wollte mich damit auch vor neuen Enttäuschungen schützen. Seine Antwort war der Beweis für seine selbstbewußte und unabhängige Denkweise: »Wissen Sie, Herr Lejeune, uns in der Schweiz interessiert nicht, was andere sagen. Wir machen uns selbst ein Bild von den Menschen, mit denen wir zusammenarbeiten wollen. Machen Sie sich da bitte keine Sorgen!«

Der Start in ein neues Leben

Im Januar 1977 sollte ich meine Tätigkeit im Konzern aufnehmen, und zwar in Biel, der Heimat so berühmter Uhrenmarken wie Tissot, Rolex und Omega. Wie sollte ich mich entscheiden? In München war ich ein schwarzes Schaf, dem man mit allen Mitteln die Luft zum Atmen abschnürte. In der Schweiz konnte

ich Direktor einer Weltfirma mit einem geradezu fürstlichen Gehalt werden. Andererseits gab es in München ein kleines Wohnbüro, an dem mit den zwei Buchstaben ⓖⓔ mein Traum von einem eigenen Unternehmen hing. Und da saß ein Mensch, der diesen Traum mit mir teilte, der dafür seine Existenz riskiert und ein sehr lukratives Angebot ausgeschlagen hatte und den ich unter keinen Umständen enttäuschen durfte.
Auch dieses Problem sprach ich ganz offen an – mit dem Erfolg, daß ich die Erlaubnis erhielt, bei meinen Auslandsreisen auch Geschäftskontakte für ⓖⓔ aufzubauen. Mut und Ehrlichkeit hatten mir im wahrsten Sinn des Wortes ungeahnte Möglichkeiten eröffnet. Wie hätte ein so geradlinig denkender Mann reagiert, wenn nach einer meiner Reisen durch einen Zufall herausgekommen wäre, daß ich ohne vorherige Absprache und ausdrückliche Genehmigung Gespräche für ⓖⓔ geführt hatte? Ich hätte noch im selben Moment meinen Schreibtisch räumen müssen. Da war ich mir sicher!

Wissenslücken – und wie man sie beseitigt

Apropos Auslandsreisen: Ich hatte meinen Anstellungsvertrag schon in der Tasche, als mich Herr Gerber eher pro forma nach meinen Sprachkenntnissen fragte: »Na, Herr Lejeune, bei Ihrem Namen können Sie sicher Französisch, und wie steht es mit Ihrem Englisch?« Meine ehrliche Antwort, daß ich damals über keinerlei Sprachkenntnisse verfügte, wollte er zuerst nicht glauben. Er hielt sie für übertriebene Bescheidenheit. Aber dann entschied er, daß ich in London einen Crashkurs machen sollte, um meine Sprachkenntnisse »aufzufrischen«. Auch das war typisch für sein unabhängiges und vorurteilsfreies Denken. Er vertraute so sehr auf meine kämpferischen Fähigkeiten, daß er über diese Bildungslücke einfach hinwegsah. Gibt es so etwas heute noch? – Hoffentlich!

Auf dem zweiten Bildungsweg
Ehe ich also in die große weite Welt aufbrechen konnte, mußte ich noch einmal die Schulbank drücken – mit Einzelunterricht an einer berühmten Sprachenschule. Deren gnadenlose Paukmethoden waren unter Politikern und Geschäftsleuten aus aller Welt berüchtigt. Alle sprachen ausschließlich Englisch mit mir, und ich verstand kein einziges Wort! Dieser Druck machte mich fast wahnsinnig. Am zweiten Tag sprang ich während des Unterrichts auf und rief: »Schluß! Ich halte das nicht mehr aus. Ich kann einfach nicht mehr!« Der Lehrer schien derartige Reaktionen von seinen erwachsenen Schülern gewohnt zu sein. Seine Antwort klang jedenfalls sehr gelassen: »Don't worry, Mr. Lejeune. Let's go for a walk into the Hyde Park!« Auf diesem Spaziergang wurde mir klar, was ich in meinem bisherigen Leben an Bildung alles versäumt hatte. Ich nahm mir vor, daß künftig kein Tag mehr vergehen dürfe, an dem ich nicht irgend etwas dazulernen würde.

An diesen Entschluß habe ich mich unbeirrt gehalten, denn es gibt keine Erfolge, für die man nicht dazulernen muß. Was einem ohne Anstrengung zufällt, ist meist nicht der Rede wert, vor allem wenn man in einer Branche arbeitet, die tagtäglich Neuerungen auf den Markt bringt. Lebenslanges, tägliches Lernen ist nicht nur eine unabdingbare Voraussetzung für lebenslange Erfolge. Lernen, die stetige Erweiterung des geistigen Horizonts und der Bildung, ist eine Quelle ungeheurer Freude, die nie versiegt! Sie stärkt unser Selbstbewußtsein, sie durchdringt alle Sinne und verleiht uns die unabdingbare Voraussetzung für den Erfolg: Charakter und Bildung. Lernen ist die beste Medizin für geistige Fitneß! – Freuen Sie sich auf mein neues Buch: »Bilde dich – und werde reich!«

Take-off in eine neue Welt
Von London aus flog ich zurück in die Schweiz, um meine erste Überseereise vorzubereiten. Meine Sekretärin stellte jeden Ter-

min einzeln zu einer Agenda zusammen mit Name, Adresse und Telefonnummer des Gesprächspartners und mit einem präzisen Aufriß, was zu besprechen war. Von dieser klaren Methode war ich sehr beeindruckt. Auch dieses Prinzip habe ich mir zu einer bleibenden Angewohnheit gemacht. Unterschätzen Sie deshalb nie die Wichtigkeit der Ordnung und die ordnende Hand einer guten Sekretärin!

Und dann ging's los! Mein Glücksgefühl war unbeschreiblich, als ich in der Maschine der Swissair von Zürich nach New York saß. Ich schwebte nicht nur über allen Wolken, ich fühlte mich im siebten Himmel. Ich konnte meine Freude kaum fassen: Amerika! Was für ein Glücksgefühl! Jetzt kam ich zum ersten Mal auf diesen faszinierenden Kontinent! Mit großen Augen fuhr ich im Taxi vom John-F.-Kennedy-Flughafen zu meinem Hotel in Manhattan, vorbei an den aufragenden Wolkenkratzern, die ich bisher nur von Bildern kannte. Ich checkte ein und verstaute als erstes meinen Aktenkoffer mit allen Unterlagen und 5000 Schweizer Franken Bargeld – sicherheitshalber unter dem Bett!

Dann ging ich trotz meiner Müdigkeit noch auf einen Drink an die Bar. Dort fiel mein Blick auf eine bildhübsche junge Frau. Sie lachte mich aus großen blitzenden Augen und mit einem freundlichen Gesicht spontan an. Wie elektrisiert ging ich auf sie zu und lud sie zu einem Drink ein. Es entspann sich ein sehr heiteres Gespräch. Ich war ungeheuer stolz auf mich, daß ich im Gespräch mit ihr mein frisch erworbenes Englisch ausprobieren konnte! Diese Frau schien die ganze unglaubliche Ausstrahlung dieser Stadt in sich zu tragen. Die Funken flogen. Offensichtlich hatte mir diese faszinierende Auslandsreise, dieser unglaublich anregende Aufbruch in eine neue Welt für einige Stunden mein altes Selbstbewußtsein wiedergegeben!

Als ich schließlich doch müde wurde und mich verabschieden wollte, flüsterte sie im Vorbeigehen mit ihrer dunklen, samtweichen Stimme: »Eric, what's your room number?« Ich dachte mir immer noch nichts dabei. Im Gegenteil! Ich fand es einfach

herrlich, daß meine Ausstrahlung so auf sie gewirkt hatte! Das war eine ungeheure Selbstbestätigung. Wie hätte ich ahnen können, daß ihr angeregter Flirt ganz gezielt auf eine besondere Art von Zimmerservice abgezielt hatte? Ich ging nach oben. Es dauerte nicht lange, bis es klopfte.
Gegen zwei Uhr wachte ich wieder auf. Nanu, ich war wieder allein? Intuitiv griff ich unter das Bett – weg! Mein Koffer war weg. Das Telefonkabel war aus der Wand gerissen! Was für ein Schock! Ich war das Opfer meines schönen Abenteuers geworden! Jetzt rannte ich auf den Flur. Ich rief um Hilfe. Der Sicherheitsbeamte des Hotels, der auf meine Hilferufe herbeikam, machte mir als erstes mit bedenklicher und vorwurfsvoller Miene klar, daß ich gegen New Yorker Gesetze verstoßen hatte. Die verbieten strikt, in Hotels fremde Damen aufs Zimmer kommen zu lassen. Mein Gott, was für ein Malheur! Ich hatte eine so großartige Chance gehabt, und ich hatte sie am ersten Tag gleich wieder verspielt!

Das Kofferwunder von New York

Was sollte ich dem Schweizer Präsidenten sagen? Alle möglichen Ausreden und beschönigenden Ausflüchte jagten mir durch den Kopf! Bis ich kopfschüttelnd in den Spiegel sah und zu mir selbst sagte: »Nein, so nicht! Ich kann mich doch nicht so feige aus der Affäre ziehen!« Unwillkürlich dachte ich an die Grundsätze, die mir meine Erziehung mitgegeben hatte. Dann nahm ich meinen ganzen Mut zusammen und rief den Präsidenten meiner Firma in der Schweiz an. Ich kam ohne Umschweife zur Sache: »Guten Tag, Herr Gerber, ich bitte um meine Entlassung!« Dann schilderte ich ihm in aller Offenheit, was vorgefallen war, und ich bat ihn, mir wenigstens so viel Geld anzuweisen, daß ich wieder nach Hause fliegen konnte. Ich würde es unter allen Umständen zurückbezahlen.
Aber an seiner verblüffenden Reaktion konnte ich erkennen, daß er nicht nur großzügig dachte, wenn es um Sprachkennt-

nisse ging: »Ach was«, sagte er, »das ist mir auch schon passiert. Da sind wir beiden nicht die einzigen. Dieses Problem ist international. Bleiben Sie, wo Sie sind. Das Geld weise ich Ihnen an, und die Papiere bekommen Sie in Kopie. Per Luftpost!«
Dieser lebenserfahrene Schweizer hatte mich wieder einmal sprachlos gemacht. Und was glauben Sie, was dann passierte? Es war wie ein Wunder! Noch am Abend desselben Tages brachte mir der Sicherheitsdienst des Hotels meinen Koffer aufs Zimmer! Mit sämtlichen Unterlagen, sämtlichen Schecks, Flugtickets und sogar mit meinem Paß. Nur das Bargeld fehlte. Ich bin mir absolut sicher: Hätte ich der Versuchung nachgegeben, mich mit Ausreden aus der Affäre zu ziehen, wäre mein Koffer nie wieder zurückgekommen!

In dreißig Tagen um die Welt
Nach erfolgreichen Verhandlungen in New York und Toronto kehrte ich in die Schweiz zurück. Die Direktion war mit den Ergebnissen meiner Reise hoch zufrieden. In wenigen Wochen sollte ich meine erste große Weltreise antreten: Mailand, Beirut, Damaskus, Athen, Bahrain, Karachi, Bombay, Kalkutta, Bangkok, Hongkong, Taiwan, Tokio, Singapur, Manila, Sydney und Wellington (Neuseeland). Ziel der Reise war, die dortigen Auslandsvertretungen kennenzulernen und wieder eine dynamische Zusammenarbeit vorzubereiten. Was für eine Chance, endlich die Welt kennenzulernen!
Und wie hatte ich erneut diese Gelegenheit bekommen, meine organisatorischen Fähigkeiten unter Beweis zu stellen? Durch ehrliche Eingeständnisse. Sie bewirken Wunder! Ehrlichkeit gibt Kraft und währt immer am längsten! Hätte ich meinen Fauxpas in New York zu kaschieren versucht, wäre mir das nur mit Hilfe des dortigen Repräsentanten gelungen. Von woher sonst hätte ich Geld für den Rückflug bekommen können? Ich hätte ihn mehr oder weniger zum Komplizen eines unehrlichen

Manövers machen müssen. Dann wäre aber mein Verhandlungsspielraum auf ein Minimum reduziert worden, und ich hätte meine Glaubwürdigkeit verspielt.
Man sollte deshalb immer bedenken: Mit einem schlechten Gewissen kann man niemals optimale Ergebnisse erzielen! Darüber hinaus hätte auch mein Selbstbewußtsein großen Schaden genommen. Und auch dadurch wäre ein Erfolg mehr als fraglich geworden. Wer lügt, lügt immer zweimal. Erstens belügt er sich und zweitens den anderen. Lügen heißt sich selbst betrügen!

Ein Glücksstern tritt in mein Leben

In diese Zeit fiel ein privates Ereignis, das mein Leben entscheidend verändern sollte. In Biel/Bienne, diesem hübschen Städtchen genau an der Grenze zwischen der französischen und der deutschen Schweiz, lernte ich Irène kennen, einzige Tochter einer gutbürgerlichen Schweizer Familie. Sie war zweisprachig aufgewachsen und sprach ganz im Gegensatz zu mir genauso gut Französisch wie Deutsch. Und wie wir schnell herausfanden, gab es in unseren Lebensläufen sehr viele Ähnlichkeiten.
Irène hatte gegen den Rat ihrer Eltern mit 21 Jahren einen sehr viel älteren Mann geheiratet, der zwei Kinder mit in die Ehe brachte. Die beiden hatten auch noch ein eigenes Kind: Florence. Dennoch lebte Irène nach einigen Jahren Ehe in großer innerer Einsamkeit. Als ich sie kennenlernte, hatte sie ihre Scheidung bereits fest ins Auge gefaßt. Nicht nur ihr bildhübsches Aussehen und ihre klare und herzliche Ausstrahlung begeisterten mich auf Anhieb. Es war auch das gegenseitige tiefe Verständnis für die Situation des anderen, das uns zusammenführte. Als wir uns kennenlernten, war Irène allerdings in der Regelung ihrer persönlichen Situation schon einen Schritt weiter als ich. Aus dieser klaren Entscheidung schöpfte sie Kraft. Sie schenkte mir durch ihren Zuspruch, durch ihre Haltung und

durch ihr optimistisches Wesen neue Energie. Auch ich mußte mir endlich eingestehen, daß meine Ehe mit Monika gescheitert war und daß in dieser Beziehung eine eindeutige Entscheidung zu treffen war.

Die Voraussetzung für einen Neuanfang

Ich spürte einen übermächtigen Drang, mit neuem Schwung, mit Energie und totalem Einsatz aller meiner Kräfte auf das Ziel zuzusteuern, das ich nie ganz aus den Augen verloren hatte. Ich wollte wieder erfolgreich sein. Aber zuerst mußte ich in dieser aufwühlenden Zeit des Umbruchs und des Neuanfangs mein Privatleben in geordnete Bahnen lenken – aus der sicheren Erkenntnis heraus, daß nur der beruflich erfolgreich arbeiten kann, der seine privaten Dinge in Ordnung gebracht hat.
»Im Beruf Profi und im Privatleben Amateur!« Auf der einen Seite Tatendrang, Erfolgsgefühl, Selbstbewußtsein, Schaffensfreude und alles, was zu einem erfolgreichen Menschen gehört – und zu Hause Frust, Unsicherheit und lähmende Abkühlung der Gefühle? Das kann nicht lange gutgehen. Oder es führt zu einer totalen Vermischung der Bereiche. Sie kennen sicherlich auch solche »Amateurprofis«. Im Büro erzählen sie ständig von ihren Aktivitäten in der Freizeit und im Urlaub. Und in der Freizeit reden sie mit Hingabe über den unerträglichen Streß im Büro! So saugt ein ungeordnetes Privatleben kontinuierlich die Kraft und Energie ab, die man gerade in beruflich harten Zeiten so dringend benötigt – und zwar bis zur letzten Reserve. Umgekehrt nimmt eine ungeklärte berufliche Situation so viel Freude, Zuneigung und Unternehmungslust aus dem Leben und unseren Gefühlen, daß Spannungen nicht ausbleiben können.

Ich bringe Ordnung in mein Leben

Ich wußte, man muß immer sein ganzes Leben in Ordnung bringen! Deshalb sah ich gar keine andere Wahl, nachdem ich mei-

nen persönlichen Erfolg wieder ins Auge gefaßt hatte: Auch ich entschloß mich zur Scheidung!
Um auch mein neues Leben in der Schweiz auf ein geordnetes Fundament zu stellen, bat ich Irène, in der Zeit meiner Abwesenheit eine kleine Wohnung zu finden. Ich konnte unmöglich länger den Zustand ertragen, auf Reisen Tag für Tag den Koffer zu packen, um von einem Hotel ins nächste zu jetten und nach meiner Rückkehr wieder im Hotel zu landen und wieder aus dem Koffer zu leben. Ich war dieses Leben aus dem Koffer leid! Ich brauchte ein richtiges Zuhause. Irène fand es für mich. Mein kleines Schweizer Domizil wurde meine neue Lebensmitte. Zwar floß immer noch ein Großteil meines nunmehr stattlichen Einkommens in die »Aufräumarbeiten« meiner Sorgen und Verpflichtungen. Ich sorgte weiter pünktlich und in angemessener Höhe für meine Noch-Ehefrau und vor allem für unsere Tochter. Aber es blieb mir doch eine kleine Summe, die ich Irène geben konnte, um die notwendigste Einrichtung für dieses Domizil zu kaufen.

Ich sammle erstmals globale Erfahrungen

Auf meiner ersten Weltreise konnte ich unschätzbar wichtige Erfahrungen sammeln. Ich lernte, mich auf internationalem Parkett zu bewegen, mich jeden Tag auf neue Situationen einzustellen und Verhandlungen in einer Sprache zu führen, die ich erst wenige Wochen zuvor mühsam gelernt hatte. Durch diese Herausforderung wurde mein Englisch von Tag zu Tag besser. Indem ich in der Sache hart, aber fair verhandelte, gelang es mir, gemeinsam mit den Geschäftspartnern in kurzer Zeit Probleme zu lösen, die sich in langen Jahren aufgestaut hatten. Wenn so durch Offenheit und Ehrlichkeit das Eis gebrochen war, gaben sie mir Einblick in die wirtschaftlichen Verflechtungen eines halben Erdteils.

Was ich durch Reisen lernte

Diese erste große Reise bestätigte mich in der entscheidenden Erkenntnis, daß das Wissen um die Strukturen und das Kennenlernen von Menschen einen ungeheuren Einfluß auf die wirtschaftliche Entwicklung in Deutschland ausüben! Sie sind unabdingbar, wenn man für den globalen Wettbewerb Partner in anderen Ländern finden will. Daher können derartige Reisen nicht nur für einen mittelständischen Unternehmer zur Überlebensfrage werden. Von den Erfahrungen, die man gerade in schwierigen Situationen gewinnt, profitieren aber nicht nur die Unternehmen. Der Gewinn, den ein Unternehmer für sich ganz persönlich daraus ziehen kann, läßt sich in Zahlen überhaupt nicht ausdrücken. Er ist abgesehen davon völlig unabhängig von der Größe seines Unternehmens! Diese erste Weltreise meines Lebens gab mir mehr Erfahrung mit auf meinen weiteren Weg und war mehr wert als die vielen Managementkurse von Leuten, die selbst noch nie gemanagt haben. Das war *Learning by doing!* Und das eröffnete mir eine ungeahnte Chance!

Kein Deutsch, kein Japanisch – nur eine Idee!

In Japan begegnete ich einem japanischen Geschäftsmann, der für ein in Tokio ansässiges Handelshaus den Export leitete. Er sprach nicht Deutsch, ich nicht Japanisch, und sein Englisch war kaum besser als meines. Aber dennoch entstand in diesem »Gespräch« erst eine völlig verrückt klingende Idee und dann – ob Sie es glauben oder nicht – eine völlig neue Nische im Handel mit der Mikroelektronik! Als ich diesem Mann nämlich radebrechend, mit Händen und Füßen und offensichtlich mit einer Überzeugungskraft, die alle Sprachbarrieren überwand, von meinen Plänen mit ᴄ&ᴄ erzählte, sagte er spontan: »Lejeune-san, I would like to work for you!« – Wie sollte das gehen? – Er schlug mir vor, eine eigene Niederlassung für ᴄ&ᴄ in Japan zu gründen.

❦ in Japan

Meine erste Reaktion war große Skepsis, weil ich wußte, daß Japan in der Mikroelektronik damals noch weit hinter den USA und Deutschland zurücklag. Dennoch begann ich aus einer Intuition heraus, mich für diesen unrealistisch klingenden Vorschlag zu interessieren. Wie hätte ich zu diesem Zeitpunkt auch ahnen können, daß das der »goldene Boden« war, der einmal den großen Erfolg von ❦ mitbegründen sollte?

Das hatte vor mir in der Elektronikbranche noch niemand gewagt – in Japan eine eigene Firma zur Beschaffung von mikroelektronischen Bauteilen zu eröffnen. Verrückt! Mir wurde erst viel später bewußt, daß ich damit offiziell der erste Chipbroker der Welt wurde. Ohne es zu wissen, hatte ich eine völlig neue, kundenfreundliche Art der Beschaffung von elektronischen Chips erfunden! Durch diese Begegnung mit dem japanischen Markt wurde ich zu einem Pionier für die ganze Chipbranche. Das beweist, daß Verständigung eben mehr ist als die bloße Anwendung von Sprachkenntnissen.

Zur damaligen Zeit hatten für dieses Gebiet noch nicht einmal deutsche Großkonzerne Niederlassungen in Japan. Bedenken Sie deshalb, wenn Sie einmal vor ähnlich dramatischen Entscheidungen stehen: Es sind die Vorstellungskraft und der Glaube, die Wunder und Visionen hervorrufen. Und durch Mut werden Visionen Wirklichkeit!

Ehrlichkeit – das beste Verhandlungskonzept

Trotz dieser so bahnbrechenden Gespräche hatte ich natürlich in erster Linie meinen Auftrag im Auge! Station um Station arbeitete ich mich auf meinem Reiseplan vorwärts. Ich bekam ständig mehr Routine in der Verhandlungsführung. Das brachte gute Ergebnisse für meinen Schweizer Arbeitgeber! Statt den Anschein von Exklusivität im Vertrieb aufrechtzuerhalten, gaben mir meine Gesprächspartner einen Überblick über die weitverzweigten Abhängigkeiten von Liefer- und Abnahmebedingungen. Fast immer gelang es mir, auf dieser Basis annehmbare Lösungen in der Zusammenarbeit zu erreichen – zum Vorteil für beide Seiten. Diese Art zu verhandeln habe ich beibehalten. Sie führt zum Kern der Probleme und spart Zeit, weil man der Wahrheit auf Dauer nicht ausweichen kann. Zusammenarbeit bedeutet immer Geben und Nehmen! Auf diese Weise stehen am Ende der Verhandlungen immer zwei Gewinner!

Nicht nur unter dem Eindruck der zahlreichen Gespräche in Fernost wurde Ehrlichkeit zu meinem ausschließlichen Lebensprinzip! Dieses Konzept habe ich auch beibehalten, als ich in meinem ersten Buch »Mr. Chip – eine deutsche Karriere« einen Teil meiner Autobiographie schrieb. Ich habe darin nichts beschönigt. Deshalb wurde ich nach der Veröffentlichung meines ersten Buches häufig verwundert gefragt: »Wie kann man nur so ehrlich sein?« Meine Antwort lautet: »Weil man nur durch Ehrlichkeit frei werden kann für den Erfolg!« Nur mit Ehrlichkeit werden wir die großen Probleme unserer Zeit lösen!

Diese Botschaft der Ehrlichkeit habe ich in den vergangenen Jahren in Vorträgen vor Zigtausenden von Menschen vertreten. Mit dieser Botschaft bin ich in zahlreichen Diskussionsrunden, auch durch die Medien, einem großen Publikum nähergekommen. Dabei hatte ich immer den Eindruck, verstärkt durch viele persönliche Gespräche und Briefe, daß die Menschen diese Offenheit und Liebe zur Wahrheit selbst als eine große Befreiung empfinden. Sie scheinen zu spüren, daß ein erfolgreicher Neuanfang nur auf der Basis von Mut, Wahrheit und Ehrlichkeit möglich ist.

Diese breite Zustimmung zu meiner Botschaft verschafft mir ein großartiges Lebensgefühl. Sie überzeugte auch den Bundesverband mittelständischer Wirtschaft, hinter dem 40 000 Unternehmer mit 2,5 Millionen Arbeitsplätzen stehen. Der Wirtschaftssenat des BVMW wählte mich wohl aus diesem Grund zu seinem Sprecher. Weil es mir ein Bedürfnis ist, meine Motivationskraft diesem für den Mittelstand so wichtigen und zukunftsweisenden Verband zur Verfügung zu stellen, habe ich diese Wahl mit Freude angenommen. Und wir wissen alle, daß der Mittelstand die Triebfeder der deutschen Wirtschaft ist!

Rückkehr zu meiner Berufung

Ohne den mutigen Kampf um die Wahrheit und Ehrlichkeit hätte ich wohl nie mehr die Rückkehr zu meiner Berufung geschafft! Doch glauben Sie mir, jede Seite dieses Buches und jeder noch so kleine und erst recht jeder größere Erfolg entstanden aus harter, dornenreicher Arbeit! Um es abzukürzen – nach Ablauf meines Wettbewerbsverbots kehrte ich aus der Schweiz nach München zurück. Ich wußte: »Eine große Zeit liegt vor mir! Jetzt geht's aufwärts!«

Irène wurde meine Frau. Herbert E. Graus, Irène und ich führten unser Unternehmen durch Untiefen und über zahlreiche Klippen zu einem nie für möglich gehaltenen Aufstieg! Ich hatte zwei Menschen gefunden, die zu mir standen. Irène, diese kluge, gebildete und kämpferische Frau, wurde nicht müde, auch in den schwierigsten Situationen den Zuspruch zu wiederholen: »Erich, du schaffst es!« Ihr Mut, ihre Tatkraft und ihr Vertrauen waren ganz entscheidend für meine Entwicklung und für den Aufbau von ©©.

Irène vertrat mich auch auf Reisen, zum Beispiel nach Japan. Vor ihr hatten sogar meine japanischen Geschäftspartner allergrößten Respekt, obwohl Frauen im japanischen Geschäftsleben leider noch nicht den ihnen gebührenden Platz einnehmen. Aber Irène war eben überall auf der Welt ganz sie selbst. Ob in den USA, in Italien oder sonstwo. Ihre Ehrlichkeit und Disziplin überzeugte nicht nur die Japaner!

Und mich ermutigte sie immer wieder, wenn Schwierigkeiten auftraten. Sie sagte: »Du schaffst es!« Nehmen Sie diese kurze, aber treffende Botschaft meiner Frau ernst. »Du schaffst es!« Nehmen Sie diesen »Mutmacher« in Ihr Leben auf. Sie werden es erleben – mit »Du schaffst es!« können Sie Berge versetzen!

Das Geheimnis des wahren Erfolgs

Welche Philosophie, welche Tugenden sonst noch für diesen großen Erfolg nötig waren, werde ich in den folgenden Kapiteln dieses Buches immer wieder deutlich herausstellen. Ich möchte Ihnen damit für Ihren eigenen Weg Mut machen. Verlassen Sie die ausgetretenen Pfade der Orientierungslosigkeit, der Niedergeschlagenheit und der Mutlosigkeit. Erfolg entsteht nur durch Mut und durch eine genaue Zielsetzung. Erfolg haben kann jeder!

Ein erstes Durchlesen von **Lebe ehrlich – werde reich!** wird auch Sie sensibilisieren für die Voraussetzungen für Ihren Erfolg. Da bin ich mir absolut sicher. Für eine dauerhafte Entwicklung Ihrer Persönlichkeit, Ihres Charakters und Ihrer Erfolgsbereitschaft müssen Ihnen aber die Grundgesetze des Erfolgs durch ständige Anwendung zur zweiten Natur werden. Dann wird Ihr Handeln von diesen unumgänglichen und unumstößlichen Gesetzen getragen sein.

Am Anfang steht dabei die Bereitschaft zum Wandel. Dann kommen die Suche nach Ihrem Lebensziel und die Bündelung aller Ihrer Kräfte in der unbeirrbaren Entschlossenheit, dieses Ziel zu erreichen. Ständig dazuzulernen, besser zu werden, Ihre Talente und Fähigkeiten auszubauen, um dann mit Freude festzustellen, daß alle Ihre Energie in Richtung Erfolg fließt – das ist die Reise zum Erfolg, auf der ich Sie mit meinen Erfahrungen begleiten will. Reißen Sie sich um Erfolg. Reisen Sie zu Ihrem Erfolg!

Plötzlich wird ein Wunder geschehen

Glauben Sie mir, ich habe dieses Wunder des Erfolgs nicht nur an mir selbst, sondern auch an vielen anderen Menschen erlebt. Dieses Wunder, plötzlich ein positiv gestimmter und erfolgreicher Mensch zu sein, kann auch Ihnen geschehen. Lassen Sie sich deshalb von Niederlagen nicht entmutigen. Das sind die Prüfsteine, die uns das Schicksal in den Weg legt, damit wir be-

weisen können, daß wir den Erfolg auch wirklich verdient haben. Der Erfolgsparcours hat viele Hürden – nehmen Sie sie!
Und nun möchte ich Ihnen ein Geheimnis verraten, das Sie erst verstehen werden, wenn Sie es selbst erlebt haben: *Es gibt eine Stufe des Erfolgs, die nichts mehr mit vordergründigem Geldverdienen zu tun hat.* Diese innere Erkenntnis kommt eines Tages wie eine Erleuchtung über Sie. Das ist nicht übertrieben. Denn dann werden Sie mit Ihrer ganzen Person, mit Ihrem ganzen Wesen, mit Ihrem ganzen Geist und mit Ihrem ganzen Körper spüren: Ja – das ist der wahre Erfolg!
Ich nenne diese höchste Stufe des Erfolgs das Pfingstwunder. Weil es dem Wunder, das in der Apostelgeschichte beschrieben ist, am nächsten kommt. Was war so übernatürlich an diesem Pfingstwunder? Alle in Jerusalem versammelten Menschen konnten einander plötzlich verstehen, egal in welcher Sprache sie redeten. »Alle waren über die Maßen erstaunt!« Und so ist es auch mit dem Erfolg. Man kann es niemandem beschreiben, und man kann niemandem erklären, wie man an diesen Punkt gelangt. Erfolg spricht alle Sprachen dieser Welt! Man weiß erst, wie dieses unfaßbare Wunder wirkt und uns in einer sagenhaften, nicht zu beschreibenden Weise verändert, wenn es eingetreten ist: »Ja, das ist es. Das ist Erfolg!«
Wenn Sie diese Erkenntnis in sich spüren, ist es vollkommen unerheblich, wieviel Geld Sie besitzen, selbst wenn es im Moment gerade noch für das nächste Mittagessen reicht – Sie sind reich! Sie werden grenzenlos erfolgreich sein! Und jeder, der Ihnen begegnet, wird plötzlich davon überzeugt sein, daß Sie es geschafft haben! Auch wenn Sie sich jetzt noch weit davon entfernt sehen sollten. Glauben Sie an das Wunder des Erfolgs!

Erfolg ist niemals eine Endstation
Auch wenn Sie diesen unumkehrbaren Weg gegangen sind und Ihr Ziel erreicht haben, werden Sie nie sagen können: »Jetzt habe ich den Erfolg ein für allemal in der Tasche!« Erfolg ist

keine Endstation, sondern ein Hürdenlauf, bei dem man um den Sieg ständig aufs neue kämpfen muß. Es geht bei dieser Art von Erfolg auch nicht mehr vordergründig um Geld, sondern um die völlige Harmonie von Körper, Geist und Seele, mit der man lebt und Dinge tut, die einem Freude bereiten. Dabei spielt es auch keine Rolle, ob man Bilder malt, Firmen gründet oder Menschen fürsorglich und von Herzen gerne betreut.
Man weiß nur eines: Man lebt erst richtig, wenn man diese fast »unglaubliche« Schaffenskraft auch umsetzt. Es zählt nicht mehr, was und wieviel man bewegt. Man will in erster Linie etwas Gutes bewegen, denn die Bewegung zum Guten ist Leben. Stillstand hingegen führt zum Rückschritt! Stillstand führt ins Aus! Glauben Sie mir, es kostet mehr Kraft, die Folgen der Erfolglosigkeit zu ertragen, als für seinen Erfolg, sein Glück und seine Lebensfreude zu kämpfen! Fangen Sie mit diesem Kampf an. Jetzt! Werden Sie reich an Erfolg!

Leitsätze, Gedanken und Anregungen

Schreiben Sie bitte folgende Sätze auf kleine Kärtchen, und machen Sie sie abwechselnd zu Ihrem Tagesmotto:

1. Negative Vorzeichen sind nicht immer schlecht. Sie können meine wichtigsten Bausteine für den Erfolg werden!

2. Mangelnde Schulbildung kann man durch ständiges Lernen ausgleichen – ich werde Autodidakt!

3. Meine Niederlagen sind Prüfsteine auf dem Weg zum Erfolg.

4. Ich lasse mich von nichts und niemandem kaputtmachen. Ich kämpfe!

5. Ich habe den Mut, Fehler ehrlich einzugestehen, weil ich weiß, daß ich nur so aus Fehlern lernen kann!

6. Heute suche ich das Gespräch mit den unterschiedlichsten Menschen, die mir begegnen.

7. Wichtige Gespräche bereite ich minutiös vor und lege mir eine Strategie zurecht.

8. Ich will und ich werde Erfolg haben. Ich schaffe es! Ich will es!

9. Ich werde in allen meinen Unternehmungen das Geheimnis des Erfolgs suchen und nicht eher ruhen, bis ich es gefunden habe.

10. Ich glaube ganz fest daran, daß ich das Geheimnis meines Erfolgs finden werde!

TEIL 2

Nahziele, Fernziele, Visionen

Geben Sie Ihrem Leben ein Ziel und eine Richtung!

Was tun Sie, wenn Sie eine Urlaubsreise planen? – Richtig! Sie überlegen zuallererst, wohin Sie ganz besonders gerne fahren möchten. Da gibt es Reiseziele, die Ihnen schon lange vorschweben. Dort zieht es Sie hin, weil Sie dort genau das tun können, was Ihren Interessen am stärksten entgegenkommt.
Wenn dieses Reiseziel feststeht, entscheiden Sie anhand von Tourenbüchern, Karten und Fahrplänen, wie Sie am besten dorthin gelangen. Sie ziehen Erkundigungen ein, sprechen mit Menschen, die schon mal dort waren, lesen Reiseberichte, kaufen Bücher mit allen nur erdenklichen Informationen über Ihr Ziel, bis Sie einen Punkt erreichen, wo Sie über nichts anderes mehr reden als über den Ort, den Sie unter allen Umständen erreichen wollen.
Mal ehrlich: Kann es sein, daß Sie Ihr Leben weniger sorgfältig angehen als eine Urlaubsreise? Leben Sie Ihr Leben – als eine Fahrt ins Blaue? Flattern Sie darin ziellos herum wie ein Schmetterling auf einer Sommerwiese? Oder ziehen Sie einfach mit den anderen mit wie ein willenloses Herdentier im Zug der Lemminge?
Viele Menschen scheinen das Geschenk ihres Lebens so geringzuachten, daß es ihnen genügt, ihr Auskommen zu haben, einen einigermaßen erträglichen Job innerhalb der tariflich vereinbarten Arbeitszeit und eine »Selbstverwirklichung«, die sich auf die Hobbys am Feierabend oder an den Wochenenden beschränkt. Das dürfen Sie dem großartigen Geschenk, dem Wertvollsten, was Sie besitzen, Ihrem Leben, nicht antun!

Treten Sie lebensfroh und zielbewußt heraus aus der Masse der Menschen, die die Verantwortung für ihr Leben abgegeben haben. Verlassen Sie den Kreis derer, die mit sich und häufig genug auch mit ihren allernächsten Mitmenschen nichts mehr anzufangen wissen, wenn ihr »verkabelter« Multimedia-Freizeitkiller keine Zerstreuung mehr zu bieten hat. Werden Sie aktiv für Ihr Leben!

Statt des echten Abenteuers suchen diese Menschen nur noch den schnellen Nervenkitzel. – Warum? – Weil er keine echte Anstrengung kostet, allenfalls eine kurze Überwindung? Betrachten diese Menschen ihre geistige Entwicklung als abgeschlossen? Oder scheuen sie nur das echte Abenteuer, auf das man sich mit seiner ganzen Person, mit allen seinen Sinnen einlassen muß? Und für das man seinen Körper, seinen Geist und seine Seele in Hochform bringen muß?

Sind Sie mit mir der Meinung, daß Bungeespringen, Fallschirmspringen von Wolkenkratzern und ähnliche Freizeitbeschäftigungen, die nur noch zum Ziel haben »höher, schneller, noch riskanter!«, ein hohler, ja dürftiger Ersatz sind für die wirklichen Herausforderungen, die uns unser Leben bietet? Denn unser Leben ist unendlich viel reicher, vielfältiger und geheimnisvoller, als wir uns im normalen Alltag träumen lassen! Diese Vielfalt und diesen Reichtum werden wir aber nur entdecken, wenn wir anfangen, Reiseberichte in unser Inneres zu studieren. Wenn wir anfangen, Spuren unserer verborgenen Fähigkeiten zu suchen, und wenn wir uns auf die faszinierendste Abenteuerreise einlassen, die wir je antreten können – die Entdeckungsreise zum Kontinent unserer Möglichkeiten. Entdecken Sie den neuen Kontinent Ihres Lebens!

Falsche Wege aus dem Frust des Alltags

Wer sich allerdings daran gewöhnt hat, jedes Programm aus einem augenblicklichen Frust heraus per Knopfdruck ändern zu können, wenn es anfängt, ihn zu langweilen, der wird nur schwer den Weg zu sich selbst finden. Viele Menschen glauben, daß das Leben nur aus »action« besteht. Deshalb verfallen sie leicht dem Trugschluß, sie könnten dem Frust ihres unbefriedigenden Alltags entfliehen und ihr Lebensprogramm entscheidend verändern, indem sie sich per Fernbedienung in eine neue »virtual reality« beamen. Und viele geben sich schon damit zufrieden, sich geistig in der »Lindenstraße« einzurichten.

Reich an Erfahrung, reich an Ausdauer und an Lebensfreude wird man aber nicht per Knopfdruck ins nächste Fernsehprogramm oder durch einen Sprung in die Tiefe! Denn mit diesen beiden Arten von Lebensersatz landet man nur in der nächsten Vorabendserie oder hängt am Ende eines Gummiseiles. Die Frage an uns und unser Leben lautet doch: Wie können wir innerlich wachsen und Kraft gewinnen für die Reise zu unserem wahren Lebensziel? Ein Ziel, auf das wir uns mit unserer ganzen Person und all unseren Sinnen einlassen müssen.

Für die Reise zu unserem Lebensziel gibt es leider keine schnellen Abkürzungen. Wir müssen uns auf unser ureigenstes Leben einlassen. Nur dann können wir von der unbefriedigenden, lähmenden und letzten Endes nur bequemen oder auch unbequemen Belanglosigkeit des Daseins wegkommen.

Der Weg in ein wirklich eigenständiges und authentisches Leben erfordert einen höheren Einsatz als ein teuer bezahlter Sprung aus 40, 60 oder 100 Metern. Diesen Weg in ein neues Leben müssen wir mit unserem ganzen Ich, mit unserer Zeit, Kraft und Begeisterung gehen – Tag für Tag, Woche für Woche, Jahr für Jahr!

Suchen Sie das Abenteuer Ihres neuen Lebens!

Ich kenne dieses Abenteuer! Es hält uns länger in Atem als drei Sekunden – und man kommt garantiert als ein anderer an, als der man aufgebrochen ist! Niedergeschlagenheit, Unzufriedenheit, Mutlosigkeit, Resignation und geistige Lähmung fallen auf diesem Weg wie von selbst von uns ab. Auf diesem Weg braucht man nicht selbstverliebt seine Hobbys als Ersatzprämie für ausgebliebene Anerkennung zu pflegen! Man kann auch nicht auf eine günstige Mitfahrgelegenheit warten. Vieles auf diesem Weg ist ungewiß! Aber eines ist sicher – man wird nicht in Lethargie, Tatenlosigkeit und Frustration versinken.

Steh auf, nimm dein Bett und geh!
Was ist zu tun? – Man muß sich von seinem bequemen Lager erheben, Mut schöpfen, Begeisterung tanken, Klugheit walten lassen, ein Ziel ins Auge fassen und mit Zuversicht darauf zugehen. Wenn Sie mit Ihrem Leben unzufrieden sind, wenn Sie das intensive Gefühl haben »Das war noch lange nicht alles!«, dann möchte ich Ihnen den aufmunternden Satz aus der Bibel zurufen: »Steh auf, nimm dein Bett und geh!« In ein neues, ehrliches, zielbewußtes und erfolgreiches Leben!
Diese Aufmunterung hat eine unglaubliche Heilwirkung. Sie bedeutet nichts anderes als: »Sieh dich um! Die Welt ist doch voll Schönheit, voll Reichtum, voller Möglichkeiten – du mußt nur auf sie zugehen!«
Auf diesem Weg können Sie in ungeahnter Weise wachsen. Sie können vor allem weit über Ihr jetziges Ich hinauswachsen! Das wird Ihnen erst bewußt werden, wenn Sie bei Ihrem Aufbruch in Ihrem Tagebuch festhalten, wer Sie zu Beginn dieser Reise waren, und nach einer längeren Wegstrecke auf dieses frühere Ich zurückblicken. Sie werden sehen, daß Sie sich in einer kaum für möglich gehaltenen Weise verändert haben. Sie werden über den Unterschied zu früher begeistert sein!
Alle Verzagtheit, Niedergeschlagenheit und Mutlosigkeit wird von Ihnen abgefallen sein. Sie werden Erfolge feiern, die Sie mit Mut und Kampfgeist selbst errungen haben. Jeder dieser kleinen Anfangserfolge wird Sie weiter stärken, und es kann gar nicht ausbleiben, daß Sie eines Tages Ihren ganz großen persönlichen Erfolg erringen und aufrichtig feiern werden! Ich weiß das!

Ihr Leitstrahl für ein neues Leben

Fangen Sie an, die wirklich wichtigen Fragen an Ihr Leben zu stellen: »Welches sind meine Wünsche an dieses Leben, oder besser: an mein Leben?« Nur Sie ganz allein können die Antwort darauf geben. Sie wissen doch so gut wie ich, wir alle haben nur dieses eine wundervolle Leben! Aus diesem Grund ist es so unumgänglich, sich für ein positives Leben und eine positiv erfüllte Welt zu entscheiden! Suchen Sie deshalb einen Leitstrahl für Ihr neues Leben!

Fragen Sie sich jeden Tag immer wieder aufs neue: »Wodurch erreiche ich den Unterschied zwischen bloßem Dasein, das mir manchmal wie Sand durch die Finger rinnt, und eigenständiger Existenz, die ich nach meinem Willen und meiner Vorstellung gestalte? Wie programmiere ich mein Denken, damit es zu einem Leitstrahl für ein neues Leben werden kann? Wie werde ich für mich selbst mein bester Freund? Wie finde ich die Tür, die zu meinem Erfolg und zu meiner Freude am Leben führt? Wie schaffe ich die Voraussetzungen für ein dauerhaftes Lebensglück? Welches ist überhaupt das Glück meines Lebens?« Geben Sie sich Antwort auf diese entscheidenden Fragen des Lebens!

Tagesablauf, Lebensrhythmus, Lebensregeln

Wie gestalte ich mein Leben? Sie stimmen sicher mit mir überein, daß es auf diese Frage höchst unterschiedliche Antworten gibt. Das Leben, das ich führe und das mir große Freude und Befriedigung bereitet, würde viele Menschen wenig begeistern. Denn mein Arbeitstag beginnt spätestens um 7 Uhr morgens. Bis dahin habe ich zwei Tageszeitungen gelesen oder auch schon mit einigen meiner Mitarbeiter gefrühstückt. Besprechungstermine an anderen Orten lege ich in der Regel so, daß ich einen ganzen Arbeitstag vor mir habe. Das bedeutet, daß ich des öfteren um 4 Uhr morgens aufstehe. Das Ende meines Arbeitstages ist häufig völlig ungewiß. Das Nachdenken über die tägliche Veränderung verläßt mich nie. Ich bin begeistert von meiner Ar-

beit. Deshalb ist mir negativer, zeitlich belastender Streß seit Jahren unbekannt. Um diese Arbeits- und Lebensweise mit der nötigen Spannkraft durchhalten zu können, achte ich natürlich auf meine Gesundheit und halte mich körperlich fit.
Körperliche und geistige Fitneß ist für mich ein ganz großes und lebenswichtiges Thema. Dennoch kann ich in diesem Buch nicht ausführlich darauf eingehen, weil es mir unmöglich erscheint, auf dieses komplexe Thema in Kürze eine befriedigende Antwort zu geben. Dafür sind auch die Bedürfnisse und Wünsche jedes einzelnen viel zu unterschiedlich. Ich beschränke mich deshalb darauf, Ihnen als Lebensmotto den Leitspruch der alten Römer mitzugeben: »Ein gesunder Geist wohnt in einem gesunden Körper!« Der Wahrheit dieser Worte bin ich mir täglich bewußt. Ich hoffe, Sie auch!

Mens sana in corpore sano!

Egal was Sie persönlich bevorzugen – Schwimmen, Joggen, Wandern, Reiten oder Tennisspielen: Bringen Sie Ihren Körper in Form, in jeder Beziehung! Wer Erfolg haben will, muß belastbar und ausdauernd sein. Er muß nach einer vielstündigen Autofahrt oder einem Flug über die Zeitgrenzen in der Lage sein, noch Stunden körperlich fit und geistig völlig klar zu verhandeln. Er muß auch gelegentlich mehrere Nächte hintereinander durcharbeiten können. Diese Leistung läßt sich aber nur erbringen, wenn man körperlich und geistig absolut fit ist!
Um mir diese Fitneß zu erhalten, muß ich mich nicht auf wochenlange Erlebnisurlaube begeben. Ich verlasse mein Büro selten für länger als acht Tage Urlaub am Stück. – Wie kann ein Mensch so überhaupt leben, werden sich manche denken. Ich weiß, dieser Urlaubsrhythmus erlaubt mir keine Trekkingtouren quer durch den Himalaja. Doch als Unternehmer in einer international eng vernetzten und extrem sensibel reagierenden Branche hätte ich nach längerer Abwesenheit einfach den Anschluß an den Taktschlag, an die Entwicklungsgeschwindig-

keit und an den Innovationsfluß verloren, der in den USA und in Fernost vorgegeben wird!
Außerdem konnte ich schon mehrfach feststellen, daß Freunde oder Bekannte nach sechswöchigen »Traumreisen« auch nicht besser erholt waren als ich nach einem verlängerten Wochenende oder nach einer Woche Arbeitsurlaub im Büro. Ob sie in der Zeit spannender gelebt haben als ich – ich bezweifle es! Denn oftmals sind das schwerste Gepäck, das die Menschen in den Urlaub mitschleppen, der Frust und die Sorgen des Alltags. Und die kann man, wie Sie sicher wissen, nicht »wegurlauben«! Bleiben Sie zur Abwechslung einmal »sorgenfrei« zu Hause. Und ich wette, Sie werden sich erholen wie noch nie!

Arbeit – ein wunderschöner Teil meines Lebens

Was gibt mir die Kraft, gelegentlich rund um die Uhr zu arbeiten? Dieses Arbeitstempo durchzustehen und nebenher noch Vorträge zu halten? – Ganz einfach: Ich führe ein Leben, das mir Freude macht und das ich täglich neu und mit Begeisterung entdecke! Für mich ist Arbeit Freude, aber nicht Lebensersatz. Sie ist einfach ein wunderschöner Teil meines Lebens. Arbeit ist Leben! Haben Sie eine ähnliche Vorstellung von Ihrer Lebensform? Oder leben Sie von 5 Uhr abends bis Mitternacht und sehen die Arbeit als lästige Unterbrechung Ihres Lebens an? Das wäre schade, denn so entsteht kein unverwechselbares Leben! Wer sagt übrigens, daß ein schönes und erfülltes Leben immer bequem sein muß? Einen Teil harter und konzentrierter Arbeit an diesem Buch verwirklichte ich, wie Sie im Vorwort lesen können, an einem herrlichen Urlaubsort. Was glauben Sie, wer an diesem Ort der glücklichste Mensch war? – Ich wurde mehrfach höchst interessiert gefragt, was mir denn solche Freude bereite, daß ich mit der Arbeit daran gar nicht mehr aufhören könne! Es war die Faszination von **Lebe ehrlich – werde reich!**
Glauben Sie mir deshalb: Ein authentisches, selbstbestimmtes Leben, ein Leben, das ganz dem entspricht, was Sie für sich als

Erfüllung ansehen, darf überhaupt nicht bequem, nicht frei von Mühe und Anstrengung sein. Es muß auch in keiner Weise von großen äußerlichen Reichtümern umgeben sein. Es sollte nur eine Voraussetzung erfüllen – es muß voll und ganz und ohne Einschränkungen Ihren Vorstellungen entsprechen. Ja, wirklich nur Ihren! Begeben Sie sich auf Entdeckungsreise in Ihr eigenes Ich!

Entdecken Sie einen neuen Kontinent!

Auch wenn ich heute wenig Zeit für große Entdeckungsreisen habe, glaube ich doch zu wissen, was Entdeckergeist ist und was ihn beflügelt! Ich kann mir sehr gut vorstellen, wann der große Entdecker Christoph Kolumbus wirklich glücklich war – als er nämlich die Planken seiner »Santa Maria« unter seinen Füßen spürte. Er sprühte vor Entdeckergeist, als er endlich seine Fahrt ins Ungewisse antreten konnte. Das war sein wahres Glück, und nicht, als er beladen mit Gold und anderen Schätzen der Neuen Welt nach Spanien zurückkehrte. Die Zeit seines Lebens, die ihn sicher mehr befriedigte als alles andere, war die Ungewißheit der Überfahrt, war der Reiz des Abenteuers. Und nicht der Rausch von Gold!

Vergleichen Sie diese Situation auch mal ganz ehrlich mit Ihrer: Brechen Sie lieber auf, oder kommen Sie lieber nach Hause? Die Seeleute von Kolumbus meuterten, als er nach dem Aufbrauchen der ersten Hälfte der Vorräte nicht umkehrte. Denn da begann das eigentliche Abenteuer! Warum? Am Ende der zweiten Hälfte ihrer Vorräte mußten die Schiffe Land erreicht haben, wenn die Besatzung nicht elend verhungern sollte.

Die einfachen Seeleute verlangten Sicherheit, weil sie Angst hatten und weil sie kein Ziel vor Augen sahen, zumindest kein eigenes. Sie führten kein authentisches, selbstbestimmtes Leben, das ein mögliches Scheitern mit einschließt. Sie wollten kein Risiko und waren zufrieden, wenn sie ihr Leben retten und vielleicht einen kleinen Gewinn nach Hause bringen konnten.

Außerdem waren sie nicht überzeugt von dem Glauben des Kolumbus, daß die Erde eine Kugel ist. Sie befürchteten, irgendwann über den Rand der Weltenscheibe abzustürzen. Kolumbus war tatsächlich der einzige, der an dieses Ziel wirklich glaubte. Deshalb setzte er alles daran, es zu erreichen. Ich kann Sie nur mit aller Begeisterung dazu auffordern: Machen Sie es wie Kolumbus. Brechen Sie auf zu Ihrem neuen Lebenskontinent! Sie werden plötzlich sehen, wie bunt die Welt und das Leben ist! Ich habe eines gelernt: Nur wenn man im Leben immer wieder aufbricht, kommt man zufrieden nach Hause!

Tauchen Sie Ihr Leben in eine neue Farbe!

Nehmen Sie ein ganz anderes Beispiel: Was für Christoph Kolumbus die zermürbenden Jahre des vergeblichen Hoffens und aufzehrenden Wartens am Hof der Isabella von Kastilien waren, bis er endlich die Segel setzen konnte, das war für den Maler Paul Gauguin sein Leben als Bankangestellter in Paris. Das waren seine Jahre nichtgelebten Lebens, wie sie wohl jedes Leben enthält. Selbst das erfüllteste und erfolgreichste hat solche Phasen!

Gauguin lebte in gesicherten Verhältnissen, als er mit 35 Jahren plötzlich die Malerei als seine Berufung entdeckte. Ab da führte er ein ruheloses Wanderleben, ging zu Vincent van Gogh nach Arles, ließ sich von den Bildern des großen und bereits berühmten Paul Cézanne anregen und brach mit 41 Jahren in die Südsee auf.

Dort schuf er unter einfachen, ja ärmlichen Verhältnissen seine ungewöhnlich farbenprächtigen Bilder. Doch trotz der Armut, in der Gauguin lebte, hätte er mit keinem der reichsten Männer von Paris tauschen wollen! – Warum nicht? – Weil die Malerei sein ganzer Lebensinhalt war. Mit dieser an Besessenheit grenzenden Hingabe schuf er unvergleichliche Meisterwerke! Sie zählen heute zu den großartigsten Kunstschätzen der Menschheit.

Für die Malerei, in der er sein wahres Lebensziel erkannt hatte, nahm er dieses unsagbar entbehrungsreiche Leben auf einer winzigen Insel im Pazifik, am Ende der Welt, in Kauf. Nein, er nahm es nicht nur in Kauf, er genoß es und schrieb darüber sogar einen autobiographischen Roman. Sein Leben war ein wunderbares selbstgemaltes Bild!

Ob jung, ob alt – wir brauchen Ziele!

Haben Sie eine ähnliche Vorstellung von dem Lebensziel, das Ihnen so sehr entspricht, daß Sie bereit sind, jede Entbehrung und Strapaze auf sich zu nehmen, um es zu erreichen? Oder daß Sie aus Ihrer relativen Sicherheit ausbrechen? Sind Sie zufrieden, wenn Sie weiter die Karriereleiter, die Ihnen vielleicht vor zwanzig Jahren vorgezeichnet wurde, Sprosse um Sprosse hochklettern? Oder haben Sie ganz neue, eigene und lebenswerte Ziele gefunden?

Wie manche Menschen erst in vorgerücktem Alter auf den Lebenspartner treffen, mit dem sie gerne ein ganzes Leben gemeinsam gelebt hätten, so gibt es auch Berufungen, die sich erst sehr spät erfüllen. Es ist keine Altersfrage, wenn Sie erst heute damit beginnen, darüber nachzudenken, wie Sie gerne leben möchten. Egal in welcher Lebensphase Sie stehen, Sie müssen wissen, welches Ziel Sie erreichen möchten. Denken Sie dabei immer wieder an den großen Philosophen Mark Aurel: »Leben bedeutet vor allem, in seinen Gedanken leben!«

Begeben Sie sich deshalb auf die Suche – Sie werden früher oder später das Ziel entdecken, das für Sie geschaffen ist und für das Sie geschaffen sind. Ziele schaffen Erfolg! In jedem Alter! In jedem Leben!

Es gibt Jugendliche, die mit 14, 15 oder 16 Jahren ganz genaue Vorstellungen von dem haben, was sie in ihrem Leben erreichen möchten. Ich kenne zum Beispiel einen jungen Mann, der mit 16 Jahren eine Karriere als Computerspezialist begann. Er hatte sich in den Kopf gesetzt, die besten Software-Programme der

Welt zu schreiben. Und er begann sofort damit, dieses Vorhaben in die Tat umzusetzen. Mit 20 Jahren war er bereits mehrfacher Millionär! Sein Glaube an seine Vision und an sein Können hat ihn in jungen Jahren in ein Vorbild verwandelt! Deshalb mein Appell an Sie und an die Gesellschaft: Glauben Sie an die Kreativität und Schaffenskraft unserer Jugend! Sie stellt unser größtes Potential an Hoffnung dar. Deshalb haben die Älteren die Verpflichtung, den jungen Menschen die Chancen für geistiges Wachstum und Selbstverwirklichung in der Arbeit zu geben. Die Jugend ist unsere Zukunft!
Ich kenne andererseits viele Fünfzigjährige, die ihre Bestimmung immer noch nicht gefunden haben. Doch auch für sie ist es längst noch nicht zu spät. In diesem Alter sollte man nur etwas schneller zu einem Entschluß kommen – und ihn dann auch etwas schneller umsetzen! Setzen Sie Ihre Erfahrung ein! Glauben Sie an die Kraft der positiven Ziele!

Finden Sie eine neue Überschrift für Ihr Leben!

Vor einiger Zeit las ich in einer Boulevardzeitung die Geschichte eines neunzigjährigen Amateurforschers. Er war ursprünglich Vermessungsingenieur gewesen. Nach seiner Pensionierung unternahm er eine Urlaubsreise nach Griechenland. Dort stieß er auf ein Forschungsgebiet, das ihn nicht mehr loslassen sollte – die Entzifferung der rätselhaften Schriftzeichen auf dem Diskus von Phaistos. Wahrscheinlich haben Sie von dieser Tonscheibe noch nie im Leben etwas gehört – genausowenig wie ich, bevor ich diesen Artikel gelesen hatte. Aber glauben Sie mir, dieser Mann fand auf einem Stück Ton, auf das andere Menschen keinen zweiten Blick werfen würden, viel mehr als ein neues Forschungsgebiet. In einer Inschrift, an der sich schon Generationen von Forschern vergebens versucht haben, begegnete er mit 65 Jahren seinem neuen Lebensinhalt und seinem neuen Lebensziel.
Diese kleine, unscheinbare Scheibe wurde für ihn der Schlüssel

zur Tür in eine neue Welt! Für diese Aufgabe lernte er mit über 65 Jahren Altgriechisch, studierte Archäologie, eignete sich Kenntnisse an über die Radiokarbonmethode zur Altersbestimmung von Gegenständen und unternahm jährlich mehrere Reisen nach Griechenland. Er hielt Vorträge auf wissenschaftlichen Symposien und führte einen faszinierenden Briefwechsel mit Archäologen, Museumsdirektoren, Sprachforschern und Keramikspezialisten – immer auf der Suche nach der Lösung der Aufgabe, die er sich selbst gestellt hatte!

Der Weg ist das Ziel

Es liegt durchaus im Bereich des Möglichen, daß er die rätselhaften Schriftzeichen in seiner Lebenszeit nicht mehr entziffern kann – aber was für ein Leben hat er durch dieses Ziel gewonnen? Sein Leben ist durch diese unermüdliche Suche reich geworden – reich an Wissen, reich an Begegnungen und reich an Anerkennung, denn er gilt weltweit als *der* große Experte für dieses archäologische Rätsel. Sein Leitspruch: »Um mich ist Schönheit – ich lebe!« Und sein Geheimnis: »Ich bleibe immer neugierig und freue mich an Gott und der Welt!« Gibt es eine schönere Überschrift über ein Leben?

Dieser Mann ist unendlich reich geworden. Dabei hat auch er erfahren, daß unsere größten Reichtümer absolut nichts mit Geld zu tun haben! Für ihn entstand ein authentisches und selbstbestimmtes Leben, weil er sein eigenes Ziel fand und seinen eigenen Lebensweg beschritt.

Was aber haben Menschen vom Leben zu erwarten, die sich ihre Ziele von anderen vorschreiben lassen? Sie wissen es so gut wie ich! – Nichts!

Wessen Leben lebe ich?

Erinnern Sie sich bitte immer daran, egal in welcher Rolle, in welcher Lebenssituation oder in welchem Lebensabschnitt Sie sich gerade befinden: Echten Erfolg findet man nur mit eigenen Zielen, eigenen Gedanken und eigenen Ideen, selten mit denen der anderen! Viele Eltern begehen – in der besten Absicht – den Fehler, ihren Kindern Wege zu einem »glücklichen« Leben zu ebnen. Und was passiert, wenn diese Kinder ganz andere Ziele haben als die, die sich ihre Eltern für sie ausgedacht haben? In derartigen Lebenskonstellationen liegt ein ungeheures Negativpotential, das dazu geeignet ist, alle Beteiligten sehr unglücklich zu machen!

Die fürsorglichen Eltern geben das Motto aus: »Wir haben diese Firma nur für dich aufgebaut, daß du es einmal besser hast als wir!« oder »Du mußt ebenfalls Medizin studieren, damit du einmal meine Praxis übernehmen kannst!« Hinter der Behauptung »Wir haben diese Firma oder Praxis nur für dich aufgebaut!« verbirgt sich aber bei weitem nicht die ganze Wahrheit! Alle Beteiligten wissen nämlich ganz genau, daß diese Behauptung so nicht stimmt. Dafür muß der Ehrgeiz dessen, der eine erfolgreiche Firma, eine gutgehende Arztpraxis oder was auch immer aufbaut, viel zu groß sein! Zweitens werden damit junge Menschen mit mehr oder weniger sanfter Gewalt zu Zielen überredet, die nicht die ihren sind. Sie bekommen auf diesem Weg oftmals eine schwere seelische Hypothek aufgeladen!

Sponsored by Papi!

Vielleicht ist Ihnen auch schon dieser liebenswerte Autoaufkleber aufgefallen: Sponsored by Papi! Als ich ihn einmal am Heck eines spritzigen bunten Kleinwagens sah, hoffte ich für die junge Dame, die darin saß, daß das die reine väterliche Liebe war, mit der ihr dieser nagelneue Mini geschenkt wurde. Eine Liebe, die Freiheit zum Erwachsenwerden schenkt und nicht kindliche Bindung fordert!

Kinder sollte man niemals mit einem überhöhten monatlichen Scheck von ihren lebenslangen Zielen abbringen, indem man

ihnen seine eigenen Ziele überstülpt. – Warum? – Weil Ergebnisse, für die man nicht kämpfen muß, keinen inneren Gewinn bringen. An Zielen, die nicht die eigenen sind, kann man sehr leicht scheitern und selten wachsen. Meistens verfolgt man sie nur halbherzig – und verliert damit vielleicht den Halt für sein ganzes Leben!
An Zielen, die nicht die eigenen sind, kann man auch nur schwer seine wahre Berufung finden und daran die wunderbare Kraft der Intuition erproben. Die Suche nach eigenen Zielen ist eine wesentliche und unabdingbare Voraussetzung für den wahren Erfolg, auch wenn diese Suche immer wieder in die Irre führt. Denn Irren ist nicht nur menschlich. Irren ist unser wichtigster Lehrmeister für den Erfolg!

Wir wollen nur dein Bestes!

Wenn junge Menschen letztlich gegen alle Widerstände ihre eigenen Wege gehen, ziehen sich ihre Eltern häufig schmollend hinter den Satz zurück: »Wir wollten doch nur dein Bestes, aber du bist ja so undankbar!« Mit Ehepartnern, die sich gegenseitig zu ihrem beruflichen Glück zwingen wollen, verhält es sich nicht anders. Nur die Druckmittel sind andere. Stellen Sie sich deshalb bitte einmal die ganz zentrale Frage: »Wessen Leben lebe ich, und wessen Ziele verfolge ich?« Wenn Sie wirklich aus ehrlicher Überzeugung sagen können: »Ja, es sind meine eigenen!«, dann reiche ich Ihnen in Gedanken meine Hand zu einem herzlichen und aufrichtigen Glückwunsch! Sie kontrollieren Ihr Leben selbst!

Antwort geben – das ist Leben!

Wenn nicht, kann ich Ihnen nur sagen, daß diese Frage »Wessen Ziele verfolge ich?« den Kern meiner Anleitung für Ihren Erfolg bildet! Wer ständig das Leben lebt, das andere von ihm erwarten, kann nicht erfolgreich werden. Er kann in der Regel nicht einmal richtig erwachsen werden! Fragen Sie sich selbst und auch Ihren Lebenspartner: »Wessen Leben lebe ich eigentlich?« oder »Wessen Leben leben wir?« »Leben wir unser Leben oder das deiner Familie?« »Was prägt unseren Lebensstil? Ist das unser Geschmack, in dem unsere Wohnung eingerichtet ist, oder ist das der Geschmack deiner oder meiner Eltern?«

Wenn Sie alle diese Fragen beantwortet und die Konsequenzen daraus gezogen haben, die sich aus der einen Frage »Wessen Leben lebe ich?« ergeben, werden Sie nicht mehr dieselbe Person sein wie vorher. Glauben Sie mir das! Diesen Anspruch durchzukämpfen kann Ihren ganzen Mut herausfordern, aber es lohnt die Mühe, sich dieser Frage zu stellen. Holen Sie sich die Anregungen und Leitlinien aus **Lebe ehrlich – werde reich!**

Aus meiner langjährigen Erfahrung als Mutmacher für den Erfolg kann ich Ihnen an diesem Punkt ohne alle Einschränkung sagen: An der ehrlichen Beantwortung dieser Fragen und an klar erarbeiteten Konsequenzen entscheidet sich, ob Sie ehrlichen Erfolg haben werden oder nicht! Bitte, glauben Sie mir das!

Gehen Sie mit der Aufarbeitung Ihrer ehrlichen Antwort dennoch sehr behutsam um, denn sie wird nicht nur Ihr ganzes Leben verändern! Auch das Ihres Lebenspartners, Ihrer Familie oder Ihrer Freunde wird nicht mehr so deckungsgleich zu Ihrem Leben passen wie vorher! Warum? Weil Sie möglicherweise Konsequenzen ziehen müssen, die Sie vielleicht seit vielen, vielen Jahren aus Angst vor Auseinandersetzungen vor sich hergeschoben haben. Ihr Partner wird dann beunruhigt feststellen, daß Sie nicht mehr das ängstliche Kaninchen sind, das sich vor jeder Blindschleiche fürchtet. Wenn Sie diesen Punkt erreicht haben, werden Sie so viel Mut haben, daß Sie sagen: »Wo ist diese Klapperschlange, die mir seit zwanzig Jahren Angst einjagen will? Ich werde ihr gehörig auf den Schwanz treten!« Ein eigenes Leben zu führen, sich zu einem eigenständigen Charakter zu entwickeln, ist immer eine Frage des Mutes und der Zivilcourage! Der Schriftsteller Hermann Hesse, dessen Roman

»Der Steppenwolf« weltweit zum Kultbuch einer ganzen jungen Generation wurde, schrieb einmal: »Leute mit Mut und Charakter sind den anderen immer unheimlich!« Und ich kann aus meiner eigenen Erfahrung hinzufügen: Leute, die die Wahrheit sagen, brauchen den größten Mut.

Wie finde ich zu meinem Leben?

Stellen Sie sich mit allem Mut, den Sie aufbringen können, dieser zentralen Lebensfrage: »Wie finde ich zu meinem Leben?« Ihr Mutpotential wird dabei in einer Weise wachsen, daß Sie sich kaum wiedererkennen. Verblüfft werden Sie feststellen: Es gibt diese Klapperschlange gar nicht mehr, die dem kleinen Kaninchen immer Angst eingejagt hat. Das kleine Kaninchen hat sie einfach »weggemutet«. Achten Sie deshalb immer auf Ihr Mutpotential! Sollte es abnehmen, wird es Zeit, daß Sie sich durch offene Gespräche wieder stärken. Sie wissen aber sicher auch: Mut und Tapferkeit sind die stärksten Partner im Leben!

Erst nach dieser ungeheuren Selbstbefreiung von der Angst ist es wirklich sinnvoll, sich auf die Suche nach dem wahren Lebensziel zu begeben. Dann werden Sie auch in der Position sein, die Verwirklichung des vor langer Zeit ins Auge gefaßten Lebensziels neu anzugehen! Dazu wünsche ich Ihnen guten Mut, ein gutes Ziel und guten Erfolg!

Wie finden Sie nun Ihren Weg zu einem authentischen Leben mit einem Ziel, das Ihnen entspricht? Beginnen Sie Ihre Suche doch ganz einfach damit, daß Sie sich jeden Morgen genau diese Frage stellen: »Auf welchem Gebiet bin ich wirklich einsame Spitze?« oder »Auf welchem Gebiet kann ich Weltspitze werden?« Ich spüre, wie Sie bei diesem Anspruch »Auf welchem Gebiet kann ich Weltspitze werden?« innerlich abwinken! Sie fragen sich, wo da die Bescheidenheit bleibt. Wie paßt das zu meinen derzeitigen Lebensumständen? Wie kann man so etwas überhaupt andenken? Lesen Sie ruhig weiter!

Auf welchem Gebiet kann ich wirklich Weltspitze werden?
Lassen Sie mich Ihnen an dieser Stelle nur ein Beispiel vor Augen führen, dessen Auswirkungen und Produkte Ihnen noch täglich in vielfältigster Weise begegnen. Es handelt sich um einen der bedeutendsten Konzerne der Welt! Womit seine Existenz begann? Mit einer Erfindung, einer größtmöglichen Vision und mit dem Anspruch: »Ich möchte Weltspitze werden!«
Aus diesen beiden Komponenten entstand nach dem unausweichlichen Gesetz der kleinen Schritte erst einmal eine winzige Werkstatt mit zehn Angestellten in der Schöneberger Straße 19 in Berlin. Das war im Jahr 1847. Und wie wurde aus diesem Zehnmannbetrieb ein Konzern von Weltgeltung? Das ist leicht zu beantworten. Weil der ehemalige preußische Leutnant Werner Siemens bei der Gründung der »Telegraphen-Bauanstalt von Siemens & Halske« nicht gesagt hat: »Nun gut, schauen wir mal, was daraus wird!« Nein, er hatte in seiner Vorstellung von Anfang an ein Unternehmen von Weltgeltung vor Augen. Im Rückblick auf diesen bescheidenen Anfang schrieb Werner von Siemens an seinen Bruder: »Lieber Carl! ... So habe ich für die Gründung eines Weltgeschäfts à la Fugger von Jugend an geschwärmt, welches nicht nur mir, sondern auch meinen Nachkommen Macht und Ansehen in der Welt gäbe und die Mittel, auch meine Geschwister und nähere Angehörige in höhere Lebensregionen zu erheben!« Er dachte nicht an Geld, sondern an seine Vision. Und die hieß Siemens!
Wie ging es mit der Vision nach diesem bescheidenen Anfang weiter? Bereits ein Jahr nach der Gründung begann Werner Siemens mit dem Bau der ersten elektrischen Ferntelegraphenlinie Europas von Berlin nach Frankfurt! Sie wurde 1849 fertiggestellt. Nur zwei Jahre später eröffnete er seine erste Auslandsagentur in London! Der Name Siemens eroberte das Britische Königreich!
Wissen Sie, woran Werner von Siemens, der 1888 vom deutschen Kaiser in den erblichen Adelsstand erhoben wurde, zehn Jahre nach der Gründung seines Unternehmens arbeitete? An der Idee,

die Kontinente mit einem Unterseekabel für telegraphische Nachrichtenübermittlung zu vernetzen. Er war sich seiner Pläne und Visionen so sicher, daß er 1864 dafür sogar ein Kupferbergwerk im Kaukasus erwarb! Und wann, glauben Sie, wurde das erste »Transatlantik-Telegraphenkabel« von Irland nach den USA verlegt? 1874! Mit einem eigens von Werner von Siemens entwickelten Kabellegedampfer! Zu diesem Zeitpunkt war die telegraphische Verbindung zwischen London und Kalkutta, die nach seinen Plänen gebaut worden war, bereits eine Normalität!
Auch seine Wunschvorstellung, seine Geschwister ebenfalls in »höhere Lebensregionen zu erheben«, ist Werner von Siemens wahrhaftig gelungen. Sein Bruder Wilhelm wurde 1883 von Queen Victoria geadelt, und sein Bruder Carl wurde 1895 vom russischen Zaren in den Adelsstand erhoben.
Ich komme absichtlich erst an dieser Stelle auf eine Begebenheit, die noch vor der Firmengründung von 1847 liegt. Sie ist der wahre Beginn dieses unfaßbaren Aufstiegs. Sie dreht sich um ein paar mehr als bescheidene Gegenstände, wie sie wahrscheinlich auch in Ihrer Werkzeugkiste liegen. Es sind mehrere Zigarrenkisten, ein wenig Weißblech, Eisenstückchen unterschiedlicher Größe und etwas isolierter Kupferdraht. Daraus konstruierte der spätere Werner von Siemens 1846 einen voll funktionsfähigen Zeigertelegraphen. Mit dieser Erfindung war ihm sein Durchbruch auf dem Gebiet der Telegraphie gelungen. Sein Geheimnis lautete: Zigarrenkisten, Weißblech, Eisenstückchen, Kupferdraht plus Erfindergeist und Visionen!
Wenn Sie sich immer noch fragen, wie groß Ihre Ziele sein dürfen, dann lesen Sie bitte im Teil »Geistesblitze werden Wirklichkeit« die Lebensentwicklungen weiterer berühmter Gründer wie Dr. August Oetker und vieler anderer, die diese Größe vielleicht noch vor sich haben! Stellen Sie sich dabei ruhig eine Zigarrenkiste daneben – damit Sie sich des Gesetzes von Wachstum und Größe von den Anfängen her bewußt werden! Ideen entstehen oft im Umfeld des Einfachen – wenn man intensiv genug darüber nachdenkt.

Das wird Sie doch sicher anspornen, sich ein großes, aufregendes Ziel zu suchen. Die kleinen Ziele sind dann nur noch die Wegmarken, an denen Sie sich orientieren können, während Sie auf dieses eine große Ziel zugehen! Wenn es Ihnen auch jetzt noch schwerfällt, an große Ziele überhaupt nur zu denken, dann beantworten Sie bitte die Frage: Wer war Werner von Siemens, ehe er daranging, seine Vision zu verwirklichen? Wer wäre er bestenfalls geworden ohne seinen im wahren Sinn des Wortes weltumspannenden Traum? – Vermutlich der kleine Gutsbesitzer Werner Siemens in Lenthe bei Hannover!

Aber das wollte er nicht bleiben! Er setzte auf seine Vision! Und die ist bis heute lebendig. Als ich kürzlich mit dem Vorstandsvorsitzenden der Siemens AG, Dr. Heinrich von Pierer, sprach, sagte er zu mir: »Lieber Herr Lejeune, auch nach 150 Jahren Siemens glauben wir an die Kraft des Erfindergeistes und an die Energie menschlicher Visionen!« Aus der Vision des Werner von Siemens wurde ein Weltkonzern mit sage und schreibe 380 000 Mitarbeitern rund um den Erdball!

Über große Ziele muß man schweigen können

Einen ganz wichtigen Rat möchte ich Ihnen in diesem Zusammenhang geben: Sprechen Sie nicht mit anderen über Ihre großen Ziele. Es sei denn, Sie wollen sie dafür begeistern, Ihr Partner in Sachen Erfolg zu werden! Warum ich Ihnen diesen Rat gebe? Weil jeder andere Ihre großen Ziele mit Ihrer jetzigen Situation vergleichen wird. Die Reaktionen können Sie sich leicht ausmalen. Sie dürfen aber gerade jetzt am allerwenigsten zulassen, daß irgend jemand, und sei es der eigene Ehepartner, Ihre großen Ziele kleinredet mit Äußerungen wie: »Ach, was willst denn du?« »Du bist ja größenwahnsinnig!« »Das klappt doch nie!« »Das ist wieder so eines von deinen Hirngespinsten!« »Deine früheren Pläne haben sich doch auch alle in Luft aufgelöst!« »Das schaffst du doch nie!«

Setzen Sie sich nicht solchen negativen Bemerkungen aus. Sie müssen mit großer Klugheit vorgehen und sehr genau überlegen, wem Sie sich anvertrauen. Sprechen Sie deshalb ausschließlich mit positiv denkenden Menschen. Denn jetzt brauchen Sie jemanden, der Ihren Mut, Ihre Kraft, Ihre Entschlossenheit und Ihre Phantasie mit Begeisterung unterstützt und zum Leuchten bringt. Nutzen Sie die Kraft des positiven Denkens!

Wie finde ich zu großen Zielen?

Die Antwort ist einfach! Indem Sie Ihren ganzen Mut zusammennehmen und sich von Ihren inneren Blockaden befreien! Halbherzige Menschen verfolgen die notwendige Lösung ihrer Probleme immer nur so weit, daß sie nicht gänzlich im Treibsand ihres Alltags versinken oder sich in den Schlingpflanzen ihrer Sorgen verheddern! Auf diese Art und Weise kommen sie nie aus dem negativen Bereich. Sie setzen nie die Segel, um mit Rückenwind aufs offene Meer hinauszurauschen. Sie stochern von einer Untiefe zur nächsten. Sie kommen nie zur Ruhe, aber auch nie richtig in Fahrt. Sie finden nie zu einem eigenen Kurs. Ihr Leben wird von kleinlichen Zwängen und Beunruhigungen bestimmt. Und wie beim Rudern ist ihr Blick immer rückwärts gewandt. In Richtung Vergangenheit!
Gehen Sie deshalb ab sofort mit einem ganz neuen Anspruch an Ihr Lebensziel heran. Ihre Frage an Ihr Leben muß sich an Ihre ganze Persönlichkeit und an Ihre gesamten Lebensumstände richten. Die entscheidende Frage lautet: »Wie gewinne ich die Kontrolle über mein Leben – beruflich und privat? Wie bekomme ich Raum für den Blick auf mein Leben als Ganzes?« Die Antwort kann nur lauten: »Ich hebe die innere Kündigung gegen mein eigenes Leben auf, die ich seit Jahren mit mir herumschleppe! Ich werfe sie über Bord – und zwar jetzt sofort! Ich suche mir ein Ziel wie Kolumbus, der auch nur eine vage Ahnung von diesem neuen Kontinent hatte, den er erreichen wollte!« Mit dieser Denkweise werden Sie Ihr neues Lebensziel finden!

Da können Sie ganz sicher sein. Dazu müssen Sie die Kraft und den Mut finden, die innere Kündigung aufzuheben! Deshalb – heben Sie Ihre Kündigung auf. Jetzt!

Begeisterung und ein Lächeln – Ihre Schlüssel für den Erfolg

Sie werden mich fragen: Wie erreiche ich mein Ziel? – Kennen Sie die Überzeugungskraft der Begeisterung? Welche Rolle spielt sie in Ihrem Leben? Gehört Begeisterung zu Ihrer Grundstimmung, oder leben Sie eher nach dem Motto »Na ja, wird schon schiefgehen? Was soll ich denn da machen? Das hilft doch alles nichts!«? Wenn letzteres der Fall sein sollte, dann müssen Sie sich eine Umgebung suchen, in der Sie sich mit Begeisterung aufladen können. Denn Ziele, auch kleinere Zwischenziele, erreicht man spielend, wenn man sich selbst und andere für diese Ziele begeistert. Aber wie gesagt: mit Klugheit und Vorsicht!

Ein Mensch, ein Unternehmen, ein Land kann auf Dauer nicht erfolgreich sein, wenn die Begeisterung fehlt. Begeistern Sie sich für Menschen in Ihrer nächsten Umgebung! Begeistern Sie sich für Kleinigkeiten, die Ihnen Ihre begeisterten Kinder schenken oder zeigen. Begeistern Sie sich für Ideen anderer Menschen. Begeistern Sie sich für Ihre eigene Bildung! Begeisterung ist eine unglaubliche Antriebskraft für unser tägliches Leben. Sie erinnern sich doch an die unglaubliche Kraft der Begeisterung, die Paul McCartney über alle seine unglaublichen Erfolge stellte. Diese Begeisterung müssen Sie aber auch in sich spüren, solange Sie vielleicht noch in ganz bescheidenen Verhältnissen leben! Ich will Ihnen dazu eine nicht ganz alltägliche Geschichte erzählen.

Ein begeisterter Israeli in München

Da gibt es den Taxifahrer, der die Überzeugungskraft der Begeisterung und des Lächelns im Herzen trägt. Er begrüßt seine

Fahrgäste schon beim Einsteigen mit einem strahlenden und herzlichen Lächeln, denn auch er weiß, daß man mit einem Lächeln die Herzen aufschließt! Er ist hauptberuflich Professor der Psychologie in Bersheba. Wieso, fragen Sie vielleicht, fährt ein israelischer Psychologie-Professor in Deutschland Taxi?
Weil es in München die weltweit besten Behandlungsmöglichkeiten für seinen mehrfach behinderten Sohn gab. Da diese Behandlung Tausende von Mark kostete und er seinen Sohn während dieser schwierigen Zeit nicht allein lassen wollte, kam er auf die einfache Idee, ganz schnell den Taxischein zu erwerben. Während also sein Sohn im Krankenhaus lag, fuhr er mit seinem Taxi kreuz und quer durch München!
War er niedergeschlagen oder deprimiert, weil er eine Arbeit verrichten mußte, die weit unter seinen Fähigkeiten und unter seinem sozialen Status lag? Nein, er war begeistert, denn auf diese Weise lernte er eine Stadt bis in die letzten Winkel kennen, von der er bislang nur Bilder gesehen hatte. Da er ständig mit Menschen zu tun hatte und ganz offen auf sie zuging, konnte er seine Deutschkenntnisse erheblich verbessern. Das hatte für ihn den großen Nutzen, daß er bald deutsche Fachliteratur über Psychologie lesen konnte. So erweiterte er sein Fachwissen – und seine Kenntnisse über Deutschland!
Das schwere Schicksal seines Sohnes konnte er durch viele kurze Besuche zwischen einzelnen Fahrten wesentlich abmildern. Und mit seiner Lebensfreude und Begeisterung, die er auf alle Menschen übertrug, mit denen er sprach, schuf er die beste Motivation für die Ärzte, die seinen Jungen so vorzüglich behandelten. Und das wirkte sich wiederum sehr positiv auf die Genesung seines Sohnes aus!
Er führte damit ganz deutlich vor Augen, daß man seine Schwierigkeiten am besten mit Begeisterung meistern kann. Seine Begeisterung wirkte ansteckend. Sie kam aus seinem Innersten und hatte überhaupt nichts mit Status oder Geld zu tun. Ich bin mir sicher, daß er durch dieses positiv angenommene »Abenteuer« wichtige Impulse für seinen Beruf, für sein

Leben bekam. Ich bin mir auch sicher, daß dieser begeisterte Professor ein überzeugender Botschafter für Deutschland in Israel wurde.

Machen Sie es wie der israelische »Taxifahrer«. Nehmen Sie auch kleine Zwischenziele mit Begeisterung und einem Lächeln an! Werden auch Sie ein Botschafter der Begeisterung!

Begeisterung braucht ein Ziel

Echte Begeisterung ist die Antriebskraft, die unserem Leben dauerhaft Flügel verleiht. Man kann nicht künstlich eine Stunde begeistert sein und dann wieder für Tage in Gleichgültigkeit und Niedergeschlagenheit verfallen. Diese Begeisterung muß wirklich aus dem Herzen kommen. Es genügt nicht, einfach zu sagen: »Ich möchte vor Glück strahlen. Ich möchte reich werden!« Das wollen auch die Millionen Menschen, die Woche für Woche ihr Glück in der Lotterie ankreuzen.

Die Begeisterung für Ihr Ziel muß ganz tief aus Ihrem Innersten genährt werden, denn die richtige Einstellung entscheidet, ob es Ihnen gut- oder schlechtgeht. Sie müssen sich ein Ziel suchen, für das Sie ganz besonders geeignet sind und das genau zu Ihren Talenten und Fähigkeiten paßt. Sie kennen doch die sechs Richtigen des Lebens: Ehrlichkeit, Begeisterung, Klugheit, Gerechtigkeit, Tapferkeit und Arbeit! Damit gewinnen Sie immer! Nur damit werden Sie auch reich an Gefühlen, reich an Kreativität, reich an Ideen, reich an Wissen, reich an Zufriedenheit, reich an Freude, reich an Glück und reich an Achtung, die Ihnen entgegengebracht wird. Setzten Sie deshalb auf die sechs Richtigen des Lebens. Täglich!

Suchen Sie sich ehrliche Ziele!

Außer der Begeisterung, die Ihr Ziel in Ihnen und in anderen weckt, muß es einen »kategorischen Imperativ« erfüllen: Es muß auf absolut ehrlichem Weg erreichbar sein! Der große

deutsche Philosoph Immanuel Kant sagt über dieses Lebensziel: »Tue das, wodurch du würdig wirst, glücklich zu sein.« Immanuel Kant stellt damit ganz klar die Forderung auf, daß unsere Ziele mit einer ethischen Kategorie, mit Wahrheit und Ehrlichkeit, in Einklang stehen müssen, denn auch Devisenspekulanten, Immobilienhaie, Drogenbarone, mit allen Wassern gewaschene Kaufleute, die diesen achtbaren Stand in Verruf bringen, bestechliche Beamte, unehrliche Politiker, geldgierige Wissenschaftler, die inhumane Experimente durchführen, und andere »Gewissensbetrüger« haben eindeutige Ziele. Aber leider korrumpierte! Die Voraussetzung, um zu Glück und Reichtum zu gelangen, heißt aber: »Lebe ehrlich!« Nur dann wirst du reich!
Aus meiner eigenen Lebenserfahrung kommt die tiefverwurzelte Überzeugung: »Wer andere täuscht oder sogar betrügt, um sich einen vorübergehenden Vorteil zu verschaffen, verbaut sich jede Chance auf dauerhaften Erfolg!« Wir wissen, warum. Weil unser Gewissen der Seismograph und die letzte Instanz unseres täglichen Handelns ist. Wir können es vorübergehend durch intensive Selbsttäuschung betäuben. Aber vollkommen abschalten können wir es nie! Jede negative Tat fällt immer auf den zurück, der sie begeht. Der Motor Begeisterung wird gespeist von glücklichen Gedanken und ehrlichen Absichten. Ehrliches Glück kommt immer von innen. Glückliche Gedanken machen nicht nur Sie glücklich, sondern auch Ihre Umgebung. Glück und Freude sind eine unglaubliche Antriebskraft im Leben!

Das Wichtigste im Leben
Nur wer Ziele hat, für die es sich ehrlichen Herzens lohnt zu kämpfen, der lebt aus einer inneren Kraft. Wer keine ehrlichen Ziele hat, kann keinen echten Mut entwickeln. Der bleibt in der Angst vor dem Versagen gefangen und wird immer tiefer in den Strudel der Unklarheiten seines Lebens hineingezogen. Sie wissen ja, Angst ist die Dunkelkammer der Seele, in der unsere Negative entwickelt werden! Hören Sie auf, immer neue »Negati-

ve« zu entwickeln. Das sind die falschen Bilder für Ihr Leben! Legen Sie einen Umkehrfilm ein, und sehen Sie ab sofort Ihr Leben bunt und positiv!
Prüfen Sie alle Ihre Lebensziele, ob große oder kleine, an dem wunderbaren Satz des weltbekannten deutschen Schriftstellers Erich Kästner, der so treffend sagt: »Das Wichtigste im Leben ist das Wissen, was echt und was falsch ist. Und das Wissen, was gut und was böse ist!« Kästner war ein Meister der Formulierung einfacher Lebensweisheiten!
Es lohnt sich wirklich, diesen weisen Satz auswendig zu lernen und nie wieder zu vergessen! Ziele, die Sie nach diesem Grundsatz für sich ausgewählt haben, werden Ihnen Ihr Körper, Ihr Geist, Ihre Seele mit einer unglaublichen Harmonie danken und bestätigen. Aus dieser Harmonie heraus wird Ihnen eine völlig neue Lebensenergie und Lebensfreude zuwachsen!
Sie wissen in Ihrem Innersten ganz bestimmt: Freude an der Arbeit, Freude an Ihrem Leben, dazu unbeirrbare Ausdauer und die Kraft, auch Rückschläge hinzunehmen, können Sie nur mit einer Tätigkeit entwickeln, die ganz im Einklang mit Ihrem Gewissen und mit Ihrer Person als Ganzes steht. Denn Arbeit, die wir nur erledigen, erledigt auf Dauer uns selbst! Sie brauchen deshalb ein Ziel, das so sehr Ihrem Wesen entspricht, daß es für Sie keine Kompromisse und keinen Rückzug mehr gibt, auch wenn Hindernisse auftauchen. Sie müssen einfach großes Selbstvertrauen und uneingeschränkte Zuversicht entwickeln und bereit sein, ein großes Risiko einzugehen. Denn wie sagt G. F. Kennan, der amerikanische Diplomat und Rußlandexperte, in seinem Buch »Die amerikanische Außenpolitik«: »Menschen, die jedes Risiko scheuen, gehen das größte Risiko ein!« Ohne Risikobereitschaft verpassen Sie das Schönste: Ihr einmaliges Leben!

Risiko erhöht den Wert des Lebens
Die Herausforderung, das Unberechenbare, das Risiko sind ein wesentlicher Teil meiner Freude an der Arbeit und an meinem

Leben. Ich bin ein spannungsgeladener Typ. Ich suche in allen meinen Unternehmungen bewußt immer wieder diese Herausforderung. Hierzu fällt mir die einmalige Geschichte von Helen Keller ein. Diese großartige Amerikanerin hatte ein unvorstellbar schweres Schicksal! Sie wurde mit 19 Monaten blind und taub! Aber als sie alt genug war, um über sich und ihre Zukunft nachzudenken, beschloß sie, den Kampf gegen ihr Schicksal aufzunehmen! In zähem Ringen mit ihren Gebrechen lernte sie Sprechen, Lesen und Schreiben. Sie vollendete mit unvorstellbarer Tapferkeit und Ausdauer ein Studium und erwarb sogar den Doktor der Philosophie! Sie sagte über die wirklichen Herausforderungen des Lebens: »Der Gefahr aus dem Weg zu gehen ist auf Dauer keineswegs sicherer, als sich ihr bewußt auszusetzen. Das Leben ist entweder ein kühnes Abenteuer, oder es ist überhaupt nichts!« Helen Keller suchte das Abenteuer und besiegte dabei ihre schwere Krankheit!

Wer die Herausforderung der Zeit, in der er lebt, nicht sucht, wird vom Risiko eingeholt. Wir leben in einem Risikozeitalter mit zunehmender globaler Vernetzung, mit gigantischen Umschichtungen der Wirtschaftsräume und mit der noch viel gigantischeren Aussicht, in wenigen Jahren auf dem Mond und auf dem Mars Fuß zu fassen. Wer glaubt, er kann in einer Zeit derartig tiefgreifender Umwälzungen ohne Risiko leben, der geht am Leben vorbei. Leben ist immer Veränderung. Leben ist Bewegung, und diese Bewegung wird durch das Risiko erzeugt. Alles, was wir unternehmen, ist mit Risiko behaftet. Auch das, was wir nicht unternehmen!

Kein Risiko? – Sehr riskant!

Das größte Risiko liegt, wie gesagt, in einem Denken, das sich nicht verändert. Warum das so ist? Weil die Lösungen von gestern nicht zu den Problemen von heute passen und morgen bereits selbst ein Problem darstellen! Selbstverständlich muß man Risiken, die man eingeht, abwägen. Wer aber in seiner Angst

vor Veränderung immer nur die Rückversicherung sucht und kein Risiko eingeht, kann weder sich noch irgend etwas anderes bewegen. Er bremst damit seine eigene Zukunft.
Loten Sie Ihre Fähigkeiten und Ihre Grenzen aus, aber seien Sie darauf gefaßt: Seine Grenzen ausloten bedeutet fast immer, daß man zunächst gegen Wände rennt. Daß man in Sackgassen gerät oder wie in einem Spiegelkabinett so viele Möglichkeiten sieht, daß man sich nur noch richtungslos zum Ausgang tasten kann. Das darf Sie unter keinen Umständen davon abhalten, Ihr Leben neu zu programmieren. Verleihen Sie Ihrem Leben neue Impulse und eine neue Richtung!
Prägen Sie Ihrem Denken den überaus wichtigen Satz ein: »Ich kann nur dann ein neuer Mensch werden, wenn ich nicht der bleibe, der ich gegenwärtig noch bin!« Solange man sein Lebensziel mit der halbherzigen Einstellung angeht: »Eigentlich müßte ich ... vielleicht sollte ich ... aber ich weiß nicht recht ... Schauen wir mal ...! Und wenn aus meinem Traum nichts wird, kann ich immer noch in meinen alten Job zurück!«, kann man sicher sein, man hat das richtige Ziel noch nicht gefunden. Beziehen Sie Position, auch gegen Ihre eigene Trägheit. Sagen Sie ja zum Leben, ja zu sich selbst, ja zum Erfolg! Folgen Sie dem Grundgesetz des Lebens: Leben ist Aktivität, ist Wohlstand, ist Glück, Freude und Gesundheit. Leben ist kein Stilleben. Leben heißt aktiv sein. Leben heißt, sich zu verändern. Ein Leben ohne Risiko gibt es nicht!

Leben ist mehr als die Summe aus zwei und zwei!

Wer sich nur im vermeintlich festgefügten Rahmen seiner Möglichkeiten bewegt, hat keine Vorstellung, was an Fähigkeiten und echten Möglichkeiten in ihm steckt! Man darf deshalb die Suche nach seinem Lebensziel nicht ausschließlich rational angehen, indem man sagt: »Das ist meine Ausbildung, dieses Ziel kann ich bestenfalls damit erreichen. Das ist plausibel, das ist realistisch!« Diese Einstellung ist »stammtischfähig«, denn Wi-

derspruch ist undenkbar. Zu dieser Erkenntnis kommt man spätestens, wenn man einen Fragebogen des Arbeitsamts ausfüllt. Echter Erfolg kennt keine Antwortformulare!
Für mich ist auch ein IQ-Test nicht aussagekräftiger für den Erfolg. Ich habe schon Menschen erlebt, die einen IQ von 130 hatten und dabei absolut lebensuntüchtig waren. Ihr EQ, ihr Erfolgsquotient, tendierte nämlich gegen Null! Als im Frühjahr 1997 der Schachcomputer Deep Blue gegen den damals besten Schachspieler der Welt, den Russen Garri Kasparow, spielte und gewann, sagte ein Diplompsychologe zum Thema Intelligenz: »Deep Blue ist rein rechnerisch ein Superhirn. Er kann in einer Sekunde 200 Millionen Schachvarianten ausrechnen. Trotzdem ist sogar eine Amöbe intelligenter, denn sie kann auf ihre Umwelt reagieren und sich allein am Leben erhalten!« Nach Auskunft von Experten mußte sich der Schachweltmeister übrigens nur deshalb geschlagen geben, weil er die Nerven verlor! Denken Sie daran, Ihr IQ und Ihr EQ können nur wirksam werden, wenn Sie die Nerven behalten!
Den größten EQ bei diesem Gladiatorenkampf der IQs bewies übrigens IBM. Sie hatten die fast unbezahlbare Idee, diesen Kampf Mensch gegen Computer zu sponsern!
Lassen Sie sich von der Intelligenz der Amöbe überzeugen, daß zum Auffinden des Lebensziels mehr gehört als rechnerische Intelligenz und eine Auflistung von Fakten. Es ist nach wie vor ein Geheimnis, wie unsere Intuition uns an die sogenannten Zufälle heranführt. Sehr häufig wird diese Intuition besonders aktiv, nachdem das Schicksal unser Leben auf Grund gesetzt hat. Es klingt paradox, aber gerade in der Krise liegt die Chance für eigenständige Existenzgründungen, denn Menschen sehen sich plötzlich gezwungen, ausgetretene Wege oder eingefahrene Geleise zu verlassen! Not macht erfinderisch – wenn man positiv denkt!

Ein begeisterter Verkäufer
Als ich am Tiefpunkt meines Lebens angelangt war, kam mir als erstes die Erkenntnis, daß ich nicht mehr tiefer sinken konnte. Das nächste war die Überlegung: »Wofür hat dir dein Chef dieses Wahnsinnsgehalt bezahlt?« Und dann kam mir wie der Blitz der Gedanke: »Weil du ein begeisterter Verkäufer bist!« Ich wußte plötzlich wieder mit aller Deutlichkeit, daß Verkaufen meinem Naturell, meinem Bedürfnis, mit Menschen zusammenzutreffen, und meiner Freude am spontanen Agieren am nächsten kommt. Ich wurde wieder ein begeisterter Verkäufer!
Das war die Summe meiner bisherigen Erfahrungen. Aber ich bin dabei nicht stehengeblieben. Ich habe diese realistische Einschätzung mit einem ganz und gar unrealistischen Ziel verknüpft. Ich sagte mir: »Es war schon immer mein Ziel, ein eigenes Unternehmen zu gründen und es zum Erfolg zu führen. Dieses Unternehmen gründe ich jetzt!«
Mein Entschluß, auf ein so großes Ziel loszugehen, versetzte meine Intuition in eine rational nicht mehr erklärbare Aktivität. Sie führte mich zum Brokergeschäft ohne Lager und zum Baustein der Zukunft, dem Mikrochip! Auf der Basis dieser beiden intuitiven Erkenntnisse habe ich in meinem Unternehmen ☯ seither etwa dreihunderttausendmal erfolgreich verkauft. Und zwar mit Begeisterung! Ich habe mein Leben durch ein »total unrealistisches« Ziel entscheidend verändert. Wie? Indem ich es mit strengster Disziplin und nicht nachlassender Begeisterung verfolgte. Mit Begeisterung habe ich den Ärger, die Anfeindungen, die abgründigen Verleumdungen erfolgreich niedergekämpft. Ich habe in meinem Leben alles durch Begeisterung erreicht, denn Begeisterung heißt: »Gib stets dein Bestes!« Begeisterung bringt Ihren IQ erst richtig zum Leuchten.

Im Rückblick ist Erfolg immer logisch
Wenn man die Erfolgsgeschichten berühmter Menschen liest, gewinnt man meist den Eindruck: Ja, das ist der logische Ver-

lauf eines erfolgreichen Lebens. Alles paßt zusammen: dieser geniale oder ungewöhnliche Mensch, die herausragende Idee, ihre Durchführung, die kleinen Niederlagen, die mit Glück überwunden wurden, dann der unermeßliche Reichtum und zuletzt der Lorbeerkranz, den einem das Gros der weniger Erfolgreichen in stiller Ergriffenheit aufsetzt! Neider inklusive!

Was vom Gipfel des Erfolgs her aussieht wie ein fertiges Bild, das nur aus den längst vorhandenen Einzelteilen des Puzzles zusammengesetzt wurde, mußte nicht nur Stein für Stein erkämpft werden – es mußte erst die Idee für das Bild gedacht werden, das einmal entstehen sollte. Erst in diese Zielvorstellung konnten sich die einzelnen Teile des Erfolgs einpassen. Sorgen Sie deshalb immer für die Spannung zwischen dem Ziel und der Realität. Sie erkennen darin den tiefen Sinn Ihres Lebens!

Den richtigen Weg findet nur, wer ein festes Ziel vor Augen hat

Wie finden Sie Ihr Ziel, das alle vagen Hoffnungen zu greifbaren Erwartungen macht und für das es sich lohnt, mit letzter Konsequenz zu kämpfen? Indem Sie nicht nur gelegentlich ein wenig darüber herumsinnieren, sondern sich ganz intensiv auf die Suche begeben. Sie sollten sich dafür aus Ihrer gewohnten Umgebung ausblenden und in die Stille gehen oder in die pulsierende, von Leben durchströmte Großstadt. Steigen Sie auf einen Berg, oder wandern Sie am sturmgepeitschten Meer entlang, oder setzen Sie sich ans Ufer eines Flusses. Tun Sie etwas, das Ihnen wenigstens für kurze Zeit den Blick auf Ihre ganz persönlichen Wünsche freigibt.

Solange man nämlich mit gesenktem Kopf durch seinen hektischen Alltag trabt und der Betrieb oder die Familie einen nach Belieben aus zukunftsweisenden Gedanken reißen kann, wird man sein Ziel nicht finden. Nehmen Sie bitte meinen Rat an: Suchen Sie Ihr Ziel in einer Atmosphäre größter innerer Ruhe und positiver Anspannung! Sollten Sie es aber noch nicht gefunden haben, dürfen Sie sich mit nichts anderem in der gleichen Intensität beschäftigen. Nur in voller Konzentration auf Ihr Ziel entstehen die guten Gedanken!

Ein Apfel und die kosmischen Gesetze

Gehen Sie auf die Suche nach der großen Erfüllung Ihres Lebens mit der gleichen unbedingten Entschlossenheit wie der englische Physiker und Mathematiker Isaac Newton an die Lösung einer großen Frage, die die Naturwissenschaft revolutionierte. Er, wie auch andere Wissenschaftler, hatte sich bereits seit Jahrzehnten mit dem Problem der Schwerkraft beschäftigt. Bis er einen Tag festsetzte und zu sich sagte: »Heute werde ich mich ausschließlich mit diesem Problem beschäftigen und es lösen!« Und es gelang ihm tatsächlich! Als er sein ganzes Wissen und seine Intuition mit der Beobachtung verband, daß ein Apfel zur Erde fiel, gelang ihm die Lösung: Die Masse der kleinen Kugel wird von der Masse der großen Kugel angezogen. Wissen Sie, daß dieser einfache Satz das Grundgesetz des Kosmos darstellt? Auch Isaac Newton kamen ein kleiner Zufall und seine auf ein Ziel gerichtete Intuition, der er einen festen Auftrag gegeben hatte, zu Hilfe. Er konnte diesen »Zufall« des herabfallenden Apfels deshalb richtig einordnen, weil er seine ganze Konzentration auf dieses eine Problem gerichtet hatte. Plötzlich stand die Lösung ganz deutlich vor seinen Augen.
Vergessen Sie deshalb die Vielzahl kleiner Unebenheiten Ihres Lebens, die Sie im Moment noch beschäftigen. Richten Sie Ihre Konzentration auf die Lösung des alles entscheidenden Problems! Mit dieser Einstellung werden mit einem Schlag auch die vielen kleinen Probleme verschwinden!

Ein angebissener Apfel und die Gesetze des Marktes

Ungefähr 250 Jahre später wurde wieder ein Apfel zum Symbol einer Revolution! Diesmal bunt und angebissen! Steven Wozniak und sein Partner Steve Jobs hatten in jahrelanger, mühevoller Kleinarbeit in einer Garage im Silicon Valley einen Personalcomputer entwickelt. Als sie diese Arbeiten abgeschlossen hatten, suchten sie einen Namen für diesen PC. Da erinnerte sich Steven Wozniak daran, daß ihn eine Apfelkur im damals noch gar nicht berühmten Silicon Valley ungemein fit gemacht hatte. Da nannten sie ihren PC »Apple«! Und das war der Ausgangspunkt für eine ungeheure Computer-Revolution, der Millionen Menschen fit machte für den Fortschritt!

Lernen Sie die dritte Dimension Ihres Lebens kennen!

Wie diese plötzliche Erkenntnis, die plötzliche Lösung aller ungelösten Lebensfragen und Ihre völlig neue Sicht der Dinge, im einzelnen funktioniert, kann man nicht rational nachvollziehen. Aber was dabei passiert, wird vielleicht an folgendem Beispiel deutlich. sie kennen sicher das »Schau-Spiel« mit den computergezeichneten 3-D-Bildern. Wenn man diese Bilder ganz normal, manche würden sagen *realistisch*, betrachtet, bestehen sie aus endlosen Mustern, die scheinbar ohne Struktur sind und die jedenfalls kein sinnvolles Bild ergeben. Wenn man aber durch diese Oberfläche hindurchsieht wie auf einen weit entfernt liegenden Punkt, springt dieses Bild plötzlich um. Wir erkennen auf einmal tanzende Delphine, galoppierende Pferde oder wunderschöne Landschaften.

Glauben Sie diesem Beispiel! In jedem Leben verbirgt sich diese »3-D-Wirklichkeit«, oftmals hinter einer eintönigen Oberfläche. Sie sollten deshalb Ihren Blick nur auf ein Ziel dahinter richten und ihn für diese tatsächlich vorhandene Wirklichkeit frei machen. Kaum jemandem gelingt das auf Anhieb. Manche geben enttäuscht auf, wenn es ihnen nicht sofort gelingt, das dreidimensionale Bild der möglichen Wirklichkeit zu sehen. Man kann diesen Blick aber üben – mit den drei Ds des Erfolgs: Durchblicken – Dranbleiben – Durchsetzen!

Wir kennen doch alle den eingeschränkten Blick auf die Oberfläche unseres Lebens. Sie doch sicher auch! Deshalb sollten Sie Ihren Blick auf Ziele richten, die hinter Ihrer derzeitigen Wirklichkeit liegen, die in Ihnen verborgen sind und die Sie für absolut unerreichbar halten. Ich kann Ihnen versichern: *Wunder sind möglich!* Auch in der scheinbar aussichtslosesten Lage. Setzen Sie auf die drei Ds des Erfolgs!

Wie überwindet man 10 000 Tage Hoffnungslosigkeit?

Können Sie sich ein trostloseres Dasein vorstellen, als 26 Jahre lang in Einzelhaft in einem festungsartigen Gefängnis auf einer Insel festgehalten zu werden? Von einem politischen System, das unüberwindlich zu sein scheint? Wer könnte fast 10 000 Tage lang den Glauben an eine bessere Zukunft aufrechterhalten? Wer würde da nicht zehntausendmal in Gedanken mit seinem Leben abschließen?

Nelson Mandela, dieser große Mann Afrikas, trug die unglaubliche Kraft in sich, an dieser Wirklichkeit nicht zu zerbrechen und Tag für Tag immer wieder von neuem an eine bessere Zukunft zu glauben! Sein einziges Mittel, die Gegenwart zu überwinden und diese unvorstellbare Zukunft herbeizuführen, war: nicht aufzugeben! Etwas Besseres konnte er in seiner Lage nicht tun! Nur so konnte er überleben!

Kann es sein, daß Sie sich zu dieser Haltung nicht in der Lage sehen? Bedenken Sie, Sie sind frei. Sie können gehen, wohin Sie wollen! Sie können Briefe schreiben, an wen Sie wollen. Sie können Pläne schmieden und Ihr Leben frei gestalten! Liegt es vielleicht daran, daß Sie Ihre Vorstellungskraft noch nicht auf eine bessere Zukunft gerichtet haben? Darf ich Sie deshalb mit einem Satz des großen französischen Schriftstellers Victor Hugo zu einer neuen Sehweise ermutigen? Er sagte: »Die Zukunft hat viele Namen. Für die Schwachen ist sie das Unerreichbare, für die Furchtsamen ist sie das Unbekannte, für die Tapferen ist sie die Chance!« Seien Sie also tapfer!

Regen Sie Ihre Phantasie für eine herrliche Zukunft an!

Ich hatte in meiner Zeit als Verkäufer in einem der besten Elektronikunternehmen in München ausreichend Gelegenheit, meine Vorstellungskraft mit den richtigen Bildern anzuregen. Da ich mit Freude auch an Wochenenden bereit war, Geräte, die Kunden gekauft hatten, zu installieren, kam ich häufig in die Villen reicher Unternehmer, Geschäftsleute, Ärzte, Professoren und Filmschauspieler. Dort sah ich eine Wirklichkeit, die bis dahin in meiner Vorstellung noch gar nicht existiert hatte. Ich bekam eine erste Ahnung, wie ich später einmal leben wollte. Ich konnte mich in diese Wirklichkeit »hineinversetzen«, auch wenn ich noch keinerlei Möglichkeit sah, wie ich für mich einmal diese Wirklichkeit erschaffen sollte. Der Reichtum, den ich dort erleben durfte und der den Erfolg dieser Menschen zum Ausdruck brachte, faszinierte mich. Er beeinflußte meine Vorstellungskraft, und er prägte mein späteres Leben.

Das ist etwas gänzlich anderes als Neid. Im Gegenteil. Ich habe mit diesen Eindrücken meine Phantasie beflügelt. Als ich diese erfolgreichen Menschen in ihren wunderschönen Parkgrundstücken, traumhaften Villen und exklusiven Einrichtungen sah, bekam ich erst einen Eindruck, was im Leben möglich ist. Das gleiche gilt auch für Sie!

Denken Sie sich in eine neue Wirklichkeit!

Sie können sich in Situationen hineindenken, mit denen Sie Ihren Erfolg erzielen werden. Stellen Sie sich Situationen vor, die Ihnen ganz besonders erstrebenswert erscheinen und mit denen Sie das Gefühl eines großen persönlichen Erfolgs verbinden. Sie sehen sich durch ein Gebäude schlendern, das Sie entworfen haben. Sie halten einen Vortrag über ein wissenschaftliches Experiment, das Ihnen nach langer Forschungsarbeit gelungen ist. Sie setzen Ihre Unterschrift unter einen Vertragsabschluß, der

Ihnen eine glanzvolle Zukunft sichert. Oder Sie sitzen in der Premiere eines Films, den Sie gedreht oder für den Sie das Drehbuch geschrieben haben.
Sie glauben, Sie bringen dafür nicht die entsprechenden Voraussetzungen mit? Das kann nicht sein. Lassen Sie sich von solchen unzutreffenden Überlegungen nicht abhalten! Die meisten großen Filmregisseure und Drehbuchautoren des 20. Jahrhunderts waren ursprünglich Amateure! Sie kamen als völlig mittellose Emigranten in die USA.
Aber was unterschied diese großen Männer des Films von anderen Amateuren, die sich auf diesem Sektor tummelten? Sie waren von ihren Ideen, von ihren kreativen Phantasien so begeistert, daß sie alle ihre Fähigkeiten auf dieses eine Gebiet konzentrierten und es zu ihrem eigenen Erfolgsfilm machten. Dafür lernten sie wie besessen alles, was für die Umsetzung ihrer Ideen notwendig war, inklusive der Sprache ihrer neuen Heimat. Sie brachten ihre ganze Kraft, ihr ganzes Können, ja ihr ganzes Leben in diese Aufgabe ein!

Was alle erfolgreichen Menschen auszeichnet und verbindet

Das muß Sie doch zu dem Entschluß anspornen: *Ich finde meine Aufgabe, meinen Lebensfilm, der mich mehr begeistert als alles andere!* Und dafür werde ich alles lernen, was mich noch besser machen kann – bis ich auf meinem ureigensten Gebiet echte Weltspitze bin. Suchen Sie nach dem geeigneten Drehort für den neuen Film Ihres Lebens!
Erst wenn Sie ehrlich und ohne falschen Zungenschlag dieses helleuchtende Gefühl in sich tragen: »Ich bin Weltspitze!« oder »Ich bin noch nicht Weltspitze, aber ich spüre, daß ich es werden kann. Oder ich werde an mir arbeiten, bis ich Weltspitze bin!«, dann werden Sie wissen, was alle erfolgreichen Menschen dieser Erde unabhängig von Herkunft, Alter, Sprache und Arbeitsgebiet verbindet. Es ist das durch viele reinigende Feuer

erworbene Gefühl und sichere Wissen: »Ich bin absolute Weltspitze oder werde es bald sein!«

Die Augen der Elektronik

Um diesen absoluten Anspruch an sich selbst langsam und stetig zu entwickeln, müssen Sie ein Bild von sich und der von Ihnen zu erbringenden Leistung entwerfen, das diesem Anspruch möglichst nahe kommt! Kurz, Sie müssen eine sehr genaue Vorstellung von sich und der Umgebung entwerfen, in der Sie einmal arbeiten wollen! Ich habe schon erzählt, das erste Büro der ce befand sich in einer Dreizimmerwohnung. Herbert Graus und ich benutzten die Küche als Packraum. Das Bad war die Buchhaltung! Das entsprach zwar noch lange nicht meinen Vorstellungen. Aber das tat für den Augenblick nichts zur Sache! Meine Vorstellungen von der Ebene, die ich einmal erreichen wollte, verbanden sich mit dem Firmenlogo ce, zwei weißen Buchstaben jeweils in einem roten Feld der Farbskala HKS 12!

Warum ich das so genau beschreibe? Weil ich Ihnen damit zeigen will, daß Ihre Vorstellungen von dem, was Sie einmal erreichen wollen und erreichen werden, gar nicht exakt genug sein können! c und e im roten Kreis – das waren für mich die wachen Augen der Elektronik, die in dieser Branche einmal hell strahlen sollten! Das war mein Ziel! Das wollte ich durch meinen totalen Einsatz erreichen – immer mit dem unbedingten Anspruch, daß alle meine Geschäfte absolut ehrlich und sauber sein mußten! Ich fühlte mich der Hohen Schule der Kaufleute verpflichtet, wie sie seit Jahrhunderten Gültigkeit hat. Ich wollte mir doch nicht selbst Sand in die »Augen der Elektronik« streuen. Ja, diese Augen waren es, die mir immer wieder Mut und Kraft gaben und mich anspornten, weiterzukämpfen, wenn Rückschläge kamen! c und e gaben mir immer wieder kreative Energie. Heute strahlen diese »Augen der Elektronik« von unserem Firmensitz im dynamischsten Wirtschaftsdistrikt von München hinaus in alle Welt.

Ihr Wille zum Erfolg und Ihre zukünftigen Lebensumstände
Verbinden Sie das Ziel, das Sie erreichen wollen, wie ich mit Bildern von hoher Suggestionskraft! Denn unser Unterbewußtsein nimmt nur Bilder auf, keine abstrakten Befehle. An dieser Stelle muß ich hinzufügen: Das Unterbewußtsein nimmt jede Art von Bildern auf, auch negative Bilder! Sie müssen sich dieser Tatsache einfach bewußt werden! Sie sollten deshalb unter keinen Umständen ungeprüft negative Bilder für den Entwurf Ihrer Zukunft und Ihrer zukünftigen Wege an diese Schaltstelle Ihrer Intuition weitergeben. Das Bild Ihrer Persönlichkeit und der Umgebung, in der Sie einmal arbeiten und leben wollen, könnte sonst Schaden nehmen!

Stellen Sie sich vor, mit welchen Menschen Sie gerne verhandeln oder auch nur sprechen möchten. Das können Ihre Vorbilder sein oder einfach höchst interessante Menschen, von denen Sie wichtige Impulse empfangen werden! Lesen Sie mehr darüber in dem Kapitel »Der K-Faktor und wie man mit einer Briefmarke sein Leben verändert«. Sie werden dann sehr genau nachvollziehen können, warum mir Gespräche mit Ernst Albrecht von Siemens oder Alfred Herrhausen so wichtig waren – ganz besonders zu einem Zeitpunkt, als ich selbst den allergrößten Teil meines Weges noch vor mir hatte!

Stellen Sie sich zum Beispiel auch ganz genau das Büro vor, in dem Sie einmal arbeiten werden. Richten Sie es in Gedanken genauso ein, wie es Ihrem Traum entspricht! Wenn Sie Südlage haben wollen, dann dürfen Sie nicht aufhören zu suchen, bis Sie ein Büro mit Südlage gefunden haben! Natürlich erst dann, wenn Sie sich solche Wünsche durch ehrlich erbrachte Leistung finanzieren können. Ich wiederhole: »Ehrlich finanzieren!« Denn es gibt Leute, die gründen eine Firma, feiern diesen Start mit Champagner und Kaviar, kaufen sich dann als erstes ihr Traumauto – und nach einem Jahr gibt es diese Firma schon nicht mehr! Ich kenne einige ehemalige Unternehmer, die ihr Soll an Arbeit mit ihrem Haben an Freizeit verwechselten. Sie haben heute nur noch Freizeit!

Er schenkte sich »Sonnenblumen«

Im Gegensatz dazu finde ich es absolut in Ordnung, wenn sich ein so erfolgreicher Unternehmer wie der Japaner Mitsukoshi für 60 oder 80 Millionen Dollar die »Sonnenblumen« von Vincent van Gogh für sein Büro ersteigert! Ja, denn er konnte sich dieses Gemälde ohne weiteres leisten. Seine Leistung lag nämlich nicht im Kauf dieses Bildes, sondern in Millionen von erfolgreichen Verkäufen, die er mit ungeheurem Einsatz vorher getätigt hatte. Er belohnte sich dafür mit einem Schatz aus einer anderen Welt!

Dieses Symbol seines Erfolgs wurde für ihn so sehr zum Mittelpunkt seines Lebens, daß das Gerücht entstand, Mitsukoshi wolle dieses Bild einmal mit in sein Grab nehmen! Das wäre natürlich schade. Er würde damit nicht nur eines der größten Kulturgüter der Menschheit mit ins Grab nehmen, er würde damit auch für immer seinen Erfolg beerdigen!

Seien Sie also auch mit dem Ausmalen Ihrer Zukunft nicht zu bescheiden. Hängen Sie sich in Gedanken die Bilder an die Wand, die Sie einmal besitzen möchten – Bilder, die Ihnen dieses wahnsinnige, von niemand nachvollziehbare, unglaublich positive Erfolgsgefühl vermitteln: *Ich habe es geschafft!* Wer sich dieses Erfolgsgefühl ehrlich erarbeitet hat, hat die Erfüllung jedes auch noch so großen Wunsches verdient – wenn sie auf ehrliche Weise möglich ist!

Diese bildliche und fast greifbare Vision eines wunderbaren, erfüllten Lebens, das Sie sich noch erobern werden, wird Sie über die Zeit hinwegtragen, in der Sie sich vielleicht wie ich notgedrungen in einem schäbigen Hinterhofzimmer mit Blick auf die Mülltonnen der umliegenden Wohnhäuser eingemietet haben.

Das erste Gesetz des Erfolgs: Fange immer ganz unten an!

Richtig! Bill Gates ist heute der reichste Unternehmer der USA, wenn nicht der ganzen Welt! An diese Tatsache haben wir uns gewöhnt – fast als ob er das schon immer gewesen wäre! Das ist falsch! Fragen Sie bei jeder Erfolgsgeschichte bitte immer sofort nach: *Wie hat sie angefangen?* Was hat den Menschen bewegt, der sie zustande brachte? Das ist ein wichtiger Schritt auf dem Weg zu Ihrem Mut und zu Ihrer Entschlossenheit, ähnliches zu wagen. Erst wenn Sie erkennen, daß Erfolge keine feststehenden Tatsachen sind, sondern dem ungeheuren Energiefluß von einem oder mehreren Menschen entspringen, wird in Ihrer Vorstellung Platz frei werden für den Satz: »So etwas schaffe ich auch! Ich weiß, daß ich das kann, wenn ich nur will. Und wenn ich sofort damit beginne!«

Lassen Sie sich von den Erfolgen anderer anregen!
Ich gebe Ihnen den Rat: Lesen Sie Erfolgsgeschichten großer Menschen! Beobachten Sie dabei Ihre Reaktionen und Gefühle, und richten Sie Ihren Blick immer auf Ihren eigenen Mut! Das erste, was dabei wie von selbst verschwindet, ist der größte Erfolgsverhinderer im menschlichen Leben – der Neid auf die Erfolge anderer! Wer sich selbst zutraut, erfolgreich zu werden, wird den Neid auf andere kaum noch verstehen. Setzen Sie gegen dieses negative Gefühl Ihre erfolgversprechende Entschlossenheit: »Ich schaffe mir meine Erfolge – selbst!« Mit dieser Einstellung wird es für Ihr Denken auch vollkommen nebensächlich sein, ob ein Bill Gates der reichste Mann der Welt, der zweitreichste oder was auch immer ist! Denn Sie haben erkannt, daß Menschen wie er nicht vom Streben nach Geld bewegt werden. Lesen Sie dazu bitte eine kurze Episode aus Bills Leben!

Der Weg nach vorne
Die Firma Microsoft startete bekanntlich in einer fensterlosen Garage. Aber welche Vision stand dahinter! Bill Gates schreibt über diesen ersten Schritt in seinem Buch »Der Weg nach vorn«:

»Die letzten 20 Jahre waren für mich ein unglaubliches Abenteuer. Es begann an dem Tag, als ich mit meinem Freund Paul Allen auf dem Harvard Square stand ... Erregt lasen wir von dem ersten echten Personalcomputer! Wir waren total begeistert! Und obwohl wir noch keine genaue Vorstellung davon hatten, wozu er zu gebrauchen wäre, war uns doch schon klar, daß er uns und die Welt des Computing verändern würde. Wir sollten recht behalten. Die Revolution des Personalcomputers ist eingetreten, und sie hat das Leben von Milliarden Menschen verändert. Wohin uns diese Revolution geführt hat, konnten wir uns damals kaum vorstellen.«

Ja, Sie haben richtig gelesen: »... daß der PC uns verändern würde ...« Keinen Augenblick dachte Bill Gates daran, im Verlauf dieses Abenteuers seiner Software-Entwicklung für diesen PC zum reichsten Unternehmer der Welt zu werden. Er hatte ein Betätigungsfeld gefunden, das ihn so faszinierte und begeisterte, daß er alle seine Interessen auf dieses eine Gebiet bündelte. Das verbindet mich gedanklich mit ihm – auch ich bin begeistert von meiner Arbeit in der Mikroelektronik. Ich kann mir ein Leben ohne Chips nicht mehr vorstellen. Die Zeit, die ich in meinem Unternehmen verbringe, ist für mich der schönste Aktivurlaub, den ich mir denken kann. Und ich erlebe ihn jeden Tag als ein neues Chipabenteuer!

Wünsch dir was!

Sie werden jetzt vielleicht sagen: »Computer interessieren mich nicht, Chips interessieren mich noch weniger! Was soll ich mit solchen Ratschlägen anfangen?« Ich kann Ihnen darauf nur antworten: Es ist vollkommen egal, was Sie sich als Beruf oder als Berufung vorstellen. Entscheidend ist nur die Kraft dieses inneren Feuers der Begeisterung, mit der Sie Ihre Vision von Erfolg verwirklichen! Alles andere ist nebensächlich. Ihre Fähigkeiten liegen auf einem ganz anderen Gebiet? Wunderbar! Sie wollen nicht die ganze Welt verändern, sondern nur Ihre nächste Umgebung? Auch gut. Denn wo kämen wir hin, wenn jeder immer die ganze Welt verbessern wollte!

Da gibt es zum Beispiel den Bürgermeister von Kautzen, einer winzigen Gemeinde in Niederösterreich. Diese Gemeinde lebte ausschließlich von der Landwirtschaft. Bei dem Verdrängungswettbewerb »größer – billiger – schneller« konnte sie nicht mehr mithalten. Immer mehr Bauern mußten aufgeben. Denn ihre Böden waren zu schlecht und ihre Betriebe zu klein. Zudem eignete sich diese Gemeinde nicht einmal als Schlafort. Die Entfernung zur nächsten Bezirksstadt war zu groß. Dennoch kann der Bürgermeister stolz behaupten: »Hier spielt sich schon das nächste Jahrtausend ab!« Wie das? Diese Gemeinde ist überreich an Querdenkern! Sie hat insgesamt 60 Solaranlagen installiert. Damit spart diese kleine Gemeinde zusammen mit dem Nachbarort pro Jahr über sieben Millionen Schilling (eine Million Mark) an Heizkosten ein! Der Spruch des Bürgermeisters Erwin Hornek dazu lautet: »Mit der Sonne im Herzen wurde ein Flächenbrand der Vernunft entfacht!« Und er fügte noch die vier Hs dazu, die seiner Meinung nach zu jedem erfolgreichen Leben gehören: Hirn, Hände, Herz und Humor! Ist das nicht eine Weisheit, über die Sie öfter mal nachdenken sollten?

Buchstabieren Sie Ihr Leben neu!

Die Einwohner dieser kleinen Ortschaft haben unter der visionären Anleitung ihres Bürgermeisters auch ihren Ortsnamen Kautzen neu buchstabiert: Kraft aus steinigem Boden – Augen, die Verborgenes schauen – Utopie einer geträumten Realität – Tatkraft menschlicher Seelen – Zeichen einer neuen Zeit – Einsicht in getrennte Welten – das Wissen, wie man Neues und Altes vereint!

Wenn Sie zur Zeit auf »steinigem Boden« leben, sollten Sie sich überlegen, wie Sie Ihr Leben neu buchstabieren – mit Tatkraft, Einsicht und einer Utopie, die zur Realität werden kann. Erkennen Sie allmählich, wie man über sich und seine Begrenzungen hinauswächst? Letzten Endes gibt es dafür nur eine einzige magische Formel: Richten Sie realistisch vorhandene Fähigkeiten und alle verborgenen Kräfte Ihrer ganzen Person mit aller Begeisterung, zu der Sie fähig sind, auf Ziele weit hinter der oberflächlichen Wirklichkeit!

Hüten Sie sich vor Erfolgskopien!

Gerade in unserer Zeit gibt es eine unerhörte Vielfalt möglicher Betätigungsfelder! Deshalb besteht überhaupt keine Notwendigkeit, irgendwelche Erfolge anderer Menschen zu kopieren. Im Gegenteil! Wer große Ziele und den brennenden Wunsch hat, erfolgreich zu werden, darf sich nicht auf ausgetretene Pfade begeben. Wer nur die Erfolge anderer kopiert, ist nicht unbedingt zum Scheitern verurteilt. Aber er muß sich bestenfalls mit dem zweiten oder dritten Platz begnügen. Denn: *Wer kopiert, verliert!* Zumindest den Anspruch auf den ersten Platz. Dort steht wie immer das Original!

Sicher haben Sie in großen Gemäldegalerien auch schon Künstler beobachtet, die vor den Werken alter Meister stehen und diese minutiös auf ihre Leinwand übertragen! Ich bewundere die technischen Fertigkeiten dieser Künstler. Aber ich beneide sie keine Sekunde darum! Wieso? Sie malen ab. Ich persönlich würde lieber etwas Eigenes schaffen, und sei es nur mit dem Filzstift auf einem Notizblock. Filzstift, Papier und eine eigene Idee waren der Ausgangspunkt für viele bahnbrechende Ideen!

Auch mit meinem Unternehmen CC fing ich ganz bescheiden an – äußerlich, aber nicht von meinem Anspruch her. Ich wollte zunächst einfach auf dem Sektor Mikrochips erfolgreich Handel treiben, der mir vertraut war und in dem ich mich wirklich gut auskannte. So ging CC ihren Weg. Denn ich entwickelte diese Neugierde und das Bedürfnis, alles über mein Gebiet genauestens zu kennen. Weil ich sehr frühzeitig erkannte, welch unglaubliche Bedeutung in der Erfindung des Mikrochips lag!

Meine Lehre aus der Lehrzeit
Beklagen Sie nie geringe finanzielle Möglichkeiten! Meine damaligen minimalen finanziellen Möglichkeiten brachten mich auf den einzig richtigen Weg. Ich erinnerte mich an meine Lehrzeit, wo ich in benachbarte Unternehmen geschickt wurde, wenn wir etwas nicht auf Lager hatten. Ich zog den einzig richtigen Schluß aus dieser Lehre: Ich begann mit Ware zu handeln, die ich noch gar nicht besaß! Diese Idee aus meiner Lehrzeit faszinierte mich, als ich in dieser Notsituation wieder daran dachte! Das Lager in der Luft war somit erfunden. Es befand sich in den Frachträumen der Transportflugzeuge rund um den Erdball. So startete ich meine Karriere als Broker! Und ich war damit weit und breit der erste auf diesem Sektor! Ja, ich erfand damit einen ganz neuen Berufsstand in der Chipindustrie!
Ich war auch der erste, der dafür eine eigene Firma in Japan und im Silicon Valley gründete. Man muß eben ein Gespür für neue Trends und Marktchancen entwickeln und darf Erfolge anderer nur als Anregung nehmen, auf einem eigenen Gebiet etwas Neues zu schaffen. Ein anderer wurde ebenfalls zu einem Pionier auf seinem Gebiet. Lesen Sie seine Geschichte!

»La Strada« oder die Straße zum Erfolg
Ein sagenhaftes Gespür für neue und langfristige Trends hatte auch ein junger Assistent der Universität Erlangen, als er 1955 zusammen mit einem Freund nach Italien fuhr. Sein Ziel war Rom, wo er von dem damals schon weltberühmten Filmregisseur Federico Fellini die Aufführungsrechte von »La Strada« erwarb, damals ein Welterfolg. Anthony Quinn und die unvergeßliche Giulietta Massina spielten die Hauptrollen.
Diesen Film brachte er in Deutschland mit großem Erfolg in die Kinos. Er verdiente damit im Vergleich zu seinem Assistentengehalt ein Vermögen! Mit diesem Geld kaufte er weitere Filme in Italien. Als er 1958 zum erstenmal einen Kinofilm an die ARD verkaufte, führte das zu ungeheuren Protesten unter den

Kinobesitzern. Aber dieser mutige junge Mann ließ sich nicht beirren, sondern kaufte ab 1959 größere Filmpakete von United Artists und auch von damals fast vergessenen Künstlern wie Buster Keaton.

Er fuhr, was damals noch völlig ungewöhnlich war, auch nach Japan! Man kann sich heute nicht mehr vorstellen, wie weit entfernt damals Japan war! Aber dieser ehemalige Assistent der Universität Erlangen hatte sich in den Kopf gesetzt, Filme des berühmtesten japanischen Regisseurs, Akira Kurosawa, zu erwerben. Durch diesen mutigen jungen Mann wurden Kurosawas Klassiker »Rashomon« und »Die sieben Samurai« in Deutschland überhaupt erst bekannt.

Mit alten Kinofilmen zum Medienmogul

Sagen Sie nun bitte nicht im nachhinein: »Na ja, ist doch klar. Bei dem Geld, das man damit verdienen kann!« Nein, dieser Einkauf auf Vorrat war stets mit einem großen Risiko verbunden! Das Fernsehen hatte damals nämlich eine ganz andere Programmstruktur! Es deckte seinen Bedarf an Unterhaltung in der Hauptsache mit Aufzeichnungen von Bühnenaufführungen von Opern und Theaterstücken. Fernsehen war eine Guckkastenbühne. Es soll zu der Zeit sogar Leute gegeben haben, die sich für ihren Fernseher eine richtige kleine Bühne mit Vorhang bauen ließen!

Der ganz große Durchbruch beim Fernsehen kam erst 1984 mit der Zulassung der Privatsender und dem Kabel- und Satellitenfernsehen. Erst seit dieser Zeit sind die »Kirchgruppe« und ihr Gründer, der ehemalige Universitätsassistent Leo Kirch, einer breiten Öffentlichkeit ein Begriff. Spielt es da noch eine Rolle, ob aus den 20 000 Mark, die Leo Kirch 1955 für »La Strada« bezahlt hat, 200 000 Mark oder zwei Millionen wurden? Entscheidend waren die Idee, die Entschlußkraft und der Mut, als völlig unbekannter junger Mann zu Fellini nach Rom zu reisen. Das hat Kirchs Leben eine ganz entscheidende Wendung gegeben! Leo Kirch, dem heute manche Journalisten »sehr differenziert« gegenüberstehen und ihn gerne als »Medienmogul« bezeichnen, sagte jedenfalls nicht: »Na ja, eigentlich wäre es schon eine ganz gute Idee, alte Filme zu kaufen. Wobei aber natürlich gleichzeitig zu bedenken wäre: Man muß dafür ja bis nach Rom fahren und mit dem berühmten Fellini verhandeln. Wer weiß, wie einen der behandelt? Nein, das geht zu weit!« Nein, er setzte sich ins Auto und fuhr einfach hin! Vollziehen Sie diese Entscheidung doch einfach mal ganz bildlich nach! Ich nehme an, Sie erkennen die Mutlosigkeit, die hinter diesen »Wobei zu bedenken ist«-Ausreden steht! Nein, der junge, damals völlig unbekannte wissenschaftliche Assistent Leo Kirch wußte, daß ihn sein Job an der Uni nicht ausfüllte. Gleichzeitig sah er in der Idee, mit alten Kinofilmen im Fernsehen ein Geschäft zu machen, ein Ziel, das nicht nur sein Leben, sondern die Programmstruktur des gesamten deutschen Fernsehens veränderte! Wann brechen Sie auf, um Ihre »La Strada« zu finden? Wann sprechen Sie mit den Großen Ihrer Branche? Greifen Sie zum Hörer, oder setzen Sie sich ins Auto und fahren Sie los! Sehen Sie bitte in jeder dieser Erfolgsgeschichten, die ich Ihnen erzähle, die entscheidende Botschaft für einen möglichen Wandel in Ihrem Leben! Jede dieser Geschichten bringt Sie näher an die Antwort auf Ihre Frage: »Was ist das Geheimnis des Erfolgs?« Sie müssen es selbst finden. Und bedenken Sie, wenn Sie sich auf die Suche nach Ihrem Ziel begeben: Es bedarf einer für die Zeit ungewöhnlichen Idee und eines weit vorausschauenden Gespürs für Entwicklungen, wenn Sie große Erfolge erringen wollen!

Ein Weltkonzern aus kleinen Tütchen

Daß diese Neuerungen oft auf einem ganz alltäglichen und unscheinbaren Sektor liegen können, will ich Ihnen mit einer Firmengeschichte verdeutlichen, die Ende des 19. Jahrhunderts in Deutschland ihren Anfang nahm – in einer kleinen Apotheke in

Bielefeld. Dort saß ein junger Apotheker in einer winzigen Kammer und beschäftigte sich mit einem Problem, das jeden noch so kleinen Haushalt betraf: Er experimentierte mit verschiedenen Mischungen von Treibmitteln für Kuchen. Damals mußte nämlich eine Hausfrau, die einen Kuchen backen wollte, sich in der Apotheke die richtige Menge Hirschhornsalz abwiegen lassen, damit der Kuchenteig aufging und locker wurde.
Schon der berühmte Chemiker Justus von Liebig hatte 60 Jahre zuvor ein sogenanntes »Backpulver« erfunden, aber das hatte große Nachteile. Es war ziemlich teuer und auch rasch verderblich. Für die durchschnittliche Hausfrau war es also unbrauchbar. Dr. August Oetker sah in der Lösung dieses Problems eine spannende Aufgabe! Er verbrachte über zwei Jahre in seiner kleinen Kammer hinter der Apotheke, bis er die richtige Mischung gefunden hatte. Sie lockerte den Teig, war haltbar und geschmacksneutral!

Backe, backe Kuchen!

Das war der Durchbruch bei der Erfindung, aber noch lange nicht auf dem Markt. Dr. Oetker wußte, daß zu jeder Idee und zu jeder Erfindung etwas hinzukommen muß: ihre Durchsetzung auf dem Markt! Er orientierte sich bei seiner Erfindung an den Bedürfnissen seiner Verbraucherinnen. Er füllte sein »Backin« in kleine Tütchen ab, die genau für 500 Gramm Mehl berechnet waren. Dazu hatte er noch eine glänzende Idee. Er ließ auf deren Rückseite sorgfältig ausgearbeitete Rezeptvorschläge für die verschiedensten Kuchen abdrucken!
Erst diese zwei genialen Marketingideen verhalfen dem Produkt zum Durchbruch und schufen die Grundlage für einen Weltkonzern, der sich nach fünf Generationen immer noch in Familienbesitz befindet und jährlich ca. fünf Milliarden DM Umsatz macht. Und was glauben Sie, wie viele Milliarden Tütchen Backpulver seit der genialen Erfindung von Dr. August Oetker verkauft wurden? Beweisen Sie Initiative. Finden Sie es heraus!

Außerdem entstand aus den vielen Rezepten auf der Rückseite der Backpulvertütchen einer der größten Bucherfolge der deutschen Verlagsgeschichte, das »Dr. Oetker Backbuch«! Es wurde ein Millionenseller. Viele Jahre rangierte es auf Platz zwei der Bestsellerliste – hinter der Bibel!

Ein Start mit 6842,50 Thalern

Warum betrachten die meisten Menschen Erfolgsgeschichten immer von ihrem Ist-Zustand aus? Also von den Milliardenumsätzen her? Wollen sie damit etwa der Frage ausweichen: »Warum gründe ich nicht einen Oetker-Konzern oder eine Siemens AG?« Wie lautet Ihre Antwort auf diese Frage, oder finden Sie diese Frage absurd? Doch hoffentlich nicht, auch wenn Sie als erstes denken: »Wie soll ich? Ich kann zur Zeit nur mit Mühe und Not mein Auto finanzieren!« Kein Anfang beginnt mit Milliardenumsätzen!

Wissen Sie, wie hoch das Startkapital von Siemens war, mit dem dieser Weltkonzern im Jahr 1847 gegründet wurde? Genau 6842,50 Thaler! Der heute nahezu vergessene Vetter von Werner von Siemens, Johann Georg Siemens, hatte dieses Kapital in die »Telegraphen-Bau-Anstalt von Siemens & Halske« eingebracht. Sein Kapital war gut angelegt. Denn bereits in den ersten fünf Jahren konnte das florierende Unternehmen seinen Mitarbeiterstamm von 10 auf 90 erweitern. Das Ziel, daraus ein Weltunternehmen zu machen, stand von Anfang an fest. Bereits 1850 wurde die erste Niederlassung in England gegründet. Es folgten Rußland (1855) und Österreich (1858).

Werner von Siemens, der Erfinder der Globalität

Werner von Siemens scheute sich, wie Sie schon wissen, auch nicht, in neue, aufstrebende Märkte zu investieren, und das in Ländern, von denen es zur damaligen Zeit noch nicht einmal genaue Landkarten gab. Die Anfänge des Geschäfts mit Japan reichen bis in die 60er Jahre des 19. Jahrhunderts zurück. Stellen Sie sich dabei doch bitte vor, wie lange man in der damaligen Zeit unterwegs war, um nach Tokio zu gelangen! 1879 wurde der erste Stromgenerator Chinas in Betrieb genommen – in Shanghai. 1890 waren fast die Hälfte der rund 5500 Mitarbeiter im Ausland beschäftigt. 1914 hatte Siemens in zehn Ländern eigene Gesellschaften, und in weiteren 49 Ländern unterhielt es insgesamt 168 Vertretungen.

Was ließ aus der kleinen Werkstatt in der Schöneberger Straße 19 in Berlin in 150 Jahren einen Weltkonzern mit rund 380 000 Mitarbeitern und einem Jahresumsatz von 100 Milliarden Mark wachsen? Dem Buchungsblatt, auf dem der Betrag von 6842,50 preußischen Thalern genauestens eingetragen ist, sehen Sie es nicht unbedingt an. Auch wenn es für mich ein unglaubliches Gefühl war, als ich es in einer Ausstellung zur Geschichte des Hauses Siemens vor mir liegen sah! Nein, es war die Vision des Werner von Siemens, die diesen winzigen Betrag mit einer ungeheuren Innovationskraft in eine weltumspannende Wirklichkeit verwandelte!

Sehen Sie auf die kleinen Anfänge!

Haben Sie noch nicht genügend Mut für die Suche nach Ihrem Erfolgsziel? Dann sehen Sie bitte ganz genau auf die kleinen Anfänge der großen Erfolgsgeschichten! Beherzigen Sie dabei die Erkenntnis: »Die meisten großen Erfolge beginnen mit ganz einfachen Überlegungen!« Das gilt für das Abpacken von Backpulver in kleine Tütchen durch den Bielefelder Apotheker Dr. August Oetker genauso wie für die Zigarrenkisten und den Draht, aus dem der preußische Leutnant Werner Siemens einen ersten funktionstüchtigen Telegraphen bastelte.

Eine noch einfachere Überlegung stand am Anfang des Melitta-Konzerns. Sie ist in wenigen Sätzen erzählt. Seit der Zeit Johann Sebastian Bachs, der ein so großer Kaffeeliebhaber war, daß er diesem herrlichen Getränk eine eigene Kantate widmete, störte

am vollendeten Genuß ein Umstand bei der Zubereitung – der Kaffeesatz. Denn der hinterließ auf der Zunge einen bitteren Geschmack! Schon der große Philosoph und Kaffeeliebhaber Immanuel Kant begrüßte diesen Kaffeesatz immer mit dem humorvollen Ausruf: »Ich sehe Land!« Auch der sächsischen Hausfrau Melitta Bentz war dieser Kaffeesatz sehr lästig!
Aber sie hatte eines Tages eine geniale Idee zur Lösung dieses Problems. Sie perforierte eine Blechdose, nahm aus dem Schulheft ihres Sohnes ein Löschblatt, gab die gewohnte Menge gemahlenen Kaffee hinein und schüttete das kochende Wasser darüber! Das Ergebnis war schon fast perfekt. Das Prinzip moderner Kaffeezubereitung war erfunden!
Nun folgt aber noch die alles entscheidende Tatsache: Melitta Bentz hätte sich für den Rest ihres Hausfrauendaseins damit begnügen können, ihrer Familie und ihren Freundinnen mit dieser einfachen Vorrichtung einen besonders schmackhaften Kaffee aufzugießen! Aber was tat sie? Sie zeigte Unternehmergeist und gründete zusammen mit ihrem Mann eine Firma! Und fortan widmete sie sich voll und ganz der technischen Verbesserung dieses einfachen Grundkonzeptes. Dafür erhielt sie am 8. Juli 1908 das kaiserliche Patent. Sie hat damit nicht nur aus der Stadt Minden, wo sich der Konzern bis heute befindet, »die deutsche Kaffeestadt« gemacht. Sie hat das Aufbrühen des Kaffees weltweit revolutioniert!

Hängen Sie nicht in der Warteschleife für Ihren Erfolg!

Sind Sie auch der Meinung, daß heute bereits alles erfunden ist und angeboten wird, was gebraucht wird? Ich hoffe doch nicht! Damit gehen Sie vielleicht an der Chance Ihres Lebens vorbei! Täglich entstehen neue Bedürfnisse, auch wenn es manchmal etwas Zeit braucht, bis das von den Beteiligten erkannt wird. Wie oft haben Sie, wenn Sie mit Firmen telefonierten, in einer endlosen Warteschleife gehangen? Abgespeist mit monotonen Schnulzen, die von einer ebenso monotonen Stimme unterbrochen wurden: »Bitte gedulden Sie sich einen Augenblick!«

Die meisten Anrufer empfinden das als langweilig und nervtötend. Kein Wunder, daß sie im Schnitt spätestens nach einer Minute des Wartens frustriert auflegen. Carolin Pukke ging es ähnlich. Sie war Popsängerin, verdiente ihr Geld aber vorwiegend mit kleinen Aufträgen für die Rundfunkwerbung. Carolin Pukke erinnert sich: »Bei den Gesprächen mit den Auftraggebern hing ich ständig in diesen eintönigen Warteschleifen. Das hat mich unwahrscheinlich genervt!«

Als ihr Freund sich von ihr und ihrem sechs Monate alten Baby auf Nimmerwiedersehen verabschiedete, wurde es wegen des Babys schwierig, jeden dieser Aushilfsjobs anzunehmen. Sie stand vor der Alternative: Sozialhilfe oder bei der Familie betteln gehen! Da hatte sie die mutige Idee: »Ich mache mich selbständig!« Aber wie? Indem sie alle ihre Fähigkeiten auf einen Punkt konzentrierte: auf die eintönigen Ansagen am Telefon!

Firmenstart vom Küchentisch

Heute textet, komponiert und produziert sie individuelle Warteschleifen für Firmentelefonanlagen und witzige Texte für Anrufbeantworter. Ihr Anfang? – Niederschmetternd! Sie hatte vom Küchentisch aus losgelegt und als erstes ein Mailing an 1000 ausgewählte Unternehmen geschickt. Die Resonanz war gleich Null! Jetzt war auch dieses Geld weg, und Carolin Pukke mußte sich wieder mit schlechtbezahlten Jobs über Wasser halten. Aber sie hielt sich nicht lange bei diesen negativen Erfahrungen auf. Sie rief potentielle Kunden an, und nach vier Monaten kam endlich der erste Auftrag. Wenig später konnte Carolin Pukke ihre Idee auf einer Messe präsentieren. Journalisten wurden auf sie und ihre Firma aufmerksam.

Mittlerweile beschäftigt Carolin Pukke acht Mitarbeiterinnen und arbeitet mit 140 freien Künstlern zusammen »vom Rapper bis zum Opernsänger«. Sie selbst kümmert sich nur noch um

den Verkauf. Zu ihren Kunden zählen große Firmen und ein Konzern, der seine Kunden von Telefonanlagen an sie weiterempfiehlt.
Was Carolin Pukke speziell den Frauen rät, die immer noch größere Schwierigkeiten haben als Männer, sich selbständig zu machen: »Habt mehr Mut! Glaubt an eure Ideen, und tretet selbstbewußter auf!« Und ich möchte hinzufügen: Meine Damen, denken Sie immer daran: Wenn Sie etwas unwahrscheinlich nervt, liegt fast immer eine Riesengeschäftsidee in der Luft!
Ich frage Sie: Wieso sind in Deutschland so wenige Frauen in Spitzenpositionen in der Wirtschaft? In den USA machen zehnmal mehr Frauen Karriere in der Wirtschaft als hierzulande. Deutschland braucht mehr Frauen in Spitzenpositionen in Politik, Wirtschaft und Gesellschaft. Wir stehen am Beginn eines Jahrtausends der Frauen!

Erfolg in der dritten Dimension

Nicht jeder startet vom Küchentisch. Manche verabschieden sich aus gutdotierten Anstellungen, um ihr Ziel und ihren Anspruch auf Selbständigkeit zu verwirklichen. So Franz Buchenberger und sieben seiner Kollegen, die bis 1995 bei einer Software-Firma arbeiteten. Minuten nachdem ihre Finanzierung gesichert war, legten sie ihre Kündigungen auf den Tisch – und arbeiteten ab dann für einen Bruchteil ihres bisherigen Gehalts. Dabei waren sie sich über eines bei der Wahl ihres Ziels von vornherein klar: Die Unabhängigkeit von Firmenstrukturen bedeutet auch die Unabhängigkeit von Tarifabschlüssen, von geregelter Arbeitszeit und sonstigen sozialen Errungenschaften. Diese neu erworbene Freiheit bedeutet für lange, unabsehbare Jahre Kampf rund um die Uhr!
Aber diese acht Leute hatten und haben eine Vision! In wenigen Jahren werden alle Bilder im Internet dreidimensional sein. Das heißt zum Beispiel, man kann über Internet eine Karte für eine Opernaufführung oder auch für ein Fußballspiel ordern und

gleichzeitig per Computersimulation vom gewünschten Sitzplatz aus den Blick auf die Bühne oder das Spielfeld testen. Die Vorstellung dieser acht Visionäre ist: »Wir werden dazu die virtuellen Räume liefern – bis hin zu ganzen Städten.« Ihr Ziel ist nicht gerade bescheiden: »Wir wollen Marktführer in diesem Bereich werden. Und zwar weltweit!« Was spricht dagegen, daß sie dieses Ziel erreichen werden? Denken Sie an Werner von Siemens!

Lesen Sie große Erfolgsgeschichten!
Lesen Sie die Geschichten großer Erfindungen und Entdeckungen! Lesen Sie die Gründungsgeschichten von Weltfirmen wie BASF, Ford oder Mitsubishi. Was bringt das? Ganz einfach! Sie sind der Beweis dafür, daß man mit seinen Zielen nicht zaghaft zu sein braucht. Wer sich nur vornimmt, eine kleine Flickschusterei an der nächsten Straßenecke zu betreiben, wird höchstwahrscheinlich nicht einmal dieses Ziel erreichen. Aber auch die Anfänge kleinerer Firmen sind nicht weniger spannend!

Wir waren unsere eigene Putzkolonne
Ich habe auf meinen Reisen für einen Schweizer Weltkonzern sehr deutlich vor mir gesehen, daß mein eigenes Unternehmen einmal Niederlassungen in den USA und in Japan eröffnen und weltweit Handel treiben wird – zu einer Zeit, als drei Leute in einer Dreizimmerwohnung ums bloße Überleben kämpften, als wir noch selbst am Küchentisch die Ware einpackten, sie höchstpersönlich zur Post brachten oder selbst auslieferten. Zudem waren wir unsere eigene Putzkolonne und unser eigener Hausmeister. Aber selbst Staubsaugen, Fensterputzen und gelegentlich die Wände malen gaben uns ein tiefes Gefühl der Befriedigung und des Erfolgs. Ich war eben immer gläubiger Realist und bin es geblieben! Ich glaube an die Existenz von Dingen, bevor ich sie

sehen, greifen oder anderswie beweisen kann. Ich glaube an die Kraft der Vision! Auch wenn ich sie damals wohlweislich für mich behielt. Ich wollte nämlich nicht, daß meine Vision mit Bemerkungen kommentiert wird wie: »Jetzt besitzt er nicht einmal mehr ein Auto und träumt von einem Weltunternehmen!« Ich wollte mich einfach nicht negativ beeinflussen lassen!

Heute existiert der Beweis, daß meine Vision nicht »verrückt« war – ℂℰ ist auf allen Kontinenten in insgesamt 54 Ländern durch Geschäftspartner vernetzt, von Argentinien bis Vietnam, von Norwegen bis Südafrika, von Malaysia bis Australien und Neuseeland. Sie verfügt über eine Datenbank mit 25 Millionen aktiven Komponenten von 2000 Lieferanten. Meine Partner, meine Mitarbeiter und ich sind zu Recht stolz auf unser Knowhow! ℂℰ ist heute im Grunde genommen eine weltweit präsente »Know-how-Company«!

Tausend Meilen Schritt für Schritt

Wie wurde dieses Erfolgsrezept von ℂℰ möglich? Einerseits auf der Basis von Erfahrung, Engagement, Begeisterung für ständige Innovation, andererseits durch Arbeit und noch mal Arbeit! Aber Arbeit allein, ohne zukunftsweisende Vorstellung, ist eine Tretmühle, mit der man sich nur im Kreis bewegt. Die Kraft, die aus der Faszination eines großen Ziels genährt wird, hat mich über die wenig rosige Realität der Anfangszeit hinweggetragen. Aus dieser »unrealistischen« Vorstellung von einer erfolgreichen und glücklichen Zukunft habe ich die Begeisterung und die notwendige Ausdauer geschöpft.

Ich hoffe, Sie verstehen, warum ich den folgenden Punkt immer wieder anspreche: Auch große Ziele verlangen bescheidene Anfänge. Ohne diese Bescheidenheit, ja Demut, können keine großen Erfolge wachsen! Das Verwandeln auch der größten Vision bedeutet zähes Ringen um jeden Auftrag, Hunderte kleiner Ideen und Tausende überzeugender Telefonate. Man muß seine Ziele Schritt für Schritt angehen. Das gilt besonders für Menschen, die sich mit der Gründung eines kleinen Betriebes den Weg aus der Arbeitslosigkeit erkämpfen wollen. Beherzigen Sie deshalb meinen Rat: Bescheidenheit und Demut sind der Anfang aller Vernunft und die Basis für große Erfolge! Ich gebe Ihnen diesen Rat ganz bewußt, ehe Sie gleich eine der größten Erfolgsstorys dieses Jahrhunderts lesen!

Das Erfolgsrezept: Nimm's einfach doppelt!

Es gibt in Amerika Tausende von Buden, in denen Hamburger verkauft werden. Ihre Besitzer kommen alle gerade so über die Runden. Ray Krock beobachtete in San Bernardino, Illinois, wie es den Brüdern Mac und Dick McDonald um die Mittagszeit gelang, zahlreichen Autofahrern schnelle und preiswerte Mahlzeiten anzubieten. Daraus entstand bei ihm die Idee, eine Kette von Schnellimbißrestaurants aufzubauen. Dafür kaufte er den Brüdern Mac und Dick McDonald ihren Firmennamen ab! Was, glauben Sie, hätten seine Freunde gesagt, wenn er anschließend verkündet hätte: »Eines Tages wird es meine Hamburger-Restaurants rund um den Erdball geben. Egal wie großartig die einheimische Küche ist, Italiener, Franzosen, Schweizer, Österreicher und Deutsche, ja auch Russen, Chinesen, Japaner und Indonesier werden in meinen ›Fast-Food-Läden‹ für einen ›Big Mac‹ Schlange stehen, und der Preis für diesen Big Mac wird zu einer international anerkannten Leitwährung!« – Unmöglich! Verrückt! – Aber ja! Genau das ist die heutige Wirklichkeit!

Sandwich – wie Hamburger!

Übrigens, das Produkt, mit dem diese Wirklichkeit geschaffen wurde, hat eine lange Geschichte. Ich erzähle sie Ihnen, um Ihnen zu zeigen, daß manchmal nur ein wenig Kreativität nötig ist, um aus zwei alten Ideen eine völlig neue zu machen. Sie wissen doch, was ein Sandwich ist: diese Weißbrotscheiben, zwischen die man Schinken, Wurst, Käse, Salat, Tomaten, einfach

alles legen kann – ohne sich beim Essen die Finger fettig zu machen. Erfunden hat dieses Sandwich der 4. Earl of Sandwich, der im 18. Jahrhundert lebte, in einer Zeit, in der der englische Adel über unermeßlichen Reichtum verfügte. Da die Adligen für diesen Reichtum nicht arbeiten mußten und Arbeit für sie als Schande galt, entwickelten sie eine große Leidenschaft, mit der sie ihren »arbeitslos« erworbenen Reichtum großzügig aufs Spiel setzten. Bei tage- und nächtelangem Spiel am Kartentisch wechselten ganze Landgüter den Besitzer.
Einer der leidenschaftlichsten Spieler war eben dieser Earl of Sandwich. Und da Graf Sandwich sein Kartenspiel nicht einmal zum Essen unterbrechen wollte, erfand er diese praktische Form, sein Essen zu sich zu nehmen. Schließlich brauchte er ja saubere Hände beim Spielen! Die Geschichte der Hackfleischfladen aus Hamburg habe ich an anderer Stelle schon erzählt. Die deutsche Ehefrau des heutigen, 11. Earl of Sandwich scheint sich dieser gemeinsamen »Herkunft« offenbar bewußt zu sein. Sie meldet sich jedenfalls am Telefon: »Hier Sandwich – wie Hamburger!«
Kaufen Sie sich doch wieder mal ein Sandwich oder einen Hamburger bei McDonald's. Sie wissen ja, die haben immer die guten Ideen!

Ein Pionier weltweiter Kommunikation

Sicher erinnern Sie sich an den Rat, den ich Ihnen gab, über Ihre großen Pläne Stillschweigen zu bewahren für den Fall, daß Sie noch in ganz bescheidenen Verhältnissen leben. Bis aus einer großartigen Idee und einer Vision nämlich greifbare Wirklichkeit geworden ist, kann vieles passieren, was Ihren Erfolg zumindest verzögern könnte! Ich möchte Ihnen dazu eine einmalige Erfolgsgeschichte vorstellen.
Wir haben uns in Windeseile daran gewöhnt, per Handy fast überall auf diesem Planeten erreichbar zu sein. In der gleichen Weise können wir von überall her zu anderen Menschen Kon-

takt aufnehmen. Da fällt es wahrscheinlich schwer, sich eine Welt vorzustellen, in der die Nachrichtenübermittlung trotz der Erfindung der Telegraphie durch Werner von Siemens noch überwiegend von der Geschwindigkeit von Pferdekutschen und Windjammern abhing.
Das wollte der italienische Erfinder Guglielmo Marconi entscheidend verbessern! Er hatte dazu bereits in jungen Jahren eine grandiose Idee. Er wollte die Menschen sogar vom Telegraphendraht unabhängig machen. Schon während der Schulzeit hatte er versucht, aus den Erkenntnissen des deutschen Physikers Heinrich Hertz die »drahtlose« Telegraphie zu entwickeln. Damals standen Sender und Empfänger noch in ein und demselben Zimmer der väterlichen Villa bei Bologna. Zu dem Zeitpunkt fanden seine Freunde die Versuche noch ganz amüsant.

Das Glück in der Holzbaracke

Als Marconi jedoch erklärte, daß es möglich sein muß, mit demselben System Nachrichten um den ganzen Erdball zu senden, erklärten sie ihn kurzerhand für verrückt und ließen ihn – in der besten Absicht – vorübergehend sogar ins Irrenhaus bringen. Wieso das? Marconi war zu dem Zeitpunkt eben noch nicht der große Erfinder Marconi! Das änderte sich erst, als die englische Flotte mit seinen Geräten ausgerüstet wurde, die ersten Nachrichten für die Presse mit seiner Erfindung übermittelt und die ersten Schiffbrüchigen durch Funksprüche gerettet wurden! Noch keine 30 Jahre alt, gehörte Marconi bereits zu den gefeiertsten Menschen der Welt. Er hat mit allen bedeutenden Präsidenten und Monarchen dieser Erde Gespräche geführt – natürlich auch drahtlos, durch seine Erfindung!
Dabei stand sein größter Triumph noch aus. Können Sie sein Glücksgefühl nachempfinden, als er am 12. Dezember 1901 vor Kälte zitternd in einer kleinen Holzbaracke in der Nähe von St. John's, Neufundland, das erste drahtlose Funksignal empfing,

das über den Atlantik gesendet wurde? 1909 erhielt er für seine
»verrückte« Idee den Nobelpreis!

Die vier Stationen des Visionärs

Lassen Sie sich auf dem Weg zur Verwirklichung Ihres Traumes nicht von sogenannten guten Freunden abhalten, die Ihre Träume mit Ihrer derzeitigen Lage vergleichen und Sie für verrückt erklären. Vielleicht sind diese Freunde einfach nur neidisch und wollen nicht zulassen, daß Sie auf einen Erfolg zugehen, der Sie von ihnen abhebt. Ich habe auf meinem Weg zum Erfolg viele sogenannte Freunde an den Neid und an die Mißgunst verloren. Auch meine CC-Vision wurde zunächst von Neidern für verrückt erklärt – bis sie überzeugende Realität geworden ist.

Sie kennen doch die vier Stationen eines Visionärs. Zuerst wird er für verrückt erklärt. Dann wird er bekämpft. Wenn sich sein erster Erfolg abzeichnet, wird er bestaunt. Und hat er sich gegen alle Widerstände durchgesetzt und den großen Erfolg errungen, wird er bejubelt!

Fortschritt in kleinen Schritten

Bei mir hieß es: »Wie kann man eine High-Tech-Firma gründen, ohne Geld und ohne Lager?« (Und ich möchte noch mal betonen: ohne Lieferanten und ohne Kunden.) Dennoch hat sich gerade in einer Zeit rasanter technologischer Entwicklung diese Idee als die einzig richtige erwiesen. Denn die Speicherkapazität der Mikrochips war gigantisch, und die Preise erreichten schwindelnde Höhen oder purzelten über Nacht in den Keller. Der Anfang ohne Geld zwang mich zur richtigen Idee. Not machte eben auch mich erfinderisch und war Triebfeder meines Erfolgs. So entstand die CC-Vision! Und dabei vergaßen wir nie, den Aufbau in kleinen, aber richtigen Schritten zu planen. Ganz bewußt setze ich deshalb an diese Stelle die Geschichte eines Anfangs in kleinen Schritten. Denn Sie sollen nicht denken: »Gut, Marconi war eben Marconi! Und Siemens wie Oetker sind eben große Namen! Aber ich bin gerade in Not und ohne Arbeit. Was soll ich denn tun?« Von der folgenden Geschichte können Sie sich zu einem Neuanfang inspirieren lassen, auch wenn Sie nichts von Chips oder Elektrophysik verstehen und kein Erfinder sind. Es genügt, wenn Sie Hobbybastler sind. Das ist die Idee, das ist die Chance. Das ist die folgende Geschichte.

Männer für alles!

»Wir arbeiten uns Schritt für Schritt aus der Krise!« Das war das erklärte Ziel von zwei Männern aus Nordenham, deren Geschichte begann, als sie sich buchstäblich im Keller befanden! Die beiden hatten in einem Heim für schwererziehbare Jugendliche als Erzieher gearbeitet. Als das Heim wegen Geldmangel geschlossen wurde, standen sie auf der Straße. Heinz Hünnemeier, so heißt der eine der beiden, sagt dazu im Rückblick: »Jammern liegt zwar im Trend, ist aber nicht mein Ding. Irgendwie geht's immer weiter. Man darf sich nur nicht hängenlassen.« So setzten er und sein Freund Stephan Bartes sich zusammen und überlegten. Sie hatten die verrücktesten Ideen, von der Pommesbude über Blumengeschäft, Frühstücksservice bis zum Würstchenstand. Aber plötzlich sahen die beiden ein sehr realistisches Ziel vor Augen. Sie sagten sich: »Wir sind doch handwerklich hervorragend begabt! Schließlich haben wir unsere Häuser selber gebaut!« Und genau das war der Wendepunkt.

Mit dieser zündenden Idee, die einzig und allein darin bestand, daß sie sich auf das besannen, was sie wirklich konnten, kam auch der Name: »Männer für alles«. Unter diesem Namen gründeten sie einen Dienstleistungsservice und setzten entsprechende Anzeigen in die örtlichen Zeitungen. Ihr Startkapital waren das Werkzeug aus dem Hobbykeller und ihr unerschütterlicher Wille, sich mit eigener Arbeit aus der Krise zu befreien.

Dann ging es los! Die beiden reparierten Zäune, machten Babysitter für Hunde, führten auch mal eine Dachrinnenreinigung durch. Und wenn es sein mußte, legten sie eine verstopfte Rohrleitung frei. Sie hatten beschlossen: »Wir nehmen jeden Job an!« Aber es dauerte ungefähr zwei Jahre, bis der Durchbruch kam und sie nicht nur selbst von dieser Arbeit gut leben konnten, sondern die ersten Leute einstellen mußten. Bevorzugt wurden Langzeitarbeitslose. »Die waren ungeheuer motiviert, endlich wieder was Vernünftiges auf die Beine zu stellen!«

Wie gut, wenn man Sie komisch findet

»Männer für alles«, diesen Namen fanden die Leute erst sehr komisch. Doch gerade deshalb war sein Werbeeffekt enorm. Bald waren die »Männer für alles« das Stadtgespräch. Im Lauf der Zeit wurden die beiden auf immer neue Lücken aufmerksam, wo sie noch einsteigen konnten. Eines Tages benötigte eine Nordenhamer Firma Leute für Arbeiten, die sie mit ihrer Stammannschaft nicht bewältigen konnte. Da bemühten sich die beiden um eine Genehmigung beim Arbeitsamt, damit sie ihre Mitarbeiter ausleihen durften. Auf diese Weise kamen sie auf Zeitarbeit. Wußten Sie übrigens, daß die amerikanische Firma »Manpower« der größte Arbeitgeber der Welt ist?
Die Abteilung »Rund ums Haus«, also Rasenmähen, Bäumeschneiden und -fällen, neue Gärten anlegen usw., ist mittlerweile so groß, daß sie von einem gelernten Landschaftsgärtner geführt wird. Die Arbeit für die beiden Gründer wurde aber dadurch nicht weniger. Um die Abteilung »Umzüge und Transporte europaweit« gründen zu können, besuchte der eine der beiden ein halbes Jahr lang nach der Arbeit einen entsprechenden Kurs der Industrie- und Handelskammer in Oldenburg. An den Wochenenden büffelte er Tausende von Vorschriften, die man kennen muß, wenn man grenzüberschreitend Güter transportieren will. Denn da kann man nicht einfach losbrausen!

Für die Abteilung »Personen- und Objektschutz« wiederum paukte der andere, um alles anbieten zu können, was die Kunden auf diesem Sektor verlangen. Diese Abteilung schuf auf Anhieb 15 neue Arbeitsplätze. Die ersten Aufträge lagen bereits vor, ehe sie gegründet war. Aber auch ohne diese Kurse ist der Arbeitstag der beiden Firmengründer 12 bis 16 Stunden lang. »Und Sommerurlaub ist nicht, denn da gibt es die meiste Arbeit!« Also haben die beiden zusammen mit ihren Familien die 14 Tage Urlaub kurzerhand auf den Winter verlegt. Wenn der eine zurückkommt, geht sein Kompagnon mit der Familie in Urlaub.

Wir sind uns für nichts zu schade!
Das ist bis heute das Motto der beiden. Sie erinnern sich, das war auch immer mein Motto! Ergänzt wird es von dem Grundsatz: »Was immer wir an Arbeit kriegen, versuchen wir hundertprozentig zu tun!«
Blicken Sie bitte noch einmal zurück auf den bescheidenen Anfang! Diese beiden »Männer für alles« hatten zunächst nur das Ziel, sich Arbeit zu schaffen, um nicht vom Arbeitslosengeld oder eines Tages von der Sozialhilfe leben zu müssen. Als sie dieses Ziel erreicht hatten, haben sie es weiterentwickelt bzw. ihre Ziele weiter gesteckt. Und damit sind sie heute weiter, als sie es in ihrem alten Job je geschafft hätten.

Mit fünf Mark sind Sie dabei!
Dem Wachstum der beiden »Männer für alles« scheint so schnell keine Grenze gesetzt, wenn man an die Anfänge des weltweit agierenden Dienstleistungsunternehmens Pedus denkt. Dieses Unternehmen ist heute in 17 Ländern tätig, beschäftigt 35 000 Angestellte und erzielt einen Jahresumsatz von 1,6 Milliarden Mark! Gegründet wurde es 1963 von Peter Dussmann, dem Sohn eines schwäbischen Buchhändlers. Er

war in der Zeitung auf eine kleine Randnotiz von drei Zeilen gestoßen. Darin bot in Köln ein Serviceunternehmen einen »Wohnungspflegedienst für Junggesellen« an. Diese drei Zeilen elektrisierten ihn. Er fand heraus, daß es so etwas in München, wo er lebte, noch nicht gab. Peter Dussmann sagt im Rückblick: »Ich wußte schlagartig, das mache ich auch! Dann bin ich zum Gewerbeamt, habe fünf Mark bezahlt, und plötzlich war ich Unternehmer!«

Nun gab er seine erste Anzeige auf. Sie lautete: »Die perfekte Wohnung – Wunschtraum eines jeden Junggesellen! Dies nimmt Ihnen ein Team bewährter Spezialisten ab!« Bald konnte er sich in seinem Büro-, Wohn- und Schlafzimmer vor Anrufen nicht mehr retten. Wenn eine seiner »Spezialistinnen« nicht erschien, mußte er selbst einspringen. Das heißt, er mußte mit der Straßenbahn zu dieser Wohnung fahren, denn auch er besaß damals kein Auto mehr!

Ein Meister im Saubermachen

Als sich sein Service auf Büro- und Gebäudereinigung ausdehnte, wurde die zuständige Innung hellhörig. Sie wollte sein Unternehmen schließen lassen. Warum? Schließlich war er kein Gebäudereinigungsmeister, sondern gelernter Buchhändler. Der Neid suchte sich aus den 80 000 Seiten Bundesgesetzblatt die entsprechende Paragraphen, um den Erfolg eines Seiteneinsteigers zu bremsen. Aber gerade das mobilisierte Peter Dussmanns ganze Kraft! Ich kenne ihn als vorbildlichen Kämpfer.

Er ging auf die Suche nach Bereichen, in denen die mißgünstigen Kollegen der Reinigungsbranche nicht tätig waren. Als eine große Marktlücke erwies sich die externe Reinigung von Krankenhäusern. Damit baute Dussmann ein Filialnetz über die ganze Bundesrepublik auf. Dann gründete er Niederlassungen in Österreich und Italien. Es folgten Aufträge in Saudi-Arabien und Brasilien. – Kurze Frage dazwischen: Hätten Sie den Mut, nach Riad oder Rio de Janeiro zu fliegen und dort eine Firma zu gründen? – Heute versorgt Dussmanns Unternehmen weltweit Bürokomplexe mit dem sogenannten »Facility Management«. Als ich ihm vor vielen Jahren einmal die Frage stellte: »Was war das Geheimnis Ihres Erfolgs?«, antwortete er: »Ich wollte Spaß an der Arbeit haben und etwas schaffen. Wenn jemand nur denkt, er will Millionär werden, wird er es nie!« Dieser Einstellung zum finanziellen Erfolg ist er treu geblieben. Es kommt ihm nicht darauf an, möglichst viel für sich selbst zu behalten. So unterstützt er zum Beispiel großzügig den Wiederaufbau der Dresdener Frauenkirche!

Das Geheimnis des Reichwerdens

Lassen Sie mich das noch einmal ganz deutlich unterstreichen, denn hier geht es um das Geheimnis des Reichwerdens: Wer nur die Absicht hat, Millionär zu werden, der sollte wirklich am besten Lotto spielen! Er hat einfach nicht verstanden, daß man, um Reichtum zu erwerben, eine zündende Idee braucht, von deren Verwirklichung man nahezu besessen ist. Die Million kann sich daraus dann wie von selbst ergeben! Aber sie wird nie das vorrangige Ziel sein!

Das ist ähnlich wie mit der Bildung. Wenn jemand sagt: »Ich will gebildet werden!«, dann wird er es nie! Denn die wichtigste Voraussetzung, daß Bildung wie von selbst entsteht bzw. einem Menschen zuwächst, ist das glühende Verlangen, sich für das Menschsein zu interessieren! Unter diesem Aspekt wird man alles, was man liest, erfährt, sieht und fühlt, in sein eigenes Leben hereinnehmen, es in sich widerspiegeln und sein Handeln bis in die kleinsten Einzelheiten daran ausrichten!

Echte Bildung, genauso wie echter Reichtum, entsteht nur auf der Grundlage absoluter Ehrlichkeit zu sich selbst und zu anderen! Und beides lebt vom ständigen Austausch und nicht von dem Bedürfnis, möglichst viel an sich zu reißen, um andere damit zu beeindrucken!

Millionärin der Hilfsbereitschaft

Ein ungewöhnliches Beispiel von Herzensbildung, Mut, Entschlossenheit und Reichtum möchte ich Ihnen mit einer ganz besonderen »Millionärin« vorstellen. Es ist die Schülerin Julia Salchen, die 1996 mit achtzehn Jahren die Hilfsorganisation »Schüler helfen leben« gründete. Sie warb für ihre Idee bei einer Versammlung von Schülerzeitungsredakteuren. Sie wandte sich mit ihren Spendenaufrufen an die Organisation der Schülermitverwaltungen und sammelte innerhalb eines Jahres über acht Millionen Mark. Damit diese kostbaren Gelder nicht veruntreut oder vergeudet wurden, fuhr sie selbst an der Spitze eines Lastwagenkonvois in das vom Bürgerkrieg verwüstete Bosnien und Kroatien. Dort überwachte sie den Bau eines Kinderheims und die Renovierung eines Studentenheims. Was, denken Sie, hat Julia damit persönlich gewonnen?
Unendlich viel mehr, als sich mit siebenstelligen Zahlen ausdrücken läßt! Die unschätzbare Erfahrung, daß man schon in jungen Jahren mit Mut und Einsatzbereitschaft außergewöhnliche Taten vollbringen und sagenhafte Erfolge erringen kann. Sie war mit ihren Lastwagen noch vor den UNO-Truppen in Mostar! Wenn das kein Gewinn an unternehmerischer Erfahrung ist. – Denn dazu gehört alles, was ein Unternehmer in schwierigen Situationen benötigt: Mut, Tapferkeit, Selbstvertrauen, Klugheit und die unverrückbare Überzeugung: »Du schaffst es!«
Ihr ganzer Stolz über die vollbrachte Leistung ist in dem einfachen Satz dieser Achtzehnjährigen zusammengefaßt: »Der Bürgermeister von Ost-Mostar tut mehr oder weniger das, was ich ihm vorschlage.« Die tiefe Befriedigung über einen aus dem Nichts geschaffenen Erfolg macht sie für weitere Unternehmungen unbesiegbar!

Botschafterin der Nächstenliebe

Allerdings teilt Julia auch eine negative Erfahrung mit anderen erfolgreichen Menschen, die ihren eigenen geraden Weg gegangen sind und damit an ihr Ziel gelangt sind: Die Themen ihrer alten Freundinnen und Freunde sind nicht mehr ihre Themen. Wer lastwagenweise dringend benötigte Kleidung aus eigener Initiative in Krisengebiete schafft, hat wenig Sinn für stundenlange Gespräche über die neuesten Designerklamotten! Und denken Sie noch einmal an den Ausspruch Hermann Hesses: »Mut und Charakter sind den meisten Menschen unheimlich!« Deshalb ist Julia Salchen manchmal etwas einsam – bis sie neue Freunde gefunden hat, die ihrem Anspruch ans Leben und ihrem hohen Maß an Eigenverantwortung gleichkommen. Ich wünsche dieser mutigen jungen Frau viele gute Freunde. Es kann gar nicht ausbleiben, daß sie auf ihrem Weg mit den richtigen Menschen zusammentrifft. Denn sie ist eine echte Botschafterin der Nächstenliebe!

Sie schufen sich ihre Karrieren selbst

Sie sagen nun vielleicht: »Was haben Werner von Siemens, Dr. August Oetker, Guglielmo Marconi, die ›Männer für alles‹ oder die ›Frauen für Erfolg‹ Carolin Pukke und Julia Salchen mit den Gründern von McDonald's, Pedus, Microsoft und ❤❤ gemeinsam?« Eine ganze Menge! Es kommt nämlich letzten Endes nicht darauf an, welche Unternehmensgröße man erreicht.

Die große Gemeinsamkeit liegt in ganz anderen Kategorien. Alle haben Neuland betreten. Alle wollten Verantwortung übernehmen, ihr selbstgesetztes Ziel verwirklichen und damit Arbeit und Gutes für sich und für andere schaffen. Sie warteten nicht darauf, daß sich ihre Lebensumstände durch Veränderungen in der Gesellschaft verbessern. Sie haben diese Änderungen selbst herbeigeführt – auch um den Preis des Scheiterns. Sie alle leben oder lebten nach dem Grundsatz: *Du bist der Schöpfer deiner eigenen Welt!*

Menschen wie die Helden dieser Geschichten – und ich wünsche Ihnen, daß Sie bald zu ihnen gehören – begnügen sich unter keinen Umständen damit, Allerweltsmenschen zu sein! Sie kämpfen lieber mit den Schwierigkeiten ihrer selbstgestellten Aufgaben, als ein gesichertes Leben zu führen. Sie wollen vor allem eines: ihre Ziele erreichen! Sie nehmen sich das Recht, aus dem Rahmen zu fallen, und sie konzentrieren sich auf ein einziges Ziel, weil sie wissen: »Wer zu viele Eisen im Feuer hat, weiß nicht, welches er zuerst schmieden soll!«

Lebe deine Träume!

Über alle Widrigkeiten hinweg bewahren diese Menschen ihre Visionen. Denn sie haben die unumstößliche Erfahrung gemacht, daß sich Wünsche nur dann erfüllen, wenn man ernsthaft daran glaubt und mit allen seinen Kräften nach ihrer Verwirklichung strebt! Sie wissen, daß es niemals leicht ist, Neuland zu betreten oder in unbekannte Gebiete vorzustoßen.

Ihre Karrieren gleichen sich in einem ganz entscheidenden Punkt: Während die meisten Menschen eine mehr oder weniger geregelte Stufenleiter hochsteigen, vom Referendar zum Oberstudienrat, vom Assessor zum Ministerialdirigenten oder vom einfachen Angestellten zum Prokuristen, müssen sich diese ungewöhnlich erfolgreichen Menschen ihre Karriere selbst erfinden. Es gab keine Flugzeugbauer vor den Gebrüdern Wright, keine Radiologen vor Konrad Röntgen, und bei Siemens konnten Abertausende erst Karriere machen, nachdem der Gründer Werner von Siemens die Elektrotechnik revolutioniert und eines der ersten global operierenden Unternehmen gegründet hatte. Deshalb sind die meisten großen Erfolge beispiellos. Die Visionen, die dahinterstehen, haben nicht den finanziellen Reichtum zum Ziel, sondern die Verwirklichung von Träumen! Deshalb lautet meine Botschaft für Sie am Ende dieses Teils: *Lebe deine Träume!*

Leitsätze, Gedanken und Anregungen

Bedenken Sie bitte immer: »Lebe deine Träume« ist das Gegenteil von »Verträume dein Leben«! Wenn Sie diesen Unterschied ganz klar sehen und Ihre Träume, Utopien und Visionen daran prüfen, wird Ihr Erfolg unvermeidlich!

1. Stellen Sie sich als erstes die Frage, ob die Tätigkeit, mit der Sie Ihren Lebensunterhalt verdienen, Sie innerlich befriedigt und ausfüllt. Wenn nicht, müssen Sie Ihrem Leben eine neue Perspektive geben!

2. Wenn Sie noch kein Ziel haben, geben Sie Ihrem Unterbewußtsein den Auftrag, Ihre Anlagen, Ihre Fähigkeiten und Ihre Taten nach brauchbaren Zielen auszuloten. Diesen Auftrag müssen Sie so lange wiederholen, bis Sie Ihr Ziel gefunden haben.

3. Ihre Visionen, Träume und Wünsche haben die Tendenz, sich nur dann zu erfüllen, wenn Sie mit ganzem Einsatz danach streben.

4. Zur richtigen Zeit am richtigen Ort zu sein ist zweifellos wichtig, wenn man Erfolg haben will. Aber nur wenn man ein klares Ziel vor Augen hat, kann man eine besonders günstige Schnittstelle von Raum und Zeit auch erkennen.

5. Machen Sie sich frei von Zielen, für die Sie sich nicht begeistern können. Sie führen niemals zum Erfolg, schon gar nicht, wenn sie Ihnen von anderen Menschen vorgegeben wurden.

6. Prüfen Sie Ihre Visionen, Träume und Wünsche an dem Satz von Erich Kästner: »Das Wichtigste im Leben ist das Wissen, was echt und was falsch ist. Und das Wissen, was gut und was böse ist!« Ehrlichkeit und Wahrhaftigkeit sind die wichtigsten Voraussetzungen für den Erfolg.

7. Das Gros der Menschheit hält neue Ideen meist für verrückte Phan-

tastereien. Lassen Sie sich davon nicht abhalten, Ziele, von denen Sie überzeugt sind, zu Ihrem Lebensziel zu machen und in Ihre Wirklichkeit zu verwandeln. Buchstabieren Sie Ihr Leben neu!

8. Einfache Ideen in Verbindung mit großen Träumen haben die besten Aussichten auf Verwirklichung. Denken Sie an die Geschichte von Peter Dussmann: Halten Sie immer fünf Mark bereit! Damit können Sie einen Weltkonzern gründen! Und Sie wissen ja bereits, was sonst noch dazugehört!

9. Es gibt keine Altersgrenze für die Erfüllung eines Lebenstraums. Es kommt nur darauf an, sich eine große Portion Neugier, Staunen und Begeisterung zu erhalten.

10. Ziele erreicht man nicht zum Nulltarif. Sie müssen Ihre Persönlichkeit umstrukturieren, wenn Sie die Ziele erreichen wollen, die Sie ins Auge gefaßt haben. Aber machen Sie sich darauf gefaßt, daß diese Ziele Ihre Persönlichkeit nachhaltig verändern werden.

Das kürzeste philosophische Konzept für ein glückliches Leben besteht aus vier Wörtern:

»Ja! Ich will es!«

TEIL 3

Vom richtigen Träumen und vom Umgang mit der Realität

Der erste Schritt zum Erfolg
Haben Sie Ihr Lebensziel schon gefunden? – Wenn ja, herzlichen Glückwunsch! Denn das Leben bietet nur drei Möglichkeiten: *Fortschritt, Stillstand* oder *Rückschritt.* Andere Wahlmöglichkeiten gibt es nicht. Fangen Sie also an, sich auszumalen, was Sie mit diesem Ziel gewinnen wollen. Die notwendige Begeisterung und auch den Antrieb bekommen Sie nur über konkrete Bilder, nicht durch abstrakte Befehle. Es hilft nämlich wenig, wenn Sie sich vorsagen: »Ich will reich werden!« Nur ganz konkrete bildliche Vorstellungen von den Zielen und Unternehmungen, die Sie dorthin bringen werden, und deren ständige Wiederholung schaffen Wirklichkeit. Sie müssen Ihr Ziel Tag für Tag konkret vor Augen haben und vor allem den Weg dorthin!
Nehmen Sie ein Beispiel. Es genügt nicht, wenn Sie mehr oder weniger abstrakt feststellen: »Eigentlich würde ich ganz gerne mal auf dem Kilimandscharo stehen!« An diesem »eigentlich« scheitern alle Ziele des Lebens. Streichen Sie diesen Erfolgsverhinderer aus Ihrem Wortschatz. Beschließen Sie: »Ich gehe auf den Kilimandscharo!« Dann stellen Sie sich ganz konkret vor, wie Sie dort hinfahren und wie Sie Meter für Meter hinaufsteigen. Das bedeutet, daß Sie sich intensiv mit diesem Vorhaben beschäftigen, sich möglichst viele Informationen besorgen und daß Sie einen ganz konkreten Zeitpunkt für Ihre Reise dorthin festlegen. Schreiben Sie diesen Termin in Ihren Kalender, bu-

chen Sie gedanklich schon Ihren Flug, und beginnen Sie mit dem Konditionstraining. Von diesem festen Termin geht eine unglaubliche Suggestionskraft aus!
Sie wissen sicher aus dutzendfacher Erfahrung, was mit Träumen und Wünschen passiert, deren Verwirklichung man nicht ganz konsequent plant und mit deren Umsetzung man nicht sofort beginnt. Sie bleiben nichts anderes als Träume und Wünsche. Steigen Sie gedanklich auf den Kilimandscharo Ihres Lebens!

»Geht nicht« gibt's nicht!

Wie viele Ideen, wie viele Vorhaben und Pläne haben Sie in den vergangenen Jahren nach kurzer Zeit einfach in den großen Ablagekorb des Vergessens gelegt und mit Ausreden zugedeckt? Finden Sie das nicht so schlimm? Dann sollten Sie wissen: Von unerfüllten Träumen, Wünschen und Zielen, die man ohne zwingenden Grund aufgibt, geht eine gefährliche negative Strahlung aus. Man gewöhnt sich an die Einstellung, daß Träume Träume sind und mit Wirklichkeit nichts zu tun haben.
Die Zauberformel, mit der sich jedes Vorhaben sofort wieder in Luft auflösen läßt, lautet: »Eigentlich schade …!« Dieses »Eigentlich schade, aber geht leider nicht!« häuft sich in Ihrem Unterbewußtsein als ein kleiner Berg an Restmüll der Frustration an. Sie sollten es unbedingt ersetzen durch den ganz einfachen Satz: »Geht nicht« gibt's nicht! Denn was Sie brauchen, ist ein Gebirge an positiven Erfahrungen, auf dessen Plateau ein großes Schild steht: »Ich schaffe es! Ich werde reich werden!« Denken Sie an den Zuspruch meiner Frau Irène! Ohne ihr immer wiederholtes »Erich, du schaffst es!« hätte ich es sehr viel schwerer gehabt, die Kraft für einen Neuanfang zu finden!
Die Überzeugung, daß Sie Erfolg haben wollen und Erfolg haben werden, muß Ihr ganzes Denken, Ihr Bewußtsein und Ihr

Unterbewußtsein durchdringen. Sie fragen, wie Sie das am besten erreichen? – Ganz einfach! Indem Sie viele kleine Erfolge anhäufen. Ihr großer Erfolg wird sich erst einstellen, wenn Ihr Erfolgsbewußtsein so sehr zur Grundlage Ihrer Lebenseinstellung geworden ist, daß es Ihre geistige Haltung, Ihre Körpersprache und Ihren Umgang mit anderen Menschen beeinflußt. Träume, Wünsche und Vorsätze verlieren nämlich schnell ihre Strahlkraft, wenn man sie nicht durch ständige Wiederholung in seinem Unterbewußtsein verankert. Das ist das Geheimnis des täglichen Gebetes, das natürlich auch die tibetanischen Mönche kennen. Sie wiederholen ihr »O mani padme hum« bei jedem Schritt ihrer Pilgerreise nach Lhasa. Und das ist auch das Geheimnis erfolgsgewohnter Menschen, von denen diejenigen, die es nicht kennen, neidvoll anmerken, daß die »einfach immer Glück haben«. Was ist Ihr »O mani padme hum«? Ich hoffe, es lautet: *Ich schaffe es!* Sagen Sie es sich jeden Morgen, ehe Sie sich an die Arbeit begeben! Sie schaffen es!

So stärken Sie Ihr Erfolgsbewußtsein

Ich weiß, daß dieses Erfolgsbewußtsein niemandem in die Wiege gelegt wird. Aber jeder muß sich früher oder später für den Erfolg entscheiden. Oder kennen Sie jemanden, der sich dagegen entscheidet? Sie müssen sich einfach die Frage stellen: »Will ich aus ganzem Herzen zu den Gewinnern gehören?« Und dann sollten Sie dafür sorgen, daß diese Entschlossenheit immer ein wenig stärker ist als alle Gründe, die dagegen sprechen könnten. Das ist wie bei einem Lastkahn, der flußaufwärts fährt. Seine Antriebskraft muß auch immer etwas stärker sein als die Strömung, die dagegendrückt! In dem Moment, wenn diese Kraft nachläßt, verliert er an Fahrt!

Haben Sie zu diesem Gewinnerbild in Ihnen entschlossen ja gesagt? – Nein? – Dann fangen Sie am besten sofort damit an, Ihr Erfolgsbewußtsein an kleinen Zielen auszuprobieren. Es funktioniert. Sie werden staunen.

Eine Möglichkeit gibt es immer!
Wie finde ich sie?

Wie stärken Sie Ihr Erfolgsbewußtsein? – Richtig! – Mit den kleinen Siegen, die Sie Tag für Tag erringen können. Mein Freund Manfred hatte sich von diesem magischen Satz »Ich schaffe es!« sehr schnell inspirieren lassen. Als er während der Ferien zusammen mit seiner Frau und seinem Sohn ein Wochenende in Oxford verbringen wollte, stieß er auf ein offensichtlich unüberwindliches Problem. Die drei wollten am Sonntag gemeinsam einige der berühmten Colleges besichtigen und eine Bootsfahrt unternehmen. Sie hatten in einer einfachen Pension übernachtet und wollten dort den Tag über ihr Gepäck lassen, um es abends vor der Rückfahrt mit dem Bus wieder abzuholen. Antwort der Pensionsbesitzerin: »Geht nicht! Wir machen einen Ausflug und kommen erst spätabends wieder!« So fuhren sie mit dem Taxi zum Busbahnhof, um dort das Gepäck einzustellen. Die Antwort: »Geht nicht! Die Gepäckaufbewahrung ist wegen der zahlreichen Bombendrohungen im ganzen Land geschlossen!« Was tun? Mit einem Koffer und zwei großen Taschen konnten die drei unmöglich eine Stadtbesichtigung unternehmen.

Manfred fragte jeden Angestellten des Busbahnhofs nach einer Möglichkeit, das Gepäck unterzustellen. Keine Chance! »Geht nicht!« Alle Überzeugungskünste schienen vergeblich. Auch beim städtischen Verkehrsbüro Fehlanzeige! »Geht nicht!« Nun kam die Reaktion von Frau und Sohn: »Schade, dann müssen wir eben nach London zurückfahren!« Aber Manfred entgegnete: »Keinesfalls! Ich werde diesen Tag hier verbringen!« Und dann fing er an zu kämpfen. Er wollte nicht nur Oxford besichtigen, er wollte unter keinen Umständen verlieren. Und er sagte sich: »Ich schaffe es! Irgendwo gibt es eine Möglichkeit. Ich habe sie nur noch nicht gefunden.« Zuletzt fiel ihm ein: »Die Taxifahrer! Die kennen sich aus. Die sind doch immer bereit zu helfen!«

Erfolg durch Intuition und Ausstrahlung

Gesagt, getan! Aber er ging an der langen Reihe der Taxis nicht zu einem x-beliebigen, sondern zu einem älteren Fahrer, der seiner Intuition nach so aussah, als ob er ihm weiterhelfen könnte. Tatsächlich! Der gab ihm die rettende Adresse einer kleinen Pension ganz in der Nähe. Die Antwort der Pensionsbesitzerin dort lautete: »Ja, bringen Sie Ihr Gepäck her!« Als er eine Uhrzeit vereinbaren wollte, zu der er das Gepäck wieder abholen konnte, stellte sich heraus: Auch diese Pensionsbesitzerin unternahm einen Ausflug! – Was nun? Da erhielt er von ihr eine Antwort, die ihn stark verblüffte: »Ganz einfach, ich gebe Ihnen einen Schlüssel. Den werfen Sie beim Abholen des Gepäcks einfach in den Briefkasten!« Manfred meinte völlig überrascht: »Ja, aber Sie kennen mich doch gar nicht! Nicht einmal meinen Namen!« – Doch diese Frau hatte Vertrauen zu ihm gefaßt und sagte: »*I trust you! You have an honest face!*« Ja! Ich vertraue Ihnen! Sie haben ein ehrliches Gesicht!

Ist das nicht Wahnsinn? Erst der Erfolg, daß er nach all den vielen Versuchen und allem »Geht nicht!« doch noch die rettende Adresse gefunden hatte. Und dann dieser Satz, der ihn unwahrscheinlich stolz machte! Glauben Sie mir, er war hochzufrieden mit sich über dieses Erfolgserlebnis. Der Tag war gerettet! Er verbrachte mit seiner Familie unvergeßlich schöne Stunden in Oxford. Sein Erfolgsgefühl wurde weit über diesen kleinen Anlaß hinaus bestärkt. So hatte er sich an einem kleinen Problem bewiesen: »Geht nicht« gibt's nicht! Das Schild mit den drei Wörtern *Ich schaffe es!* war für ihn wieder ein Stückchen größer geworden. Merken Sie sich diesen Satz für immer! »Geht nicht« gibt's nicht! Das ist übrigens auch das Erfolgsrezept von Hardy Krüger, dem großen Schauspieler und Weltenbummler. Deshalb mein Denkanstoß: Schulen Sie Ihr Erfolgsbewußtsein auch an kleinen Begebenheiten und Begegnungen! Sie motivieren sich damit und werden hungrig nach großen Erfolgen. Haben Sie also keine Angst vor kleinen Wünschen und großen Träumen. Der Erfolg wird Ihnen mehr Freiheit, mehr Reichtum, mehr Anerkennung bringen, als Sie sich jetzt vorstellen können. Winken Sie nicht ab, wenn ich Sie immer wieder mit einer Erfahrung konfrontiere. Nicht nur ich, sondern Tausende anderer erfolgreicher Menschen können diese Erfahrung der kleinen Erfolge bestätigen. Wann gehören Sie zu diesem Kreis erfolgreicher Menschen?

Erfolg durch kleine Tagesziele

Auch meine Erfolge werden täglich neu geboren. Ich fordere mich dazu auf, wenn ich morgens vor dem Spiegel stehe. Und glauben Sie mir, es gibt niemanden, der Ihren Erfolg dringender braucht als der, der da vor Ihnen steht! Gehen Sie in Gedanken auf das zu, was Sie am Abend erreicht haben wollen. Stellen Sie sich ganz konkret vor, wie dieses Ziel aussieht, und verlassen Sie sich auf Ihr Wissen, Ihre Erfahrung und Ihre aus dem Unterbewußtsein kommende Intuition. Diese drei starken Kräfte aus Ihrem Inneren werden Ihnen zeigen, wie Sie es erreichen! Die Zuversicht und die Ausdauer, mit der Sie Ihre Ziele so lange wiederholen, bis sie sich erfüllt haben, sind ein Gradmesser für Ihr Erfolgsbewußtsein. Stärken Sie Ihren SL-Faktor! Stabilisieren Sie Ihre Seele. Das stärkt Ihr Leben!

Geben Sie Ihren Träumen Zeit zu wachsen!

Viele Menschen sind mit ihren Wünschen zu ungeduldig. Wenn sich die nicht wie von Zauberhand umgehend erfüllen, geben sie diese Wünsche auf – und suchen sich ganz schnell neue! Warum? Weil sie nicht wissen, daß man die schönsten Träume nur mit großer Beharrlichkeit, Geduld und Leistung erreichen kann.

Einer meiner Kindheitsträume war ein Mercedes-Cabrio, silbergrau und mit roten Ledersitzen. Ich war 14, als meine Mutter und ich meinen Vater von seiner Arbeit abholten. Er hatte dieses Traumauto, das einem bekannten deutschen Filmstar der sechziger Jahre gehörte, gerade mit seinen eigenen Händen gewaschen und poliert! Für mich war dieses Auto der Inbegriff von Erfolg und Reichtum. Ich durfte diesen Wunschtraum im Beisein meines Vaters sogar anfassen. Als der Besitzer meine leuchtenden Augen sah, ließ er mich sogar ans Steuer setzen! An dieses Erfolgserlebnis erinnere ich mich noch heute. Von da an wußte ich mit absoluter Gewißheit: »Diesen Traum wirst du dir einmal erfüllen!« Und ich habe über 30 Jahre darauf gewartet, bis ich ihn wahr machen konnte! Das Gefühl war unbeschreiblich!

Wie reich war Onassis wirklich?

Glauben Sie mir, es gibt noch viel größere Träume, die wahr werden – wenn man nur zielstrebig und mit unermüdlicher Ausdauer an ihrer Verwirklichung arbeitet. Der völlig mittellose junge Aristoteles Onassis befand sich auf dem Weg von Athen nach Buenos Aires. Zusammen mit Hunderten von griechischen und italienischen Auswanderern fuhr er auf einem verwahrlosten Passagierschiff an Monte Carlo vorbei. Er nahm das Bild dieser Oase von Glanz, Glitzer, Glamour und Reichtum in sich auf und schwor sich: »Hierher werde ich eines Tages zurückkehren und mir ein Haus kaufen!«

Ein absurder Wunsch, wenn man seine damalige Lebenssituation betrachtet. Aber tatsächlich kaufte Onassis 30 Jahre später in Monte Carlo einen ganzen Gebäudekomplex mit Casino, Jachtklub und dem »Hôtel de Paris«. Er war mittlerweile einer der reichsten Männer der Welt geworden. Seine Stationen des Erfolgs: ein Job als Elektriker in Buenos Aires, eine erfolgreiche Karriere als Tabakimporteur und Zigarettenfabrikant und dann ein beispielloser Aufstieg zum größten Reeder der Welt!

Daß nun bedeutende Politiker wie Winston Churchill und John F. Kennedy, Künstler, Filmstars, ja fast alle Berühmtheiten seiner Zeit auf seiner Luxusjacht im Hafen von Monte Carlo verkehrten, schien den meisten Menschen ganz selbstverständlich. Der Name Onassis war zum Inbegriff von Erfolg und Reichtum

geworden. Aber leider kannte Onassis nur die eine Hälfte des Geheimnisses, nämlich wie man erfolgreich Geschäfte tätigt! Wie man ein erfolgreiches Leben führt, scheint er erst sehr spät erkannt zu haben!
Deshalb mußte er in fast tragischer Weise erfahren, daß materieller Reichtum allein alles andere als glücklich macht! Am Ende seines aufregenden Lebens, in dem er mehr erreicht hatte, als sich die meisten Menschen in ihren kühnsten Träumen vorstellen können, fühlte er sich leer und ausgebrannt. Denn er wußte nur, wie man Reichtum anhäuft, aber nicht, wie man glücklich wird. Er benutzte menschliche Beziehungen ausschließlich als Mittel für seinen Erfolg. Das galt für seine Ehe mit der blutjungen Tochter des damals größten griechischen Reeders genauso wie für seine Beziehung zur berühmtesten Primadonna seiner Zeit, der Sängerin Maria Callas. Auch seine Ehe mit der amerikanischen Präsidentenwitwe Jacqueline Kennedy hatte wohl keinen anderen Zweck, als seine Person mit dem Glanz eines großen Namens zu schmücken!
Ist es da ein Wunder, daß er gegen Ende seines Lebens enttäuscht feststellen mußte: »Millionen addieren sich nicht immer zu dem, was ein Mensch vom Leben erwartet!« Vergessen Sie nie diese späte Einsicht eines der reichsten Menschen des 20. Jahrhunderts. Deshalb auch mein Rat an Sie, wenn Sie Erfolg anstreben: Suchen Sie immer den Erfolg, der Sie menschlich befriedigt, erfüllt und ausfüllt! Denn Sie wissen sicher so gut wie ich: *Geld regiert die Welt, aber nicht das Herz und schon gar nicht die echte Liebe!*

Ein Pinselstrich für 180 000 Dollar!
Warum das so ist? Ich habe es erfahren und finde diese Erfahrung immer wieder bestätigt, auch durch andere erfolgreiche Menschen. Das Wesen des Erfolgs liegt viel weniger in der Verwirklichung materieller Träume. Das Wesentliche ist der geistige Gewinn, den der Erfolg mit sich bringt – die geistige

Freiheit, die materielle Unabhängigkeit und ein unerschütterliches Selbstvertrauen! Das ist der Sinn des wunderbaren Satzes von Pablo Picasso, der einem Reporter auf die Frage nach seiner Lebenseinstellung antwortete: »Ich lebe gerne einfach – mit viel Geld!« Erst diese innere Unabhängigkeit vom materiellen Gewinn schafft die Freiheit, die den wahren Reichtum ausmacht. Picasso war einfach Picasso, auch dann, wenn er in kurzen Hosen am Strand herumlief.

Sein Selbstbewußtsein war umwerfend. Einmal brachte ein Sammler einen »Picasso« zu ihm, der nicht signiert war und den er bei einem nicht allzu vertrauenswürdigen Kunsthändler erworben hatte. Dieser Mann stellte dem großen Meister die Frage: »Ist dieser Picasso echt oder gefälscht?« Picasso konnte sich nicht mehr erinnern, wann er dieses Bild gemalt hatte. Er fragte den Sammler: »Wieviel haben Sie denn dafür bezahlt?« – »Hundertachtzigtausend Dollar!« – »Dann ist er ganz bestimmt echt!« Mit diesen Worten nahm er schmunzelnd den Pinsel und signierte das 180 000-Dollar-Bild!

Picasso konnte nicht nur leere Leinwände in Millionenwerte verwandeln, er konnte sogar mit einem Pinselstrich einem Bild nachträglich Authentizität verleihen. Picasso war sich dieser Zauberkraft des Erfolgs bewußt, die unendlich viel mehr bedeutet als die Anhäufung von Gold, Juwelen oder auch Titeln. Materieller Gewinn allein bedeutet aber leider sehr häufig: »Ich habe alles, aber ich bin nichts!« Wahrer Erfolg bedeutet, eine Persönlichkeit zu werden, die auch dann noch reich ist, wenn sie nichts mehr besitzt!

Die schönste Seite des Erfolgs – Freude schenken!

Für mich bedeutet Erfolg: das intensive Gefühl, jeden Tag als ein Geschenk zu erleben, in freudiger Erwartung interessanter Gespräche, spannender Verhandlungen und überraschender Herausforderungen voller Tatendrang ins Büro zu fahren. Selbstverständlich macht mir am Erfolg auch Spaß, Dinge kaufen zu können, die ich mir wünsche, ohne eine Bank um einen Anschaffungskredit bitten zu müssen! Es macht mir einfach Spaß, jemandem aus einem spontanen Gefühl heraus und ohne besonderen Anlaß eine Freude zu bereiten. Ich liebe es zum Beispiel, jemandem, den ich schätze, einen Blumenstrauß zu schikken und ihm damit ein schönes Wochenende zu wünschen, oder in einer Buchhandlung auf eine Neuerscheinung zu stoßen, von der ich mir sicher bin, daß sie einen Kollegen oder Geschäftspartner ganz besonders freuen könnte. Ich weiß, daß es die kleinen Aufmerksamkeiten sind, die Herzen öffnen und die Menschen zueinanderführen! Dennoch halte ich für mich persönlich immer die Balance zwischen der Erfüllung eines Wunsches und dem wohltuenden Gefühl des Verzichtens. Ich glaube nämlich an den Spruch des großen George Bernard Shaw: »Jeder erfüllte Wunsch macht uns um eine Vorfreude ärmer!«

Erfolg – ein wunderbares Gefühl!

Anderen Menschen kleine Aufmerksamkeiten schenken zu können mag Ihnen vielleicht als eine geringe Freiheit erscheinen! Aber hatten Sie nicht schon des öfteren einen ähnlichen Wunsch? Glauben Sie mir, es ist nichts schlimmer, als wenn man dann mit einem Blick in seinen Geldbeutel feststellen muß, daß man es sich nicht leisten kann, spontan zu sein. Ebbe im Portemonnaie nimmt einem Menschen auf Dauer jede Spontaneität und läßt ihn dadurch auch innerlich verarmen.

Aber Sie wissen, womit man die Ebbe im Portemonnaie bekämpfen kann – mit einer Flut von Ideen, Einfallsreichtum, Fleiß und vielen kleinen Erfolgen! Aus dieser Flut kommt überschäumende Lebensfreude, denn Erfolg schenkt Kraft – und füllt das Portemonnaie!

Es ist wirklich ein herrliches Gefühl, sich am Broadway von einer Loge aus das neueste Musical von Andrew Lloyd Webber anzusehen oder in der Mailänder Scala von einer der vordersten Reihen aus einem der großen Tenöre zuzuhören. Es macht

Spaß, auf einem Flug nach New York in der Businessklasse zu sitzen und den perfekten Service zu genießen. Es macht Spaß, auf einer Reise spontan in einem besonders schön gelegenen Hotel übernachten zu können. Es macht Spaß, auf einem See ein Motorboot liegen zu haben und damit an Buchten zu fahren, die man sonst nicht erreichen kann.
Die wirkliche Freude liegt dann in der Stille, in der man dem Gluckern der Wellen, dem Singen der Vögel und dem Leben im Schilf lauscht! Keiner wird, wenn er ehrlich ist, von sich behaupten können, daß es ihm mehr Spaß macht, mit tausend anderen im Strandbad zu liegen und sich vom Ghettoblaster seines Nachbarn die Ohren volldröhnen zu lassen. Eine noch tiefere Befriedigung verschafft die Möglichkeit, sich weiterbilden zu können, mit Menschen zusammenzutreffen, die auf ihrem Gebiet großartige Leistungen vollbracht haben, und in Gesprächen etwas von ihrem Wissen und ihrer ganz individuellen Persönlichkeit zu erfahren. Machen Sie Bildung zur Triebfeder Ihres Lebens. Damit werden Sie wirklich reich! Wer den Erfolg nur im Finanziellen anstrebt, lebt auf einer Einbahnstraße, die nicht selten in die geistige Leere führt!

Erfolg genießen – oder verstecken?

Andererseits verstehe ich nicht, daß es immer noch Menschen gibt, die den Erfolg, der auf der Verwirklichung einer Vision mit harter Arbeit beruht, für schlecht halten. Das ist meines Erachtens in höchstem Maße unehrlich. Denn wenn man wirklich ehrlich ist, träumt doch jeder von diesem Erfolg, von einem Leben in finanzieller Unabhängigkeit! Dieses »Nicht-wahrhaben-Wollen«, daß man selbst Erfolg und Reichtum genießen möchte, ist die Wurzel des Neides! Da kenne ich zum Beispiel einen erfolgreichen Unternehmer aus Baden-Württemberg, der seinen feuerroten Porsche Turbo Carrera nur im schweizerischen Tessin fährt. Im heimatlichen Stuttgart spielt er den Biedermann im VW Golf! Was für eine Armut an Charakter!

Seien wir doch bitte ehrlich: Das Motto unseres Lebens lautet: *Lebe gesund und werde reich!* Ich habe manchmal das Gefühl, daß die Neider, die selbst keinen Erfolg haben, und diejenigen, die nicht zu ihrem Erfolg stehen oder nicht stehen können, die Lebensphilosophie vertreten: *Lebe arm und werde krank! Jammere dich durch bis zum endgültigen Abstieg!*
Ich habe jedenfalls keine Scheu, mich zu Erfolg und Reichtum zu bekennen. Ich genieße meine Art von Wohlstand aufrichtig! Ich weiß nämlich ganz genau, wie ich jede Mark, die ich besitze, erworben habe: durch verwirklichte Träume, mit einer Fülle von Ideen und deren Umsetzung durch harte Arbeit! Träume sind für den Erfolg unabdingbar. Aber Träume setzt man nicht durch Träumen um, sondern durch Arbeit! »Lebe deine Träume!« ist nicht dasselbe wie »Verträume dein Leben!«
Nur Menschen, die sich bei einem aufrichtigen Blick in den Spiegel sagen müssen, daß sie den Wohlstand, in dem sie leben, nicht verdient haben, müssen gegenüber anderen entweder täuschen, jammern oder schweigen! Sie wollen damit den Eindruck verwischen, daß es ihnen viel zu gut geht. Man wird mit seinem Erfolg und seinem Reichtum nicht glücklich werden, wenn man nicht dazu stehen kann! Achten Sie deshalb darauf: Die echten Reichen werden mit ihrem Reichtum weder prahlen noch darüber jammern, noch ihn mutlos verstecken. Echten Reichtum erkennt man an der Bescheidenheit.

Feedback

Die Größe des materiellen Erfolgs ist dabei gar nicht das Ausschlaggebende. Die Befriedigung, die eine erfolgreiche Tätigkeit in sich trägt, ist der eigentliche Lohn! Die Energie, die mich erfüllt, wenn ich spüre, daß ich mit einem Vortrag einen ganzen Saal von Wirtschaftsfachleuten wirklich bewegen, motivieren, ja begeistern kann, ist für mich viel befriedigender als der rein materielle Gewinn des Honorars. Dieses Gefühl, im Denken eines anderen Menschen eine positive Veränderung bewirken zu

können, gibt mir eine ungeheure Kraft. Das gibt mir Energie für den nächsten Vortrag!
Das ist Feedback, positive Rückkopplung! Wissen Sie, was das bei mir bewirkt? Ich spüre, wie ich mit einer ungeheuren Kraft positiv aufgeladen werde. Das ist wie mit einem Geschenk, das Sie mit Überlegung und Einfühlungsvermögen in die Lebenswünsche eines anderen Menschen ausgewählt haben! Wenn dieser Mensch Sie dann seine Freude über dieses Geschenk erkennen läßt, spüren Sie wiederum eine ungeheure Kraft der Freude in sich. Echtes Schenken und Beschenktwerden ist ein Austausch positiver Rückkopplung!

Im Reich der Ideen
Mit dem Niederschreiben dieses Buches verhält es sich ähnlich. Was hat mir die Arbeit an diesem Buch für eine Freude und Kraft verliehen! Das läßt sich kaum beschreiben! Das war bei allem Kampf mit Wörtern eine ungeheuer spannende Reise durch ein Reich von Ideen, durch mein Leben und durch das von Menschen, mit denen ich intensiv über diese Arbeit gesprochen habe. Diese Arbeit hat in allererster Linie mich selbst verändert! Und einige Menschen um mich herum, und zwar ganz wesentlich! Selbsterkenntnis, die Bereitschaft, sich zu ändern, das heißt, ständig an sich zu arbeiten, ist sicher das wichtigste Ergebnis dieser Arbeit. Das hat mir eine ungeheure Kraft und Disziplin gegeben!
Deshalb ist es mir sehr wichtig, mit **Lebe ehrlich – werde reich!** Menschen zu erreichen, die sich anregen lassen. Ich möchte sie ansprechen mit meinen eigenen Erfahrungen und mit Erfahrungen, die so alt sind wie die Menschheit. Das kann ihr Leben in eine positive Richtung verändern! Ich freue mich auf den Tag, wo mir jemand sagt, daß er mein Buch immer wieder zur Hand nimmt, weil es ihm geholfen hat, seine Sorgen zu überwinden und einen positiven Blick auf sein Leben zu werfen!

Wo bleibt Ihre Erfolgsgeschichte?

Meine größte Erwartung an Sie ist, daß Sie die dynamische Kraft aus **Lebe ehrlich – werde reich!** empfangen. Daß Sie Seite um Seite lesen und Ihre Persönlichkeit sich durch wiederholtes Lesen und stufenweises Aufgreifen der Grundsätze des Erfolgs immer mehr zum Positiven wandelt! Und daß Sie ab sofort mit Ihrem Leben in eine positive Richtung aufbrechen. Ich liebe nämlich so wie Sie Erfolgsgeschichten! Und es gibt wenig, was mir mehr Freude bereitet, als von den Erfolgen anderer Menschen zu lesen. Ich freue mich darauf, wenn Sie mir eines Tages Ihre Erfolgsgeschichte mitteilen! Und ich bin überzeugt, Sie werden Erfolg haben!

Deshalb ist es mir wirklich ein großes Anliegen, Sie richtig zu mobilisieren – mit der Begeisterung für das Ziel, einmal zu den erfolgreichen und unabhängigen Menschen zu gehören! Sie stehen vor einer Aufgabe, die Ihnen leichter fallen wird, als Sie glauben, wenn Sie sich nur auf Ihre Stärken konzentrieren. Nutzen Sie Ihren enormen Einfallsreichtum, Ihre Vorstellungskraft und die schier unerschöpfliche Kraft Ihres Unterbewußtseins, um an dieses große Ziel zu gelangen. Oder sind Sie der Meinung, daß das auf Sie nicht zutrifft? Wenn das der Fall sein sollte, machen Sie bitte einen Sprung in das letzte Kapitel »Begeisterung – die Fanfare Ihres Lebens«. Dort können Sie erfahren, wozu der menschliche Geist fähig ist, wenn man ihn mit Begeisterung aktiviert! Begeisterung ist die höchste Stufe der Motivation. Begeisterung verleiht der menschlichen Seele die Kraft, ihre besten und größten Anstrengungen für ein Leben in Freude und Glück zu unternehmen!

Das Gemälde Ihres Lebens

Überlegen Sie: Welches sind die kleinen Hürden oder gar großen Hemmschwellen, die Ihren Erfolg blockieren? Kann es sein, daß Sie Ihren Erfolg noch gar nicht intensiv genug wollen? Dann fangen Sie bitte an, ihn sich vorzustellen! Und tun

Sie sofort den ersten Schritt in Richtung Erfolg! Jedes noch so große Gemälde beginnt mit dem ersten mutigen Pinselstrich auf eine weiße Leinwand! Fangen Sie an, Ihr neues Leben zu malen!

Und denken Sie bitte daran, wenn Sie das Gemälde Ihres Erfolgs entwerfen: Sie haben nur diese eine Leinwand! Die wollen Sie doch nicht etwa leer zurückgeben, oder? Es ist nur natürlich, daß man an kleineren Erfolgsskizzen üben muß! Und auch, daß bei dem großen Gemälde mal ein paar Pinselstriche danebengehen. Die können Sie leicht überarbeiten. Aber lassen Sie niemals zu, daß Ihnen andere Menschen graue Farbe auf Ihre schöne Leinwand gießen mit Bemerkungen wie »Ich habe gleich gewußt, daß du es nicht schaffst!« oder »Ich glaube, da nimmst du dir ein bißchen viel vor!« Solche negativen Äußerungen dürfen Sie nicht mehr zulassen!

Setzen Sie solchen Bemerkungen, die sich oft nur in Gesten oder in der Körpersprache ausdrücken, Ihr ganzes Erfolgsbewußtsein entgegen! Sie allein entscheiden, wie wichtig Ihnen das Ziel ist, erfolgreich zu werden, und wie ernst Sie es mit Ihren Vorsätzen für ein neues Leben meinen. Lesen Sie wieder und wieder große Erfolgsgeschichten. Vor allem deren Anfang! Dann werden Sie feststellen, daß der einzige Unterschied zwischen Ihnen und einem Werner von Siemens oder Dr. August Oetker der ist, daß Sie sich noch nicht entschlossen haben, erfolgreich zu werden! Entschließen Sie sich jetzt! Beginnen Sie, Ihr Leben bunt zu malen!

Zeichen für Ziele

Machen Sie Inventur! »Welches Ziel habe ich ins Auge gefaßt? Was besitze ich bereits an Fähigkeiten, um es zu erreichen? Was muß ich mir noch aneignen?« Stellen Sie eine Zigarrenkiste mit ein wenig Eisenblech und Kupferdraht an Ihren Arbeitsplatz oder an einen Platz in Ihrer Wohnung, wo Sie ihr immer wieder begegnen! Dieses Symbol wird Sie erinnern, wie einfach und wie klein ein Siemenskonzern begonnen hat! Oder stellen Sie zwei gleich große Holzkistchen aufeinander, und denken Sie daran: Das war die Grundidee, die in einer sagenhaften Weise den Gütertransport rund um den Erdball revolutioniert hat! Denn der Containerverkehr entstand nicht anders als aus dieser Idee! Und die könnten Sie jedem Kind beim Spielen mit den Bauklötzen abschauen. Was dann noch fehlt, ist natürlich die ungeheure Kraft der Begeisterung für ihre Durchsetzung!

Nur verwirklichte Ideen machen Sie zu einem erfolgreichen und selbstbestimmten Menschen! Legen Sie alle Grübelei und Niedergeschlagenheit von sich ab! Inventur machen und Bilanz ziehen heißt vor allem, sich seiner positiven Seiten zu vergewissern!

Das will ich noch lernen!

Es ist ein himmelweiter Unterschied, ob Sie sagen: »Das kann ich nicht!« oder »Das muß ich noch lernen!« Das eine ist ein abschließendes Urteil ohne Zukunft, das andere eine deutliche Aufforderung zum Erfolg! Ihnen fehlt zum Erfolg eine Fremdsprache? Gut! Es gibt in jeder noch so kleinen Ortschaft die Möglichkeit, einen Fernkurs zu belegen! Oder verbringen Sie Ihren Urlaub einmal in einem Sprachcollege!

Wissen Sie, wie viele Fremdsprachen der große Archäologe Heinrich Schliemann, der Entdecker des sagenhaften Troja, sprach? Über 40! Das ist keine Hexerei! Mein Freund Motke in Israel ist Touristenführer. Er spricht acht Sprachen fließend! Seine Muttersprache war Deutsch. Dazu lernte er Englisch und Französisch. Als er in die Heimat seiner Vorfahren zurückkehrte, lernte er Hebräisch! Dann wollte er sich mit seinen arabischen Nachbarn unterhalten. Also lernte er Arabisch in Wort und Schrift! Italienisch, Spanisch und Russisch kamen einfach so dazu! – Wie? – Mit einer Stunde intensiven Lernens pro Tag! Womit verbringen Sie diese eine Stunde pro Tag, die Ihnen zum Erfolg fehlt? Doch hoffentlich nicht mit Grübeln, warum Sie noch nicht erfolgreich sind! Grübeln ist negativ! Sie brauchen aber vor allem positive Gedanken und positive Erfahrungen, zum Beispiel durch Erweiterung Ihrer Kenntnisse!

Gedanken setzen Kräfte frei!

Ich will Sie zu nichts anderem auffordern, als den ersten Schritt zu tun, den Sie vielleicht bewußt oder unbewußt seit Jahren vor sich herschieben! Begeistern Sie sich für Ihren Erfolg, und Sie werden automatisch spüren, wie Ihre innere Bereitschaft für den Erfolg wächst! Diese Erfolgsbereitschaft wird Sie wie von selbst mit den richtigen Menschen zusammenbringen. Und auch die entscheidenden Gelegenheiten für Ihren Erfolg werden Ihnen »zufallen«. In dem Augenblick, in dem Sie wirklich davon überzeugt sind, daß Ihre Gedanken die Kräfte freisetzen können, werden Sie dieses Wunder Ihres Erfolgs auf sich zukommen sehen!

Möglich, daß Sie in den zurückliegenden Jahren vieles von der »windabgewandten« Seite her betrachtet haben und deshalb zuwenig Hoffnung und Mut für Ihre Ziele entwickeln konnten. Aber ab sofort heißt Ihr Denkprogramm nicht mehr: »Das habe ich nicht!«, sondern: »Das brauche ich noch!« Und statt »Das kann ich mir nicht leisten!« heißt es nun: »Dafür muß ich noch ein paar gute Ideen umsetzen!« oder »Dafür muß ich einfach noch ein bißchen mehr an mir arbeiten!« Sagen Sie sich vor allem: »Ich will erfolgreich sein! Ich will besser werden!«

Stellen Sie sich vor, daß Sie Ihren Erfolg wie eine Weltumsegelung planen! Für eine derartige Unternehmung würden Sie einfach ganz nüchtern, zuverlässig und vorausschauend entscheiden: »Was muß ich an Bord nehmen, damit ich viele Monate oder sogar Jahre einer ungewissen Reise überstehe? Und was ist Ballast, von dem ich mich befreien muß?« Sobald Sie aufgebrochen sind, werden Sie überrascht feststellen, daß Ihnen auf einmal ein günstiger Rückenwind die Segel bläht und daß in jedem Hafen, den Sie erreichen, Menschen an Bord gehen, die Ihre

Reise zum Erfolg unterstützen! Glauben Sie mir, ich weiß, daß das auch in Ihrem Leben zur Realität werden kann. Denn ich habe es genauso erfahren!

Die Odyssee meines Freundes Manfred
Welches ist Ihr ganz persönlicher Ballast, der Sie ständig daran hindert, dorthin zu kommen, wo Sie aufgrund Ihrer Fähigkeiten eigentlich stehen könnten? Sie wissen es nicht genau? Es gibt nur drei Richtungen, aus denen die Probleme und die Erfolgsblockaden kommen: entweder aus der Familie, aus dem negativen Umfeld am Arbeitsplatz oder aus dem eigenen Gefühl, zu versagen und ständig gegen Mauern zu rennen. Da diese drei Bereiche eng miteinander verbunden sind, kommen die Probleme häufig aus allen drei Richtungen gleichzeitig – und sehr oft mit geballter Wucht!
Sie erinnern sich an den »fremden Reporter«, der eines Tages in mein Büro kam? Er gab mir letzten Endes den Anstoß, meine Lebensgrundsätze in **Lebe ehrlich – werde reich!** niederzuschreiben – für Sie und für Ihren Erfolg! Die Darstellung seines damaligen Zustands war so niederschmetternd, daß realistisch und an der Oberfläche betrachtet nur noch ein Wort zutraf: »Hoffnungslos!« Die Artikelserie, für die er mich interviewte, war nur eine seltene Ausnahme. Ansonsten arbeitete er freiberuflich als Lektor für verschiedene Verlage. Normalerweise saß er zu Hause und korrigierte in Auftragsarbeit die Manuskripte anderer Autoren!
Eine nicht gerade befriedigende und obendrein schlechtbezahlte Arbeit. Und das Schlimmste war: Er war damit keineswegs regelmäßig beschäftigt! Er verbrachte mehr Zeit damit, Aufträge zu akquirieren, als er am Schreibtisch saß und tatsächlich mit all seinem Können Geld verdiente.
In den Jahren, bevor ich ihn kennenlernte, hatte er zwei Biographien über zwei prominente Schauspieler sehr unterschiedlichen Charakters geschrieben. Beide Bücher hatten sehr gute

Kritiken bekommen. Beide brachten aber umgerechnet auf die Arbeitszeit, die er hineingesteckt hatte, weniger Honorar ein, als wenn er in derselben Zeit putzen gegangen wäre! Seine finanzielle Situation war katastrophal. Er war hoch verschuldet. Und seine Verpflichtungen wuchsen ständig. Eine Aussicht, aus dieser Spirale nach unten jemals wieder herauszukommen, bestand bei realistischer Einschätzung seiner Tätigkeit nicht. Dennoch gab er nie auf. Er kämpfte. Zunächst leider mit den falschen Mitteln!

Verlassen Sie nie Ihren Weg!

In der Hoffnung, aus dieser betrüblichen Situation einen Ausweg zu finden, ließ er sich von einem »wohlmeinenden« Bekannten zu einem völlig falschen Ausweg überreden. Er arbeitete auf Provisionsbasis fast ein Jahr lang im Vertrieb einer Immobilienfirma. Für kurze Zeit hing er dem Traum vom schnell erworbenen Geld und vom Ende aller Sorgen nach – vergebens, wie sich leicht vorhersagen ließ, denn diese Tätigkeit stand mit seinen Interessen, mit seiner Ausbildung und mit seiner Persönlichkeit in keinerlei Zusammenhang!

Er arbeitete wie ein Besessener! Trotzdem war das Ergebnis all seiner Anstrengungen gleich Null. Die einzige Wohnung, die er verkaufen konnte, ging an einen guten Freund, der damit nichts als Schwierigkeiten bekam und auch noch Geld verlor! Er setzte damit eine Freundschaft aufs Spiel, weil die Objekte dieser Immobilienfirma nicht ehrlich bewertet waren. Sie brachten keineswegs die errechneten Gewinne. Nein, mit dieser Arbeit versank er nur immer tiefer im Morast der Verzweiflung!

Das erkannte er leider erst, als er diese Vertriebsfirma wirklich durchschaute. Und er fand die Kraft, sofort die Konsequenzen zu ziehen! Um sich in dieser Zeit totaler Niedergeschlagenheit und finanzieller Ausweglosigkeit wenigstens einigermaßen über Wasser zu halten, gab er wie zu Studentenzeiten wieder Nachhilfeunterricht in Englisch. Manchmal gelang es ihm, mit sei-

nem fotografischen Können, das er sich in vielen Jahren erarbeitet hatte, noch ein paar Mark dazuzuverdienen! Er verkaufte gelegentlich einige Fotos an einen Kalenderverlag oder auch an Zeitschriften und finanzierte damit wieder ein paar Tage Überleben.
Den Gedanken an ein eigenständiges und selbstbestimmtes Lebensziel, das seinen Fähigkeiten entsprach, hatte er so gut wie aufgegeben. Er lebte von der Hand in den Mund und dachte von früh bis spät nur noch daran, wie er seiner Frau und seinem Sohn trotz seiner beruflichen und finanziellen Misere einen einigermaßen adäquaten Lebensstil verschaffen könnte. Er wurde ein Meister im Verdrängen der Sorgen und in der Kunst, den morgigen Tag zu überleben.

Gefährliche Auswege

Den Punkt, an dem ihm seine Hausbank oder irgendeine andere Bank noch einen Kredit gab, hatte er längst überschritten. Banken verleihen bekanntermaßen ihre Schirme nur, solange die Sonne lacht. Er überwand seinen Stolz und wurde regelmäßiger Kunde beim Pfandleiher. Nachdem er alle seine Antiquitäten und Wertgegenstände verkauft hatte, die er sich in erfolgreichen Tagen erarbeitet hatte, verpfändete er seine Lebensversicherungen. Eine Krankenversicherung besaß er schon lange nicht mehr. Und nun war er dabei, auch noch alle seine Freunde zu verlieren!
Wenn er keinen anderen Ausweg mehr sah, lieh er sich in seiner drückenden Not und Verzweiflung von Freunden Geld – in der ehrlichen Absicht, es in absehbarer Zeit zurückzuzahlen. Aber diese Verpflichtungen drückten ihn noch mehr! Denn meist machten die immer häufiger eintreffenden Mahnbescheide seine guten Absichten zunichte. Diese Damoklesschwerter hatten ihn innerlich schon schwer getroffen. Doch es trafen ihn auch Schläge, die ihn noch tiefer verletzten. Er mußte nicht nur seine Konzertklarinetten verkaufen, er war sogar gezwungen, seine

gesamte Fotoausrüstung, mit der er eine Reihe von Titelfotos gemacht hatte, ins Leihhaus zu bringen. Denn das Karussell der Gläubiger drehte sich immer schneller! Er sah nur noch Mahnbescheide, Anwaltsbriefe, Verfügungen und Schuldenjäger!
Schließlich wurde er aus seinem Club, den er seit Jahren mit großer Begeisterung besucht hatte, hinausgeworfen, weil er seit drei Jahren den Beitrag schuldig geblieben war und weil er sich auch dort von einigen seiner Freunde Geld geliehen hatte. Keiner dieser sogenannten Freunde, die ihn früher für seine geistreichen Vorträge bewundert hatten, hatte ihn jemals gefragt, wie er ihm dauerhaft helfen könnte. Sie gaben ihm nicht einmal die Chance, sich zu rechtfertigen. Er hatte nur die Wahl, selbst auszutreten oder öffentlich hinausgeworfen zu werden. Ich muß sagen, ein wirklich großartiger Verein, der sich laut Statuten der Pflege von Kunst, Humor und Freundschaft verschrieben hat! Als Manfred mir diese Geschichte erzählte, hatte er Tränen in den Augen. Können Sie das verstehen?

Verlieren Sie nie Ihre Selbstachtung!

Nach dieser Erniedrigung machte sich bei ihm tiefe Apathie und Hoffnungslosigkeit breit. Er war drauf und dran, an dieser Situation krank zu werden. Es war fast ein Wunder, daß er gelegentlich noch etwas Zuversicht und Hoffnung auszustrahlen schien! Aber je öfter ich ihm begegnete, um so häufiger sah ich ihn in einem Zustand, in dem er vor Sorgen fast geistesabwesend war. Außerdem war ihm deutlich anzusehen, daß er nach dem Satz von Wilhelm Busch lebte: »Wer Sorgen hat, hat auch Likör!« Er gestand mir, daß ihm eine Flasche Wein pro Abend längst nicht mehr reichte, um einschlafen zu können!
Ein intelligenter, musisch hochbegabter, belesener und gebildeter Mensch war dabei, sich selbst zu ruinieren und zusammen mit seiner Familie in die Armut zu stürzen, weil es ihm nicht gelang, seine zahlreichen Fähigkeiten so auf ein Ziel hin zu bündeln, daß daraus ein sichtbarer Erfolg entstand. Er hatte

viele Talente, nur das eine nicht: wie man seine Talente umsetzt!
Wieso erzähle ich Ihnen diese Geschichte so ausführlich? Weil sie, wenn auch nicht mit diesen katastrophalen Ausmaßen, symptomatisch ist für die Handlungsweise vieler Menschen. Sie werden durch eine Mischung aus unverschuldeten Schicksalsschlägen, unüberlegtem Handeln und Nicht-Reagieren auf Not- und Gefahrensituationen an den Rand ihrer Existenz gebracht.
Das Unglück meines Freundes hatte paradoxerweise damit begonnen, daß ihm ein ungewöhnlich guter Start ins Berufsleben gelungen war. Wenige Monate nachdem er bei einem bekannten Fachverlag als Lektor begonnen hatte, bekam er die Chance, an einem Deutschlehrwerk für den internationalen Markt mitzuschreiben. In wenigen Jahren wurden davon über eine Million Exemplare verkauft. Er verdiente mit einem Jahr anstrengender Arbeit über zehn Jahre lang jährlich mehr als 100 000 Mark zusätzlich zu seinem Gehalt! Was für ein sagenhafter Start ins Berufsleben!

Reichtum, der nicht abgesichert ist

Durch diesen phantastischen Einstieg, zu dem auch Geschäftsreisen rund um den Globus gehörten, bekam er leider nicht das richtige Verhältnis zum Wert des Geldes. Nun beging er einen ersten entscheidenden Fehler. Da er und seine Frau in diesen Jahren kinderlos waren, sahen sie keinerlei Veranlassung, dieses Geld in bleibende Werte und wachsenden Wohlstand umzuwandeln. Sie konnten sich plötzlich Dinge leisten, von denen sie früher nicht einmal geträumt hatten. Teure Reisen und teure Hobbys verschlangen so viel, daß diese beiden Lebenskünstler selbst mit diesem überdurchschnittlichen Einkommen gelegentlich einen Vorgriff auf die Einkünfte des kommenden Jahres nehmen mußten. Irgendwann fielen sie einem cleveren Finanzberater in die Hände, der ihnen nach allen Regeln der Kunst vorrechnete, wie man mit Bauherrenmodellen vortrefflich Steuern sparen konnte. Vertrauensselig und ohne selbst noch einmal nachzurechnen, ließen sich die beiden nacheinander vier Bauherrenmodelle »vorrechnen«, immer nach dem Motto: »Wieso zahlen Sie eigentlich immer noch Steuern?« Die Aussicht auf ständig wachsende Gewinne und der clevere Finanzberater hatten ihr Urteilsvermögen stark beeinträchtigt.

Wie verhalte ich mich in einer Krisensituation?

Das richtige Verhalten in Krisensituationen, die jeden Menschen treffen können, will gelernt sein! Eines Tages begann die große Talfahrt. Der Verlagsinhaber starb. Der Geschäftsführer glaubte: »Nun bin ich der Herrscher aller Reußen!« Die Familie des verstorbenen Inhabers trennte sich daraufhin von ihm. Trotz heftiger Auseinandersetzungen, die in den vergangenen Jahren stattgefunden hatten, ließ sich mein Freund von ihm überreden, gemeinsam einen neuen Verlag zu gründen, weil er dessen Fähigkeiten sehr bewunderte und ihm ebenfalls einen großartigen Aufstieg verdankte! Ist diese Parallele zu meinen eigenen Lebenserfahrungen nicht frappierend?

Die Aussicht, an einem eigenen Unternehmen beteiligt zu sein, ließ ihn genau wie mich bei der Zusammenarbeit mit dem fristlos entlassenen Prokuristen die mangelnde zwischenmenschliche Basis übersehen. Er erklärte sich bereit, »für die Zeit der Gründung« auf ein Gehalt zu verzichten und vom Buchhonorar zu leben. Aber dieser Vorschlag paßte in keiner Weise mehr mit den Berechnungen für die Bauherrenmodelle zusammen. Als diese »Gründungszeit« sich immer länger hinzog, wurden die Nerven aller Beteiligten immer dünner. Man trennte sich nach drei Jahren ergebnisloser Schufterei im Unfrieden. Für Manfred hieß das Verzicht auf den größten Teil von drei Jahren Gehalt und der Honorare für Bücher, die in dieser Zeit entstanden waren. Er wurde von seinem ehemaligen »Gönner« mit dem bitteren und unehrlichen Satz verabschiedet: »Ich wollte Sie nie dabeihaben!«

Besser ein bescheidener Neubeginn als eine großartige Notlösung!

Trotz dieser Verluste hatte Manfred in dieser Zeit immer noch überzogene Gehaltsvorstellungen – und verhinderte damit eine neue Anstellung! Aber er lebte zunächst ganz gut von freiberuflicher Arbeit. In dieser Zeit kam der Sohn zur Welt. Die Freude war groß, aber das Leben wurde dadurch nicht billiger. Als die Finanzierung der Bauherrenmodelle zu wackeln anfing, wurden erst die teuren Antiquitäten verkauft, dann die Lebensversicherungen und zuletzt mit vielen Verlusten die Immobilien selbst. Es begann, wie oben beschrieben, der fatale Strudel nach unten – mit dem schlechtesten Rezept für die Lösung von Schwierigkeiten: *Neue Löcher aufreißen, um alte zu stopfen!*

Denn nun begingen die beiden einen entscheidenden Fehler. Sie versuchten, zunächst für sich selbst und vor den Verwandten, den gewohnten Lebensstandard aufrechtzuerhalten, obwohl eine ehrliche Analyse der Gesamtsituation und drastische Einsparungen notwendig gewesen wären. Konsequenzen zogen die beiden im Grunde immer erst, wenn es gar nicht mehr anders ging oder vielmehr schon zu spät war! Beherzigen Sie deshalb meinen guten Rat: Seien Sie unerbittlich in Ihrer Problemanalyse. Ziehen Sie die Notbremse, auch wenn es noch so weh tut. Vermeiden Sie den Entscheidungsinfarkt! Und das gilt für alle Ebenen und Bereiche des Lebens – im Privaten wie im Beruf, für den Angestellten wie für die Konzernleitung! Denn Entscheidungsschwäche führt immer nach unten!

Geben Sie nie die Verantwortung für Ihr Leben ab!

In ihrer mißlichen Situation verfielen die beiden auf einen weiteren kapitalen Fehler. Aus Angst vor dem scheinbar Unabänderlichen übergaben sie die Verantwortung für ihr Leben an einen, wie sich später herausstellte, völlig unfähigen Rechtsanwalt – und legten fortan nur noch dessen Schreiben in einem immer dicker werdenden Aktenordner ab! Er sollte sie aus dieser Situation befreien! Was war das Ergebnis? Dieser mehr als überforderte Rechtsbeistand und die Flucht vor der eigenen Verantwortung kosteten die beiden fünf Jahre fruchtloser Verhandlungen! Und Zinsen, Zinsen und nochmals Zinsen! Und Ärger und Probleme! Übernehmen Sie deshalb immer selbst die Verantwortung für Ihr Leben! In allen Einzelheiten!

An dieser fast tragischen Entwicklung eines Lebens ist einfach nicht zu übersehen, daß die Flucht vor Schwierigkeiten und aus der Verantwortung der größte Erfolgsverhinderer im Leben leidgeprüfter Menschen ist. Sich totstellen oder fliehen erzeugt nämlich ungeheure Angstzustände und kann niemals zu einer akzeptablen Lösung oder gar zur Überwindung der Schwierigkeiten führen!

Im Tierreich ist das übrigens nicht anders! Haben Sie schon einmal zwei Kater beobachtet, wenn sie gegeneinander kämpfen? Es kommt unweigerlich der Punkt, wo einer anfängt, seine Niederlage vorauszusehen. Dann zieht sich dieser augenscheinlich Unterlegene oft voreilig zurück. Dabei schließt er die Augen! Er will damit einfach dem furchterregenden Anblick des überlegenen Gegners ausweichen. Der Sieger betrachtet dieses Verhalten ganz klar als Zeichen der Kapitulation. Dabei könnte dem Unterliegenden ein mutiger Blick in die Augen des Gegners zu einem ungeahnten Vorteil verhelfen!

Behalten Sie deshalb Ihre Schwierigkeiten und Ihre Gegner immer im Auge! Denn im menschlichen Leben ist es nicht anders. Gegen Krisen und Angstzustände gibt es nur ein einziges hilfreiches Mittel: selbst die Verantwortung übernehmen und ganz rational und nüchtern der Gefahr ins Auge sehen, das heißt, die Situation nach dem einfachen Grundsatz analysieren: »Was kann schlimmstenfalls passieren, und welche Auswege aus der Gefahr gibt es?« Wer sich dagegen totstellt oder den Kopf in den Sand steckt, begibt sich aller Möglichkeiten, die drohende Gefahr zu meistern!

Widerstehen Sie der Angst vor dem Briefkasten!
Gefahren kann man nicht meistern, indem man den Briefkasten nicht mehr leert oder wenn man zwischen sich und seine Probleme den Anrufbeantworter schaltet! Warum das so ist? Weil auf dem Anrufbeantworter immer nur einer spricht – und zwar der andere. Und damit bekommt er auch noch recht! Einschalten des Anrufbeantworters ist wie nicht antreten in einem Tennismatch oder in einem Boxkampf. Das ist Kapitulation vor der Wirklichkeit und ein eindeutiger, vorschneller Sieg für den Angreifer! Deshalb mein dringender Rat an alle, die sich in Schwierigkeiten befinden: Übernehmen Sie jedes Gespräch und damit die Verantwortung! Nur dadurch haben Sie eine Chance zu siegen. Und Sie werden sehr schnell die Erfahrung machen: Jeder noch so kleine Sieg gibt Ihnen wieder Kraft zurück!

Ein Teufelskreis
Das Wegschauen und Weghören birgt noch einen großen Nachteil! Man kann auch von guten Nachrichten nicht mehr erreicht werden. Die braucht man aber in einer schwierigen Situation nötiger als alles andere! Denn nur sie geben uns Kraft! Wer sich aus dem positiven Energiefluß ausklinkt, bekommt keine Kraft mehr von außen! Ein Teufelskreis! Deshalb mein guter Rat: Schalten Sie die Leitung frei für den Strom guter Nachrichten! Und nehmen Sie den Kampf auf gegen die schlechten Nachrichten! Denn eines ist doch so sicher wie das Amen in der Kirche: Die schlechten Nachrichten finden ihren Weg zu Ihnen. Sie können ihnen mit dem Abschalten der direkten Verbindung nur einen kleinen Umweg aufzwingen!
Dazu dürfen Sie es nie kommen lassen! Das war bei meinem Freund nicht anders. So sah bei ihm das Ergebnis dieses Wegsehens und mehr oder weniger ziellosen Reagierens auf den Zwang der Umstände aus: eine sich stetig verschlechternde wirtschaftliche Situation, Schwierigkeiten in der Partnerschaft, der Verzicht auf weitere Kinder und eine zunehmende beruf-

liche Orientierungslosigkeit! Denn nun mußte er immer öfter Jobs annehmen, die ihm keinerlei Freude machten und die noch schlechter bezahlt waren als vorher!

Stellen Sie sich immer wieder die entscheidende Frage!

Kommen Ihnen Teile dieser Geschichte bekannt vor, weil Sie ähnliche Erfahrungen gemacht haben? Dann können Sie sicher nachvollziehen, wie die Auswirkungen auf das Gemüt und die Seele dieses Menschen waren. Sie wissen, wie er zu Beginn unserer Bekanntschaft auf meine klassische Testfrage für Selbstbewußtsein »Worauf sind Sie stolz?« reagierte. Selbstsichere Menschen, die mitten im Leben stehen, die sich ihrer Leistung bewußt sind, können diese Frage ohne Zögern beantworten. Je länger aber jemand braucht, um in seinen mutlosen Gedanken nach einer Antwort zu suchen, um so deutlicher wird, daß er nicht mehr weiß, worauf er stolz sein könnte. Das Ausbleiben seiner Antwort war für mich die deutlichste Antwort, die er mir geben konnte! Das verriet mir Unentschlossenheit und Selbstzweifel. Und noch etwas verriet mir seine vergebliche Suche nach einer Antwort: Flucht aus der Gegenwart!
Ich wünsche Ihnen sehr, daß Sie genau wissen, worauf Sie stolz sein können, denn Menschen, die nur von ihrer Vergangenheit sprechen, haben meistens den Glauben an die Zukunft verloren! Wer im Gestern lebt, verpaßt das Heute! Und das Heute ist das einzige Leben, das wir haben. Wer keine Perspektive mehr sieht und sich nur verzweifelt an ziellose Hoffnungen klammert, reagiert in der Regel falsch!

Trotz aller Schwierigkeiten – eine positive Bilanz!

Mit nebulösen Wünschen, daß von irgendwoher Rettung kommt, kann man schwierige Lebenssituationen niemals meistern. Die Gefahr ist vor allem, daß man bei einer verspäteten

Bilanz häufig nur noch zu dem Ergebnis kommt: »Ich bin ein Versager! Alle meine Anstrengungen sind vergebens. Ich renne nur noch gegen verschlossene Türen!«

Ich bin sehr stolz darauf, daß ich der erste Mensch war, zu dem dieser ehemals »fremde Reporter« so viel Zutrauen faßte, daß er mir schonungslos die ganze Wahrheit über seine Situation schilderte. Das befreite ihn von einem unglaublichen inneren Druck!

Wir sprachen fast täglich miteinander, und ich machte ihm Mut: »Menschenskind, wach auf! Eine Bilanz ist nie nur negativ. Dein Leben geht weiter! Du hast alle Voraussetzungen für einen Neubeginn. Erkenne doch endlich, was auf der Habenseite steht! Du bist trotz deines nicht gerade mäßigen Alkoholgenusses gesund. Du hast im großen und ganzen Disziplin – die sich wieder steigern läßt! Du kannst mit ein bißchen Training wieder richtig sportlich werden. Du hast die Kraft, alle Enttäuschungen und Hemmnisse abzuschütteln und einen Wandel in deinem Leben herbeizuführen. Das einzige, was dir fehlt, ist ein Ziel und der Glaube an dich selbst!«

Ein neues Selbstwertgefühl

Es schien ihm zunächst völlig unwirklich zu sein, daß ich aus dem Scherbenhaufen, den er vor sich sah, noch eine so positive Bilanz ziehen konnte. Aber es gelang mir, ihm eine neue Richtung zu geben, ihn zu motivieren, sein Selbstwertgefühl wieder aufzubauen und ihn dazu zu bringen, die positiven Seiten seines Lebens in den Mittelpunkt seines Denkens zu stellen. Die Veränderung in seinem Wesen war sagenhaft. Er brachte es fertig, von einem Tag auf den anderen auf jeglichen Alkohol zu verzichten! Er fing wieder an, seinen Körper in Form zu bringen! Und was noch unendlich wichtiger war: Er fing an, Pläne zu schmieden! Er konnte wieder herzhaft lachen! Deshalb befolgen auch Sie meinen Rat in Schwierigkeiten: Ziehen Sie die Positivbilanz, und hören Sie nie auf, an sich zu glauben!

Positive Bilanz und Neuanfang

Lassen Sie mich die Geschichte von Manfred zu Ende erzählen. Er zeigte mir, daß er auf dem besten Weg war, sein Selbstvertrauen wiederzugewinnen und vielleicht sogar selbstbewußter zu werden, als er jemals zuvor war! Ich hatte ihn schon richtig eingeschätzt. In seinem Unterbewußtsein war ein unzerstörbarer Kern, der ihm die Gewißheit gab: »Mich kann nichts endgültig kaputtmachen! Ich schaffe es, wieder auf die Beine zu kommen. Das will ich, und das werde ich!« Aus dieser Überzeugung kam auch die Haltung, die mir an ihm gefiel! Sie sollten diesen Menschen heute erleben. Sie würden ihn kaum mehr wiedererkennen! Was hat er mit diesem Neuanfang geschafft – den Start in ein faszinierendes neues Leben! Er arbeitet heute wie ein Besessener an seiner Zukunft. Dabei kommen ihm alle seine Erfahrungen zugute. Ganz besonders diejenigen, die ihn beinahe endgültig vernichtet hätten. Aber eben nur fast! Gerade weil Manfred diese unsagbaren Niederlagen durchgestanden hat, bin ich mir sicher, daß er den Weg nach oben wieder schaffen wird. Wie lange es auch dauern mag, er wird es schaffen! Daran zweifle ich nicht.

Diese Erfahrung mit dem »fremden Reporter« bestärkte mich auch in meinem Entschluß, **Lebe ehrlich – werde reich!** zu schreiben, denn ich wußte, daß sein Schicksal kein Einzelfall ist. Hunderttausende von Menschen suchen jährlich in ihrer äußersten Verzweiflung Schuldnerberatungsstellen, Sozialstationen, Ärzte, Psychologen und Psychiater auf. Andere liefern sich dubiosen Kreditvermittlungshaien aus! Und glauben Sie mir, die leben besonders gut – vom allerletzten Geld ihrer verzweifelten Opfer!

Übernehmen Sie die Verantwortung für Ihr Leben!

Es gibt einen anderen, einen richtigen Weg, um aus diesem scheinbar ausweglosen Strudel herauszukommen. Und mir ist es ein wirkliches Anliegen, Sie auf diesen Weg zu führen. Denn ich weiß aus meinem eigenen Leben, wie wichtig es ist, Menschen auf den richtigen Weg zu bringen. Dazu gehört aber auch, daß Sie zunächst ein paar sehr befreiende Wahrheiten in Ihr Denken integrieren.

Eine dieser Wahrheiten lautet: Mensch sein heißt immer, Verantwortung für sein Leben zu übernehmen! Jeder Mensch trägt die Verantwortung für sein Leben. Man kann nicht ein Leben lang sagen, daß die Misere, in der man sich befindet, nur die Schuld der Umstände ist, die Schuld der anderen, der Eltern, die einen falsch erzogen haben, der Lehrer, die einem übelgesinnt waren, der Kollegen, die einen nicht hochkommen lassen, der Chefs, die einen unterdrücken!

Ich gebe zu, ich habe zunächst nicht anders gedacht, als ich an meinem ganz persönlichen Tiefpunkt angelangt war. Da sah ich nur den Firmeninhaber, der mich trotz aller Anstrengungen hatte fallenlassen und der in meinen Augen aus lauter Unwahrheiten zusammengesetzt war – bis hin zu seiner Urlaubsbräune, die aus dem Sonnenstudio kam, und zu den Fremdsprachenkenntnissen, die nur jemanden wie mich beeindrucken konnten, weil ich damals überhaupt keine Fremdsprachenkenntnisse hatte. Und als ich die Hoffnungslosigkeit dieser Situation sah – habe ich da sofort gekündigt? Leider nein! Aber wer gibt schon gerne freiwillig ein überdurchschnittliches Gehalt und ein Luxusauto als Dreingabe auf? Da nimmt man dann schon lieber die Unehrlichkeit und Feigheit in Kauf! So war ich gefangen in einem Gespinst von Unwahrheiten anderer und meiner eigenen Selbstüberredung. Manchmal heulte ich. Aber meistens heulte ich mit den Wölfen!

Heute weiß ich, was daraus zwangsläufig entstehen mußte: Sorgen, Niederlagen, Lebensangst, Ärger, Zorn, Haß, Neid und Eifersucht – die ganze Palette negativer Kräfte! Ein derartiges Umfeld kann niemals zum Erfolg führen! Versuchen Sie nie, sich durch Halbwahrheiten aus Ihren Schwierigkeiten zu befreien. Sie haben eine lähmende Wirkung. Meiden Sie Menschen, die lügen, auch wenn sie zu Ihren Gunsten lügen. Suchen

Sie statt dessen positive Menschen, auch wenn diese Ihnen unbequeme Wahrheiten sagen! Echter Erfolg verträgt keine Halbwahrheiten! Wahrheit und Ehrlichkeit sind die einzig dauerhaften Fundamente für Ihren Erfolg!

Verehren Sie keine Pygmäen!

Der Tag einer ehrlichen Bilanz kommt für jeden. Auch mir wurde erst allmählich klar, wie sehr dieser Fall ins Bodenlose meine eigene Schuld gewesen war, wie sehr meine kritiklose Suche nach einer Fata Morgana, meine Leichtgläubigkeit, meine Selbstüberredung die Voraussetzungen für diesen Absturz geschaffen hatten. Die Weisheit eines deutschen Dichters der Romantik lernte ich erst sehr viel später kennen: »Wenn man einen Riesen sieht, so untersuche man erst den Stand der Sonne – und gebe acht, ob es nicht der Schatten eines Pygmäen ist.«
Ich ließ mich beeindrucken, weil ich zuviel am materiellen Erfolg und zuwenig an mir selbst gearbeitet hatte. Deshalb mußte ich auf eine sehr ernüchternde Art und Weise erfahren, daß ich die Verantwortung für mein Leben an einen Pygmäen abgegeben hatte. Ich lernte, mich der Frage zu stellen: »Was habe ich falsch gemacht, und wie muß ich mich ändern, damit meine Lebenssituation wieder besser wird?« Ich mußte viele kleine Schritte gehen und große Umwege machen, bis ich gelernt hatte, mir die richtige Antwort auf diese Frage zu geben und sie mit den richtigen Entscheidungen in meinem Leben zu beantworten! Ich begann den Teppich wegzuziehen, unter den ich bis dahin meine Lebenslügen gekehrt hatte!

Das war eine harte Prüfung!

Aber immer noch einfacher, als wenn uns der Lebenspartner, die Freunde oder der Vorgesetzte mit unseren Lebenslügen konfrontieren und die Antwort aus ihrer Sicht geben! Nur dieser beschwerliche Weg führt zur Selbsterkenntnis und zur Wahrheit. Man kann die Menschen über die Realität hinwegtäuschen, auch den Lebenspartner, lange Zeit sogar sich selbst. Aber auf Dauer ist das eigene Gewissen unbestechlich und gnadenlos. Man kann vielleicht einer Bestrafung entgehen, aber niemals seinem Gewissen. Das wird einen nie in Ruhe lassen. Es verpflichtet uns unnachgiebig zu der Forderung: **Lebe ehrlich!** Ehrlichkeit ist der einzig richtige Wegweiser in die Zukunft! Nur wer ehrlich lebt, lebt!

Leider gibt es noch nicht genügend Menschen, die sich mit ihren Versprechungen, mit ihren Handlungen und mit ihrem eigenen Leben an diesem Satz messen lassen können. Nicht wenige aus der großen Zahl der »Besserverdienenden« versuchen, Teile ihres Einkommens an der Steuer vorbei in »schwarze Kassen« oder ins Ausland fließen zu lassen. Auch Teile des Beamtenstandes scheinen Abschied genommen zu haben von den früher so hochgelobten »preußischen Tugenden« der Ehrlichkeit, der Aufrichtigkeit und der Unbestechlichkeit.

Unehrlichkeit führt nie zu dauerhaftem Reichtum!

Da liest man Meldungen über Finanzbeamte, die zusammen mit einigen Steuerpflichtigen deren Einkommensteuererklärungen »frisieren«, die massenweise steuermindernde Ausgaben erfinden und sogar nahe Anverwandte ihres Mandanten »sterben« lassen, um Beerdigungskosten geltend machen zu können! Ist ja klar, eine Hand wäscht die andere, doch sauber wird dabei bestimmt keine. Schließlich wollen die Handlanger bei diesen sogenannten »Steuererleichterungen« kräftig mit abkassieren. Das gilt auch für Angestellte von Kfz-Zulassungsstellen, die sich die vorzeitige Rückgabe von eingezogenen Führerscheinen gut bezahlen lassen. Andere kassieren bei der Vergabe von Baugenehmigungen. Weitere Beispiele können Sie leider fast jeden Tag den Medien entnehmen.

Unehrlichkeit ohne Ende! Und da soll man auf ehrlichem Weg zu Erfolg und Reichtum gelangen? – Ja, ja und nochmals ja!

Weil es keinen anderen Weg gibt, dauerhaft erfolgreich und glücklich zu werden! Jede Unehrlichkeit kommt irgendwann ans Tageslicht, und sei es durch eine winzige Unachtsamkeit! Keiner der »Vorteilsnehmer« scheint dabei zu bedenken, daß man durch derartige Handlungen erpreßbar wird, ganz abgesehen davon, daß es auffällt, wenn ein mäßig bezahlter Finanzbeamter plötzlich mit einem Sportwagen für über 100 000 Mark vorfährt und Ansichtskarten aus einem Luxushotel auf den Bahamas schickt.

Vertrauen Sie auf Ihr Gewissen!

Ich betone deshalb noch einmal: Nur ein gutes Gewissen bildet eine verläßliche und tragfähige Basis für eine positive Änderung Ihrer Lebensziele. Verdrängte Lügen schlagen auf den Magen. Oder auf das Rückgrat. Denken Sie nur an die verkrümmte Figur des italienischen Ministers, der am Ende seines Lebens und einer scheinbar glanzvollen Karriere gestehen mußte, daß er ein absolut unehrliches Doppelleben geführt hatte!

Glauben Sie der Wahrheit, die so alt ist wie die Menschheit: Man kann nicht mit einem schlechten Gewissen ein neues Leben beginnen. Das Gewissen ist ein ständiger Mitwisser! Es entscheidet in letzter Instanz!

Machen Sie, wenn Sie mit Ihrem Gewissen sprechen, nicht viele Worte: »Die Sprache der Wahrheit ist immer einfach, mutig und ehrlich!« Messen Sie Ihre Visionen, Träume und Wünsche an dieser einfachen Wahrheit. Denn nur auf der Basis der Wahrheit und Ehrlichkeit kann ein gesunder und dauerhafter Erfolg wachsen. Erfolg ist ein Juwel, den man nur durch Ehrlichkeit erlangen kann! Und ein gutes Gewissen ist ein unverzichtbarer Baustein für ein gesundes Leben.

Leitsätze, Gedanken und Anregungen

1. Welche Träume und Wünsche sind Ihnen so wichtig, daß Sie davon unter keinen Umständen abzubringen sind? Halten Sie diese Träume und Wünsche schriftlich fest, und schreiben Sie gleichzeitig auf, in welchen Lebensumständen Sie in einem Jahr leben möchten. Setzen Sie sich für Ihre Ziele ein festes Datum!

2. Sie wissen sicher aus eigener Erfahrung, was mit Träumen und Wünschen passiert, deren Verwirklichung man nicht ganz konkret plant und mit deren Umsetzung man nicht sofort beginnt! Sie bleiben nichts anderes als Träume und Wünsche. Beginnen Sie deshalb sofort, konkrete Pläne für die Umsetzung Ihrer Träume und Wünsche zu entwerfen!

3. Das richtige Erfolgsbewußtsein wird niemandem in die Wiege gelegt. Deshalb müssen Sie sich bewußt für Ihren Erfolg entscheiden – oder kennen Sie einen erfolgreichen Menschen, der gegen seinen Willen erfolgreich wurde? Ihr Programm für den Erfolg lautet ganz einfach: »Ich will aus ganzem Herzen zu den Gewinnern gehören!« Und ab sofort bedeutet das für Sie, daß diese Entschlossenheit für Ihren persönlichen Erfolg immer ein wenig stärker ist als alle Gründe, die dagegen sprechen könnten.

4. Dieses Bewußtsein, daß Sie Erfolg haben wollen und Erfolg haben werden, muß Ihr ganzes Denken und Ihr Unterbewußtsein durchströmen. Geben Sie deshalb Ihre Träume von Erfolg und Reichtum täglich als konkrete Bilder an Ihr Unterbewußtsein weiter. Trennen Sie ganz sauber Zukunftsträume von Illusionen, und bedenken Sie, daß Illusionen oft wirklicher erscheinen als Träume. Träume können Sie niemals durch Träumen verwirklichen! Ihre Verwirklichung kostet Mühe, Kraft, Ausdauer und vor allem Ideen und harte Arbeit!

5. Das größte Geheimnis eines erfolgreichen Menschen ist sein unerschütterliches Erfolgsbewußtsein! Geben Sie deshalb auch kleine

Ziele nicht auf, ehe Sie nicht alles in Gang gesetzt haben, um sie zu erreichen. Sagen Sie sich bei allem, was zunächst ein Mißerfolg zu werden droht: »Geht nicht« gibt's nicht!

6. Geben Sie Ihren Träumen die Chance, sich zu verwirklichen! Das heißt vor allem, setzen Sie nie auf Erfolgskonzepte, die sich scheinbar über Nacht verwirklichen lassen. Sie erweisen sich meist als unrealistisch. Setzen Sie auf Ausdauer und auf den unbesiegbaren Willen, sich von Rückschlägen nicht entmutigen zu lassen! Wer niemals aufgibt, erzielt letzten Endes immer einen Erfolg. Kämpfen Sie auch um kleine Zwischensiege! Denn auch kleine Erfolge verleihen die wunderbare Kraft der Ausdauer!

7. Prüfen Sie alle Ihre Unternehmungen an den unbestechlichen Aussagen Ihres Gewissens! Denn nur ein ehrlicher Weg führt zu einem dauerhaften Erfolg! Glauben Sie an die Kraft der Wahrheit und Ehrlichkeit! Denn Erfolg ist ein Juwel, das man nur mit Ehrlichkeit erringen kann!

8. Streben Sie nie einen ausschließlich materiellen Erfolg an. Die tiefe Befriedigung, die eine erfolgreiche Tätigkeit mit sich bringt, ist der eigentliche Lohn! Die Größe des materiellen Erfolgs ist dabei gar nicht das Ausschlaggebende. Wer nur nach materiellem Erfolg strebt, verliert meist seine eigentliche Bestimmung aus den Augen! Und das führt nie zu einem wahren und dauerhaften Erfolg!

9. Falls Ihnen unerwarteter Reichtum zufließt, ist es ein Gebot der Klugheit, ihn sofort abzusichern! Die Versuchung mag groß sein, wenn man sich plötzlich teure Reisen und teure Hobbys leisten kann. Dafür sollten Sie jedoch nie an die Substanz Ihrer Mittel gehen. Verwenden Sie Geldmittel, die Ihnen zukommen, immer in einem lebendigen Kreislauf von Geben und Nehmen!

10. Behalten Sie vor allem immer eventuelle Schwierigkeiten und Gegner im Auge! Und vergessen Sie nie: Gegen Krisen und Angstzustände gibt es nur ein einziges hilfreiches Mittel, nämlich selbst die Verantwortung übernehmen und ganz rational und nüchtern der Gefahr ins Auge sehen! Analysieren Sie die Situation nach dem einfachen Grundsatz: »Was kann schlimmstenfalls passieren, und welche Auswege aus der Gefahr gibt es?« Stecken Sie nie den Kopf in den Sand. Gefahren kann man nur meistern, wenn man den Kopf oben behält! Schalten Sie niemals den Anrufbeantworter zwischen sich und Ihre Probleme! Sie können sonst auch von guten Nachrichten nicht erreicht werden. Und die brauchen Sie gerade jetzt dringender als je zuvor!

TEIL 4

Das Vermächtnis des Sokrates: Erkenne dich selbst!

Sein Name steht für Philosophie

Erkenne dich selbst! Das ist die Maxime für Ihr neues Leben! Diese Aufforderung zu einer lebenslangen Erforschung des eigenen Wesens und Daseins ist der Kern jeder persönlichen Wahrheit, jeder Lebensweisheit, jeder Philosophie, jedes Wandels zum Positiven und letztlich jedes wahren Erfolgs.
Diese drei Wörter sind das Zentrum der Philosophie des Sokrates, des größten Philosophen des Abendlandes! Er selbst hat keine einzige geschriebene Zeile hinterlassen. Aber wir wissen über ihn durch die Schriften seines Schülers Platon besser Bescheid als über irgendeinen anderen Menschen seiner Zeit. Sokrates war der erste freie Mensch der abendländischen Geistesgeschichte! – Warum? – Weil er ohne jede ideologische Verengung die ungeheuer beunruhigende Aufforderung *Erkenne dich selbst!* zunächst mit aller Konsequenz an sich selbst stellte! Ganz im Gegensatz zu den vielen Weltverbesserern, die immer nur die anderen verbessern wollen, um von ihren eigenen Defiziten abzulenken!
Sokrates war, wie alle Großen der Geschichte, ein in sich äußerst widersprüchlicher Mensch. Unter all den schöngelockten Griechen mit den klassischen Leibern war er ein Glatzkopf mit aufgeworfenen Lippen, eingedrückter Stülpnase und stieren Glotzaugen. Dazu war er untersetzt, hatte breite Schultern und einen Hängebauch. Nach Aussagen seiner Zeitgenossen war er unglaublich häßlich. Sie beschreiben ihn als einen Faun, dem

nur die Bocksfüße fehlten. Trotzdem wirkte er geradezu dämonisch anziehend auf die schönen Jünglinge Athens – er hatte trotz seiner Häßlichkeit eine faszinierende Ausstrahlung! Diese jungen Männer waren begeistert von dem Geist, der aus diesem häßlichen Körper leuchtete! Und sie waren fasziniert von seiner Suche nach Wahrheit, denn junge Menschen hungern mehr als andere nach den Tugenden der Wahrheit, der Ehrlichkeit, des Mutes und der Selbstdisziplin!

Die Abgeklärten und angeblich Gebildeten fühlten sich von Sokrates mit seinen vermeintlich simplen Fragen vor den Kopf gestoßen. Er zerstörte ihre geistigen Kartenhäuser, die sie sich aus Lebenslügen mühsam zusammengebastelt hatten! Mit seinen direkten Fragen zwang er sie zu der einen Erkenntnis, daß sie in Wahrheit nichts wußten, sondern nur glaubten, etwas zu wissen, und zu der anderen, daß sie aus diesem Unwissen heraus unmoralisch handelten.

Denen, die berufsmäßig den Glauben verwalteten und die ihn letzten Endes wegen Gotteslästerung zum Tod verurteilten, stellte er Fragen, die jede Unehrlichkeit und religiöse Heuchelei bloßstellten. Ihnen machte er deutlich, daß ihr Glaube aus Vorurteilen bestand und vom Nichtwissen geprägt war!

Ratlosigkeit verschwindet, wenn man die richtigen Fragen stellt

Dabei war Sokrates ebenso bescheiden wie selbstbewußt. Er lebte äußerst maßvoll und war gleichzeitig trinkfester als jeder andere. Kein Athener konnte ihn im Trinken je besiegen. Platon beschreibt das Ende eines solch unmäßigen Trinkgelages. Keiner von den Mittrinkern war mehr in der Lage, mit Sokrates zu diskutieren. Die einzigen Antworten, die er auf seine brennenden Fragen bekam, waren Lallen und Schnarchen!

Da stand er auf und suchte sich seine Gesprächspartner auf den Straßen und Plätzen. Er war ein überaus vernünftiger Phantast, der erkannt hatte, daß aus anfänglicher Ratlosigkeit Einsicht

entsteht – wenn man nur die richtigen Fragen stellt! Und er stellte die Fragen, die für die Suche nach Wahrheit gestellt werden mußten!
Sokrates konnte aber auch bis zur Unhöflichkeit schweigsam sein, obwohl das Wichtigste in seinem Leben das Gespräch war. Er diskutierte nicht nur mit sogenannten Intellektuellen! Er sprach auch mit Handwerkern, Politikern, Künstlern, Sophisten und auch mit den Hetären, diesen hochgebildeten Liebesdienerinnen seiner Zeit! Mit seiner Besessenheit, andere Menschen ins Gespräch zu verwickeln, war er ein typischer Athener! Die Athener waren ein geschwätziges Volk, aber das Gespräch des Sokrates brachte ihnen etwas völlig Neues. »Es war ein die Seele im Innersten erregendes, beunruhigendes, bezwingendes Gespräch.« So schreibt der große deutsche Philosoph Karl Jaspers.

Selbsterkenntnis – der wichtigste Schritt zur Veränderung

Alle diese Gespräche des Sokrates zielten auf Wahrheit und Selbsterkenntnis, bei sich und bei anderen. Durch sein Denken und Fragen machte er die Menschen zu »Betroffenen«. Die meisten vermieden es jedoch, andere, bessere Menschen zu werden. Sie nahmen ihm seine Fragen nach dem Wahrheitsgehalt ihrer Ansichten übel. Nach meiner Erfahrung hat sich an der Art dieser Reaktion nichts geändert!
Er nannte diese Art zu fragen, »bei der mit Gottes Hilfe das Wahre durch eigene Einsicht zum Vorschein kommt«, in Anlehnung an den Beruf seiner Mutter »Hebammenkunst«. Er wollte mit dieser »Hebammenkunst« sich und seinen Mitmenschen zu einem neuen Menschsein verhelfen!
Für Sokrates war die Voraussetzung jeder Besserung des menschlichen Daseins dieses »Sich-selbst-Erkennen«! An dessen Anfang steht für ihn die bescheidene Einsicht: »Ich weiß, daß ich nichts weiß!« Deshalb suchte er die verborgene Sub-

stanz des Menschen. Für ihn bedeutete Selbsterkenntnis auch *Erkenne deine Gefühle!*, also dein inneres Handeln! Dieses Handeln war für ihn gleichbedeutend mit den Tugenden der Wahrheitsliebe, der Gerechtigkeit, des Mutes, der Disziplin und der Ehrlichkeit. Sein tiefgehender Sinn für Humor beruhte auf der Kenntnis zwiespältiger und widerstrebender Gefühle in sich und in anderen. Er kannte den Widerstreit zwischen Tugend und Begehren und die davon ausgehenden Verstrickungen des menschlichen Daseins! Ihm war nichts Menschliches fremd!

Er suchte ehrliche Menschen

Eines hellichten Tages ging er mit einer brennenden Laterne über den Marktplatz von Athen. Gefragt, was er damit bezwekke, sagte er: »Ich suche Menschen!« Was sollte das bedeuteten? Dieser große Philosoph und Kenner menschlicher Schwächen suchte Menschen, die seiner Vorstellung von den Tugenden der Ehrlichkeit, der Wahrheit und Mitmenschlichkeit entsprachen! Aber fand er sie?
Es konnte nicht ausbleiben, daß ein Mensch, der die Wahrheit suchte, angefeindet wurde. Und er bekannte noch dazu öffentlich, daß er sie kaum irgendwo finden konnte. Kein Berufsstand oder sozialer Status war vor ihm und seinen bohrenden Fragen nach Wahrheit und Ehrlichkeit sicher. Deshalb wurde ihm unter fadenscheinigen Anschuldigungen wegen seiner Suche nach der Wahrheit der Prozeß gemacht. Sokrates wurde mit Hilfe bestochener Zeugen zum Tode verurteilt!
Wie wir aus der Schilderung seines großen Schülers Platon wissen, nahm er nach seiner Verurteilung mit heiterer Gelassenheit den Schierlingsbecher – die zu seiner Zeit übliche Art der Hinrichtung. Die Möglichkeit, sich diesem Justizmord durch Flucht zu entziehen, wies er zurück. Bis zu dieser letzten Konsequenz lebte er nach dem Grundsatz: »Unrecht leiden ist besser als Unrecht tun!« Obwohl er sich selbst nach seinen eigenen strengen Maßstäben keiner Schuld bewußt war! Sein einziges Vergehen

war die Suche nach der Wahrheit, die keiner Partei gehört und die über alle Denkschablonen etablierter Glaubensverwalter hinausreicht!

Niemand ist im Besitz der endgültigen Wahrheit

Er reizte die religiösen Fundamentalisten, die aufgehört hatten, Gott zu suchen, weil sie überzeugt waren, ihn schon zu besitzen. Sie fühlten sich von ihm bloßgestellt! Sokrates hatte ihnen gezeigt, daß sie die menschenverachtende Durchsetzung von kleinlichen Vorschriften und Verboten mit einem lebendigen Glauben verwechseln! In einer Zeit des wachsenden Fundamentalismus auf allen Seiten sollten wir nicht aufhören, seine Fragen wieder und wieder zu stellen! Dann zeigt sich nämlich sehr schnell, wie hohl und leer viele Götzenbilder sind, gerade auch die Götzenbilder unserer Zeit. Kein Wunder, daß die Fundamentalisten solche Fragen immer und zu allen Zeiten als todeswürdiges Verbrechen betrachten!

Während das Gift schon wirkte, philosophierte Sokrates noch mit seinen Schülern, die sich um sein Sterbelager versammelt hatten. Was glauben Sie, worüber er mit aller Gelassenheit mit ihnen diskutierte? Über den Tod! Seine weise Einstellung zum Tod lautete: »Wer den Tod fürchtet, bildet sich ein zu wissen, was man nicht weiß. Menschen, die den Tod fürchten, glauben zu wissen, daß er das größte Übel sei. Vielleicht ist er aber das größte Glück!« Und das war kein hohles Gerede, denn er äußerte diese Überzeugung, als er die Wirkung des Schierlingsbechers bereits in seinem Körper spürte!

Ein Revolutionär der Moral

Sokrates war aber nicht nur Philosoph! Er war ein sittlicher Revolutionär und Prophet. Vierhundert Jahre vor Christus schuf er eine Denkschule der Ehrlichkeit und der Wahrheitssuche.

Jahrhunderte später war sie die Grundlage der Aussöhnung des Christentums mit der griechischen Philosophie! Und seine Forderung nach Ehrlichkeit bleibt bestehen, solange es Menschen gibt!

Sokrates war auch der Schöpfer eines Ethos der Selbstbeherrschung und Selbstbefreiung. Aber schon kurz nach seinem Tod wurde ihm von Ideologen, die in ihrer Beschränktheit so gerne für andere denken, vorgeworfen: »Du regst an, aber du zeigst nicht, was man tun soll!«

Wenigstens in diesem letzten Punkt möchte ich es dem großen Denker gleichtun, weil ich aus eigener Erfahrung weiß, daß jeder die Tür seiner Verwandlung zum Guten, zu seiner Wahrheit und zu seinem ganz persönlichen Erfolg selbst aufschließen muß! Mit aller Offenheit und Ehrlichkeit! Der Schlüssel dazu sind die drei Worte, die über der unermeßlich großen Leistung des Sokrates stehen: *Erkenne dich selbst!* Sie stehen für Wahrheitssuche und Ehrlichkeit im Denken und Handeln. Sokrates selbst war und ist dafür eines der leuchtendsten Vorbilder der Menschheit!

Wo lassen Sie denken?

Erkenne dich selbst! Ist das eine Aufforderung, die Sie anspricht? Das ist nämlich kein Auftrag, dessen Lösung man sich für einen Tag vornimmt und ihn dann ein für allemal abhakt. Schätzen Sie die Bedeutung dessen, was Sie nun vor sich haben, nicht gering. Es ist eine lebenslange Aufgabe! Die Fragen »Wer bin ich? Was weiß ich? Was kann ich? Wohin führt mich mein Denken?« müssen Sie sich jeden Tag neu stellen, und Sie müssen sich jeden Tag der Antwort stellen, die Ihnen Ihr Gewissen darauf gibt! Daran führt kein Weg vorbei!

Fangen Sie mit ganz einfachen Wahrheiten und Fragen an. Stimmt es, wenn Sie sagen: »Ich bin der Meinung ...« oder »Meiner Meinung nach ...«? Ist es wirklich Ihre Meinung, die Sie von sich geben? Oder reproduzieren Sie eine Meinung, von

der Sie sicher sein können, daß sie in Ihrer Gesellschaftsschicht, in Ihrem geistigen Umfeld, in Ihrem Bekannten- und Kollegenkreis gut ankommt?
Unsere Meinungen sind in starkem Maße von unserer Herkunft und unserer Erziehung abhängig. Wir werden durch unsere Herkunft, durch unser Elternhaus, durch die Schule und durch den Beruf auf eine gewisse Stromlinienförmigkeit des Denkens hin erzogen! Obwohl es jedem, der über die Entwicklung der Gesellschaft nachdenkt, klar sein muß, daß nicht die Ja-Sager den Fortschritt bringen, sondern die Querdenker! Querdenken hat übrigens nichts mit Widerspruch um jeden Preis zu tun. Denn auch Widerspruch allein ist noch lange kein untrügliches Zeichen für eigenständiges Denken. Solange man seinen Widerspruch ständig an der Meinung der anderen orientiert, ist er nichts anderes als der Negativfilm von der Meinung der anderen!
Sich eine wirklich eigene Meinung zu bilden erfordert große Mühe. Wer sich eine eigene Meinung über einen vieldiskutierten Bestseller bilden will, muß sich leider der Mühe unterziehen, ihn selbst zu lesen. Der darf nicht auszugsweise die Ansichten eines Fernseh-Literaturpapstes wiedergeben oder sich mit der Meinung eines Artikels aus dem Feuilleton seiner Tageszeitung zufriedengeben. Mit den »eigenen« Meinungen über die unterschiedlichen Parteien und die Personen, die sie repräsentieren, ist es nicht anders.
Haben Sie sich schon einmal der Mühe unterzogen, das Programm der Partei zu lesen, die Sie wählen? Oder genügt Ihnen die allgemein anerkannte Auffassung, daß ein Unternehmer konservativ, ein Arbeitnehmer sozialdemokratisch, ein Selbständiger liberal und ein Lehrer ökologisch wählt? Ich halte diesen Punkt deshalb für so wichtig, weil ich aus eigener Erfahrung weiß, daß nur eigenständiges Denken zum Erfolg führen kann! Werden Sie deshalb ein Querdenker, aber bitte ja kein Querkopf!

Werden Sie ein Querdenker!

Mit den allgemein als die einzig richtigen Firmenstrategien anerkannten Verfahrensweisen verhält es sich nicht anders als mit den ganz alltäglichen Ansichten. Die Einstellung »Das haben wir schon immer so gemacht! Wo kämen wir hin, wenn wir es plötzlich anders machten!« findet sich bis in die obersten Spitzen der Hierarchie. Die ganz großen Unternehmer zeichnet allerdings aus, daß sie von sich selbst und vor allem von den jungen Nachwuchskräften eigenständiges Denken verlangen.

Stellen Sie sich immer wieder bei allem, was Sie als Ihre Meinung von sich geben, die Frage: »Wie bin ich überhaupt zu dieser Meinung gekommen?« Dabei sollten Sie eines bedenken: Die schwierigste Prüfung, die Ihrem Denken bevorsteht, ist nicht die Auseinandersetzung mit den Gegnern, den Andersdenkenden, dem anderen Lager! – Es ist die Selbstbehauptung in der eigenen Gruppe. Martin Luther mußte nicht vor den Mohammedanern auf die Wartburg flüchten, sondern vor seinen christlichen Mitbrüdern, die seine Kritik am Ablaßschwindel, der zu seiner Zeit praktiziert wurde, nicht verzeihen konnten. Er wurde verfolgt, weil er durch eigenständiges Denken zu anderen Glaubensanschauungen gekommen war als die herrschende Staatskirche.

Selbständiges Denken erfordert neben der lebendigen Neugierde, die man sich lebenslang erhalten sollte, vor allem Mut! Lesen Sie das Kapitel »Mut – drei Buchstaben, die alles verändern«. Und vergessen Sie nie: Die einzig todeswürdige Handlung, die der große Sokrates beging, war die geistig unabhängige Suche nach der eigenen Meinung!

Wir brauchen unsere Niederlagen

Die nie ganz zu beantwortende Frage *Wer bin ich?* bedeutet vor allem auch: »Wer könnte ich sein?« Um diese Frage wirklich sauber zu klären, müssen Sie als erstes Ihre Probleme identifizieren! Erst dann können Sie darangehen, das *Wer bin ich?* zu lösen und in neue Bereiche vorzustoßen.

Wer wir nicht oder noch nicht sind, zeigt sich zuallererst in unseren Krisen und Niederlagen. Das ist der eigentliche Sinn der Niederlagen in unserem Leben! Das ist der tiefe Sinn, den jede Erfolgsphilosophie den Niederlagen in unserem Leben zuschreibt! Deshalb betone auch ich – mit Blick auf mein eigenes Leben –, daß großen Erfolgen meistens große Niederlagen vorausgehen.

Wir dürfen uns nicht nur Fragen zum Ist-Zustand stellen, sondern wir müssen uns immer wieder selbst in Frage stellen. Echte Niederlagen fordern von uns das Ende des Durchlavierens und den Aufbruch in die Ehrlichkeit. Dieser Neuanfang führt zu Glück, Reichtum und innerer Harmonie, wenn wir ihn im vollen Bewußtsein unserer positiven Seiten beginnen. Deshalb zielt die Frage *Wer bin ich?* nicht nur auf die Seiten in Ihrem Wesen, die Sie noch verbessern sollten, sondern vor allem auf die Seiten, auf die Sie mit Recht stolz sein können! Denn Ihre guten Seiten und Ihre positiven Fähigkeiten werden es sein, die die Basis für einen echten Neuanfang bilden!

Bleiben Sie nicht bei der negativen Kritik an sich selbst stehen!

Sie müssen zweifellos erkennen, wo Sie persönlich Probleme haben und inwieweit Sie selbst, Ihr Denken, Ihr Verhalten gegenüber anderen das Problem sind. Die meisten Menschen sind aber leider von ihrer Erziehung her am Negativen orientiert. Im Elternhaus wie in der Schule wurden wir meistens daran gewöhnt, nur Negativbilanzen als ehrlich und aufrichtig zu betrachten. »Warum hast du das nicht gelernt? Warum beherrschst du diesen Stoff immer noch nicht? Warum benimmst du dich immer daneben? Warum willst du nicht endlich annehmen, was wir dir täglich predigen?« Diese Art von Erziehung ist der Beginn aller Ausreden!

Bei diesen negativen Fragen an Ihr Leben dürfen Sie niemals stehenbleiben! Stellen Sie sich zur Abwechslung mal wieder die Frage: »Worauf kann ich bauen? Wo liegen meine Stärken? Was habe ich bisher in meinem Leben Gutes geschaffen?« Vielleicht können Sie allein schon darauf stolz sein, daß Sie trotz aller Niederlagen, die Sie bisher durchstehen mußten, die Hoffnung auf ein besseres Leben niemals aufgegeben haben. Dieses Ausharren in der Krise, in dem sicheren Wissen, daß das Blatt sich wieder wenden wird, wenn wir uns anstrengen, verleiht Ihnen eine ungeheure Kraft! Aber Sie müssen dabei immer ehrlich Ihre Defizite sehen!

Meine Antwort auf die Frage meines Schweizer Chefs nach meinen Fremdsprachenkenntnissen war in ihrer Ehrlichkeit so unglaubhaft, daß sie offensichtlich als übergroße Bescheidenheit eingestuft wurde. Aber in mir steckte das Potential, innerhalb kurzer Zeit so viel Englisch zu lernen, daß ich mich damit auf Reisen begeben und Verhandlungen führen konnte. Dieser kleine Erfolg machte mir Mut weiterzulernen. Er stärkte mein Selbstvertrauen. Auch das gab mir einen Teil der Kraft wieder, die ich für den Neuanfang so dringend brauchte! Deshalb bleibe ich dabei: Positives Denken, Begeisterung, Freude an der Arbeit und die Bereitschaft, ständig zu lernen, sind die stärksten Antriebskräfte in unserem Leben!

Halten Sie sich täglich Ihr Ziel vor Augen!

Aus diesem Grund möchte ich Ihnen aus meiner eigenen Erfahrung heraus den Rat geben: Wenn Sie zur Zeit derart in einer Krise stecken, daß Sie an sich so gut wie nichts Positives entdecken können, fangen Sie mit irgend etwas an, das Sie besonders gut können! Und wenn es ein längst vergessenes Hobby ist! Sie haben festgestellt, warum Sie mit Ihrem Leben unzufrieden sind! – Gut! – Und nun müssen Sie eine Denkweise entwickeln, mit der Sie diesen Zustand ändern können. Denken Sie an jedem Morgen, mit dem ein neuer Tag beginnt, an das Ziel, das

Sie sich vorgenommen haben. Und beginnen Sie jeden Tag mit der Ermutigung: »Ich gewinne! Bei allen Aufgaben, die ich mir für diesen Tag gestellt habe!« Ziehen Sie am Abend die Positivbilanz: »Was habe ich heute besonders gut gemacht?« Das kann nicht wenig sein, wenn Sie sich mit der notwendigen Begeisterung an Ihre Aufgabe begeben haben!
Auf Ihre Fehler werden Sie in der Regel von Ihren Mitmenschen aufmerksam gemacht. Wenn niemand Sie lobt, müssen Sie das so lange selbst tun, bis Sie wieder an sich glauben können. Ja, tun Sie das! Und Sie werden die herrliche Erfahrung machen, daß auch andere wieder an Sie glauben! Loben Sie andere, und dieses Lob wird zu Ihnen zurückkommen. Das setzt aber voraus, daß Sie grundsätzlich positiv denken – von sich und von anderen! Haben Sie sich heute schon gelobt?

Jetzt geht's los!

Die Frage, der Sie sich dabei als erstes stellen müssen, ist: »Wie denke ich über mich? Wie denke ich über meine Zukunft? Wie denke ich über meine Mitmenschen? Welches Gefühl durchzieht meinen Körper, wenn ich an mich selbst denke? Ist es Unbehagen oder freudige Spannung?« Glauben Sie mir, es bedeutet einen Riesenunterschied für Ihren Tagesablauf, ob Sie mit mißmutigem Gesicht, hängenden Schultern und flachem Atem aus dem Bett steigen oder ob Sie die Arme ausbreiten, tief einatmen und mit froher Erwartung auf diesen Tag zugehen!
Hierzu muß ich Ihnen unbedingt von einer Begegnung erzählen, die ich vor einiger Zeit beim Frühstück im Münchner Hotel »Vier Jahreszeiten« hatte! Sie kennen wahrscheinlich die Atmosphäre, die normalerweise in diesen Frühstücksräumen herrscht. Jeder ist mit sich selbst beschäftigt. Geschäftsleute haben neben ihrer Kaffeetasse den Terminkalender liegen, in den sie eifrig Notizen für diesen Tag eintragen. Die Ober schleichen müde, lustlos und einsilbig an den Tischen entlang. Auch wo mehrere Menschen an einem Tisch beisammensitzen, herrscht

oft verschlossenes Schweigen. Man hat einfach noch nicht zu sich selbst und zu diesem neuen Tag gefunden. Und zu einem Gespräch schon gar nicht! Nicht einmal mit dem Handy!
Aber dieser Morgen begann ganz anders! Mit einem Feuerwerk der guten Laune und der mitreißenden Motivation! Ich werde ihn so schnell nicht vergessen! Es war 6 Uhr 30. Der Frühstücksraum war gerade geöffnet worden, und schon lief hier ein freudestrahlender Frühstückskellner mit federnden Schritten durch die Tischreihen! Ja, dieser Hüne von einem Mann flog fast durch den Raum! Bei ihm gab es keine Sekunde Stillstand! Er schien ein Dutzend Arme und Hände zu haben, so schnell bediente er jeden der wartenden Gäste. Aus seinem schwarzen Gesicht blitzten seine weißen Zähne, wenn er die Neuankommenden mit seinem breiten Lachen förmlich anleuchtete und sie nach ihren Wünschen fragte. Seine sonore Stimme und seine umwerfend gute Stimmung erfüllten den ganzen Raum mit einer Heiterkeit, der sich kein Gast entziehen konnte. An seiner strahlenden Lebensfreude schmolz die »Nachtstarre« der Frühstückenden einfach dahin! Selbst die griesgrämigsten Morgenmuffel überwanden sich zu einem Anflug von Lächeln, wenn ihnen dieser energiegeladene Ballettmeister des Service mit Schwung den Kaffee servierte! Er schwebte fast vor grenzenloser Dynamik! Und alle fünf Minuten kam er vorbei und fragte: »You wanna have more coffee, Sir?«
Als er an meinen Tisch trat, hatte ich urplötzlich das Verlangen, zu erfahren, was ihn so froh machte. Ich sagte zu ihm ganz erwartungsvoll: »Darf ich Sie mal was fragen? Wie kommt es, daß Sie um diese Tageszeit schon so gut aufgelegt sind? Und daß Sie soviel lachen?« – »Oh yes, Sir!« antwortete er, »ich liebe die Arbeit! Ich durfte heute morgen wieder aufstehen! Ich habe wieder einen wunderschönen Tag mit Arbeit vor mir!« Und dabei vermischte er sein herrlich weiches Südstaaten-Amerikanisch mit einem ziemlich guten Deutsch. »Ja«, fuhr er fort, »ich bin immer gut drauf! Ich spring' um fünf Uhr aus meinem Bett!« Und dann machte er eine kurze Pause und strahlte mich

mit seinen großen, fröhlichen Augen an und sagte: »And now I want to tell you my secret! – Jeden Morgen, wenn ich aufstehe, sage ich *Danke* für diesen Tag! Und dann streck' ich die Arme aus – so, und sage ganz laut zu mir: *Jetzt geht's looos!*« Dabei breitete dieser Meister der Begeisterung seine Arme aus, als wollte er nicht nur alle Menschen in diesem Frühstücksraum, sondern die ganze Welt umarmen!

Und wie es losging, wenn dieser Mann mit seiner ganzen Fröhlichkeit seine Arbeit anpackte! Das war keine Arbeit, das war reines Vergnügen, für ihn und für alle, die ihm dabei zusahen! Er war der beste Botschafter für positive Motivation in diesem Hotel! Sie dürfen sicher sein, daß er für den Erfolg dieses Hauses viel mehr bedeutete als tausend Hochglanzprospekte! Allein ich habe schon mehrere Freunde dorthin zum Frühstück eingeladen, um sie mit diesem Wunder an Lebensfreude und Begeisterung bekannt zu machen. Alle waren begeistert! Begeistern auch Sie sich für einen Start in einen neuen Tag. Stehen Sie auf und sagen auch Sie laut: »Jetzt geht's los!«

Körpergefühle!

Was denken Sie, wie Ihr Tag aussehen wird, wenn Sie mit einem frohen *Jetzt geht's los!* aus dem Bett springen? Das ist ein anderes Körpergefühl, als wenn man unwillig ein Bein nach dem anderen auf den Boden stellt, müde gähnend den Kopf schüttelt und vor sich hin brummt: »Mein Gott, schon wieder ist die Nacht rum! Und wahrscheinlich regnet es!«

Wann und wie stehen Sie auf? Welches Gefühl haben Sie im Körper? Bleierne Müdigkeit, Abneigung gegen jede Bewegung, selbst der zwei Gesichtsmuskeln, die man zu einem Lächeln braucht? Oder umarmen Sie freudestrahlend diesen neuen Tag wie der Frühstückskellner im Hotel »Vier Jahreszeiten«? Und was spüren Sie dabei in Ihrem Körper? Ich frage nicht ohne Grund nach dem Körpergefühl, das die gegensätzlichen Denkweisen und Stimmungen in Ihnen auslöst. Denn in der gleichen

Weise, wie negatives Denken negative und hemmende Spannungen im Körper erzeugt, macht sich auch positives Denken in Ihrem Körper bemerkbar! Und beflügelt ihn!
Deshalb sollten Sie sich einfach selbst die Frage beantworten: »Wann habe ich zuletzt dieses wunderbare Gefühl gespürt, ich könnte vor Freude und Begeisterung zerspringen, ich könnte Bäume ausreißen, ja, ich könnte die ganze Welt umarmen?« Es kann doch nicht sein, daß Sie den Glauben daran verloren haben, daß positives Denken froh und gesund macht!
Sehen Sie sich den Unterschied an zwischen der Siegermannschaft, die freudestrahlend die Arme hochreißt und sich jubelnd umarmt, und den Verlierern, die mit gesenkten Köpfen jeder für sich vom Platz treten. So dürfen Sie nie durchs Leben gehen! Behalten Sie auch in Niederlagen immer den Kopf oben! Dann kommt der Erfolg um so schneller zu Ihnen!
Eines ist allerdings richtig: Der Begriff »positives Denken« ist zu einem gedankenlos gebrauchten, ja mißbrauchten Schlagwort geworden. Wenn Sie die wahre Bedeutung des positiven Denkens erleben wollen, müssen Sie die richtige Art, positiv zu denken, erst wieder mit Ihren ureigensten Empfindungen verknüpfen. – Was heißt das? – Ich bin einfach davon überzeugt, ja, ich weiß, daß wir tief in unserem Innersten wissen, wann wir falsche Entscheidungen treffen und falschen Hoffnungen nachhängen! Das sagt uns unsere Intuition und unser Gewissen! Und auch der nüchterne Verstand! Befreien Sie sich von den vagen Hoffnungen, daß sich die Dinge von selbst zum Guten wenden werden! Dieses ziellose Hoffen würde Sie auf Dauer um Ihren Erfolg bringen! Hören Sie genau in sich hinein! Und es wird nicht ausbleiben, daß Sie dann zur Wahrheit Ihres Lebens finden!

Das positive Denken ist keine rosa Brille!

Das positive Denken ist der Katalysator, der alle in uns wohnenden Kräfte freisetzt. Positiv denken heißt auch in schwierigsten

Situationen noch an einen Ausweg glauben. Dieser feste Glaube weckt in uns die Bereitschaft, alle zur Verfügung stehenden Kräfte für diesen positiven Ausgang zu mobilisieren. Stellen Sie sich vor, was mit Ihnen rein körperlich geschieht, wenn Sie in eine schwierige Verhandlung mit dem Gefühl gehen: »Ich schaffe es!« Sie atmen viel freier durch. Ihr Rückgrat richtet sich auf. Sie heben das Kinn, und Ihr Gesichtsausdruck signalisiert dem Gesprächspartner von vornherein den Eindruck, daß er einen Menschen vor sich hat, der nicht aufgibt, egal welche Schwierigkeiten auch auftauchen werden! Und Sie wissen sicher, diese Ausstrahlung ist der halbe Sieg!

Das Gegenteil passiert, wenn Sie mit hängenden Schultern und bekümmertem Gesichtsausdruck Ihrer Umwelt mitteilen: »Ich weiß ja, daß ich verlieren werde!« Auch das können Sie bei jedem Fußball- oder Tennismatch beobachten. In dem Moment, wo sich eine Mannschaft oder einer der beiden Spieler innerlich geschlagen gibt, ist das Spiel praktisch zu Ende! Kein Torschuß gelingt mehr, kein As beim Aufschlag! Und das weiß jeder: Der zweite Aufschlag ist immer der schwächere und bringt selten den Punkt! Manchmal sogar einen Doppelfehler! Seien Sie also immer bereit für den siegbringenden ersten Aufschlag!

Die tödliche Macht der Enttäuschung

Vielleicht haben Sie schon einmal die Geschichte von dem dramatischen Wettlauf zum Südpol zwischen dem Norweger Roald Amundsen und dem Engländer Robert Falcon Scott gelesen. Der Norweger hatte sich allein auf seine erprobten Hundeschlitten verlassen, während Scott mit Motorschlitten, Pferden und Hunden loszog. Als er nach einer Reihe von Pannen zum Südpol gelangte, fand er dort die norwegische Fahne vor. Amundsen hatte sie vier Wochen vor ihm dort aufgepflanzt!

Versetzen Sie sich nun in den Gemütszustand eines Menschen, der nach Jahren der Vorbereitung und Monaten des Kampfes gegen Hunger und unmenschliche Kälte feststellen muß, daß

sein Erzrivale ihm zuvorgekommen ist. Diese Enttäuschung saugt jeden Mut, jede Energie aus dem Körper. Und so war es auch bei dem tragischen Helden dieses Wettlaufs! Robert Falcon Scott und seine gesamte Mannschaft kamen auf dem Rückweg durch die Eiswüste ums Leben. Die Experten sind sich darin einig, daß Scott und seine Leute vom Sieg Amundsens einfach so demoralisiert waren, daß sie nicht mehr die geistige Stärke aufbrachten, die letzten Reserven zu mobilisieren und den Weg bis zu ihrem rettenden Stützpunkt durchzuhalten, obwohl er nur noch wenige Tagemärsche entfernt lag!
Lassen Sie sich deshalb nie von Niederlagen die letzte Kraft rauben! Denn aus dem Glauben an den Sieg und aus dem positiven Denken, daß Niederlagen immer ein vorübergehender Zustand sind, erwächst Ihnen die Kraft, Krisen in Siege zu verwandeln!

Wenn nur noch der Glaube hilft

Die intuitive Erkenntnis der psychischen Vorgänge in uns drückt sich schon in dem Wort »niedergeschlagen« aus! Man fühlt sich von Niederlagen tatsächlich wie von einem Gegner »nieder geschlagen«! Dieses tiefe Wissen um die Macht der psychischen Einstellung ist mittlerweile sogar durch die Hormonforschung bewiesen. Ja, es besteht ein direkter Zusammenhang zwischen unseren Emotionen und der Hormonausschüttung, die von der Hirnanhangdrüse gesteuert wird! Allerdings darf man nie vergessen: Auch negative Emotionen verursachen eine Wirkung im komplizierten System Ihres Körpers, und zwar eine negative!
Positiv denken dagegen heißt, mit Hilfe der Autosuggestion die Wunderkraft der Hormone und Endorphine freizusetzen und für den Sieg einzusetzen. Warum, glauben Sie, versuchen Ärzte schwerkranken Patienten Hoffnung zu geben? Nicht um ihnen ihren tatsächlichen Zustand zu verschleiern! Sondern weil sie wissen, daß ein Patient, der an seine Heilung glaubt, diese letzten Kräfte mobilisieren kann! Und die können in kri-

tischen Situationen den Unterschied zwischen Leben und Tod bedeuten!
Es ist mittlerweile auch nachgewiesen, daß positives Denken die Abwehrkräfte des Immunsystems verbessert und daß negatives Denken ebenfalls entscheidenden Einfluß auf organische Veränderungen hat. Wie könnte sonst jemand an »gebrochenem Herzen« sterben? Oder ein anderer Mensch schwerste organische Schädigungen mit einem unglaublichen Kampfesmut »wie durch ein Wunder« überleben – entgegen allen ärztlichen Prognosen?

Er überlebte, weil er leben wollte

Ich kenne die Geschichte eines Mannes, der seit über 13 Jahren mit einem transplantierten Herzen lebt – ein Rekord in der Geschichte deutscher Herztransplantationen! Schon daß er die Jahre bis zur Transplantation überlebte, schien wie ein Wunder. Nachdem sich aus einer verschleppten Angina eine akute Herzschwäche entwickelt hatte, war er immer wieder mit Blaulicht ins Krankenhaus gebracht worden. Nach der Transplantation begann der Kampf gegen die Immunabwehr seines Körpers, die das fremde Herz abstoßen wollte. Aber nun gingen ihm die Medikamente buchstäblich an die Nieren. Die Folge waren Nierenversagen und regelmäßige Dialyse, bis endlich eine Nierentransplantation durchgeführt werden konnte. Trotzdem blieb dieser Mann mit allen möglichen Nachfolgekrankheiten Dauerpatient auf der Intensivstation, wo er ständig vom Krankenhauspersonal und auch von seiner eigenen Familie betreut wurde.
Seine Kinder und die nächsten Angehörigen gaben ihm die Kraft und den Mut, die ihn zu einem Kämpfer für das Überleben machten. Diese Menschen waren ihm ungeheuer wichtig! Sie waren seine Kraft und seine Lebensquelle. Für sie lebte und überlebte er! Denn er hatte als Kind nie eine richtige Familie erleben dürfen. Er hatte mit sieben Jahren seine Mutter und mit

neun Jahren seinen Vater verloren. Ab diesem einschneidenden Verlust war seine Kindheit und Jugend ein ständiges Hin und Her. Nirgends mehr war er wirklich zu Hause! Er wurde durch die Stiefverwandtschaft weitergereicht und mußte sich immer als lästig und unerwünscht vorkommen! Was für ein niederschmetterndes Gefühl für einen jungen Menschen!
Deshalb war ihm seine eigene Familie jetzt so wichtig! Für diese Menschen überwand er alle seine schier unerträglichen körperlichen Qualen – immer wieder! Dieser Wille, für sie zu leben, hatte sich tief in sein Unterbewußtsein eingepflanzt. Und damit hat er alle Negativprognosen überlebt! Dieser Mann wäre ohne positives Denken nicht mehr am Leben. Er ist für mich ein Motivationsgenie! Er hat sich seinen Glauben an das Leben einfach nicht nehmen lassen! Er hat nie aufgehört, an das Leben zu glauben. Er ist ein leuchtendes Beispiel für die Kraft des positiven Denkens!

Die Zauberkraft des positiven Denkens
Im ganz normalen alltäglichen Leben ist es nicht anders. Was passiert denn, wenn Sie Ihrem Unterbewußtsein in einem Zustand von Angst, Niedergeschlagenheit und Mutlosigkeit saggerieren, daß alles verloren ist? Werden sich denn dann Ihr logisches Denken und Ihre Intuition noch weiter um mögliche Lösungen bemühen? Nein, nur das positive Denken gibt uns die Kraft zum Überleben! Diese Erkenntnis stammt nicht von Dale Carnegie, nicht von Napoleon Hill und auch nicht von Erich J. Lejeune!
Man kann diese uralte Erkenntnis in den großartigsten Zeugnissen des menschlichen Geistes nachlesen: im indischen Mythos des Ramayana, in der Odyssee des Homer und in der Bibel. Wenn Sie je daran zweifeln sollten, lesen Sie das Buch Hiob im Alten Testament! Was mußte dieser biblische Hiob nicht alles an Hiobsbotschaften durchstehen, bis es ihm endlich wieder besserging. Besser als je zuvor! Auch der größte Held der grie-

chischen Sage, Odysseus, überlebt im Gegensatz zu seinen Gefährten Stürme, Schiffbruch, den Zorn der Götter und rohe Gewalt! – Warum? – Weil er nie aufgibt und auch in den ausweglosesten Situationen noch einen Plan entwirft, wie er sich retten kann. Die Göttin Athene, die ihn immer wieder aufmuntert und seinen Körper plötzlich im Glanz der Jugend erstrahlen läßt, ist nichts anderes als das personifizierte positive Denken, das den glücklichen Ausgang förmlich herbeizaubert!

Positives Denken macht erfolgreich!

Ich habe dieses Buch geschrieben, weil ich in meinem eigenen Leben die Zauberkraft dieser Denkweise oft selbst erfahren habe! Und ich habe sie an vielen anderen erfolgreichen Menschen erlebt! Deshalb bin ich zutiefst davon überzeugt, daß jeder, der sein Denken von Zuversicht, Hoffnung, Selbstvertrauen, Vertrauen auf göttliche Hilfe, Mut und Ehrlichkeit durchdringen und leiten läßt, diese Kraft an sich erfahren kann! Dieses Denken ist es, das alle Kräfte wachruft, die ein Mensch für eine positive Veränderung seines Lebens benötigt! Mit der Kraft dieses Denkens trifft er früher oder später unweigerlich auf die Hilfe anderer positiv gestimmter Mitmenschen. Und sie werden ihn unterstützen und seinem Leben eine ungeahnte Wendung zu Glück, Erfolg und Lebensfreude geben. Erinnern Sie sich noch, wie ich meinen Partner Herbert E. Graus fand und wodurch ich in einer Phase erdrückender Schwierigkeiten die phantastische Position bei der Schweizer Firma bekam? Nur durch positives Denken! In jedem Leben wird es solche »Zufälle« geben, wann man sich nur nicht fallenläßt! Lassen Sie sich deshalb nie fallen!

Positiv denken – aber richtig!

Positiv denken heißt nicht, Probleme nicht zur Kenntnis zu nehmen oder Niederlagen zu verdrängen, ganz im Gegenteil! Posi-

tiv beziehungsweise konstruktiv, zukunftsweisend und erfolgsorientiert denken heißt nichts anderes als Probleme klar erkennen und daran glauben, daß es im Bewußtsein der eigenen Fähigkeiten eine Lösung dafür gibt! Deshalb ist die Voraussetzung für dieses positive Denken die von Sokrates geforderte Selbsterkenntnis. Erst wenn ich meine wahre Berufung, meine wahren Talente erkannt habe, kann ich mich mit Mut, Kraft und Selbstvertrauen in die richtige Richtung bewegen.
Ich kenne eine ganze Reihe von Menschen, die ab einem bestimmten Punkt immer tiefer in Schwierigkeiten gerieten. Und nicht etwa, weil sich die Umstände gegen sie verschworen hatten, sondern weil sie das positive Denken falsch verstanden haben! Es genügt eben nicht, sich eine sehr konkrete Vorstellung von dem zu bilden, was man an materiellem Erfolg erreichen will! Der Weg, den man wählt, muß der eigenen Berufung und den eigenen Talenten entsprechen! Suchen Sie deshalb den Ausweg nicht mit den falschen Zielen und den falschen Partnern. Es wäre dann immer noch besser, neben dem Job an der eigentlichen Berufung zu arbeiten. Möglichkeiten dazu finden sich immer! Und sie bringen einen auch nicht vom Weg ab, wenn man sein Ziel im Auge behält!

Vom Studenten zum Beleuchter

Sie kennen die Geschichte des »fremden Reporters«. Er war entgegen allen seinen Fähigkeiten und Neigungen ins Immobiliengeschäft eingestiegen, weil man ihm eingeredet hatte, daß er mit den dortigen Verdienstmöglichkeiten alle seine Schwierigkeiten lösen könnte. Sie wissen, was dabei herauskam! Ein Jahr frustrierender Arbeit, an dessen Ende die Schwierigkeiten noch größer waren als je zuvor! Deshalb mein guter Rat: Arbeiten Sie nie gegen Ihre Berufung! Was immer auch an Rückschlägen auf Sie zukommen mag!
Ähnliche Fälle kennen Sie sicher auch aus Ihrem Bekanntenkreis. Und manche »Karrieren« sind noch sehr viel krasser. Da

gibt es Studenten, die beim Fernsehen aushilfsweise als Beleuchter jobben und irgendwann ihre schwachen Absichten und Aussichten auf einen Studienabschluß an den Nagel hängen und für den Rest ihrer »Laufbahn« ihr Auskommen als Beleuchter finden.

Vom Kabelträger zum erfolgreichsten Filmregisseur aller Zeiten

Noch ein Stückchen weiter unten in der Hierarchie der Filmproduktion begann ein gewisser Steven Spielberg. Er arbeitete in Hollywood als Kabelträger. Das heißt, er schleppte tagaus, tagein das schwere Elektrokabel hinter jeder Bewegung der Kamera her. Aber er blieb bei diesem »Job« nicht stehen! Er arbeitete sich in Windeseile hoch! Er wurde Kameraassistent, wenig später Regieassistent, und er wurde bereits in jungen Jahren einer der gefeiertsten Filmregisseure unserer Zeit. Er hatte den eisernen Willen, alle diese Aushilfsjobs bei Film und Fernsehen durchzustehen und dabei nie sein eigentliches Ziel aus den Augen zu verlieren! Schon als Kabelträger sah er sich dort, wo er heute steht. Er wollte seine eigenen großen Kinofilme drehen! Das war sein Traum, das war seine Vision! Und die hat er mit großer Zielstrebigkeit anvisiert!

Er behielt sogar den Mut, die Ausdauer und den unüberwindlichen Glauben an seinen Erfolg, als ihm bereits fünf der größten Filmgesellschaften eine Absage für sein Drehbuch zu »E.T.« erteilt hatten. Aber er schaffte es dennoch, dafür einen Produzenten zu finden! Und als dieser Film endlich in die Kinos kam, wurde diese anrührende Geschichte eines Außerirdischen auf unserem Planeten der größte Kassenschlager aller Zeiten! Dieser Film bedeutete Spielbergs endgültigen Durchbruch an die Spitze! Ab da folgte ein Kinohit nach dem anderen – bis hin zu dem großen und wirklich unvergänglichen Film »Schindlers Liste«, für den sich Spielberg zunächst gegen Vorwürfe aus vielen Richtungen wehren mußte.

Dieses unvorstellbare Drama drehte Spielberg in einer Zeit des Farbfilms und der Mega-Computertricks in klassischer Schwarzweißmanier – weil das die richtige Technik für dieses überaus schwierige Thema war! Und ich kenne keinen Menschen, der diesen Film nicht mit großer Erschütterung und mit ehrlichen Tränen in den Augen gesehen hat! Spielberg brachte mit diesem unvergänglichen Film auch in unserem Land viele Menschen dazu, sich endlich mit der unauslöschlichen Tragik des Holocaust auseinanderzusetzen!

Der eiserne Wille zum perfekten Detail

Gehen Sie einmal der Frage nach, warum ein Steven Spielberg so unglaublich erfolgreich ist! Holen Sie sich seine Biographie aus dem Internet, oder lesen Sie die Entstehungsgeschichte seines Films »Jurassic Park«. Dann werden Sie erkennen: Dieser Mann hat große Visionen! Und diese Visionen setzt er um, indem er monatelang, und wenn es sein muß jahrelang, an den winzigsten Details feilt – bis sie voll und ganz seinen Vorstellungen entsprechen! Mit dieser totalen Besessenheit, das absolut bestmögliche Ergebnis zu erzielen, war Steven Spielberg natürlich nicht allein.

Er hatte für diesen Film ein Team von Experten aus allen Sparten der Filmbranche zusammengestellt. Dazu gehörten Computerspezialisten, die bereit waren, Neuland zu betreten und alles nur Denkbare aus ihren Spezialcomputern herauszuholen – und die damit ebenfalls Filmgeschichte schrieben! Zu dieser Gruppe gehörten die besten »Puppen«-Animateure. Sie arbeiteten monatelang allein daran, daß der mächtige Schuppenschwanz des T. Rex alle notwendigen Bewegungen völlig geschmeidig und scheinbar echt ausführen konnte! Beraten wurden diese »firstclass people« von einem Expertenteam für Dinosaurierforschung. Sie verfügten über das gesamte Wissen, das man zu diesem Thema haben konnte. Diese Experten gaben ihre Erkenntnisse und Ratschläge zunächst an die besten Produktionsdesigner und Illustratoren weiter. Die wiederum arbeiteten eng mit den besten Leuten vom Art Department und den besten Landschaftsarchitekten zusammen! Und so weiter und so fort. Ist es noch vorstellbar, daß Steven Spielberg während dieser Entwicklungsphase einen weiteren Welthit drehte, nämlich »Hook«? Erfolg kennt offenbar keine Grenzen! Und schenkt grenzenlose Energie!

Er kannte keinen lebenlänglichen Frust

Warum ich das so ausführlich darstelle? Ich möchte Ihnen erstens den Unterschied zwischen einem Menschen aufzeigen, der als Beleuchter angefangen hat und seine berufliche »Laufbahn« wahrscheinlich als Beleuchter beenden wird – mit dem lebenslangen Frust, daß er »eigentlich irgendwann einmal vielleicht« sein Studium sogar zu Ende führen wollte –, und einem Menschen, der an derselben Stelle begonnen hat, sich unermüdlich durch die härtesten Jobs der Filmbranche hocharbeitete und zum erfolgreichsten Regisseur der Filmgeschichte wurde! Wo liegt der entscheidende Unterschied? Wie immer in der Vision, im Mut, in der Bereitschaft, große Entbehrungen hinzunehmen, und in der grenzenlosen Besessenheit und Ausdauer, diese Vision durchzusetzen!

Arbeiten im Team der Besten

Bedenken Sie, mit welchen Menschen Steven Spielberg heute zusammenarbeiten kann! Nur mit den besten aus allen Sparten der Filmbranche! Was für ein Unterschied zu Menschen, die sich einfach lustlos treiben lassen und letzten Endes in einem ganzen Umfeld von Lustlosigkeit gefangen sind! Bei einem Steven Spielberg wäre selbst ein lustloser Beleuchter wahrscheinlich nur einen halben Tag am Set. Denn bei ihm muß jeder im Team seinen »Job« bestmöglich ausüben! Das heißt, er muß über sein Können hinaus mit Begeisterung bei der Sache sein!

Dabei habe ich noch nicht einmal von einer der wichtigsten Personen erzählt, denen dieses bahnbrechende Filmereignis zu verdanken ist: von Michael Crichton, einem der erfolgreichsten Drehbuchautoren der Filmgeschichte. Crichton hatte sich über zehn Jahre intensiv mit dem Dinosaurier-Stoff beschäftigt! Ein fast fertiges Drehbuch hatte er aber beiseite gelegt, »... weil damals in den USA gerade eine Dinosauriermanie herrschte und ich nicht auf einem Trend mitschwimmen wollte!« Dennoch war er fast besessen von Dinosauriern und von dem aktuellen Thema der Gentechnik! Er schrieb sein ursprüngliches Drehbuch in einen Roman um. »Dino Park« wurde ein Bestseller! Und nun begann ein großer Kampf um die Filmrechte. Die größten Studios mit den bekanntesten Regisseuren kämpften um die Verfilmung. Und Michael Crichton entschied sich für Steven Spielberg, »... weil ich ihm eine wirklich großartige Realisierung am ehesten zutraute!«

Aber erst als er dieses Team von Experten um Steven Spielberg kennengelernt hatte, war er von der Filmidee wirklich begeistert! Und ließ sich dazu überreden, für 500 000 Dollar das Drehbuch zu schreiben, obwohl er zu der Zeit bereits an einer der erfolgreichsten Fernsehserien dieses Jahrzehnts arbeitete – an »Emergency Room«!

Erkenne dich selbst! bedeutet eben auch: »Erkenne dich in den Menschen, mit denen du zusammenarbeitest!« Erfolgreiche Menschen suchen sich immer andere erfolgreiche und von höchster Leistung besessene Menschen, mit denen sie zusammenarbeiten wollen!

Geben Sie Ihren Talenten eine Chance!

Wenn Sie noch immer zögern, ob Sie Ihren Traum oder Ihre Vision nicht besser zugunsten sogenannter »realistischer« Möglichkeiten eintauschen sollten, gebe ich Ihnen einen sehr unterhaltsamen Rat: Gehen Sie in die nächste Videothek, und leihen Sie sich »Jurassic Park« aus. Denken Sie dabei an seine Entstehungsgeschichte. Und dann entscheiden Sie sich, ob Sie nur einen Ausweg oder ein wirkliches Lebensziel suchen! Entscheiden Sie sich für Ihren Traum! Aber vergessen Sie bitte nie, Sie müssen bereit sein, wie Michael Crichton und Steven Spielberg, wenn nötig, Monate am kleinsten Detail zu feilen, bis es ganz Ihren Vorstellungen entspricht! Denn das sind die kleinen Details, die den Unterschied zwischen Erfolg und Mißerfolg ausmachen! Daran zeigt sich auch der Unterschied zwischen positiv wünschen und positiv denken!

Aus dieser unumstößlichen Tatsache, daß nicht nur der Teufel, sondern auch der Erfolg im Detail steckt, leite ich die Lejeunesche Erfolgsformel ab: *Erfolg entsteht immer dann, wenn man das Beste will und dafür sein Bestes gibt!*

Prüfen Sie deshalb ernsthaft Ihre ureigenste Berufung, und halten Sie daran unter allen Umständen fest – auch wenn Sie zu Umwegen gezwungen sind! Erklären Sie niemals aus Bequemlichkeit eine Sackgasse zur Hauptstraße Ihres Lebens! Denn Ihre Talente haben es sicher nicht verdient, an einem Stoppschild zu enden. Geben Sie Ihren Talenten eine echte Chance, sich zu entwickeln! Erkennen Sie sich selbst an den Chancen, die Sie sich geben! Bringen Sie Ihren Geist, Ihre Kreativität, Ihren Mut und Ihr ganzes Wissen wieder zum Leuchten! Dann wird Ihr ganzes Leben leuchten!

Richtige Grundsätze – falsch angewandt

Lassen Sie sich von der Geschichte Steven Spielbergs, dieses großen Mannes der Filmgeschichte, anregen. Kopieren Sie seine Tugenden, die ihn zum Erfolg geführt haben. Aber versuchen Sie nie, Erfolgskonzepte zu kopieren! Denn Sie wissen bereits, daß man Erfolg nicht kopieren kann. Schon gar nicht auf einem Gebiet, das weitab von den eigenen Talenten liegt. Erfolge anderer Menschen zu kopieren führt immer zu enttäuschenden Ergebnissen, auch wenn man noch so positiv dabei denkt! Denn es nützt nichts, wenn man positiv denkt und dabei mit hoher

Geschwindigkeit in die verkehrte Richtung rast. Da könnte man sein Unterbewußtsein noch so sehr mit wunderbaren Erfolgsvorstellungen programmieren! Dieser scheinbare Ausweg aus vorhandenen Schwierigkeiten würde einen Menschen nur noch tiefer in den Sumpf der Enttäuschungen führen. Kein Wunder, wenn man dann anfängt, an der Richtigkeit des positiven Denkens zu zweifeln! Aber auch diese Erkenntnis gehört zum uralten Bestand des menschlichen Wissens.
Lesen Sie nur das Märchen von Frau Holle, von der Goldmarie und der Pechmarie, oder das Märchen vom Fischer und seiner Frau. Alle diese Märchen handeln davon, wozu Erfolgskopien und falsch angewandtes positives Denken führen! Auch Ilsebill, die Frau des Fischers, dachte in dieser falschen Weise positiv: »Ich kann mir alles wünschen, und diese Wünsche müssen sich erfüllen!« Und es funktionierte sogar für eine stattliche Anzahl von Wünschen – bis sich diese Fischersfrau am Ende wünschte, zu werden wie Gott, und der Butt zum Fischer sagte: »Geh nur, deine Frau sitzt wieder in ihrer alten Hütte!«
Dies ist in der Tat ein Märchen, das zeigt, daß falsch angewandtes »Wunschdenken« letzten Endes nicht aus der Krise herausführen kann. Im Gegenteil! Wer nur wünscht und von anderen fordert, landet am Ende eben wieder in seiner alten Hütte! Oder kommt sogar nie davon weg! Wünsche ohne eigenen Einsatz führen nie zum Erfolg! Glauben Sie an diese Wahrheit der Märchen!

»Der Glaube ohne die Werke ist tot!«
Ich beharre auf diesem Punkt aus einem Grund: weil ich ständig dieser falschen Art von positivem Denken begegne! Positiv denken à la Schlaraffenland funktioniert nur, wenn man auf eine Erbschaft hoffen kann! Wer sich dagegen so wie ich von einer niederschmetternden Ausgangslage hocharbeiten mußte, der weiß, daß positiv denken in erster Linie heißt: mit Selbstvertrauen, Mut, Ideen und vor allem mit unermüdlichem Arbeits-

einsatz für seinen Aufstieg kämpfen! Sich hinsetzen und darauf warten, daß einem die gebratenen Tauben in den Mund fliegen, kann niemals zum Erfolg führen! Das wäre nicht positiv gedacht, sondern schlicht dumm gehandelt!

Man darf das positive Denken deshalb nicht für seine falsche Auslegung verantwortlich machen! Diese Art von Kritik am positiven Denken ist vollkommen absurd. Sie kommt von Menschen, die in falscher Weise an Wunder, aber nicht an eigene Verantwortung glauben. Sie stellen dann enttäuscht fest: »Jetzt denke ich schon seit zwei Jahren positiv und bin noch immer nicht Millionär!« Wer so denkt, ist wirklich besser dran, wenn er auf die sechs Richtigen im Lotto hofft. Aber ich nehme an, Sie wissen, daß die sechs Richtigen des Lebens – Phantasie, Kreativität, Mut, Disziplin, Ausdauer und Ehrlichkeit – größeren Gewinn versprechen!

Leitsätze, Gedanken und Anregungen

1. *Erkenne dich selbst!* ist die Aufgabe, der Sie sich jeden Tag aufs neue stellen müssen. *Erkenne dich selbst!* ist kein Auftrag, dessen Lösung man sich für einen Tag vornimmt und ihn dann ein für allemal abhakt. *Erkenne dich selbst!* ist die Maxime für Ihr neues Leben!

2. *Erkenne dich selbst!* ist eine Aufgabe, die man mit aller Konsequenz nur sich selbst stellen darf! Wer diese Aufgabe zuerst anderen stellt, würde damit nur erreichen, daß man ihm seine eigenen Fehler vorhält. Das wollen Sie doch sicher nicht! Am besten verändert man andere Menschen durch gutes Beispiel!

3. Identifizieren Sie Ihre Probleme in allen Einzelheiten! Erst dann können Sie darangehen, sie wirklich zu lösen. Beantworten Sie

alle Fragen, die dieses Kapitel an Sie stellt, für sich persönlich! Ziehen Sie diese Bilanz in einer Umgebung, die Sie anspornt, gleichzeitig eine positive Lösung zu finden.

4. Sehen Sie Fehler, die Sie an sich erkannt haben, mit Humor, nicht mit Niedergeschlagenheit! Das ist die bessere Ausgangsposition, um sie Schritt für Schritt zu verbessern! Nur wer seine eigenen Unzulänglichkeiten mit Humor sieht, kann auch den Unzulänglichkeiten seiner Mitmenschen mit Humor und Verständnis begegnen!

5. Bleiben Sie nie bei der negativen Kritik an sich selbst stehen! Das würde Sie daran hindern, die positive Kraft für eine Veränderung zu entwickeln! Und Sie wollen doch besser werden – auf allen Gebieten! Schauen Sie deshalb immer auf Ihre guten Seiten, auf Ihre Talente und Fähigkeiten! Fangen Sie dort an, sich weiterzuentwickeln!

6. Stellen Sie sich immer wieder die Frage: »Welches ist meine wahre Berufung?« Erst wenn Sie Ihre wahre Berufung, Ihre wahren Talente erkannt haben, können Sie sich mit Mut, Kraft und Selbstvertrauen in die richtige Richtung bewegen. Geben Sie diese Richtung nie zugunsten scheinbar einfacher Lösungen auf! Stehen Sie zu Ihren Träumen, Visionen und Zielen! Nur das wird Ihnen den wahren Erfolg bringen!

7. Lassen Sie sich nie von Niederlagen die letzte Kraft rauben! Denn aus dem Glauben an den Sieg und aus dem positiven Denken, daß Niederlagen immer ein vorübergehender Zustand sind, erwächst Ihnen die Kraft, Krisen in Siege zu verwandeln!

8. Stellen Sie sich immer wieder die Frage: »Worauf kann ich bauen? Wo liegen meine Stärken? Was habe ich bisher in meinem Leben Gutes geschaffen?« Vielleicht können Sie allein schon darauf stolz sein, daß Sie trotz aller Niederlagen, die Sie bisher durchstehen mußten, die Hoffnung auf ein besseres Leben niemals aufgegeben haben. Diese neue Einstellung zu sich selbst verleiht Ihnen eine ungeheure Kraft für Ihren ganz persönlichen Fortschritt!

9. Überprüfen Sie Ihre Meinungen! Stellen Sie fest, ob Ihre Ansichten und Einstellungen wirklich Ihre eigenen sind und ob sie noch zu Ihnen passen! Werden Sie ein Querdenker, und stehen Sie mit Mut zu Ihren eigenen Erkenntnissen. Aber werden Sie bitte nicht ungeduldig mit den Menschen, die Ihr neues Denken, Ihre neuen Ansichten und Einstellungen nicht sofort akzeptieren können!

10. Denken Sie positiv von sich und von anderen! Dazu gehört auch die Erkenntnis, daß man erst geben muß, bevor man nehmen kann. Diese Grundeinstellung wird Ihnen automatisch die Unterstützung für Ihre eigenen Ziele sichern! Der Erfolg der anderen wird dadurch zu Ihrem eigenen Erfolg!
Notieren Sie sich die Lejeunesche Erfolgsformel: Erfolg entsteht immer dann, wenn man das Beste will und dafür sein Bestes gibt!

TEIL 5

Der Wendepunkt in Ihrem Leben – Finde dich selbst!

Das Wunder des positiven Denkens

Positives Denken wird auch Sie zum Erfolg führen, wenn Sie nach intensiver Anwendung des *Erkenne dich selbst!* die Wirklichkeit gefunden haben, die Sie mit ihrer ganzen Person, mit allen Ihren Fähigkeiten ausfüllt. Nur dann ist diese innere Führung, diese traumwandlerische Sicherheit vorhanden, die Sie wie von selbst – über alle Schwierigkeiten hinweg – ans Ziel tragen wird. Nur dann spüren Sie den Energiestrom in sich, der in wunderbarer Weise alle Kräfte mobilisiert und auf ein Ziel konzentriert. Das ist das Wunder des positiven Denkens, auf das Sie hoffen können!

Deshalb setzt Ihre Suche nach Glück, Erfolg und Reichtum voraus, daß Sie vorher die ehrliche Suche nach Ihrem wahren Ich antreten! Erst wenn Sie vor einem Spiegel stehen und erkennen: »Ja, das bin ich!«, wird Ihr Erfolg größer werden, als Sie es sich je erträumt hatten. Sie werden diesen Wendepunkt in Ihrem Leben früher oder später erreichen! Aber nur Sie selbst können ihn finden! Diese Suche nach seinem eigenen, wahren Ich kann lange dauern, manchmal sogar ein ganzes Leben. Auch ich habe mein ganzes bisheriges Leben gebraucht, um der zu werden, der ich heute bin. Das lasse ich mir nie mehr nehmen! Von niemand! Diesen Rat möchte ich an Sie weitergeben. Lassen Sie sich nie nehmen, die Persönlichkeit zu sein, die Sie sind! Damit es Ihnen nicht ergeht wie Abraham Mendelssohn, dem Vater des großen Komponisten Felix Mendelssohn Bartholdy. Er war ein angesehener Bankier, erst in Hamburg, später in Berlin, und er war der Sohn des großen Philosophen Moses Mendelssohn, der mit seinen Schriften die Emanzipation des Judentums in Deutschland eingeleitet hatte. Als er einmal über seine Stellung in dieser Familie von Berühmtheiten gefragt wurde, antwortete er scherzhaft: »Erst war ich der Sohn eines berühmten Vaters, und jetzt bin ich der Vater eines berühmten Sohnes!«

Finden Sie zu sich in Ihren Niederlagen!

Wie Sie die Suche nach Ihrem ganz persönlichen Ziel durchführen und die Lösung der Probleme in Angriff nehmen, sagt alles über die Entschlossenheit, mit der Sie Ihr einmal gefaßtes Lebensziel angehen. Gerade durch ehrliche Fragen und Antworten auf unsere Niederlagen machen wir lebenswichtige Erfahrungen! Sie sind es, die wir für unser geistiges Wachstum notwendig brauchen. Glauben Sie mir, das ist der tiefe Sinn unserer Niederlagen. Ich sage bewußt »unsere« Niederlagen, denn jeder Mensch durchleidet genau die Niederlagen, die aus seinem Denken und Handeln entspringen. Sie tragen gleichsam den Fingerabdruck unseres Denkens!

Wer die falschen Ziele wählt, wer den Weg der Ehrlichkeit verläßt oder wer sich mit den falschen Menschen umgibt, erlebt genau die Niederlagen, die zu diesen Fehlentscheidungen passen. Die Wahl der richtigen Partner, im Privatleben wie im Beruf, ist von ausschlaggebender Bedeutung. Ein jüdisches Sprichwort sagt: »Wer sich zu Hunden ins Bett legt, braucht sich nicht zu wundern, wenn er mit Flöhen aufwacht!« So erkennen wir auch in unseren falschen oder richtigen Partnern unser Denken wieder!

Deshalb verlangt die Frage »Was tun, wenn wir in eine Krise geraten sind und ganz auf uns selbst reduziert sind?« eine ehrliche Antwort! Spätestens in der Phase, in der wir in einem tiefen schwarzen Loch sitzen und uns unsere Phantasie keine Fata Morgana mehr vorgaukeln kann, müssen wir das positive Den-

ken einsetzen – unser eigenes und das unserer Partner! Mich hat meine Frau Irène immer wieder ermuntert: »Erich, du schaffst es!« Ihr positives Denken war für unseren gemeinsamen Erfolg genauso wichtig wie mein eigenes. Je mehr Gefahren wir durchgestanden haben, je mehr Niederlagen wir überwunden haben, um so näher kamen wir unserem Erfolg und uns selbst! Und um so besser erkannten wir unsere Stärken!
Das ist der Grund, warum viele große und unglaubliche Karrieren nach einer niederschmetternden persönlichen Katastrophe begannen. An diesem Tiefpunkt kommt nämlich sehr häufig aus dem von positivem Denken genährten Unterbewußtsein der eine richtige Gedanke, der den Aufstieg zu sagenhaftem Erfolg bringt! Finden Sie deshalb zu einer neuen, positiven Perspektive für Ihre Niederlagen!

Nutzen Sie die Chance, die in einer Krise verborgen ist!

Der negativ gepolte Mensch stellt nach einer Niederlage resigniert fest: »Es nützt nichts. Ich habe einfach kein Glück. Alles hat sich gegen mich verschworen. Alles in meinem Leben geht schief. Ich bin ein Versager!« Der positive gestimmte Mensch dagegen nutzt dieselbe Niederlage zu ganz anderen Fragen: »Hatte ich das richtige Ziel? Was muß ich an meinen Plänen oder an meinem Verhalten noch verbessern? Was muß ich noch lernen, um das nächste Mal besser gerüstet zu sein? Wie kann ich andere Menschen dazu motivieren, meine Pläne und Ziele zu unterstützen?« Oder er sagt zu sich: »Ich weiß, daß mein Ziel richtig ist, ich habe nur noch nicht den richtigen Weg gefunden!«
Eines der besten und überzeugendsten Beispiele für einen positiv denkenden Menschen ist für mich immer wieder Thomas Alva Edison, der Zauberer von Menlo Park, wie er bei seinen Zeitgenossen hieß. Er hat sich von 3000 fehlgeschlagenen Versuchen nicht entmutigen lassen. Er kannte sein Ziel. Und er wußte, daß es einen richtigen Weg geben muß, um dorthin zu gelangen. Er gab nicht auf, bis er endlich die Glühbirne erfun-

den hatte! Und bei seinen anderen über 1000 Erfindungen, die unsere Welt grundlegend veränderten, handelte er nicht anders.

Erfolg duldet keine Resignation!
Viele Menschen werden deshalb zu Verlierern, weil sie spätestens nach dem dritten Versuch aufgeben und enttäuscht feststellen: »Geht nicht!« Sie erfahren auf diese Weise nie, daß ein Erfolg immer weitere Erfolge mit sich bringt. Weil Erfolg nicht aus Zufall entsteht, sondern aus dem richtigen Denken! Lesen Sie immer wieder den großartigen Satz von Mark Aurel, der mein Buch **Lebe ehrlich – werde reich!** eröffnet. Erfolg stellt sich nur ein, wenn man sein Denken in eine erfolgversprechende Richtung bringt und wenn man niemals aufgibt! Die Größe unseres Denkens bestimmt die Größe unseres Erfolgs! Und Erfolg duldet nun mal keine anhaltende Resignation! Erfolge erzielt man nur durch Rückschläge, die man überwunden hat!
Diese Erkenntnis steckt auch in dem Satz von Albert Einstein: »Man kann Probleme niemals mit derselben Denkweise lösen, durch die sie entstanden sind!« Das heißt, verabschieden Sie sich von halbherzigen Entschlüssen, in die Irre führenden Absichten und negativen Denkweisen! Denn nur wenn Sie Ihre Geisteshaltung ändern, wird sich auch Ihr Leben ändern!
Das ist der tiefe Sinn Ihrer Rückschläge, Niederlagen und Enttäuschungen. Sie sagen Ihnen deutlicher als alles andere: *Finde zu dir selbst!* Wenn Sie ganz ehrlich beantworten können, wo Ihre Verantwortung für die Niederlage liegt, haben Sie die Gewähr, beim nächsten Mal nicht wieder denselben Weg gehen zu müssen – wie Sisyphus in der der griechischen Sage, der immer wieder denselben Stein auf den Gipfel des Berges wälzen muß!
Ich kann Ihnen versichern: Das Wichtigste, was ich auf meinem Weg zum Erfolg gelernt habe, ist, daß man jeden Rückschlag

genau analysieren muß. Das mache ich auch heute noch. Ich höre damit nicht auf, bevor ich nicht exakt herausgefunden habe, was diesen Rückschlag verursacht hat, und bis ich diese Fehlerquelle beseitigt habe. Sie liegt häufig in falschen Entscheidungen, in Fehleinschätzungen, in Empfindungen, die ich bewußt oder unbewußt manipuliert habe. Vor allem bei Personalentscheidungen, bei denen ich eine richtige Intuition mit falscher Objektivität »weg-rationalisiert« habe! Deshalb mein wirklich ernst gemeinter Rat, den ich auch mir selbst immer wieder erteile: *Handle nie gegen deine Intuition!*

Der Weg zu Ihrem positiven Ich

Wenn Sie nun zu Beginn eines neuen Lebensabschnitts an diese erste große Bestandsaufnahme gehen, müssen Sie Bilanz ziehen. Machen Sie diese erste große Bilanz Ihres Ist-Zustandes nicht zu Hause oder in Ihrem Büro. Dort liegen vielleicht stapelweise unerledigte Arbeit, unbeantwortete Briefe und unbezahlte Rechnungen herum! Dort könnten aus jeder Ecke die Wollmäuse einer von Verdrängung bestimmten Vergangenheit hervorschauen. Gehen Sie lieber irgendwohin, wo Sie sich den positiven Seiten Ihres Lebens nahe fühlen. Machen Sie aus dieser notwendigen Feststellung des Ist-Zustandes ein wirklich schönes Erlebnis. Denn sie ist der Beginn eines völlig neuen Lebensabschnitts! An dessen Ende werden Sie wie ein Phönix aus der Asche steigen. Und alle Krisen Ihres Lebens werden Sie nur noch als notwendige und – ja, ich sage es bewußt – reiche Erfahrung ansehen!

Ziehen Sie los! Ziehen Sie Bilanz!

Nehmen Sie genügend Papier und ein Schreibgerät mit, das Ihnen gut in der Hand liegt! Und ziehen Sie los: ins schönste Café am Platze oder in die Halle eines Hotels, wo die Erfolgreichen Ihrer Stadt verkehren, auch wenn Ihr Geld nur noch für eine

Tasse Kaffee reicht. Das hat nichts mit Leichtsinn zu tun – Sie brauchen eine positive Atmosphäre! Oder gehen Sie in die Natur, wenn das Ihren Geist befreit. Oder suchen Sie die Stille einer Kirche auf!
Das Wichtigste dabei ist, daß Ihre Gedanken nicht wieder in die alte Richtung davongaloppieren. Das macht jeden Neuanfang so schwierig. Sagen Sie niemals: »Das kann ich nicht! Dort habe ich Fehler gemacht! Das lerne ich nie! Das überlasse ich besser den anderen! Dafür bin ich nicht begabt genug!« Wenn Sie im Moment noch glauben, daß Ihr Leben ein Blatt mit lauter Fehlanzeigen ist, dann bleibt nur eins: Ändern Sie die Perspektive! Oder haben Sie schon einmal ein Anzeigenblatt gesehen, auf dem seitenweise steht: Fehlanzeige, Fehlanzeige, Fehlanzeige?

Erste Gehversuche zum Erfolg

Sie fangen gerade ein neues Leben an! Lassen Sie mich dafür einen Vergleich vorschlagen. Einen neugeborenen Menschen beurteilt man doch auch nicht nach dem, was er noch nicht kann: »Sprechen kann er nicht, laufen kann er nicht. Ich fürchte, aus dem wird nie etwas Rechtes!« Nein, man freut sich über sein erstes Lächeln, die ersten Laute, später über die ersten Schritte und die ersten ganzen Wörter!
Machen Sie es zu Beginn Ihres neuen Lebens genauso: Seien Sie stolz auf das erste Lächeln, das Sie nach einer langen Phase der Niedergeschlagenheit einem anderen Menschen oder sich selbst schenken. Seien Sie stolz auf die ersten Schritte in Richtung Erfolg! Seien Sie stolz auf Ihr gutes Aussehen, auf Ihre schönen Augen, auf Ihren Humor, auf Ihre pfiffigen Ideen! Seien Sie stolz auf alles, was Sie an Fähigkeiten mitbringen! Es sind wahrscheinlich so viele, daß Sie ein großes Blatt Papier brauchen, um alle aufnotieren zu können! Begeben Sie sich auf die Suche nach Ihrem wahren Ich! Und bitte, fangen Sie sofort damit an!

Wissen Sie überhaupt, wie gut Sie sind?

Hören Sie auf, immer nur Ihr Problembewußtsein zu schärfen! Schärfen Sie Ihr Bewußtsein für alles, was Sie haben, können oder besitzen! Vielleicht wissen Sie noch gar nicht, wie gut Sie sind? Dann wird es höchste Zeit, auf die Habenseite Ihres Lebens zu sehen!

Das stärkt Ihren Willen für die Lösung der Probleme. »They never come back!« stimmt für die meisten Boxer. Aber nicht für einen der größten deutschen Boxer des 20. Jahrhunderts, Max Schmeling. Er kam nach seiner Niederlage im Ring wieder – als großer Geschäftsmann! Seine große Zeit als Boxer war vorbei. Aber je älter er wurde, um so mehr wurde er zur Legende!

Oder denken Sie an den großartigen Muhammad Ali, ehemals Cassius Clay, den größten Boxer aller Zeiten! Er hat erreicht, was wenigen Menschen seiner Herkunft vergönnt ist! Heute bewundert man nicht mehr nur seine Größe als Sportler. Die ganze Welt bewundert auch seine Größe als Mensch!

Warum wollen Sie bei einer Lebenskrise stehenbleiben? Wechseln Sie die Perspektive in bezug auf Ihr Leben! Verändern Sie die Einstellung zu sich selbst! Machen Sie sich Ihre positiven Eigenschaften bewußt. Denken Sie einmal ganz bewußt nicht nur an Ihre Niederlagen. Bekennen Sie sich zum Wandel für Ehrlichkeit, für den Erfolg, für Ihr Glück, für Ihren Reichtum. Nur daraus entsteht eine aussichtsreiche Zukunft. Alles andere ist selbstzerstörerische Gedankenspielerei. Zu dieser Suche gehört auch die Gelassenheit, daß man lernt, Dinge, die unabänderlich geworden sind, zu akzeptieren. Wie Muhammad Ali, der lernen mußte, seine Krankheit zu akzeptieren!

Erkenne dein Glück!

Sagen Sie nun nicht: »Für einen Muhammad Ali war das leicht! Er hat schließlich Millionen verdient, von denen er jetzt leben kann!« Nein, für ihn war es ganz besonders schwer, zu dieser

Größe zu finden! Denn die Medien lieben nicht nur Erfolgsgeschichten. Sie stürzen sich nur allzu gerne auf die Abstürze erfolgreicher Menschen, um sie in demselben Rampenlicht am Boden liegen zu sehen, in dem sie vorher noch ihre großartigen Siege hochgejubelt haben. Dieses Lauern auf seine endgültige Niederlage hat der große Muhammad Ali besiegt. – Und wissen Sie, wie? – Indem er die tiefe Verzweiflung über seine Krankheit überwunden hat! Einzig und allein dieser Sieg macht seine wahre Größe aus!

Die Stärken des Lebens – Gelassenheit und Humor

Dieser Größe können Sie auch in Ihrem Alltag begegnen. Dazu möchte ich Ihnen von einem Mann erzählen, der mir während eines Gottesdienstes in einer Münchner Kirche auffiel. Er konnte sich nur mühsam und mit kleinen Schritten an zwei Krücken fortbewegen. Ich fragte einen Bekannten: »Wer ist dieser Mann?« Denn mir waren sein heiteres Wesen und seine große Gelassenheit aufgefallen. Da erfuhr ich, daß dieser Mann an einer langsam fortschreitenden multiplen Sklerose leidet. Trotzdem fährt er Tag für Tag zu seiner Arbeit als Physiker in der Forschungsabteilung eines Großkonzerns.
In seiner Freizeit pflegt er seine Hobbys! Er spielt Cello und unternimmt an sonnigen Tagen Ausflüge, um zu aquarellieren! Überall in seinem Haus begegnet man seinen heiteren Bildern! Über seinen körperlichen Zustand verliert er kein Wort, es sei denn, daß er wieder einmal von einem neuentwickelten Medikament erfahren hat, das ihm im Kampf mit seiner Krankheit Hoffnung auf Besserung schenken könnte! Jammern ist ihm völlig unbekannt! Es macht ihm auch nichts aus, wenn andere vom Joggen, Tennisspielen oder Golfen erzählen, obwohl er früher selbst ein hervorragender Sportler gewesen ist und an vielen Wettkämpfen teilgenommen hat!
Ich fragte mich: »Was für ein langer Weg liegt hinter ihm, bis er zu dieser großen Gelassenheit für sein Leben gefunden hat?« Zu

vielen Menschen, die über ihre alltäglichen Sorgen jammern, würde er wahrscheinlich sagen: »Ich wäre sehr froh, wenn ich nur Ihre Sorgen hätte!« Denken Sie gelegentlich an Menschen, die gelernt haben, ein schweres Schicksal zu ertragen. Das hilft auch Ihnen, zu einer neuen Perspektive für Ihre eigenen Probleme zu finden! Finden Sie zu einem neuen, realistischen Verhältnis zu Ihren augenblicklichen Schwierigkeiten!

Finden Sie eine neue Perspektive für Ihr Leben!
Suchen Sie für Ihr Denken einen neuen Standpunkt, und konzentrieren Sie sich zuallererst auf die Frage: »Was ist mir trotz aller Niederlagen geblieben?« – Vielleicht sind Sie arbeitslos wie die beiden Männer in Nordenham. Aber Sie sind hoffentlich gesund, Sie sind frei, Sie haben die Möglichkeit, Ihre Ideen und Pläne zu verwirklichen! Das sind doch schon 80 Prozent des Potentials für den Neuanfang! Das allein gibt Ihrem Leben doch schon eine bessere Perspektive!
An dieser Stelle möchte ich Ihnen einen guten Rat geben. Wenn Sie demnächst wieder einmal an einem Krankenhaus vorbeifahren, denken Sie ehrlich über das wunderbare Geschenk Ihrer Gesundheit nach! Wie viele Menschen, die hinter diesen Mauern in ihren Betten liegen, würden gerne mit Ihnen tauschen! Ja, ich denke dabei auch ganz intensiv an meine Mutter, die in einem Altersheim lebt. Sie mußte ihr geliebtes Zuhause aufgeben, weil es für sie zu schwer geworden war, für sich selbst zu sorgen. Wir haben durch diese Veränderung in ihrem Leben wieder zueinander gefunden. Ich besuche sie, sooft es geht. Wir führen lange Gespräche, und sie sagt, dies sei die glücklichste Zeit in ihrem Leben. Auch sie hat zu einer ganz neuen Perspektive ihres Lebens gefunden. Sie akzeptierte ihre Krankheit und ihre neue Umgebung. Sie wurde im wahrsten Sinn des Wortes im Altersheim wieder jung! **Lebe ehrlich – werde reich!** heißt auch, dankbar für den größten Reichtum des Lebens, die Gesundheit, zu sein!

Sehen Sie Schwierigkeiten im richtigen Verhältnis!
Das gilt auch für finanzielle Verpflichtungen, mit denen Sie vielleicht zu kämpfen haben. Ich verharmlose in keiner Weise die Schwierigkeiten, die damit verbunden sind! Aber schlagen Sie bitte eine x-beliebige Zeitung auf, und betrachten Sie Ihre Probleme aus der Perspektive derer, denen ein Taifun, ein Erdbeben, eine Überschwemmung oder auch eine der zahllosen kriegerischen Auseinandersetzungen alle Lebensgrundlagen zerstört haben. Dann werden Sie sehr schnell erkennen, daß es Ihnen im Vergleich dazu sehr gut geht. Ich weiß, das ist ein geringer Trost, wenn täglich neue Schwierigkeiten auftauchen. Aber *Finde zu dir selbst!* bedeutet auch: »Nimm deine Probleme nicht wichtiger, als sie sind!«

Überlegen Sie, welche Fülle an Fähigkeiten und Möglichkeiten Ihnen zur Verfügung steht. Geben Sie sich eine objektive Antwort auf die Frage »Worin bin ich wirklich gut?«. Vielleicht sind Sie ein hervorragender Organisator, oder Sie sind gut im Umgang mit Menschen. Oder Sie können gut zuhören.

Gerade Frauen lassen sich oft von einem Denkmuster dominieren und demotivieren, das ihnen Menschen aus ihrer nächsten Umgebung über Jahre vermittelt haben nach dem Motto: »Du hast nichts, du kannst nichts, und du bist nichts!« Es kommt ihnen gar nicht mehr in den Sinn, daß es nicht selbstverständlich ist, daß sie gut kochen können, daß sie sich die schönsten Kleider selber nähen, daß sie einen Haushalt perfekt organisieren oder daß sie in ihrem Beruf besser sind als viele ihrer männlichen Kollegen.

Auch Defizite, die Sie selbst an sich festgestellt haben, sind kein Grund, den Mut sinken zu lassen und zu sagen: »Es hat ja doch keinen Sinn! Wofür soll ich mich noch weiter anstrengen?« Betrachten Sie das als Aufforderung, ab sofort täglich an sich selbst zu arbeiten. Sie müssen alles tun, um Ihr Selbstvertrauen zu stärken. Sammeln Sie alle Ihre Pluspunkte. Schreiben Sie alles auf, was Sie besonders gut können, was Ihnen besondere Freude macht und was Sie besonders begeistert! Aus dieser Liste wird sich eines Tages der eine Punkt herauskristallisieren, auf den Sie Ihren Erfolg aufbauen können! Wenn Sie die Suche nach Ihrer wahren Bestimmung nie aufgeben!

Haben Sie das richtige Geldbewußtsein?

Ein ganz wichtiger Bereich in Ihrer Lebensbilanz, in dem sich Erfolg und Mißerfolg entscheiden, ist die Art und Weise, wie Sie mit Geld umgehen. Fragen Sie sich, welche Einstellung Sie zum Geld haben. Ich möchte in dieser Phase der Feststellung Ihres Ist-Zustandes nur soviel sagen: Schwierigkeiten, Engpässe, Finanzprobleme und Verbindlichkeiten sind immer das Resultat einer mangelhaften Einstellung zum Geld. *Erkenne dich selbst!* bedeutet auch, daß Sie sich darüber klarwerden müssen, welche Einstellung Sie zum Geld haben. Ist Geld etwas, das Ihnen Freude bereitet, zu dem Sie eine gute Beziehung haben? Oder verachten Sie es und würden am liebsten nichts damit zu tun haben?

Geld ist weder gut noch böse

Wie beantworten Sie meine Frage: »Haben Sie Verpflichtungen? Haben Sie Ratenkredite? Läuft Ihr Auto außer auf vier Rädern auch noch auf Wechseln?« Wenn Ihre Antwort »Ja!« lautet, kann ich Ihnen vorab soviel sagen: Sie müssen Ihre geistige Einstellung zum Geld verändern! Geld an sich ist weder gut noch schlecht, weder positiv noch negativ. Der Satz von William Shakespeare »There is nothing good or bad, but thinking makes it so!« trifft nirgends so zu wie in diesem Bereich. Geld ist im wahrsten Sinn des Wortes nur ein Zahlungsmittel, mit dem wir erfolgreiches Handeln in materielle Güter und vor allem in eine Lebensweise verwandeln können, die unseren Wünschen und Vorstellungen entspricht. Denken Sie nicht immer nur an das Geld, das Ihnen derzeit vielleicht fehlt. Finden Sie zu einem neuen Geldbewußtsein! Finden Sie zum richtigen Maß im Geldausgeben, finden Sie zu der Tugend des Maßhaltens in Ihrem Leben!

Das wird Ihre Schwierigkeiten dauerhaft verändern und Ihre Erfolgsgrundlagen in ungeahnter Weise verbessern.

Geld ist eine Form der Energie

Wir kaufen uns eine Wohnung in der besten Gegend der Stadt, ein Haus mit Garten, ein komfortables Auto, leisten uns ein Fest mit Freunden, einen Urlaub auf einer paradiesischen Insel, alles, was unser Herz begehrt. Ob es uns aber gelingt, Erfolg durch das Zahlungsmittel Geld in Freude, Glück und Zufriedenheit zu verwandeln, hängt einzig und allein von unserer Einstellung ab.
Die lapidare Feststellung »Geld allein macht nicht glücklich!« ist sicher richtig. Leider nehmen viele Menschen diese Weisheit als Entschuldigung für mangelnden Einsatz! Sie wollen um ihren Erfolg nicht kämpfen. Deshalb trösten sie sich mit diesem Satz darüber hinweg! Aber sie übersehen dabei, daß kein Geld zu haben auch nicht glücklich macht. Der Unterschied zwischen Haben und Nicht-Haben, zwischen Erfolg und Mißerfolg ist im wesentlichen eine Frage der Einstellung.
Geld zu erwirtschaften und es auszugeben kann riesigen Spaß machen. – Warum? – Weil Geld nichts anderes ist als eine Form von Energie, die uns aus unserem Erfolg zuströmt! Genauso wie man die Kraft eines Flusses oder eines Gezeitenkraftwerks in elektrische Energie verwandeln und damit ganze Städte zum Leuchten bringen kann, kann man die Kraft seiner Arbeit, seiner Gedanken, seiner Phantasie, seiner Kreativität und seines Mutes in die Energie Geld verwandeln! Und damit sein Leben wieder zum Leuchten bringen!

Vom Reichtum, den man geschenkt bekommt

Wer es sich so einfach macht zu sagen: »Geld hat man oder hat man nicht!«, ist einfach zu bequem, um an seinem Zustand etwas zu ändern! Natürlich kommt es immer wieder vor, daß

Menschen ohne Energieeinsatz zu Geld kommen: Sie wurden in eine vermögende Familie geboren, haben eine Erbschaft gemacht, einen reichen Partner geheiratet oder auch im Lotto gewonnen. Oder sie hatten wirklich unglaublich viel Glück und verdienten mehr, als ihnen eigentlich zustand!
Aber gerade an diesem energielos erzielten Reichtum zeigt sich häufig, daß er genauso energie- und geistlos wieder in einen energielosen Zustand verwandelt wird! – Warum das so ist? – Weil er nicht mit dem richtigen Augenmaß verbunden ist, das notwendig war, um ihn zu erwirtschaften!
Die wenigsten Menschen finden ein vernünftiges Verhältnis zu dieser Art von Reichtum. »Hans im Glück« läßt grüßen. Er verwandelte einen Klumpen Gold auf dem Nachhauseweg in ein Nichts, weil er weder ein Verhältnis zum Wert des Goldes noch zu all den anderen Dingen hatte, die er nacheinander dafür eintauschte und die immer weniger wert waren, als er dafür gab! Lesen Sie dieses »Märchen« einmal wieder, und Sie werden erkennen, daß es sich täglich wiederholt!

Der Fluch der bösen Tat

Es ist erstaunlich, wie viele Menschen ein Höchstmaß an kreativer Energie, Planung, harter Arbeit und Ausdauer in unehrliche oder kriminelle Arten des Gelderwerbs stecken. Da gibt es Menschen, die graben 500 Meter weit einen Tunnel zum Tresorraum einer Bank, um für wenige Monate in den Besitz von ein paar Millionen zu kommen. Oder sie kaufen Luxusimmobilien, fälschen die Quadratmeterzahlen der Geschoßflächen, um von den Banken höhere Kredite bewilligt zu bekommen – und bringen es mit dieser Art von Gaunerei im Lauf der Jahre sogar zu Gewinnen in Milliardenhöhe!
Aber macht dieses Geld auch frei und glücklich? Die Erfahrung lehrt: »Nein!« Denn selbst wenn man sich mit diesem unrechtmäßig erworbenen Geld ins Ausland absetzt, wird man sehr schnell erfahren, daß es auf der ganzen Welt keinen Ort mehr

gibt, an dem man damit wirklich glücklich sein kann! Sie denken dabei sicher genau wie ich an den größten Betrugsskandal in der Geschichte der Bundesrepublik!
Ein Immobilienmakler und Bauträger hatte, sehr zum Erstaunen seiner seriösen Kollegen, in allen deutschen Großstädten für überhöhte Preise Luxusimmobilien gekauft, diese dann renoviert und entsprechend teuer wiederverkauft. Er selbst regierte sein wackliges Imperium von einem hochherrschaftlichen Schloß aus! Dieser unehrliche Höhenflug endete damit, daß man diesen Milliardenbetrüger wie einen miesen kleinen Taschendieb in Handschellen aus dem Ausland nach Deutschland und auf den Boden der Tatsachen zurückholte. Der einzige Unterschied: ein Blitzlichtgewitter der Medien bei seiner Rückkunft auf dem Flughafen. Die negative Energie aus dem unehrlich erworbenen Reichtum hatte sein Leben zerstört! Seine erschütternden Konterfeis mit Häftlingsnummer ließen fast schon wieder Mitleid aufkommen!

Unterschätzen Sie nie die Wirkungskraft kleiner Beträge!

Ehrlich erworbenes Geld kann man im Gegensatz zu dem eben geschilderten Sturz ins Bodenlose dazu verwenden, um sich frei zu machen! Um sich und anderen Menschen Freude zu bereiten, um sich weiterzubilden, um geistig zu wachsen und mit seiner Person eine ganz neue Stufe der Lebensqualität zu erreichen!
Selbst ein geringer Geldbetrag kann in Verbindung mit Entschlossenheit, Kreativität, Hoffnung, Zuversicht und Selbstvertrauen zu einem Samenkorn werden, aus dem ein weltweit operierendes Unternehmen wächst. Ich denke dabei an meine letzten 5000 Mark, mit denen ich meine ©© gründete. Ein anderer hat vielleicht zur selben Zeit die zehnfache Summe in einer Spielbank in ein Nichts verwandelt!
Das ist eine Frage des Geldbewußtseins. Machen Sie sich mit dem Gedanken vertraut, daß Geld in Hülle und Fülle vorhan-

den ist. Jeden Tag werden viele Milliarden Mark, Dollar, Schweizer Franken und Euro, was auch immer, erwirtschaftet und rund um die Welt transferiert. Die Frage ist nur, wie Sie sich in diesen Energiestrom mit Geist und ehrlicher Leistung einklinken können, so daß davon auch etwas auf Ihre Konten fließt. Auf ehrlich verdiente Weise, wohlgemerkt!

Ihr ganz persönlicher Kassensturz

Damit sind wir wieder bei Ihrem Geldbewußtsein. Leben Sie von Geld, das Sie selbst erwirtschaftet haben? Leben Sie auf der Energieseite, oder leben Sie auf Kredit, also im Zustand einer Schwäche, die Sie Kraft und Energie kostet? Beantworten Sie diese Frage nicht als Selbstanklage oder voll Selbstmitleid, sondern mit einem positiven Blick auf Ihr Ziel. Stellen Sie sich nüchtern eine Reihe von Fragen, und versuchen Sie nicht, die Bilanz zu fälschen. Eine verfälschte Lebensbilanz bedeutet, mit Scheuklappen vor der Wirklichkeit zu leben. Und die ernüchternde Erkenntnis zu dieser Art von nicht eingestandener Wirklichkeit lautet: »Man kann sie nicht zum Guten wenden!« Positiv verändern kann man nur eine Bilanz, die ehrlich ist! Denn bedenken Sie eines: *Lüge verunsichert, Wahrheit beruhigt!*

Alles andere würde gegen den ehernen Grundsatz verstoßen: *Wahrer Reichtum gründet auf Ehrlichkeit!* Deshalb zählt zunächst nur die nüchterne und strenge Feststellung: »Welches sind die Ursachen meines bisherigen Mißerfolgs?«

Nichts trennt so sehr wie Verbindlichkeiten!

Der Vergleich zwischen Soll und Haben drückt sich nicht nur in Zahlen aus. An Ihrem mehr oder minder starken Herzklopfen spüren Sie auch, wo Ihre Geschäftsbeziehungen durch Verbindlichkeiten empfindlich gestört sind! Sie können z. B. einen Freund oder Verwandten nicht mehr einfach anrufen, wenn Sie

seinen Rat brauchen! – Warum? – Weil Sie dort vielleicht noch mit einem kleinen Betrag im Minus sind.
Ehrlichkeit auch in diesem Bereich bringt Sie in einen lebendigen Fluß von Geben und Nehmen. Verbindlichkeiten dagegen sind in vielerlei Hinsicht große Erfolgsverhinderer! Vor allem sind sie immer ein Vorgriff auf die Zukunft. Denn der Fluß von Geben und Nehmen wird durch Rückstände und nicht ausgeglichene Rechnungen oft abrupt gestoppt. Von einem Lieferanten, bei dem eine Rechnung offen ist, bekommt man keine Ware mehr. Das Auto kann man nicht in eine Werkstatt bringen, bei der man noch eine Rechnung offen hat – auch wenn die Reparatur noch so dringend wäre! Man ist also unter Umständen wegen eines kleinen Rückstands nicht mehr mobil und kann deshalb vielleicht nicht zu einer wichtigen Besprechung zu einem neuen Auftraggeber fahren. Der Kontakt zur Außenwelt ist empfindlich gestört, wenn man die Telefonrechnung nicht rechtzeitig beglichen hat. Verbindlichkeiten sind außerdem ziemlich teuer. Sie kosten die höchsten Zinsen. Und oft das ganze Vertrauen!

Frustrationskäufe

Überlegen Sie also ehrlich, wenn Sie mehr ausgegeben haben, als Sie sich leisten konnten: Welches war der wirkliche Grund für diese Ausgaben? Wen wollten Sie damit beeindrucken? Oder aus welchem Grund konnten Sie auf diese oder jene Anschaffung nicht verzichten? Wie viele Menschen gehen in ein Kaufhaus, nicht um dort etwas Bestimmtes zu kaufen! Sie haben einzig und allein die Absicht, ihre Frustrationen durch den Kauf irgendeines Gegenstandes, der ihnen gerade ins Auge springt, ein bißchen zuzudecken. Nach dem Motto »Man gönnt sich ja sonst nichts!«
Überlegen Sie ernsthaft, ob solche »Frustrationskäufe« echte Freude bringen! Wie schnell wird ein Urlaub auf Kredit zur Belastung und kostet dann die ganze Urlaubsfreude. Da wäre

es sicher oft viel befriedigender, zu Hause zu bleiben und seine Umgebung neu zu entdecken! Probieren Sie es aus, wenn Sie vor dieser Wahl stehen sollten! Sie werden dabei nicht nur Dinge entdecken, an denen Sie vielleicht lange achtlos vorübergegangen sind. Sie werden vor allem sich selbst ganz neu entdecken!

Glück auf Raten

Viele Menschen kommen deshalb nicht mehr auf die Energieseite, weil sie es nicht schaffen, Maß zu halten und einmal vorübergehend mit weniger auszukommen. Sie ergreifen, ohne weiter darüber nachzudenken, jede sich bietende Gelegenheit, sich Wünsche »in bequemen Teilzahlungen« zu erfüllen. Ratenkäufe und Ratenkredite sind aber wie viele kleine Wellen, die sich langsam, aber sicher zu einer großen Welle aufschaukeln und das Boot verschlingen, das sich ihnen anvertraut hat. Schulden machen unfrei. Und nichts trennt im Leben mehr als Verbindlichkeiten. Eine Abhängigkeit zieht die andere nach sich. Schulden sind wie Treibsand. Man gerät immer tiefer in den Sog nach unten.

Denken Sie immer noch, daß Armut oder finanzielle Schwierigkeiten und alle damit verbundenen Unannehmlichkeiten ein Schicksal sind, dem man nicht entrinnen kann? Dann müssen Sie jetzt sofort damit beginnen, zu einem neuen Bewußtsein zu finden! Sie haben die Wahl, ob Sie weiterhin Ihr Konto im Vertrauen auf die Zukunft überziehen oder ob Sie sich entschließen, Ihr Denken und Handeln von dem brennenden Verlangen nach finanzieller Unabhängigkeit leiten zu lassen. Sie haben es in der Hand! Andauernder Geldmangel ist keine Frage eines ungerechten Schicksals, widriger Umstände oder sozialer Ungerechtigkeit. Geldmangel ist meistens ein Signal, daß man sein Denken und seine Einstellung zu sich selbst verändern muß!

Der Unterschied zwischen arm und reich – ein Denkproblem?

Es besteht kein grundsätzlicher Unterschied zwischen einem Menschen, der in kärglichen Verhältnissen lebt, und einem erfolgreichen Menschen, der sein Leben nach eigenem Gutdünken leben kann. Beide können ganz ähnliche Ansichten vertreten. Beide können sich für dieselben Wissensgebiete interessieren, sich für dieselben Dinge begeistern und dieselbe Freude empfinden.

Es ist nur dieser winzig kleine, aber für die Lebensumstände entscheidende Bereich des Geld- und Erfolgsbewußtseins, der den Unterschied ausmacht. Mancher, der in äußerster Bescheidenheit lebt, könnte aufgrund seiner Anlagen, seiner Ideen und auch seiner Einsatzbereitschaft ein ausgesprochen wohlhabender Mensch sein, wenn er seine Fähigkeiten mit dem richtigen Geldbewußtsein in Verbindung bringen würde. Es ist dieser einzige kleine Unterschied, der auch für den Mangel in vielen anderen Bereichen verantwortlich ist. Glück, Liebe, Freundschaft und persönliche Freiheit werden nicht selten von diesem Mangel an Geldbewußtsein in Mitleidenschaft gezogen. Das muß nicht sein!

Warum Reichtum Reichtum anzieht

Wenn Sie sich auf der Minusseite dieses Energieflusses befinden, müssen Sie einfach Ihr Erfolgs- und Geldbewußtsein ändern! Sie werden dann sehr schnell erfahren, welche Vorteile diese neue Einstellung bringt: Sie werden damit einen immer stärkeren Sinn für Ihre eigene Identität entwickeln. Sie werden gelassener, froher und glücklicher werden! Warum das so ist? – Reichtum zieht deshalb Reichtum an, weil er durch eine innere Einstellung zu strömen anfängt.

Ich habe diese Erfahrung immer wieder erleben können. Zum Beispiel während der abschließenden Korrekturarbeiten an diesem Buch. Da kam in meinem Hotel am Comer See ein amerikanischer Multimillionär auf mich zu. Er fragte mich ganz neugierig, woran ich seit Tagen so intensiv arbeite. Er hatte mich immer wieder beobachtet. Und nun wollte er erfahren, welches Thema einen Menschen in dieser Urlaubsatmosphäre so fesseln kann, daß er über Stunden kaum von seinem Papierberg aufschaute! Ich schilderte ihm kurz meine Arbeit und den Inhalt von **Lebe ehrlich – werde reich!** Er war fasziniert und erzählte mir nun seinerseits aus seinem Leben. Und so erfuhr ich, daß er ein erfolgreicher Anwalt für ausländische Industrieunternehmen war, die sich in den USA ansiedeln wollten. Aufgrund dieser Erfahrung hatte ihn der amerikanische Präsident Ronald Reagan als Rechtsberater ins Weiße Haus geholt! Er diente ihm vier Jahre lang mit seinem ganzen Wissen und seiner ganzen Erfahrung. Und nun war er sein Grundstücksnachbar und Freund!

Gespräche, die beflügeln

Dieses Gespräch hat mich in meiner Arbeit ungeheuer beflügelt! Warum? Nicht nur, weil ich mich plötzlich im Gespräch mit einem Menschen wiederfand, der im Zentrum dieser Weltmacht mitgearbeitet hatte! Nein! Sondern weil meine totale Versunkenheit in meine Arbeit sein Interesse geweckt hatte! Und das bestätigte mir wieder, was ich schon oft erfahren habe: Es ist diese völlige Hinwendung an eine selbstgestellte Aufgabe, die das Interesse erfolgreicher Menschen aneinander bewirkt!
Beginnen Sie deshalb, eine positive Anziehungskraft zu Ihrem Ziel zu suchen! Hören Sie auf, an den Mangel zu denken. Denken Sie mit ganzer Hinwendung an Ihre ganz persönliche, selbstgestellte Aufgabe! Dann werden sich die notwendigen Kontakte wie von selbst ergeben! Denken Sie an Ihr neues Lebensmotto: **Lebe ehrlich – werde reich!** Es kann einfach nicht ausbleiben, daß sich erfolgreiche Menschen für Sie interessieren! Und dieses Interesse beflügelt nicht nur, es erwächst daraus

sehr häufig die Unterstützung, die jeder Mensch auf der Suche nach seinem Erfolg braucht.

Das Ich, das Du und der Beruf

Erinnern Sie sich noch an die aufregende Zeit Ihrer ersten großen Liebe? Wenn Sie diese Ausschließlichkeit der Zuneigung, die Freude des Beisammenseins noch vor Augen haben, dann wissen Sie, wie beglückend menschliche Beziehungen sein können und welche ungeheuren Energien davon ausgehen können. Sie haben sich für alles interessiert, was den anderen betraf. Sie haben dadurch ganz neue Interessen entdeckt. Sie haben sich ständig Gedanken gemacht, was dem anderen Freude bereiten könnte, und haben keine Mühe gescheut, es herbeizuschaffen. Erkennen Sie sich noch als die Person, die Sie damals waren? Wie sehen Ihre Beziehungen heute aus?
Wenn Sie mit Ihrer Familie, mit Ihrem Ehe- oder Lebenspartner, mit Ihren Kindern, mit Ihren Freunden, Nachbarn und Arbeitskollegen nicht nur in Harmonie, sondern in einem regen Gedankenaustausch stehen, können Sie beim Lesen der folgenden Seiten befriedigt feststellen: »Mir geht es gut!« Sie haben damit ein Standbein, das wichtiger ist als alles andere. Denn nichts stärkt so sehr wie Solidarität und das Gefühl echter Zusammengehörigkeit!
Leider deuten die Untersuchungen der Soziologen und Psychologen an, daß die Mehrzahl der persönlichen Beziehungen schwierig, problematisch und häufig unehrlich sind. Ein Blick in die Beratungsecken der Illustrierten und in die Ratgebersendungen des Fernsehens unterstreicht das.
Ich weiß, es gibt spannungsgeladene Beziehungen, die sehr lebendig und tragfähig sind, weil alle Konflikte mit großer Offenheit und Solidarität behandelt werden! Viel schlimmer als gelegentliche Spannungen ist, was mir in meiner ersten Ehe passierte. Ich mußte nach einiger Zeit ernüchtert feststellen, daß wir uns fremd geworden waren. Wir hatten uns schlicht und ein-

fach nichts mehr zu sagen. Deshalb wäre auch ohne meinen wirtschaftlichen Zusammenbruch unweigerlich der Punkt gekommen, an dem ich mich hätte entscheiden müssen, eine leblose Beziehung zu beenden oder in einem beziehungslosen Nebeneinander weiterzuleben. Nichts fordert dieses *Finde zu dir selbst!* so heraus wie unsere zwischenmenschlichen Beziehungen.

Diese Suche kann ein Ehepartner empfindlich stören mit negativen Bemerkungen wie: »Was du immer für Träumen nachhängst!« »Das wird ja doch nichts.« »Das versprichst du mir schon seit Jahren!« »Und ausgerechnet du willst das schaffen!« Sie müssen deshalb ganz klare Antworten auf folgende Fragen finden: Welches sind meine Wünsche? Welches sind meine Ziele? Wo sind meine Glücksverhinderer? Findet mein Leben immer nur in der Vergangenheit statt? Bin ich ein Vergangenheitsdenker? Wann werde ich endlich wieder ein Zukunftsdenker? Oder bin ich ein harmonieverliebter Mensch, der jede ernsthafte Auseinandersetzung vermeidet? Aber die wichtigste Frage lautet: »Wie stehe ich zu mir?« Denn nur, wenn ich mit meinem Verhältnis zu mir im reinen bin, besteht eine tragfähige Basis für eine lebendige, kreative und glückliche Beziehung. Viele Menschen machen in diesem Bereich den Fehler, einfach neue Lebenskonten zu eröffnen, ehe sie die Salden alter Verbindungen aufgearbeitet haben!

Entscheidungsinfarkt ist die Folter der Seele

Sie kennen doch auch die Beziehungsdramen, die sich überall in unserer Umgebung abspielen. Ich verfolge zum Beispiel in meinem Bekanntenkreis seit einiger Zeit ein derartiges Beziehungsdrama mit. Er, ein erfolgreicher, hochgebildeter, motivierter und weitgereister Mann, ist von Beruf Betriebsberater. Er lebt offiziell getrennt von seiner Frau und ist bewußt eine neue Beziehung eingegangen. Aber aus unerfindlichen Gründen steht er auch zu dieser Beziehung noch immer nicht hundertprozentig,

obwohl es heute gesellschaftlich überhaupt kein Problem mehr darstellt, sich zu einer neuen, nichtehelichen Verbindung zu bekennen!
Wenn man sich mit ihm und mit seiner Lebensgefährtin verabredet, kommt meistens ganz kurz vor dem verabredeten Termin noch ein halber Rückzug. Das heißt, seine Lebensgefährtin hat Migräne oder ist kurzfristig beruflich verhindert. Bei diesen Besprechungen ist er dann geistig meist nur halb anwesend. Wie sollte es auch anders sein! Er ist logischerweise in Gedanken bei seiner Freundin zu Hause. So schleppt er, wo er auch hingeht, diese ungeklärte Situation mit sich herum. Er ist nicht frei, nicht in seinen Gedanken, nicht in seinen Entscheidungen und offensichtlich auch nicht in seinen Gefühlen!

Finde zu dir selbst!

Unter diesen »Nicht-Entscheidungen« wiederum leidet seine Lebensgefährtin – mit allen Anzeichen psychosomatischer Krankheiten. Was für ein Jammer, was für eine Vergeudung an Lebenszeit und Lebensglück! Und das ist in unserer Gesellschaft ja kein Einzelfall! Diese ungeklärten Eckdaten von Beziehungen gibt es millionenfach – mit ganz ähnlichen und oft noch viel dramatischeren Auswirkungen! Und diese Auswirkungen betreffen eben nicht nur das Privatleben. Sie wirken sich auf den Beruf aus, auf den Freundeskreis, ja selbst auf die Schulnoten der Kinder, die häufig zwischen solch ungeklärten Verhältnissen die Orientierung für ihren kindlichen Alltag verlieren!
Finde zu dir selbst! bedeutet deshalb ganz einfach: Wie immer die Gefühle sich im Leben wandeln, stehe zu ihnen und lebe sie! Stehe vor allem zu dir selbst! Das ist eine wichtige Voraussetzung, wenn man Erfolg für sein Leben nicht nur in beruflicher oder finanzieller Hinsicht anstrebt. Auch ich mußte in meinem Leben erkennen, daß man in ungeklärten persönlichen Beziehungen nicht erfolgreich und schon gar nicht glücklich werden kann! Ich habe deshalb die Konsequenzen aus meiner Erkennt-

nis gezogen und damit zu meinem Glück und zu meinem Erfolg gefunden.

Privatleben, Berufsleben, das Streben nach Erfolg, Glück, menschlicher Harmonie und Selbstverwirklichung lassen sich nicht einfach voneinander trennen. Alle diese Bereiche sind ineinanderfließende Energieströme, die sich entweder zu einem großen Strom vereinigen oder sich gegenseitig hemmen!

Beruf, Partnerschaft und Selbstverwirklichung sind die drei Bereiche, in denen sich unser Leben vollzieht. Wir können nicht einen blockieren, ohne die anderen zu beeinträchtigen. Wenn Sie ein Ziel vor Augen haben, das Ihr Leben total verändern wird, müssen Sie diese drei Bereiche immer harmonisieren! Umgehend!

Schaffen Sie klare Verhältnisse!

Eine Partnerschaft, die nicht mehr mit Leben erfüllt ist, wird auf Dauer auch den beruflichen Erfolg beeinträchtigen. Man kann sich zwar vorübergehend zum Ausgleich für eine zu Ende gehende Partnerschaft in den Beruf stürzen, aber es kommt unweigerlich der Zeitpunkt, wo diese beiden Bereiche nach einem Ausgleich verlangen. Mit Menschen, egal ob Lebenspartner oder Geschäftspartner, die eine grundsätzlich negative Lebenseinstellung an den Tag legen, die alles, was immer Sie tun oder sagen, negativ kommentieren, ist kein dauerhafter Erfolg möglich!

Dafür gibt es eine einfache Erklärung: Kein Mensch kann sich zwei widerstrebenden Gefühlen gleichzeitig hingeben. Man kann nicht im Beruf begeistert und zu Hause mißmutig sein oder umgekehrt! Jeder negative Gedanke hinterläßt in Ihrem Leben, in Ihrem Bewußtsein und Unterbewußtsein eine negative Spur. Negative Gedanken, Einstellungen und Anspielungen sind aber für Ihr Leben, für Ihr Selbstwertgefühl, für Ihre Gesundheit schädlich.

Hören Sie deshalb zuallererst auf, über sich und andere negativ zu denken. Wünschen Sie sich und Ihren Partnern jeden Morgen einen guten Tag! Wenn dies nicht mehr möglich ist, müssen Sie sich einen eindeutigen Ausgangspunkt schaffen. Je sicherer Sie sich dabei Ihrer eigenen Person sind, um so leichter wird es Ihnen fallen, mit diesem Menschen ein klärendes Gespräch zu führen. Finden Sie deshalb als erstes zu sich selbst!

Aussprachen

Gerade im persönlichen Bereich verlangen Gespräche und längst fällige Aussprachen großen Mut, große Ehrlichkeit und sehr viel Fingerspitzengefühl! Meist werden solche Aussprachen in der besten Absicht begonnen. Jeder der Beteiligten will Ordnung in sein Leben und in seine Beziehung zum anderen bringen. Aber Sie wissen sicher auch: Häufig enden diese Gespräche mit Enttäuschung und einer noch größeren Entfernung voneinander!

Warum das so ist? – Weil viele dieser Gespräche von einer oder von beiden Seiten mit der erklärten Absicht begonnen werden, unter allen Umständen den eigenen Standpunkt zu behaupten. Das ist schade und wäre leicht zu vermeiden! – Wie ist das zu schaffen? – Ich habe die Erfahrung gemacht, daß es dafür nur einen Weg gibt! Indem man nämlich mit viel Mut und Ehrlichkeit zuerst einmal seine eigenen Fehler einsieht! Damit bereitet man in sich auch den Boden, Fehler des anderen leichter zu vergeben! Und dann kommt die wahrscheinlich größte Schwierigkeit bei einem solchen Gespräch: Man muß seinen eigenen Standpunkt in einer Weise vertreten, die den anderen nicht von vornherein ins Unrecht setzt!

Ich führte vor einigen Jahren mit meiner Tochter Sandra eine solche Aussprache. Sie hielt mir vor, daß ich mich in den Jahren des Aufbaus von ⓒⓔ nicht genügend um sie gekümmert habe. Sie sagte zu Recht: »Der Aufbau einer Firma ersetzt keinen Vater!« Das war der Ausgangspunkt für ein langes Gespräch, in dem wir sehr offen und ehrlich aufeinander zugingen! Ich konnte ihr damals aber auch meine Situation und meine Sicht der Dinge darlegen!

Meine Tochter sah ein, daß es mir ohne meinen großen Arbeitseinsatz und die vielen, oft wochenlangen Auslandsreisen für ☞☺ beispielsweise nicht so gelungen wäre, ihr ein Studium zu ermöglichen. Es wurde ein wirklich gutes Gespräch, denn jeder verglich seine Position mit der des anderen. So konnten wir die verschiedenen Ansichten in Harmonie bringen! Und Sie wissen sicher, was Harmonie in der Musik bedeutet: daß nämlich zwei unterschiedliche Melodien plötzlich zueinander passen! Die Aufarbeitung dieser für beide schmerzlichen Vergangenheit gab uns die Kraft, das Unwiederbringliche anzunehmen und es nicht länger zwischen uns stehenzulassen!

Ein grundsätzliches Problem

Uns beiden wurde bei dieser Aussprache auch klar, daß hier nicht nur der eine Vater und die eine Tochter miteinander diskutierten, um Jahre der Trennung aufzuarbeiten. Wir führten ein mutiges und sehr offenes Gespräch, wie es in Tausenden von Familien geführt werden muß oder geführt werden müßte! Sie fragen sich wahrscheinlich, warum das in den meisten Familien so dringend notwendig wäre? – Ganz einfach, weil diese Konflikte der Entfremdung vorprogrammiert sind! Da stehen auf der einen Seite die Anforderungen der Kinder an ihre Eltern und auf der anderen Seite die Anforderungen, die das Vorwärtskommen im Beruf, der Aufstieg, die Geschäftsreisen, die gesellschaftlichen Verpflichtungen zumindest an ein Elternteil stellen! Dieser Konflikt läßt sich einfach nicht immer befriedigend lösen. Und mit den Problemen, die für Kinder aus zu Ende gegangenen Partnerschaften erwachsen, ist es noch schwieriger! Aber ein ehrliches Gespräch kann da die Lösung bringen!

Wissen Sie, was als Ergebnis des langen Gesprächs mit meiner Tochter herauskam? – Wir fanden beide wieder zueinander! Weil wir keines dieser Probleme aussparten! Ich bin heute sehr dankbar für dieses Gespräch. Es hat mir auch gezeigt, daß sich echte Erfolge doch am besten in einer intakten Beziehung wiederfinden!

Wie stehen Sie zu sich selbst?

Eine objektive Beurteilung zwischenmenschlicher Beziehungen ist fast nicht möglich. Eheberater, Anwälte und Scheidungsrichter wissen ein Lied davon zu singen. Aber kaum weniger schwierig ist für viele Menschen die Beziehung zu sich selbst. Sind Sie bereit zu einer ehrlichen Selbsteinschätzung? In der Bibel finden wir einen Satz, der meist nur von einer Seite her interpretiert wird: *Liebe deinen Nächsten wie dich selbst!*

Das bedeutet nach meiner Lebenserfahrung vor allem, daß ich meine Mitmenschen nur in dem Maße lieben oder schätzen kann, in dem ich mich selbst liebe und mit mir im reinen bin. Ein unverträglicher, egozentrischer Mensch kann nie mit bereitwilliger Unterstützung rechnen. Er kann sich, wenn er schon erfolgreich ist, diese Unterstützung vielleicht erkaufen – von Untergebenen, aber niemals von Partnern. Ich persönlich kenne niemanden, der auf Dauer erfolgreich war, indem er seine ganze Umgebung gekauft und zu Untertanen gemacht hat. Nur echte »Mit«arbeiter und Partner kann man für ein gemeinsames Ziel motivieren und begeistern.

Sicher haben auch Sie erfahren, wie wertvoll, wichtig, ja unerläßlich eine positive Unterstützung Ihrer Umgebung für Sie selbst ist! Denn ein positives Umfeld schafft immer Freude, Wärme und Wachstum. Ich genieße es jeden Morgen, wenn meine Mitarbeiter ankommen. Unser erster Gedankenaustausch ist ein Lächeln. Denn Lächeln ist die kürzeste Verständigung zwischen zwei Menschen! Ein Lächeln schenkt Kraft für den ganzen Tag. Schauen Sie den Menschen beim Lachen ins Gesicht. Daraus können Sie mehr entnehmen als aus einer Bankauskunft oder den Bewerbungsunterlagen! Und ein Lächeln, das aus echter Sympathie kommt, klingt lange nach!

Welches Bild haben Sie von sich selbst?
Es ist ganz und gar nicht unwichtig, was Sie von sich selbst halten! Denn das Bild, das Sie von sich haben, bestimmt Ihr Denken und Ihre Ziele. Es bestimmt Ihre gesamte Handlungsweise und den Umgang mit anderen Menschen. Wenn Sie davon überzeugt sind, ein Versager zu sein, der vom Schicksal zum ewigen Verlierer gestempelt ist, werden Sie kaum in der Lage sein, mit einem fröhlichen Lächeln auf andere Menschen zuzugehen und sie um einen Gefallen zu bitten.
Wenn Sie aber von Ihrer Einzigartigkeit, von Ihrer Kreativität, von Ihrem Erfolg überzeugt sind, dann wirkt das ansteckend. Die Art und Weise, wie Sie zu sich selbst stehen, ruft die entsprechenden Reaktionen bei Ihren Mitmenschen hervor. Eine simple Erkenntnis? – Richtig! – Aber sie bestimmt nicht nur unseren zwischenmenschlichen, sondern letzten Endes auch unseren wirtschaftlichen Erfolg. Zeichnen Sie ein positives Bild von sich selbst – und arbeiten Sie daran, daß Sie diesem Bild möglichst ähnlich werden!

Es gibt keine harmlosen Mißerfolge!
Kürzlich hatte ich zwei ganz alltägliche Erlebnisse, die mancher für total unwichtig halten mag. Das eine Mal wartete ich im Supermarkt am Gemüsestand. Vor mir stand ein Mann mit einem Gesichtsausdruck, der mehr als deutlich sagte: »Heute mag ich mich selbst nicht!« Er knurrte die Verkäuferin an: »Ist schon wieder kein frischer Spinat da? So ein Saftladen!« Und er ging verärgert weg! Noch während ich bedient wurde, kam eine Verkäuferin mit einem ganzen Korb voll frischem Spinat. Alle Umstehenden nahmen mit einer gewissen Befriedigung zur Kenntnis, daß der gute Mann Pech gehabt hatte. An der Kasse stand er wieder vor mir – abweisend und sichtlich immer noch ärgerlich gestimmt. Alle Enttäuschungen seines Lebens hatten sich auf diesen kleinen Mißerfolg konzentriert!
Da gab ich meinem Herzen einen Stoß und sagte: »Wollten Sie

nicht frischen Spinat? Gerade kam ein ganzer Korb!« Dabei lächelte ich ihn an. Es war herrlich zu beobachten, wie er sich abmühte, den negativen Film, den er offensichtlich am Morgen eingelegt hatte, durch ein Lächeln zu ersetzen. Es wäre für ihn um vieles bequemer gewesen, sich weiterzuärgern und sich mit seinem Verzicht selbst zu bestrafen. Aber er kam gegen mein Lächeln nicht an. Er ging zurück und holte sich den frischen Spinat. Als wir uns auf dem Parkplatz noch einmal begegneten, war sein Mißmut völlig verflogen. Er hob seine Hand zum Gruß und sagte fröhlich: »Herzlichen Dank noch mal, den lasse ich mir jetzt schmecken!« Dann lächelte er und sagte: »Ich wünsche Ihnen noch einen schönen Tag!«
Ist es nicht erstaunlich, was dieses eine kleine Lächeln bewirkt hat? Es macht Freude und schenkt Kraft, andere Menschen in gute Laune zu versetzen. Haben Sie heute schon einen Menschen zu einem fröhlichen Lächeln angestiftet? Ich würde es an Ihrer Stelle einfach mal probieren! Es funktioniert!

Wechselgeld für gute Laune

Das andere »unbedeutende« Erlebnis hatte ich an einem frühen Sonntagmorgen. Ich wollte ein paar Zeitungen und Nachrichtenmagazine kaufen und fuhr zu einem Kiosk am Bahnhof. Dort mußte ich feststellen, daß ich kein Kleingeld bei mir hatte. Der Kioskbesitzer sagte mir, daß er so früh am Morgen noch nicht wechseln könne. Obwohl er ziemlich mißmutig und brummig war, entschuldigte ich mich und fragte ihn freundlich, wo der nächste Bankautomat sei. Und ich fand dort sogar einen Wechselautomaten! Dann kam ich wieder. Da hatte er die Zeitungen samt Rechnung schon vorbereitet. Seine schlechte Laune hatte sich sichtlich gebessert! Wir tauschten ein paar freundliche Worte aus. Die Situation war gerettet. Ich hatte mit einem kleinen Umweg bekommen, was ich wollte – und war sehr guter Dinge!
Was wäre gewesen, wenn ich bei seiner ersten negativen Aus-

kunft stehengeblieben wäre und zu ihm gesagt hätte: »Dann können Sie halt nicht wechseln. Dann lese ich eben heute keine ›Welt am Sonntag‹ und keine ›New York Times‹!« Ich wäre verärgert und frustriert gewesen, vielleicht sogar den ganzen Tag über. Denn schließlich war ich eigens frühmorgens wegen dieser Zeitungen zum Bahnhof gefahren. Vielleicht hätte ich mit dieser schlechten Stimmung auch noch meine Frau angesteckt. Aber so war mit ein paar freundlichen Worten die Situation gerettet! Meine Frau und ich verbrachten einen gemütlichen Vormittag. Wir tauschten die Zeitungen aus und lasen uns gegenseitig interessante Nachrichten vor und unterhielten uns darüber! Wir waren einfach glücklich!
Ich hoffe, daß Sie das nicht für eine nebensächliche Erfahrung halten! Denn mit dieser positiven Einstellung auch gegenüber Kleinigkeiten beginnt der Erfolg! Bleiben Sie deshalb nie bei anfänglich negativen Begegnungen stehen. Versuchen Sie immer, ein positives Erlebnis daraus zu machen!
Lassen Sie ja nicht zu, daß diese vielen kleinen Mißerfolgserlebnisse Ihre Programmierung für den großen Erfolg in Ihrem Leben beeinträchtigen. Sie halten das für übertrieben? Dann frage ich Sie: »Kennen Sie einen griesgrämigen Menschen, der erfolgreich ist?« Ich nicht! Ich kenne auch keinen erfolgreichen Menschen, der griesgrämig ist. Erfolg ist eben eine Frage unserer Grundeinstellung zum Leben! Und da gibt es keine Nebensächlichkeiten!
Deshalb müssen Sie mir eines glauben: Die vielen kleinen Erfolge machen den großen Erfolg erst möglich! Denn Sie können daran Ihren Charme, Ihr Charisma und Ihre Erfolgsbereitschaft ausprobieren und stärken! Und Ihre Bereitschaft zu lächeln! Genießen Sie Ihre kleinen Erfolge!

»Abschüssige Beziehungen«
Bleiben Sie auch in Ihrer nächsten Umgebung nicht bei kleinen negativen Begegnungen stehen! Denken Sie darüber nach, mit

wem Sie zur Zeit persönliche Schwierigkeiten haben. Versuchen Sie einfach, in diese Richtung ganz positive Gedanken auszusenden, um auch leichte Unebenheiten zu glätten! – Sie wollen wissen, warum? – Das will ich Ihnen mit einer kleinen Erfahrung verdeutlichen. Ich bin im Winter oft in den Bergen, und dabei habe ich eines beobachtet: Wenn man einen kleinen Schneeball auf einen abschüssigen Hang rollt, wird daraus leicht eine Lawine!

So gibt es auch »abschüssige Beziehungen«, bei denen oft ein kleiner Schneeball genügt, um eine Lawine auszulösen! Und vielleicht kann gerade der Mensch, mit dem Sie jetzt ein Problem haben, eine unentschiedene Situation in einen Erfolg verwandeln.

Man begegnet auch häufig Menschen, die auf Kleinigkeiten sehr aggressiv reagieren! Das ist wirklich eine sehr schlechte Geisteshaltung, denn genaugenommen gibt es gar keine Kleinigkeiten! Wer nämlich auf unbedeutende Anlässe falsch und erfolgsverhindernd reagiert, wird auch bei wichtigen Entscheidungen oder Schwierigkeiten mit seinen Reaktionen danebenliegen! Zudem läßt ein derartiges Verhalten auf einen Menschen mit geringem Selbstvertrauen schließen!

Ein uraltes Gesetz:
Wie im Großen, so im Kleinen!

Selbstbewußte Menschen dagegen sind in ihren Reaktionen unangreifbar! Wenn Sie erfolgreich sein wollen, können Sie sich keine negativen Gedanken gegenüber Ihren Mitmenschen leisten. Weder im Großen noch im Kleinen! Beantworten Sie sich deshalb die Frage: »Wie reagiere ich in Konfliktsituationen? In der Familie, im Büro, in Gesellschaft?«

Wie lautet Ihre Antwort? Poltern Sie los? Wollen Sie unter allen Umständen recht behalten? Oder gestehen Sie Ihrem Kontrahenten das Recht auf einen eigenen Standpunkt zu? Haben Sie schon einmal versucht, Konflikte dadurch zu lösen, daß Sie alle

Argumente sammeln, die für die Position Ihres Gegners sprechen? Der Umgang mit Konflikten sagt sehr viel über die Fairneß, die man von Ihnen erwarten kann. Das beste Ergebnis, das Sie in einem Konflikt erzielen können, ist, wenn Ihr Gegner sagt, Sie haben fair gekämpft.

Meine Devise bei Auseinandersetzungen lautet deshalb: Wenn nötig, hart diskutieren, aber niemals nachtragen! Nehmen Sie Kritik von guten Freunden dankbar an. Und bedenken Sie: *Ehrliche Kritik tut gut!* Ehrliche Kritik ist eine Hauptantriebskraft für unsere Veränderungen zum Guten! Besonders wenn sie von guten Freunden kommt!

Was ich von meinem Vater noch gelernt habe

Eine ganz wichtige Frage ist: Wie gehen Sie mit Fehlern um, die Sie selbst gemacht haben? Können Sie Fehler ehrlich zugeben – vor sich selbst und gegenüber anderen? Ich weiß, Fehler ärgern einen! Auch ich ärgere mich gräßlich über Fehler, die ich gemacht habe. Seit ich jedoch versuche, mir meine Fehler ehrlich einzugestehen, mache ich weniger. Ich gebe offen zu, daß es mir auch nicht gerade leichtfällt, mich vor meine Mannschaft hinzustellen und über einen Fehler zu sprechen, der mir unterlaufen ist! Aber aus Fehlern lernen und nach Lösungen suchen ist eine der wichtigsten Schaltstellen für Erfolg im Leben. Der größte Fehler, den man machen kann, ist, vor Fehlern zu fliehen. Denn Fehler machen ist ein ganz wichtiger Teil im Lernprozeß unseres Lebens!

Mein Vater sagte immer zu mir: »Erich, mach Fehler, aber bitte nicht zweimal dieselben!« Ich finde, das war eine erstaunliche Einstellung, der man auch heute noch selten begegnet! Mit dieser Art von positivem Lernen aus Fehlern ist es leider in dem Moment vorbei, wenn die Kinder in unsere »fehlerfeindliche« Schule kommen. Dort ist Lernen immer noch nicht auf Begeisterung für den Lernstoff, sondern auf Bestrafung von Fehlern durch schlechte Noten aufgebaut! Daraus entsteht zwangsläufig als erstes eine Abneigung gegen das Lernen. Und zweitens die Furcht vor Kritik bis hin zur Prüfungspanik, die einen selbst das vergessen läßt, was man gelernt hat und tatsächlich beherrscht!

Drei Wörter sind besser als ein langes Schweigen!

Mit dieser guttrainierten Flucht vor Fehlern aus Furcht vor Kritik müssen Sie aufhören! Fangen Sie ausnahmsweise einmal an, mit etwas aufzuhören – auch wenn sonst der Spruch gilt: »Fangen Sie nie an aufzuhören!« Ihr Auftrag an sich selbst muß wieder lauten: *Erkenne, woher deine Furcht vor Kritik kommt!* Vergessen Sie deshalb als erstes Ihre schlechten Noten aus längst vergangenen Zeiten! Die blockieren nur Ihren Lerneifer!

Die Furcht vor Kritik, die Sie von diesen Noten mitbekommen haben, führt nämlich dazu, daß Sie zum Beispiel vermeiden, eine Fremdsprache anzuwenden, nur weil Sie diese Fremdsprache nicht perfekt beherrschen. Können Sie sich ausmalen, wo ich mit meiner ❊ heute stünde, wenn ich nicht den Mut aufgebracht hätte, nach einem achttägigen Crashkurs in Englisch nach Amerika zu reisen? Es gibt überhaupt niemanden, und vor allem keinen Unternehmer, der sich in einer Zeit der Globalisierung eine derartige Furcht vor dem Lernen und Anwenden einer Fremdsprache leisten kann! Und Sie sind doch Unternehmer in Sachen Erfolg – oder?

Wissen Sie, daß diese Flucht vor dem Lernen das Zusammenwachsen Europas behindert? Ja, Sie haben richtig gehört! Eine Umfrage hat nämlich ergeben, daß 40 Prozent der Europäer ihr Land noch nie verlassen haben und das auch nie vorhaben! Warum? – Weil sie eine tiefsitzende Angst vor einer ihnen fremden Sprache haben! Ist das nicht traurig? Helfen Sie mit, diese Angst zu überwinden! Fangen Sie damit bei sich selbst an! Suchen Sie mit Ihren Sprachkenntnissen den Weg zu unseren europäischen Nachbarn! Vereinen Sie Europa!

Der Mann aus Fürth

Ich möchte Sie mit einem Beispiel dafür gewinnen, alle Fremdsprachenkenntnisse, die Sie haben, auch anzuwenden!
Glauben Sie einem der erfolgreichsten Diplomaten dieses ausgehenden Jahrhunderts, daß es nicht notwendig ist, reinstes Oxford-Englisch zu sprechen, um erfolgreich verhandeln zu können! Sie erinnern sich an Henry Kissinger, Professor der Politikwissenschaften an der angesehensten Universität der Vereinigten Staaten – in Harvard! Aber damit nicht genug! Er war Sicherheitsberater und Außenminister seines Landes unter Präsident Nixon. Und er führte die Verhandlungen zur Annäherung an China. Er überwand die »Chinesische Mauer« zwischen dem Land der Mitte und dem Westen!
Er war auch der Erfinder der sogenannten »Shuttle-Diplomatie«. Dafür flog er zwischen den verfeindeten Gesprächspartnern des Nahen Ostens so lange hin und her, bis er sie zu gemeinsamen Verhandlungen an einen Tisch gebracht hatte! Und mit dieser Strategie beendete er nicht nur den Nahostkrieg. Er beendete auch den für die Menschen beider Länder so überaus tragischen Vietnamkrieg! Für seine erfolgreichen Verhandlungen in diesem Konflikt bekam er 1973 zusammen mit Le Duc Tho, seinem vietnamesischen Verhandlungspartner, den Friedensnobelpreis! – Aber nun frage ich Sie: Haben Sie einmal gehört, wie sein Englisch klingt? Henry Kissinger war damit zu Anfang seiner politischen Karriere das Gespött der Journalisten! Mit einem solchen Akzent wurden sonst nur in billigen Hollywoodfilmen die Deutschen karikiert! Er hat wirklich den dicksten deutschen Akzent, den man sich vorstellen kann, obwohl er seit 1938, seit seiner Auswanderung als Fünfzehnjähriger aus Fürth bei Nürnberg, in den USA lebt!
Mal ehrlich, können Sie mir jetzt noch einen Grund nennen, warum Sie Ihr Englisch oder Französisch oder was auch immer nicht anwenden sollten? Henry Kissinger ging über den anfänglichen Spott einfach souverän hinweg. Warum in aller Welt sollten Sie nicht dasselbe tun? Diese Aufforderung richte ich in aller

Bescheidenheit auch an unsere höchsten deutschen Politiker! – Lernen Sie wenigstens die Begrüßungsformeln in der Muttersprache Ihrer Gesprächspartner! Das ist an dieser Stelle mehr wert als zehn Simultandolmetscher! – Warum? – Weil ein einziger Satz in der Muttersprache des Gesprächspartners dessen Herz weiter öffnet als tausend gute Vorschläge zur Lösung von Problemen! Darin drückt sich nämlich die Achtung vor seiner Herkunft, vor seiner Sprache und vor seiner Heimat aus! Und darüber freut sich doch wohl jeder! Und Sie doch sicher auch!

Übernehmen Sie die Verantwortung für Fehler!
Ein Mangel an Entschlußkraft kommt häufig aus dieser Furcht vor Kritik. Die Flut der Aktennotizen in Behörden oder größeren Firmen wird aus dieser Furcht vor Kritik geboren. Man sichert sich von vornherein gegen jede mögliche Form von Kritik ab. Schreiben Sie also keine Aktennotizen mehr, sondern übernehmen Sie die volle Verantwortung, auch für Fehler, die Sie gemacht haben und sicherlich noch machen werden! Denn Sie wissen auch, Furcht vor Kritik verrät in erster Linie einen Mangel an Mut!
Wer die Führung übernehmen will, muß aber in erster Linie Mut zeigen! Und Mut beginnt damit, die Furcht vor dem Fehlermachen und damit die Angst vor Kritik zu überwinden. Wer Angst hat vor dem Fehlermachen, drückt sich davor, Verantwortung zu übernehmen. Steigen Sie deshalb aus dem Karussell der lähmenden Fehlervertuschungsstrategien aus. Sie machen in hierarchisch strukturierten Firmen bis zu 80 Prozent des Arbeitsaufwands der Führungsriege aus! Und in der mittleren Etage wahrscheinlich noch mehr! Die Unfähigkeit, zu delegieren, kommt aus der Furcht vor den Fehlern der anderen. Stöße von Aktennotizen und drei Dutzend Unterschriften unter jedem Auszahlungsbeleg signalisieren nur die Angst vor den eigenen Fehlern! Verantwortung übernehmen spart also Zeit und Geld! Vorgesetzte, die Mitarbeiter wegen Fehlern hart maßregeln, zei-

gen damit nur, daß sie selbst eine panische Angst vor dem Fehlermachen haben. Sonst könnten sie diese Mitarbeiter auf ihre Fehler ganz ruhig und sachlich hinweisen. Angst vor dem Fehlermachen und Furcht vor Kritik sind die schlimmsten Energiefresser, Motivationstöter und Innovationsbremser in unserem Wirtschaftssystem!

Fehler zugeben befreit und spornt an!

Denken Sie daran, wenn Ihnen heute ein kleiner Fehler unterlaufen sollte. Stehen Sie dazu! Das ist die Gelegenheit, Mut zu beweisen. Gestehen Sie ihn als erstes sich selbst ein. Lassen Sie dann Kritik von anderen zu, und benutzen Sie diesen Fehler als wichtiges Hinweisschild auf dem Weg zu richtigen Entscheidungen in der Zukunft. Bringen Sie den Zeit und Energie sparenden Mut auf, einen Fehler einfach zuzugeben. Diese Ehrlichkeit spornt Ihre Mitarbeiter dazu an, selber weniger Fehler zu machen. Und wenn Sie Vorgesetzte über sich haben? – Die sind voraussichtlich völlig überrascht von Ihrem Mut! Denn sie lernen dadurch ein mutiges Denken kennen, das ihnen selbst vielleicht noch abgeht. Bei beiden ist die verblüffte Reaktion zu erwarten: »Wie kann man nur so ehrlich sein?« Befreien Sie sich also von Ihren Fehlern durch Ehrlichkeit! Schreiben Sie auf Ihren Spiegel: *Finde zu dir selbst in deinen Fehlern und in deinem Umgang mit ihnen!*

Harakiri oder die Angst vor dem Fehlermachen

Ich habe in den vergangenen Jahrzehnten immer wieder erlebt, daß es uns Deutschen sehr schwer fällt, zu Fehlern zu stehen. Darin werden wir aber von den Japanern noch übertroffen. Einem anderen einen Fehler offen vorzuhalten gehört in Japan zur schlimmsten Beleidigung, zum größten gesellschaftlichen Fehltritt, den man sich vorstellen kann. Kritik wird bis zur Unkenntlichkeit höflich verpackt. So kann man immer wieder erleben, daß einem der Gesprächspartner auf eine Äußerung antwortet: »Ich bin völlig Ihrer Meinung. Ich möchte nur noch anfügen ...!« Und dann kommt eine Sicht der Dinge, die Ihrer Meinung in allen Punkten entgegengesetzt ist. – Woher das kommt? Der Ehrenkodex des Samurai sah vor, daß er immer untadelig war! Diese Vorstellung von Ehre bedeutete in schwerwiegenden Fällen, daß er seine Ehre wiederherstellte, indem er sich den Bauch aufschlitzte. Berechtigte Kritik wurde durch Harakiri überwunden und sicherte eine ehrenvolle Bestattung. Dieses tödliche Ritual des Sich-Reinwaschens von Fehlern und von Kritik gibt es so nicht mehr. Geblieben ist allerdings, daß man in Japan in übersteigertem Maße befürchtet, mit dem Eingestehen von Fehlern sein Gesicht zu verlieren. Deshalb hat man in der heutigen Gesellschaft Japans die Lüge offensichtlich abgeschafft und dafür die Kunst des »So tun als ob«, die Kunst des Verschleierns, bis zur letzten Perfektion getrieben. Manchmal frage ich mich, ob auch deutsche Manager diese Kunst in Japan gelernt haben!

In welcher Rolle sehe ich am besten aus?

Auf einer meiner vielen Japanreisen passierte mir eine unglaubliche Geschichte. Ich traf mich in Osaka mit einem wichtigen amerikanischen Kunden zu einem Gespräch. Daran sollte auch der Geschäftsführer meiner japanischen Niederlassung teilnehmen. Eine Stunde vor dem Treffen fragte er mich, welche Rolle er bei diesem Gespräch spielen solle. Ich dachte zunächst, ich hätte nicht richtig gehört. Aber da meinte er: »Der Kunde kommt doch aus der Welt des Fernsehens. Da muß ich wissen, ob es günstiger ist, zu sagen, ich habe bei Sony gearbeitet oder bei Toshiba!«

Er erklärte mir ganz deutlich, er sei bereit, in jede Rolle zu schlüpfen, wenn es nur dem Geschäft dient! Denn in Japan sei der Kunde König! Nun war ich völlig perplex. Ich konnte mir einfach nicht vorstellen, daß es ein Gespräch günstig beeinflussen würde, wenn man nach Belieben unterschiedliche Rollen annimmt. Das schien mir noch schlimmer als Lüge. Wenn ein Gesprächspartner diese Spielregeln kennt, kann er doch nur noch an der Frage interessiert sein: »Welche Rolle wird mir heute vorgespielt?« Mein Geschäftspartner hat mit diesem unehrlichen Vorschlag eine Rolle gespielt, auf die ich gerne verzichtet hätte.

Ich bin der absolut festen Überzeugung, daß man Erfolg nur erzielen kann, wenn man eine ehrliche Rolle spielt – seine eigene! Das erinnert mich auch an ein Gespräch, das ich einmal mit einem evangelischen Studentenpfarrer führte. Im Anschluß an eine lange Diskussion fragte ich ihn: »Sie glauben wie ich an ein Leben nach dem Tod. Aber wie muß man sich denn verhalten, daß man da oben wirklich ankommt?« Der Pfarrer antwortete mir nach einer kurzen Denkpause: »Also eines ist sicher, Sie können da oben nicht ankommen und plötzlich eine andere Rolle spielen als hier herunten!« Diese Antwort des Pfarrers fand ich sehr weise! Besinnen Sie sich also auf die Rolle, die wirklich ehrlich die Ihre ist!

Erkenne dich an deiner Sprache

Man muß kein Sherlock Holmes sein, um einen Menschen an seiner Sprache zu erkennen, auch wenn man ihn nicht sieht. Alter, Herkunft, Bildung, Beruf, soziale Schicht sind das eine. Wesentlich darüber hinaus ist aber, was wir seiner Sprache an Gefühlen entnehmen, an Stimmung, an Haltung, an Bereitschaft, etwas zu bewegen. Vergessen Sie deshalb nie: Die Stimme gibt die Stimmung wieder! Und in der Sprache präsentiert sich die Denkweise. Sie ist ein perfekter Detektor für die Lebenslügen! Wenn Sie viel telefonieren, erkennen Sie sicher schon an der Art, wie sich jemand meldet, mit was für einem Menschen Sie es zu tun haben. Ist er fröhlich, zupackend und entschlußfreudig? Oder ist er ein Mensch, der sich hinter Bergen von Paragraphen, dienstreisenden Vorgesetzten und fehlenden Unterschriften ver-

steckt? Solche Gesprächspartner tun alles, um nur ja nichts entscheiden zu müssen! Ihr Lieblingssatz lautet: »Normalerweise geht das überhaupt nicht!« Wobei dieses Ausnahmen signalisierende »normalerweise« den Gesprächspartner zur Demutshaltung verpflichtet. Er kann nämlich noch hoffen, daß es »unnormalerweise«, also mit gutem Zureden und kleinen Aufmerksamkeiten, doch noch eine Möglichkeit geben könnte.
Juristen leiten Sätze, die präzise neben jeder eindeutigen Festlegung liegen, so ein: »Grundsätzlich ist dazu zu sagen, daß ...!« Dieses »Grundsätzlich« eröffnet uns das weite Feld der Ausnahmen! Und dasselbe gilt für die Verschleierungsformel: »Generell machen wir keine Ausnahmen!« »Generell« wohlgemerkt! Wenn diese Ausnahmen von der »normalerweise« gehandhabten Praxis, von den »grundsätzlichen« Verboten und den »generellen« Unmöglichkeiten zuviel Arbeit machen, kann man immer noch mit dem wunderbaren Beschwichtigungssüßstoff antworten: »Ich hätte Ihnen wirklich gerne geholfen! Das dürfen Sie mir glauben! Aber Sie sehen ja selbst, daß da nichts zu machen ist!« Das ist der perfekte Ausweg aus jeder Verantwortung! Also Vorsicht vor Menschen, die Ihnen nur gutgemeinte Ausreden als Hilfe anbieten!

Hüten Sie sich vor Menschen, die nur Andeutungen machen!
Unehrlichkeit in der Einstellung zu den Mitmenschen drückt sich ebenfalls in dieser Art von Sprache aus. Gespräche über abwesende Kolleginnen und Kollegen beginnen häufig mit der scheinbaren Sympathiebekundung: »Eigentlich ist er/sie ja ganz nett, aber irgendwie hat er/sie was!« Das ist die perfekte Einleitung ins Kaffeepausen-Mobbing! Damit wird der Eindruck erweckt, daß man kein bösartiger Mensch ist, der seine Kollegen durch den Kakao zieht! Aber nach dieser Einleitung kann es richtig zur Sache gehen. »Ohne irgend etwas Negatives sagen zu wollen, möchte ich doch anmerken ...!« bedeutet: Dieser Kollege ist zum Abschuß freigegeben. Verlassen Sie solche Flü-

stergespräche am besten auf der Stelle! Denn Sie wissen sicher auch: Man kann jedem glauben, nur nicht dem, der flüstert!

Von Dünnbrettbohrern, »Weichspülern« und anderen Lebenslügnern

Vor einiger Zeit wurde ich in einem Restaurant in München Ohrenzeuge eines Gesprächs zwischen zwei jungen Männern. Sie unterhielten sich sehr »grundsätzlich« über ihre privaten und beruflichen Probleme. Ihre Aussagen waren eine einzige Aneinanderreihung von Lückenfüllern für geistige Windstille! Mit Entschiedenheit verteidigten sie ihre Entschlußlosigkeit und Antriebsschwäche!
Mal sagte der eine: »Ich weiß nicht recht, bei mir läuft das sowieso nicht! Also das passiert mir schon seit Jahren!« Dann sagte der andere: »Wenn man alle Möglichkeiten genau betrachtet, kann man nur sagen – es ist halt so! Ich habe mir das zwar immer wieder vorgenommen, aber dann ist es leider anders gekommen!« Die Entgegnung war nicht weniger entschlossen: »Normalerweise läuft das schon, aber bei mir halt nicht! Ich habe mich irgendwie damit abgefunden, daß man im Leben eben nicht alles haben kann! Also wirklich, was wollen die eigentlich von mir?« Darauf folgte eine weitere Selbstcharakterisierung: »Ich bin einfach kein Typ, der damit zurechtkommt. Aber, na ja, was soll das auch? Wer das von mir erwartet, liegt einfach voll daneben! Das habe ich doch gar nicht nötig! Diese ständigen Ansprüche habe ich mir längst aus dem Kopf geschlagen. Wirklich!« Der Schlußakkord war überzeugend: »Also, da könnte doch jeder kommen! Was glauben die eigentlich, wer ich bin? Das geht bei mir sowieso nicht! Ich hab' mich umgehört – das klappt nie! Diese ganze Geschichte ist mir einfach viel zu kompliziert. Und damit ist die Sache für mich dann eigentlich auch schon gegessen!«
Die Quintessenz aus diesem Dialog: Inhaltslose Rhetorik beschwichtigt nur den, der sie als Ausrede für nicht gelebtes Leben

braucht! Aber Sie sind sicher meiner Meinung: Mit Halbwahrheiten kann man nicht sein ganzes Leben bestreiten!

Reinigen Sie Ihre Sprache! – Das reinigt Ihr Denken!

»Erkenne dich selbst in deiner Sprache« bedeutet für mich deshalb, daß man Maß nimmt an dem biblischen Gebot: *Deine Rede sei ja, ja! nein, nein!* Diese Meßlatte muß man zuallererst bei sich selbst anlegen. Denn nur wenn man seine eigene Sprache aufmerksam und ehrlich gereinigt hat, erkennt man, welche Geisteshaltung hinter all diesen aufschiebenden Redewendungen »vielleicht, eigentlich, aber und wobei« steht! Sie sind die verräterischen Signale für Unentschlossenheit, für Mutlosigkeit, für die Scheu vor Verantwortung!
Wie häufig benutzen Sie Sätze wie: »Das geht nicht!« »Das kann ich nicht!« »Das klappt bei mir nie!« »Im Prinzip haben Sie ja recht, aber ich bin halt ein Mensch, der …!« »Eigentlich wollte ich schon lange meine Bewerbungsunterlagen zusammenstellen, aber leider habe ich immer noch kein geeignetes Foto!« »Eigentlich wollte ich heute keinen Alkohol trinken, aber vielleicht nehme ich jetzt doch ein kleines Gläschen!« Warum endet dieses »Vielleicht« dann »eigentlich« doch fast immer bei einer ganzen Flasche? Eigentlich schade, oder vielleicht nicht?

Wie man seinen Ausreden den Boden entzieht

Streichen Sie deshalb »eigentlich«, »aber« und »vielleicht« aus Ihrem Wortschatz. Dann werden Sie plötzlich erkennen, daß Ihren Ausreden und Entschuldigungen die Grundlage entzogen ist. Diese Weichspüler verhindern jeden ernsthaften Entschluß, ein wirkliches Ziel zu erreichen! Sie kommen aus einer Geisteshaltung, die ehrliche Konsequenzen scheut! Sie müssen aber für Ihren Weg zum Erfolg einen Mut entwickeln, aus dem Sätze entspringen wie: »Das klappt bestimmt!« »Ich schaffe es!« »Ich will es!« »Ich gebe nicht auf, bevor ich mein Ziel erreicht

habe!« »Diesen Auftrag werde ich unter allen Umständen bekommen!« Ich denke, Sie sehen den Unterschied?
In dieser sauberen und klaren Sprache liegt sehr viel unbewußte Autosuggestion zum Erfolg! Hinter den Weichmachern übrigens auch! Allerdings zum Mißerfolg! Und bedenken Sie noch eines: Ihre Stimme verrät den Wahrheitsgehalt Ihrer Sprache! Nur wenn Sie wirklich von Ihrem Erfolg überzeugt sind, können Sie auch andere von Ihrer Entschlossenheit überzeugen!

Erkenne dich in deinem Willen zu siegen!

Sie haben doch den Ehrgeiz zu siegen – oder etwa nicht? Ich weiß, es gibt diesen krankhaften Ehrgeiz, mit dem Menschen Erfolg um jeden Preis ansteuern! In ihrem Karrierestreben gehen diese Menschen über alle Bedenken hinweg. Sie halten jede Ideologie für richtig, die ihrem Machtstreben und ihrer Selbstdarstellung dient. Das macht sie blind gegenüber dem wahren Erfolg! Ich sage das nicht von oben herab. Auch ich war aus jugendlichem Ehrgeiz blind gegenüber den eklatanten Fehlern eines »blendenden« Chefs. Auch ich bin so aus Ehrgeiz und Mangel an Lebenserfahrung in eine Falle geraten. Ehrgeiz ist also durchaus ambivalent! Aber ohne Ehrgeiz, ohne Siegeswillen werden Sie Ziele, die Sie sich gesetzt haben, nicht erreichen! Mangel an Ehrgeiz ist zum Beispiel dafür verantwortlich, wenn sich Menschen weit unter ihrem Können anstellen und bezahlen lassen. Oder wenn sie aufgeben, weil sie mit Schwierigkeiten nicht fertig werden oder weil ein »wohlmeinender« Mitmensch Bedenken geäußert hat! Lassen Sie sich Ihren Ehrgeiz nicht ausreden. Stehen Sie dazu. Sie brauchen ihn für Ihren Erfolg! Geizen Sie nicht mit Ehrgeiz!

Bringen Sie Mut in Ihre Sprache!

Ich möchte Sie wieder an den Satz Mark Aurels erinnern und ihn etwas abwandeln: *Erfolg findet immer zuerst im Kopf statt!*

Denn unser Denken formt unser Leben. Das heißt, Sie haben ein Ziel. Sie haben die Fähigkeiten, dieses Ziel zu erreichen! Nun bleibt noch die Frage: Wie stark ist Ihr Wille, dieses Ziel zu erreichen? Wie stark ist Ihr Wille zu siegen?
Haben Sie schon die Einstellung, die sich in Sätzen ausdrückt wie »Das schaffe ich, weil ich immer mein Bestes geben werde!«, »Ich werde mein Ziel erreichen, weil ich alles, was mir noch an Kenntnissen fehlt, lernen werde!«, »Ich gewinne, weil ich unter keinen Umständen aufgebe!«? Das sind sehr wichtige Sätze für Ihre Zukunft. Ich persönlich wollte in meinen Leistungen immer besser sein als der Durchschnitt. Ich wollte gewinnen und zu den Besten zählen. Und das ich will auch heute noch! Wenn ich mir ein Ziel in den Kopf und ins Unterbewußtsein gesetzt habe, will ich es erreichen. Denn Ehrgeiz gehört zur Strategie der Herausforderung. Und Sie werden sehen, die Herausforderungen, die man gewinnt, motivieren ungemein!
An diese Herausforderungen muß man mit Ehrgeiz und hundertprozentiger Energie herangehen. Wer Herausforderungen immer nur halbherzig angeht, kann nie den ganzen Sieg erringen! Aus der Energie, mit der man sich an eine Herausforderung wagt, entstehen Freude und positive Erwartung. Und es entsteht Hoffnung. Ein großer Schritt in Richtung positiver Veränderung der Lebenssituation ist getan, und dieser eine Schritt gibt Kraft für den nächsten!

Dabeisein ist alles! – Wirklich?

Da es beim Ehrgeiz große Abstufungen gibt, sollten Sie Ihren Ehrgeiz ganz für sich allein auf einer Skala von eins bis zehn bewerten. Die Topmarke bedeutet: *Ich gebe immer mein Bestes!* Darauf müssen Sie sich programmieren. Jede Verhandlung, in die Sie hineingehen, jedes Projekt, das Sie annehmen, ist eine Herausforderung! Nicht nur an Ihr Wissen und Ihr Können, sondern auch an Ihr Erfolgsbewußtsein! »Dabeisein ist alles!« lautet der hehre Spruch für die Olympischen Spiele. Für Ihren

Erfolg genügt dieser Spruch aber leider nicht! Es sei denn, Sie verstehen darunter: »Ich gehöre in die Spitzengruppe!«
Für Sie muß immer die erste olympische Formel gelten: »Schneller, stärker, höher!« Denn gezählt werden die Goldmedaillen. Und auch die Silbermedaillen bekommt man nur, wenn man um Gold gekämpft hat. Sie brauchen einen Gewinnerinstinkt! Sie brauchen für alles, was Sie erreichen wollen, Ehrgeiz und den Willen, es wirklich zu erreichen! Sie brauchen die Entschlossenheit für Gold!

Finde dich selbst in deiner Disziplin!

Wie erringt man den goldenen Lorbeer des Erfolgs? Wie kommt man in die Riege der Besten? Wie kommt man ganz nach oben? Ich möchte dazu einen der größten Pianisten des 20. Jahrhunderts zitieren, Arthur Rubinstein. Er sagte dem Interviewer, der ihn nach seinen Übungsgewohnheiten fragte: »Wissen Sie, wenn ich drei Tage nicht übe, merke ich es selbst. Wenn ich eine Woche lang nicht übe, merkt es der Dirigent. Und wenn ich vier Wochen nicht übe, merkt es das Publikum!« Dieser begnadete Musikinterpret sprach damit eine Tugend an, ohne die kein Talent zu Spitzenleistungen entwickelt werden kann – die Disziplin! Und das gilt ganz allgemein!
Als ich einmal einem der erfolgreichsten Tenöre unserer Zeit, José Carreras, begegnete, hatte ich Gelegenheit, ihn zu fragen: »Welches ist das Geheimnis Ihres Erfolges?« Und er antwortete mir: »Kämpfen und üben!« Ja, und dieses Üben mußte er nach einer schweren Krebserkrankung täglich seinem Körper abringen! Ich war tief beeindruckt!

Entschlossenheit für Gold!

Dieses Kämpfen und Üben gilt für alle Bereiche in gleicher Weise. Das konnte ich erfahren, als ich auf dem Platz des FC Iphitos in München nach einem gemeinsamen Tennismatch

mit meinem Partner Herbert Graus Gelegenheit hatte, Boris Becker und Michael Stich beim Training zu beobachten. Die beiden bereiteten sich auf die Olympiade in Barcelona vor. Becker und Stich kämpften wie besessen! Nach geraumer Zeit rief Michael über den Platz: »Boris, mir reicht es jetzt!« Aber Boris wollte noch lange nicht aufhören! Er setzte seine Bälle nur noch entschlossener, obwohl auch er sicher schon am Ende seiner Kräfte war!
Als die beiden das Training endlich abbrachen, fragte ich Boris Becker nach dem Geheimnis seiner Disziplin und seines nicht nachlassenden Kampfeswillens. Da antwortete er mir: »Wenn ich merke, daß ich nachlasse, verordne ich mir drei Trainingseinheiten mehr! Denn mein Geheimnis der Disziplin ist – kämpfen bis zum Umfallen und nie aufgeben!«
Und das ist nach meiner Überzeugung ein wichtiges Trainingskonzept für jeden Erfolg. Kämpfen Sie immer mit der ganzen Entschlossenheit für Gold! So wie einer der größten Tennisspieler aller Zeiten – Boris Becker!

Sehen Sie nicht nur das Ergebnis!
Sehen Sie auf die Disziplin dahinter!

Disziplin, wie sie Arthur Rubinstein, José Carreras und auch Boris Becker zeigen, bedeutet vor allem, immer an seinem höchsten Qualitätsstandard festzuhalten, auch wenn die große Begeisterung vorübergehend nachgelassen hat! Höchstleistungen sind ohne Disziplin nicht denkbar, egal ob in der Musik, im Sport oder in irgendeinem anderen Wirkungsbereich. Darf ich Sie in diesem Zusammenhang zu einem kleinen musikalischen Gedankenspiel auffordern? Wenn Sie wieder einmal in die Oper oder ins Konzert gehen oder auch nur eine CD auflegen, um sich eine Sinfonie anzuhören, denken Sie einmal weniger an die Musikalität des Komponisten oder auch des Dirigenten, die diese Aufführung zustande gebracht haben.
Denken Sie an die 50 oder 60 Orchestermusiker, die spätestens

seit ihrem zehnten Lebensjahr täglich mehrere Stunden auf ihrem Instrument üben. Wie viele Stunden diszipliniertes Übens kommen da allein in einem Jahr zusammen? Und das Ergebnis dieser Abertausenden von Stunden erleben Sie gerade mit! Stellen Sie sich doch einmal während eines Konzerts die Frage: »Wie viele Stunden habe ich in diesem Jahr für das Ziel meines Lebens geübt?« Machen Sie es wie Rubinstein, Carreras und Becker: *Kämpfen und üben Sie!*

Selbstdisziplin – und was man an geputzten Schuhen erkennt

Wie beurteilen Sie Ihre Selbstdisziplin und Ihre Selbstbeherrschung? Wie groß ist Ihre Disziplin in sogenannten Äußerlichkeiten? Drehen Sie sich nach dem Läuten des Weckers lieber noch dreimal um und verzichten für diese gewonnenen zehn Minuten lieber auf Ihr Frühstück, um es während Ihrer Arbeitszeit im Büro nachzuholen? Oder haben Sie die Disziplin, sofort aus dem Bett zu springen?

Gehen Sie immer mit sauber geputzten Schuhen aus dem Haus, oder reiben Sie gelegentlich die Schuhe noch schnell am Hosenbein, ehe Sie zu einer wichtigen Besprechung gehen? Überlegen Sie sich, wie Sie unter allen Umständen pünktlich erscheinen können? Oder denken Sie lieber über eine Reihe gut klingender Ausreden nach? Und Sie wissen sicher so gut wie ich: Je mehr Ausreden man bringt, um so fadenscheiniger ist der wirkliche Grund! Führen Sie Ihren Terminkalender genau, oder nehmen Sie schon mal in Kauf, daß Sie einen Termin vergessen oder zu zwei Terminen gleichzeitig gehen müßten?

Wohlgemerkt, wir befinden uns immer noch im Bereich der Äußerlichkeiten. Denn die wichtigste Frage zu diesem Thema lautet: »Wie steht es mit meiner Disziplin im Denken?« Bauen Sie darauf, daß Ihnen während einer Besprechung schon genügend Argumente einfallen werden, oder bereiten Sie sich gezielt auf alle möglichen Wendungen des Gesprächs vor? Ist Ihnen jedes

Argument recht, oder überprüfen Sie wie ein Schachspieler, welche Erwiderungen darauf kommen könnten? Haben Sie die Disziplin, die Arbeit an einem Gedankengang wieder von vorne zu beginnen, wenn Sie das Ergebnis nicht befriedigt? Oder hoffen Sie lieber darauf, daß Ihr Gesprächspartner die Schwachstellen Ihrer Argumentation nicht entdecken wird?

Genie ist Fleiß!
Ohne Fleiß entsteht kein Genie!

Denken Sie daran: Die Genialität eines Pianisten oder eines Sängers kommt nur durch die Disziplin beim Üben der scheinbar langweiligen Etüden zum Vorschein! Johann Sebastian Bach, in dem sich die Musikalität einer ganzen großen Musikerfamilie vereinigt hatte, formulierte es nicht anders: »Genie ist 90 Prozent Fleiß!« – Dasselbe gilt auch für Ihre Entwicklung zu einem erfolgreichen Menschen! Erst wenn Sie zu dieser strengen Disziplin finden, wird es Ihnen gelingen, vorhandene Talente konsequent und mit Ausdauer weiterzuentwickeln! Ohne innere und äußere Disziplin kann niemand zum Erfolg kommen! Das bedeutet: *Sie müssen alle negativen Eigenschaften Schritt für Schritt ablegen und Ihre Talente täglich anwenden.* Ihre Fähigkeiten brauchen diese »Etüden«, wenn sie nicht verkümmern sollen! Disziplin ist außerdem der unerläßliche Schutzschild gegen die Ausreden, die uns unsere Trägheit vorgibt!

Disziplin und Selbstbeherrschung spielen in alle Bereiche unseres Lebens hinein. Wer sich selbst nicht beherrschen kann, wird niemals andere lenken können. Wer große Anforderungen an seinen Lebensstil stellt, kommt ohne Disziplin und Ordnung nicht aus. Nur ein Genie wie Ludwig van Beethoven konnte aus seiner Wut über den verlorenen Groschen eine großartige Klavierkomposition ableiten. Uns weniger genialen Menschen bleibt meistens nur die Wut über die eigene Schlamperei – wenn Sie zum Beispiel in eine Besprechung gehen und feststellen müssen, daß Sie ausgerechnet die wichtigste Unterlage vergessen haben. Dabei wäre es so leicht, mit ein wenig Disziplin Ordnung in sein tägliches Leben zu bringen!

»Pünktlichkeit ist die Höflichkeit der Könige«

In dieser Disziplin drückt sich meine Achtung vor den Mitmenschen aus! Pünktlichkeit heißt für mich, auf den Punkt genau kommen! Zu jeder Verabredung! – Warum? – Weil Unpünktlichkeit dem Gesprächspartner kostbare Zeit wegnimmt!

Mir macht es zum Beispiel überhaupt nichts aus, von München nach Frankfurt oder Wien zu einem Besprechungstermin um 9 Uhr anzureisen. Meistens gelingt es mir sogar, noch vor meinen Gesprächspartnern anzukommen, auch wenn die an Ort und Stelle wohnen. Dieses Bewußtsein verschafft mir eine unglaubliche Spannkraft in den Verhandlungen und eine positive Ausgangsposition für meine Verhandlungen! Wenn ich dagegen eine Besprechung mit einer Entschuldigung wegen Stau, Regen oder Motorschaden beginnen müßte, hätte ich schon zu Beginn des Gesprächs viele wertvolle Punkte verloren! Probieren Sie deshalb den großen Vorteil der Pünktlichkeit aus! Am besten mit der alten Regel: »Fünf Minuten vor der Zeit ist die beste Pünktlichkeit!«

Was bedeutet Verläßlichkeit?

Eine der wichtigsten Voraussetzungen für ein harmonisches und produktives Zusammenleben, privat wie beruflich, ist die Verläßlichkeit. Sie ist ohne Disziplin nicht denkbar. Manche Menschen halten es für Disziplin, wenn sie täglich bis Punkt vier Uhr im Büro ausharren. Unter Verläßlichkeit verstehe ich aber die Disziplin, so lange dazubleiben, bis die Arbeit erledigt ist, die dem Kunden für den nächsten Tag versprochen ist!

Disziplin ist die Fähigkeit, das, was man als richtig und notwendig erkannt hat, auch einzuhalten, selbst wenn alle möglichen Verlockungen an den guten Vorsätzen zerren – das schöne Wetter, die Einladung zu einer Spritztour an den nächsten Badesee oder die Übertragung des Finales von Wimbledon! Verläßlichkeit macht alle Ausreden überflüssig. Und das ist ein wunderbares Gefühl! Es kommt dem großen Erfolgsgefühl schon sehr nahe! Diese grundlegende Verläßlichkeit können Sie auch schon üben, solange Sie noch nicht Ihr eigener Chef sind! Denn ohne Verläßlichkeit und Disziplin kann man in keiner Position große Erfolge erringen!

Was sehen Sie im Spiegel?

Unser wichtigstes Gut – die Voraussetzung für Erfolg, Zufriedenheit und Glück – ist unsere Gesundheit. Und sie ist ohne Disziplin nicht zu bewahren, auch wenn es Gegenbeispiele von einer schier unverwüstlichen Gesundheit gibt trotz der geliebten »Laster«.

Das berühmteste Beispiel ist einer der größten Staatsmänner des 20. Jahrhunderts – Sir Winston Churchill. Dieser Zigarrenraucher und Whiskytrinker wurde an seinem 80. Geburtstag gefragt, wie er es geschafft hat, so lange so gesund zu bleiben. Seine berühmte Antwort lautete: »No sports!« Oder nehmen Sie einen der berühmtesten Filmregisseure dieses Jahrhunderts, Alfred Hitchcock. Ihn haben wir mit gutgefüllten Pausbäckchen und Zigarre vor Augen. Auch er wurde 81 Jahre alt. Diese beiden Großen bezogen ihre unverwüstliche Kraft offenbar aus einer absoluten Hingabe an ihre Berufung!

Zudem hat natürlich jeder von uns einen Großvater oder Onkel in Erinnerung, der täglich seine Flasche Wein getrunken und seine Zigarren geraucht und damit ein biblisches Alter erreicht hat. Dennoch müssen Sie sich die Frage stellen: »Was sagt mir bei ehrlichem Hinschauen mein Spiegelbild? Wie steht es mit meiner körperlichen Belastbarkeit? Wie steht es um meinen Gesundheitszustand?«

Ihr Kampf um dauerhaften Erfolg wird Ihnen des öfteren oder sogar über einen langen Zeitraum hinweg einen unbegrenzten Arbeitstag abfordern. Dafür brauchen Sie eine ziemlich robuste Gesundheit. Und damit sind wir schon wieder bei dem Thema Disziplin und Selbstbeherrschung. Wer ständig zuwenig schläft und sich zuwenig bewegt, hat schlicht und einfach nicht die nötige Spannkraft, um Tag für Tag sein ehrgeiziges Ziel anzustreben. Sie haben es sicher schon an sich selbst erfahren: Kaffee, Alkohol, Nikotin und/oder Tabletten sind dafür kein Ausgleich. Sie kosten Kraft! Sie zehren an unserer Gesundheit!

Lebe gesund – und werde reich!

Stellen Sie sich deshalb ehrlich den Fragen: »Wann habe ich mich das letzte Mal gewogen? Wann habe ich das letzte Mal eine Generaluntersuchung machen lassen? Wann habe ich das letzte Mal eine Wanderung gemacht oder mich sportlich betätigt?« Und geben Sie sich ehrliche Antworten!

Ich persönlich halte mich fit durch Laufen, Wandern, Tennis und Schwimmen. Außerdem besuche ich regelmäßig die Sauna. Dem Thema Gesundheit an Körper, Geist und Seele werden Sie in **Lebe ehrlich – werde reich!** immer wieder begegnen! Weil nämlich jedes erreichte Ziel, jeder errungene Erfolg, jeder erworbene Reichtum nur Sinn macht, wenn Sie damit nicht Ihre Gesundheit, Ihre innere Harmonie und Ihren Seelenfrieden ruinieren!

Auch ohne Tabellen und Rechenschieber hat jeder von uns eine Vorstellung von seiner Idealfigur und von seinem gesundheitlichen Idealzustand. Erkennen Sie, wie weit Sie davon entfernt sind? Oder gehören Sie schon zu den Glücklichen, deren Körper in Idealform ist? Wenn ja, herzlichen Glückwunsch! Wenn nicht, sollten Sie nicht zögern, sofort etwas für Ihre Gesundheit zu tun! Man braucht keine teure Ausrüstung, um sich in Form zu bringen. Ein Paar Turnschuhe oder eine Badehose genügen!

Was machen Sie mit den gordischen Knoten in Ihrem Leben?

Sie kennen diese uralte Geschichte vom Gordischen Knoten? Dieser Knoten war kunstvoll um das Joch eines Ochsenwagens geschlungen. Dazu gab es die Weissagung, daß derjenige, der diesen Knoten lösen kann, einmal der Herrscher über ganz Asien werden wird.

Die meisten von uns hätten diesen Knoten wahrscheinlich lange betrachtet, um wenigstens ein Ende zu finden, lange daran herumgezupft und dann gesagt: »Das muß ich mir irgendwann mal genauer anschauen!« Als Alexander der Große im Jahr 334 v. Chr. in Gordion vor diesem Knoten stand und die Weissagung hörte, zog er kurz entschlossen sein Schwert und hieb den Knoten durch! Zur totalen Verblüffung aller Umstehenden! An eine so einfache Lösung hatte niemand gedacht!

Jeder von uns kennt Probleme, die so kompliziert und in sich so verschlungen sind, daß kein Ende abzusehen ist. Wir wissen genau, wir können noch so viele Arbeitsgruppen und Diskussionsrunden einberufen, drei Dutzend Grundsatzpapiere anfordern – Für und Wider werden sich immer die Waage halten. Viele Menschen stehen auch im Privaten vor solchen gordischen Knoten. Jede Entscheidung kann ebenso richtig wie falsch sein. Wir wissen nur eines ganz genau: Die falscheste Entscheidung wäre, sich nicht zu entscheiden. Führungspersönlichkeiten neigen zu der Alexander-Lösung! – Warum das so ist? – Weil in sich unendlich verschlungene Probleme niemals zu Ende diskutiert werden können!

Wie steht es mit Ihrer Entschlußkraft?

Schieben Sie Entscheidungen vor sich her, oder setzen Sie sich auch für kleine Entscheidungen einen festen Termin? Das Leben fordert von uns ständig Entscheidungen, von kleinen Entscheidungen bis hin zu denen, die über unser Leben bestimmen. Dazu braucht man Mut, Kraft, Verstand, Lebensklugheit und den ehrlichen Willen, die Dinge nicht nur hinter sich zu bringen, sondern wirklich zu erledigen! Entschlossenheit in schwierigen Situationen ist nämlich der halbe Weg zu ihrer Lösung! Entschlossenheit gibt die Kraft, gerade dort fest zu bleiben, wo die geringste Nachgiebigkeit den ersten Schritt zum Ruin bedeutet. Unentschlossenheit hat die negativsten Auswirkungen auf den Lebenslauf eines Menschen. Man kann nicht zu jedem Problem sofort eine Entscheidung treffen, aber selbst bei den schwierigsten emotionalen Problemen in einer Partnerschaft muß man dennoch einen Entschluß fassen. Unentschlossenheit ist die größte Folter für Körper, Geist und Seele. Sie raubt uns den Mut und letzten Endes sogar die Orientierung. Entschlußlosigkeit ist bei den meisten Menschen der Hauptgrund für ihre Erfolglosigkeit und Angst im Alltag!

Die meisten Menschen bringen es nur deshalb zu nichts, weil sie immer auf den richtigen Augenblick warten. Ihre Lieblingssätze sind: »Ja, das müßte mal in Angriff genommen werden!« »Das wollte ich eigentlich schon immer machen!« »Ich habe hin und her überlegt, aber ich glaube, so wie die Sache zur Zeit aussieht, wird daraus nichts!« Diese Einstellung ist ein großer Erfolgsverhinderer. Hinter diesem Warten auf den geeigneten Augenblick verstecken viele Menschen ihre Entschlußlosigkeit und alle ihre schwachen Ausreden.

Wie steht es mit Ihrer Entschlußkraft? Haben Sie schon den Entschluß gefaßt, Ihrem Leben eine neue Richtung zu geben und auf ein neues Ziel, auf eine glückverheißende Zukunft zuzugehen? Wenn nicht, lesen Sie am besten noch einmal das Kapitel »Nahziele, Fernziele, Visionen«. Ich glaube nämlich, daß Sie die kommenden Seiten mit ganz anderen Augen lesen werden, wenn Sie bereits den festen Entschluß gefaßt haben, Ihren Aufstieg zu beginnen! Aus meiner Erfahrung mit Lebensläufen, nicht nur mit dem eigenen, weiß ich, daß sie meistens dem Gordischen Knoten gleichen. Ein Ende der Verwicklungen ist nicht abzusehen. Wenn Sie diesen unerforschten Kontinent, der in Ihnen verborgen ist, wirklich beherrschen wollen, gibt es nur eins – zücken Sie Ihren Bleistift und schreiben Sie: »Jetzt!«

Wie steht es mit Ihrer Ausdauer?

»Belegt! Bitte warten!« verlangt von uns manchmal ganz schön viel Geduld, wenn wir etwas erledigen möchten. Auf dem Weg zu Ihrem Ziel werden Sie sich häufig in dieser Situation wiederfinden. Es sind viele Fähigkeiten und Tugenden nötig, um ans Ziel zu gelangen. Aber nur wenn man sie mit Fleiß, Disziplin und Ausdauer anwendet, kann ein Erfolg daraus entstehen. Viele Menschen geben nicht nur bei Niederlagen auf. Genauso erfolgsverhindernd ist es, wenn man sich nach kleineren Erfolgen mit einem halbzufriedenen »Was soll die Schufterei?« zurücklehnt oder wenn man sich auf halbem Weg zum Gipfel hinsetzt und sagt: »Von hier ist die Aussicht doch auch schon ganz schön!« Es bleibt die Unzufriedenheit, daß man nicht auf dem angestrebten Gipfel gestanden hat. Das früher einmal angestrebte Ziel entschwindet dann auf Nimmerwiedersehen!

Ungewöhnliche Fähigkeiten

Es gibt eine Reihe von Menschen, die mit einer Kurzgeschichte oder auch mit einem Roman, mit einer Komposition oder einer Erfindung gezeigt haben, daß ungewöhnliche Fähigkeiten in ihnen stecken. Ein gigantisches Lebenswerk wie das von Bach, Haydn, Mozart, Beethoven, von Goethe, Schiller, Brecht oder auch Werner von Siemens kann aber nur durch eine an Besessenheit grenzende Ausdauer erreicht werden. Man muß das chinesische Sprichwort »Auch eine Reise von tausend Meilen beginnt mit dem ersten Schritt!« einmal vom Ende dieser Reise her sehen. Wer diesen ersten Schritt nicht Stunde um Stunde, Tag für Tag, Jahr für Jahr mit Ausdauer wiederholt, wird nicht ans Ziel kommen.

Der Erfolg, den ich mit meinem Unternehmen erreicht habe, ist nicht zuletzt in Abertausenden von Verkaufsgesprächen, in zähen Verhandlungen mit Vertragshändlern, durch ständige Motivierung der Mitarbeiter – eben durch Ausdauer entstanden. Es kann ein Mensch noch so genial sein – wenn er nicht die Ausdauer aufbringt, seine Fähigkeiten Tag für Tag aufs neue anzuwenden, wird er es nie zu einer nennenswerten Leistung bringen.
Dazu gehört, daß man sich ständig weiterentwickelt, erreichte Zwischenziele in Frage stellt und nie in seinem Bemühen aufhört, besser zu werden! Und vor allem, daß man sich in Zeiten, die ohne konkretes Ergebnis vergehen und in denen die Wünsche schwächer werden, immer wieder neu motiviert und beharrlich sein Ziel weiterverfolgt! Wenn Sie gerade eine Zeit zermürbenden Wartens durchmachen, lesen Sie die Biographie des Christoph Kolumbus, der 20 Jahre des Wartens, der Absagen, des beißenden Spotts durchstehen mußte, bis er endlich aufbrechen durfte!

Verscheuchen Sie schwache Träume!

Träumen Sie häufig vom mühelos erlangten Reichtum? Von einer Erbschaft, von einem Lottogewinn oder von einer Goldader, die Sie in Ihrem Garten entdecken? Diese Art von Träumen sollten Sie so schnell wie möglich aus Ihren Gedanken verbannen. Sie spiegeln Ihnen die falschen Erfolge, die falschen Reichtümer und vor allem die falschen Wege zum Erfolg vor. Diese Träume hindern Sie daran, all Ihre Kraft für die Verwirklichung Ihres eigentlichen Ziels einzusetzen. Sie dürfen deshalb nie den Unterschied zwischen Illusionen und realisierbaren Träumen vom Erfolg durch beharrliche Arbeit verkennen! Illusionen besitzen keinen Anspruch auf Wirklichkeit. Illusionen ersetzen realistische Möglichkeiten durch Selbsttäuschung. Nur wenn man in der Wahrheit lebt, kann man sich den nötigen Freiraum für positive Gedanken, positive Reaktionen und positive Taten schaffen. Zum Erfolg kann man nicht mit dem Lift fahren – man muß immer die Treppe nehmen, Stufe um Stufe. Aus einer Idee allein entsteht kein Weltkonzern! Dazu braucht es planvolle Arbeit von Tag zu Tag!

Erfolge entstehen nie ohne Wagnis

Mit Ideen ist es wie mit dem größten Rohdiamanten, der je gefunden wurde. Der Diamantschleifer mußte ihn mit seinem ganzen Mut und Können spalten und ihm in monatelanger mühevoller Arbeit den richtigen Schliff geben, Facette für Facette! Jeder noch so kleine Handgriff mußte hundertprozentig sitzen, wenn nicht die ganze Arbeit und der ganze Diamant verdorben werden sollten. Erst durch den Einsatz des ganzen Wissens und Könnens eines großen Meisters seines Fachs wurde der Rohdiamant zu einem strahlenden Juwel von 106 Karat! Denken Sie daran, wenn Sie einmal die Gelegenheit haben sollten, Kohinoor, den »Stern von Afrika«, im Tower von London zu besichtigen!
Erfolge entstehen nie ohne Wagnis, ohne Mut, ohne Ausdauer und zähes Ringen! Wenn ich mir die Situation vor Augen halte, in der ich seinerzeit mein Unternehmen gegründet habe: die Scheidung, der Tod meiner Großmutter, ein Berg unabsehbarer Verpflichtungen, ein Turm voller Probleme, jede Menge Feinde, keine Arbeit – im Grunde alles, was man gegen sich haben kann! Aus dieser Notsituation heraus habe ich mit einer Idee ୧୨ gegründet. Die Probleme von damals habe ich gelöst und gleichzeitig meinen Charakter geformt. Probleme lösen stärkt den Charakter. Wie viele Probleme haben Sie heute schon gelöst?
Wer nicht bereit ist, sich mit aller Kraft und Ausdauer für seinen Erfolg einzusetzen, hat keine Aussicht, etwas aus sich zu machen. Ausdauer und die Tapferkeit, auch eigene Phasen der Schwäche durchzustehen, sind eine wesentliche Voraussetzung für den Erfolg. Sie brauchen die Sprintstärke eines Hundert-

meterläufers, aber noch wichtiger ist die geistige Einstellung, mit der man den Marathonlauf gewinnt!

Die Reifeprüfung fürs Leben ist nie zu Ende

Wie steht es mit Ihren Kenntnissen, mit Ihrem Wissen und Ihrer Bildung, die Sie für das Erreichen Ihres Ziels benötigen? Wissen schafft erst Vermögen, wenn es richtig angewandt wird! Eines meiner Lebensziele war immer, so lange zu leben, wie ich lerne, und so lange zu lernen, wie ich lebe. Wer nichts mehr dazulernt, fängt an stehenzubleiben. Dabei muß ich zugeben, daß ich bis zu meinem 30. Lebensjahr wenig gelesen habe. Seit meinem Aufwachen nach dem Tiefpunkt und dem Durchbruch ist allerdings kaum ein Tag vergangen, an dem ich nicht gelesen und gelernt habe. Und so halte ich es heute mehr denn je! Bücher und tägliches Lernen haben mich stark gemacht.
Zum Wissen gehört allerdings auch, daß man es anwendet. Es gibt viele hochgebildete Menschen, die am Rande des Existenzminimums dahinvegetieren. Und es gibt viele Menschen, die gelernt haben, ihr bescheidenes Wissen so gebündelt einzusetzen, daß dabei Erfolg und Gewinn herauskommen. Ich habe es geschafft, das, was ich mir autodidaktisch angeeignet habe, umzusetzen. Wer Wissen nicht umsetzt, ist wie ein Mensch, der Kapital im Sparstrumpf hortet. Dort bringt es nicht einmal Zinsen, geschweige denn Gewinne.
Beantworten Sie ganz ehrlich die Fragen: Wieviel Zeit verbringen Sie vor dem Fernseher, und wieviel Zeit investieren Sie täglich in die Erweiterung und Anwendung Ihres Wissens? Wann haben Sie das letzte Mal ein Buch gelesen oder bewußt ein Musikstück angehört? Wann waren Sie das letzte Mal im Theater? Wann haben Sie das letzte Mal einen Lehrgang besucht, eine Bildungsreise gemacht, an einer Fortbildung teilgenommen? Wann haben Sie das letzte Mal Ihr ganzes Wissen und Können eingesetzt, um einen Traum zu verwirklichen?

Sind Sie selbst Ihr größter Glücksverhinderer?

Haben Sie sich selbst so angenommen, wie Sie sind? Das ist keine Abkürzung zu den naheliegenden Entschuldigungen: »Ich bin halt so, da kann man nichts ändern!« Alles, was Sie an sich verändern und verbessern können, ist von dieser Frage ausgenommen. Aber es gibt in jedem Leben Dinge, die man nicht ändern kann, die man nur so akzeptieren kann, wie sie sind. Ich kann meine Herkunft nicht verändern. Deshalb ist es mir wichtig, daß ich den Bezug zu meinem Ursprung nicht verliere. Ich komme aus einfachen Verhältnissen. Ich habe diese Herkunft immer in mein Leben einbezogen und sie nie verleugnet. Ich habe mein Ziel nur erreicht, weil ich gelernt habe, mich so zu akzeptieren, wie ich bin.

Niemand ist verantwortlich für seine Herkunft! Aber jeder ist verantwortlich für sein Denken, Fühlen, Handeln! Und für seine Zukunft! Und dafür muß man sich beizeiten auf die Suche nach seinem eigenen Ich begeben! Wissen Sie schon, wer Sie sind?

Hoffen Sie auf Ihren eigenen Sieg!

Ich will Ihnen mit **Lebe ehrlich – werde reich!** Mut machen, sich auf Ihre ganz individuellen Fähigkeiten zu besinnen und mit festem Glauben und Fleiß Ihre Lebensleistung zu steigern. Nehmen Sie die ganz persönliche Herausforderung an, die Ihnen das Leben stellt!

Warum hoffen Sie immer nur, daß »Ihre« Fußballmannschaft gewinnt? Wann fangen Sie an, auf Ihre eigenen Erfolge zu hoffen? Beginnen Sie damit jetzt! Führen Sie ein Tagebuch über alles, was Ihnen Positives begegnet und was Ihnen an sich selbst positiv auffällt. Schreiben Sie auf die erste Seite einen Spruch aus dem Markusevangelium: *Alle Dinge sind möglich dem, der da glaubt!* Denn wie jeder Mensch sind auch Sie dafür geboren, Erfolg zu haben. Der einzige, der Sie auf Dauer davon abhalten kann, sind Sie selbst! Glauben Sie als erstes an sich selbst, und erinnern Sie sich an alles, worüber Sie in Ihrem Leben richtig glücklich waren.

Die Geldstücke, die ich als Kind in einer Zeit der bittersten Not auf der Straße fand und die uns ein Festmahl bescherten, leuchten aus meiner Kindheit herüber wie ein funkelnder Kristall! Diese funkelnden Münzen haben mir gezeigt, daß auch in den deprimierendsten Lebensphasen berechtigte Hoffnung auf Glück besteht! Und ich bin zutiefst davon überzeugt, es gibt in jedem Leben diese beglückenden Augenblicke! Im Buch jedes Lebens steht neben diesen kleinen Hoffnungsschimmern der Entwurf für den großen Erfolg! Wenn Sie diese große Wahrheit noch nicht selbst erfahren haben, dann glauben Sie bitte meiner Lebensgeschichte!

Leitsätze, Gedanken und Anregungen

1. Positives Denken wird auch Sie zum Erfolg führen, wenn Sie nach intensiver Anwendung des *Finde zu dir selbst selbst!* den Weg zu der Wirklichkeit erkannt haben, die Sie mit ihrer ganzen Person, mit allen Ihren Fähigkeiten ausfüllt. Dann bekommen Sie diese innere Führung, diese traumwandlerische Sicherheit, die Sie über alle Schwierigkeiten hinweg ans Ziel tragen wird. Sie spüren dann den Energiestrom in sich, der in wunderbarer Weise alle Kräfte mobilisiert und Sie Ihrem Ziel näher bringt. Das ist das Wunder des positiven Denkens, auf das Sie hoffen können!

2. Nutzen Sie Rückschläge und Niederlagen zu den erfolgsentscheidenden Fragen: Habe ich das richtige Ziel? Was muß ich an meinen Plänen oder an meinem Verhalten noch verbessern? Was muß ich noch lernen, um das nächste Mal besser gerüstet zu sein? Wie kann ich andere Menschen dazu motivieren, meine Pläne und Ziele zu unterstützen? Suchen Sie den richtigen Weg zu einem richtigen Ziel!

3. Bleiben Sie nie bei den Negativbilanzen Ihres Lebens stehen. Finden Sie zurück zum Stolz auf Ihre Talente und Fähigkeiten. Entdecken Sie sich und alles, was Sie werden können! Finden Sie zum Glauben an sich selbst!

4. Bedenken Sie: Schwierigkeiten, Engpässe und Finanzprobleme sind immer das Resultat einer mangelhaften Einstellung zum Geld. *Finde zu dir selbst!* bedeutet, daß Sie sich darüber klarwerden müssen, welche Einstellung Sie zum Geld haben. Wenn Geld etwas sein soll, das Ihnen Freude bereitet, müssen Sie dazu eine gute Beziehung aufbauen!

5. Bekämpfen Sie Ihre Probleme entschlossen! Nur so wird es Ihnen gelingen, den Weg zu verlassen, der immer weiter nach unten führt. Das Wichtigste, was Sie dafür als Voraussetzung entwickeln können, ist ein tiefes Verlangen, Ihre Sorgen und Nöte wirklich loszuwerden.

6. Entwickeln Sie ein Bewußtsein dafür, daß Geld nichts anderes ist als die Umwandlung Ihrer Leistung in Energie. Sie werden Ihre finanziellen Probleme sehr schnell lösen können, wenn Sie dieses Bewußtsein in Ihr Denken integrieren.

7. Prägen Sie sich den Satz von Albert Einstein ein: »Man kann Probleme niemals mit derselben Denkweise lösen, durch die sie entstanden sind!« Verändern Sie Ihr Denken und Ihre Einstellung, damit Sie Ihre Probleme dauerhaft lösen können.

8. Erwarten Sie von **Lebe ehrlich – werde reich!** keine Patentrezepte. Ihr Ziel und Ihren Weg können nur Sie allein finden. Alles, wozu ich Sie anregen kann, ist, daß Sie sich auf die Suche nach Ihrer eigenen Persönlichkeit begeben! Das bedeutet lebenslanges Sich-in-Frage-Stellen und lebenslanges Lernen.

9. Überlegen Sie ganz ehrlich, was Sie in Ihrem Leben als unabänderlich akzeptieren müssen. Diese Liste ist meist sehr kurz. Mangelhafte Schulbildung, bisherige Erfolglosigkeit und Armut gehören nicht dazu! Konzentrieren Sie sich auf alles, was Sie an sich verändern können. Die Grundtugenden Mut, Tapferkeit, Entschlossenheit, Disziplin, Wahrhaftigkeit, Ehrlichkeit und der große Bereich der Kenntnisse gehören dazu! Das sind Ihre Betätigungsfelder der Zukunft.

10. Notieren Sie täglich Ihre Fortschritte, und freuen Sie sich darüber!

TEIL 6

Wie man sich seiner Entscheidungen bewußt wird

Klare Entscheidungen – die Bausteine des Erfolgs

Sie haben eine wichtige Entscheidung getroffen – Sie haben sich zum Ziel gesetzt: »Ich werde meinem Leben eine neue Richtung geben – ich werde erfolgreich!« Zwischen Ihnen und Ihrem Ziel, das Sie klar definiert haben, liegt aber noch eine Wegstrecke von möglicherweise mehreren Jahren mit ungeahnten Hindernissen. Das bedeutet, diese eine Entscheidung allein reicht nicht, um das Niemandsland zu überbrücken, das Sie noch zu durchschreiten haben. Zwischen Ihnen und Ihrem Erfolg liegen noch Hunderte, wenn nicht Tausende von kleinen alltäglichen Entscheidungen, die sie Ihrem Ziel näher bringen müssen.

Oder lassen Sie mich ein anderes Bild gebrauchen, das den Punkt, an dem Sie gerade stehen, noch deutlicher macht. Sie haben gerade beschlossen: »Ich werde mein Traumhaus bauen!« Welches ist der nächste Schritt, wenn aus diesem Vorhaben Wirklichkeit werden soll? Sie müssen nun in allen Einzelheiten einen Bauplan entwerfen. Sie legen die groben Umrisse fest, die ungefähre Größe, Anzahl der Zimmer usw. Irgendwo in Ihrem Kopf gibt es auch schon vage Vorstellungen von einer möglichen Ausstattung, Bilder von einer Terrasse und einem herrlichen Garten. Und was keineswegs unwichtig ist: Sie müssen festlegen, bis wann dieses Haus fertig sein soll. Menschen, die nur vage sagen: »Ich möchte irgendwann einmal ein Traumhaus!«, sind Phantasten, die nur Traumgebilde schaffen, aber niemals die Realität. Eine Bauzeit von 800 Jahren wie beim Kölner Dom können wir Menschen uns leider nicht leisten. Wir müssen unsere Träume innerhalb unserer knapp bemessenen Lebenszeit verwirklichen. Und wenn Sie endlich aus dem Keller herauskommen wollen, in dem Sie sich derzeit vielleicht noch befinden, müssen Sie auch entscheiden, wann Baubeginn ist. Und da gibt es in meinen Augen nur einen richtigen Zeitpunkt: Jetzt!

Erfolg braucht Gegensätze
Jetzt sofort ist der erste Spatenstich für Ihre erfolgreiche Zukunft! Oder besser gesagt: die Grundsteinlegung. Jetzt wird es Zeit, sichere Fundamente zu legen, wenn Ihr Traum nicht beim ersten Windstoß wie ein Kartenhaus zusammenfallen soll. Die Statik Ihres Erfolgs beruht auf Ehrlichkeit und Mut. Genausowenig wie Sie einen Stützbalken auf eine windschiefe Mauer hinschwindeln können, können Sie Ihren Erfolg auf Illusionen und Halbwahrheiten aufbauen. Jeder Stein, den Sie Ihrem Bau hinzufügen, muß auf einer ehrlichen Statik beruhen. Das Ergebnis dieser soliden Statik ist ein ganzes Haus voll Erfolg!
Wie bei einem realen Bau brauchen Sie auch für Ihr Erfolgsgebäude eine Vielzahl von Materialien und Fertigkeiten, zum Teil ganz gegensätzlicher Art: Mut, Mut zur Eigenständigkeit, auch Mut zum Risiko, Leistungsbereitschaft, schöpferische Phantasie, aber auch einen gut durchdachten Plan, Ausdauer und Spontaneität, Begeisterung und Disziplin, Neugierde und Experimentierfreude, aber auch Festhalten an bewährten Erfahrungen, die Fähigkeit, andere zu begeistern und zu motivieren, Kontaktfreudigkeit und Teamgeist, aber auch eine gute Portion Egoismus, theoretisches Wissen und praktische Kenntnisse, aber auch Intuition. Dazu müssen Sie, und das ist psychologisch äußerst wichtig, einen genauen Zeitplan für den organisatorischen Aufbau Ihres Erfolgs im Kopf haben. Aber Sie dürfen nicht rechnen, wieviel Zeit Sie die einzelnen Arbeitsschritte kosten. Dennoch sollten Sie in Ihrem Zeitplan bleiben. Wer näm-

lich ständig diese »deadline« für seinen Erfolg überschreitet, wird ihn niemals erreichen. Wenn Schwierigkeiten auftauchen, brauchen Sie einen unerschütterlichen Glauben, daß Ihre Vision zu einem konkreten Wunsch, Ihr Wunsch zu einem Plan und Ihr Plan zur Wirklichkeit wird.

Kaffeefahrten und Kindheitsträume

Ich habe dieses Bild vom Traumbau nicht ohne Grund gewählt! Ein Teil meines Erfolgs ist mein Haus in einer der schönsten Gegenden Deutschlands, an einem der herrlichen Alpenseen in Oberbayern. Wenn ich am Wochenende in dieses Haus fahre, weiß ich ganz genau, warum es gerade dort steht. Als ich nämlich mit meinen Eltern in der bittersten Armut lebte, bestand unser höchster Luxus darin, mit dem Omnibus gemeinsam eine Kaffeefahrt an diesen See zu machen. Wir genossen die Aussicht, die herrliche Luft. Wir genossen auch die Atmosphäre einer gediegenen Wohlhabenheit, die die Orte rund um den See ausstrahlen, auch wenn unser Geld für den Tanztee oftmals nicht mehr reichte, weil der zwei Mark Eintritt gekostet hätte. Dennoch weiß ich, daß ich damals die Idee und den Wunsch entwickelte, hier einmal ein Haus zu bauen. Nicht zuletzt deshalb, weil dieses Haus heute sichtbar, bewohnbar und begehbar vor mir steht, bin ich davon überzeugt, daß die Karrieren, die aus der Armut heraus entstehen, die wirklich fundierten sind.

Warum erzähle ich Ihnen diese Geschichte so ausführlich? – Um Sie über Ihren Traum auf den Boden der alltäglichen Realität zu führen. Ich habe mich für meinen Traum in den mehr als sieben mageren Jahren meines Lebens täglich neu entschieden. Ich habe jede auch noch so kleine Entscheidung im Hinblick auf die sichtbare und greifbare Verwirklichung meines Traums vom Erfolg getroffen. Diese Grundhaltung müssen Sie sich im Lauf der Zeit erarbeiten, denn die Verwandlung Ihres Traums in Realität wird Ihnen nur gelingen, wenn Sie von Ihrer Vision wirklich bis in die letzte Faser Ihres Herzens und in die letzte Gehirnwindung durchdrungen sind.

Starke Wünsche – starke Entscheidungen

Warum ist dieses totale Durchdrungensein vom Glauben an den Erfolg so notwendig? Gehen Sie doch noch einmal zurück zu Ihrer Analyse der Gründe, was bisher Ihren Erfolg verhindert haben könnte. Sie hatten zwar die vage Vorstellung, daß dieses bisherige Leben noch lange nicht alles gewesen sein kann, was Sie in Ihrem Leben erreichen können. Sie haben – wahrscheinlich wie jeder – mal diesen und mal jenen Plan verfolgt. Aber Sie waren sich nie der Tatsache bewußt, daß die Umwandlung Ihres Traums in greifbare Münze, in erlebbare Wirklichkeit von jeder auch noch so kleinen Entscheidung im Hinblick auf dieses Ziel abhängt. Und niemals von vagen Vorstellungen und halbherzigen Entscheidungen!

Haben Sie nicht seit Wochen einen Brief in Ihrer Schreibtischschublade liegen, den Sie dringend beantworten müssen? Wollten Sie nicht schon lange einen Freund zurückrufen, der Sie um einen Gefallen gebeten hat? Warum haben Sie es immer wieder hinausgeschoben, die Fotos vom Betriebsfest abziehen zu lassen, die Sie einem Kollegen versprochen haben? – Lauter unbedeutende »Entscheidungen«, die Sie aber in dem Moment blockieren, wenn Sie von diesen Menschen einen Rat, eine Auskunft, eine kleine Gefälligkeit bräuchten, um mit Ihrem eigentlichen Ziel vorwärtszukommen. Lösen Sie auch kleine Versprechen ein! Sie sind die Bausteine, die eines Tages als große Hilfe beim Bau Ihres eigenen »Traumhauses« zurückkommen.

Unterschätzen Sie nie die Kleinigkeiten!

Aus diesem Grund möchte ich Ihnen als erstes Augen, Ohren und alle anderen Sinne dafür öffnen, wie sehr der Gang unseres

Lebens von Entscheidungen abhängt, die wir von Augenblick zu Augenblick treffen – und zwar viel einschneidender, als wir uns das normalerweise eingestehen. Sehen Sie jede auch noch so kleine Entscheidung im Zusammenhang mit Ihrem großen Ziel! Ich habe die Chaostheorie schon zitiert, nach der der Flügelschlag eines Schmetterlings Einfluß hat auf den Zustand des gesamten Planeten. Um so mehr hat jede einzelne Entscheidung Einfluß auf die Verwirklichung Ihres Traums.

Das fängt am Morgen mit der Entscheidung an, ob Sie beim ersten Ton des Weckers aus dem Bett springen oder diesen Entschluß mit der Ausrede vor sich herschieben, daß Sie noch diese eine Nachricht oder dieses eine Musikstück im Weckradio zu Ende hören wollen. Als Mann werden Sie sich wahrscheinlich jeden Tag rasieren, aber im Urlaub entscheiden Sie, einmal für längere Zeit den Bart wachsen zu lassen. Derlei Dinge mögen Ihnen im Zusammenhang mit Ihrem Erfolg relativ unwichtig erscheinen. Im Hinblick auf ein Gespräch mit einem Kunden bekommt aber die Entscheidung, ob Sie mit Dreitagebart und ungeputzten Schuhen oder in ansprechenderer Aufmachung erscheinen, einen ganz anderen Stellenwert. Der äußere Zustand gibt auch Auskunft über Ihre innere Verfassung! Und Sie wissen ja, man bekommt niemals eine zweite Gelegenheit, einen guten ersten Eindruck zu hinterlassen!

Ein unerschöpfliches Reservoir an Ausreden

Auch der Entschluß, nach Ankunft im Büro sofort mit der Arbeit zu beginnen, läßt sich im Kollegenkreis bei einer Tasse Kaffee und der dazugehörenden Zigarette aufs angenehmste hinauszuzögern. Zugegeben, das hat nebenbei alles seine soziale Funktion, aber wer sich immer wieder dabei ertappt, daß er damit notwendige Entscheidungen vor sich herschiebt oder daß er erst einmal eine Telefonorgie beginnt, die ihn mindestens bis zur Mittagspause, wenn nicht gar bis zum Abend davon abhält, diese Entscheidungen nun endlich zu treffen, der sollte mit einem Trainingsprogramm für seine Entschlußkraft beginnen – und zwar sofort! Denn reich und erfolgreich können Sie nur werden, wenn Sie sich von dem weitverbreiteten Mangel an Entschlußkraft befreien.

Menschen, die unter diesem Mangel leiden, haben eines gemeinsam: Sie haben ein schier unerschöpfliches Reservoir an überzeugenden Ausreden und Entschuldigungen. Die Meister im Erfinden von Entschuldigungen können oft gleich mehrere gute Gründe anführen, warum sie eine Angelegenheit unmöglich jetzt anpacken wollen. Ihr Gehirn arbeitet wie ein kleiner Winkeladvokat, der ständig neue Spitzfindigkeiten ins Feld führt, um ja den Prozeß nicht abschließen zu müssen. Für jede Unentschlossenheit wie für jede Niederlage gibt es in der Regel aber nur zwei Gründe: *einen wahren Grund und einen, der gut klingt!* Bedenken Sie aber bitte für Ihre Position: Mit Ausreden reden Sie sich auf die Dauer ins Aus!

Reicht ein Paar Schuhe für ein ganzes Leben?

Ich hatte mal einen Chef, der mir immer vorjammerte: »Ach, wenn mir meine Mutter damals richtige Schuhe hätte kaufen können, hätte ich auf das Gymnasium gehen können!« Noch mit 40 Jahren benutzte er seine Mutter als Ausrede dafür, daß er Tag für Tag, Jahr für Jahr, voraussichtlich bis zur Frühpensionierung wie ein willenloses Schaf an einen Arbeitsplatz trottete, der ihn zutiefst frustrierte. Ein fehlendes Paar Schuhe reichte ihm als Entschuldigung für die Unzufriedenheit mit einem Leben, in dem er der, der er sein wollte, nicht war und seinen Frust an seinen Mitarbeitern im Wechselspiel von Zuckerbrot und Peitsche abreagierte. Stellen Sie einen Mann wie Wolfgang Schäuble daneben! Er hat es geschafft, nach dem Attentat mit Hilfe eiserner Disziplin mit einem Leben im Rollstuhl fertig zu werden. Er muß diese Leistung seinem querschnittgelähmten Körper jeden Tag aufs neue abringen. Sein

Leiden ist weit über die Grenzen unseres Landes hinaus bekanntgeworden. Und seine Haltung hat Wolfgang Schäuble große Achtung eingetragen!

Jochen und Gislinde

Viele Behinderte kämpfen Tag für Tag mit demselben Mut gegen ihre Behinderung. Ich denke an die vielen jungen Sportler, die bei den Paralympics antreten und damit zeigen, daß sie ihr Schicksal nicht als Entschuldigung, sondern als Herausforderung nehmen. Vor einigen Jahren lernte ich im Urlaub auf Kreta ein Lehrerehepaar aus Hannover kennen – Jochen und Gislinde. Sie waren beide schwerbehindert. Gislinde fehlte der linke Unterarm, an der rechten Hand hatte sie nur zwei Finger. Sie hatte als zweijähriges Kind beim Spielen eine Granate aus dem 2. Weltkrieg gefunden und war bei der Explosion schwer verletzt worden.

Jochen war querschnittgelähmt. Er war als junger, sportlicher Mann mit seinem VW schwer verunglückt und als Schwerbehinderter aufgewacht. Ich denke, diese beiden Menschen hätten genügend Grund gehabt, über ihr Schicksal zu jammern. Aber sie entschieden sich für das Leben. Sie übten ihren Beruf als Lehrer aus und reisten in den Ferien rund um den Erdball. Ja, sie strahlten Lebensfreude aus und gaben niemandem die Gelegenheit, sie zu bemitleiden. Sie gingen gemeinsam im Meer schwimmen, auch wenn sie darauf warten mußten, daß Jochen von einem der Hotelgäste mit seinem Rollstuhl bis ans Wasser geschoben wurde. Sie waren Meister in der Kunst, das Unabänderliche zu akzeptieren und sich täglich neu für das Leben zu entscheiden. Ihre Motivation fasziniert mich noch heute.

Haben Sie noch ehrlich Grund, in Ihrem Leben sogenannte unabwendbare Schicksalsschläge zu beklagen? Begreifen Sie, daß Sie selbst es sind, der darüber entscheiden kann, ob er sein Leben einfach so dahintreiben läßt oder ob er das Beste aus den ihm geschenkten Möglichkeiten herausholt? Machen Sie es wie

Jochen und Gislinde. Kämpfen Sie vorbildlich gegen unabwendbare Schicksalsschläge!

Ich kann nichts dafür!

»Wenn ich nicht immer Pech hätte ...« »Wenn ich einen anderen Chef hätte ...« »Wenn ich einen anderen Partner hätte ...« »Wenn ich mich nur nicht auf diesen Handel eingelassen hätte ...« Wenn, wenn, wenn! Im Grunde laufen alle diese Ausreden auf den einen Satz hinaus: »Ich kann nichts dafür!« Wie oft hören Sie diesen Satz selbst bei den kleinsten Kleinigkeiten, die schiefgehen können! Das Gegenstück zu diesem Satz können Sie beinahe nach jedem kleinen Blechschaden hören. Häufig gehen die beiden Kontrahenten mit dem Satz aufeinander los: »Sie sind schuld!« Warum fällt es so schwer, sich die Angelegenheit in Ruhe anzusehen und dann zu entscheiden, wer nun wirklich die Verantwortung für einen harmlos verlaufenen Unfall zu tragen hat?

Wie im Kindergarten

Diese Haltung kann man schon im Kindergarten beobachten! Die meisten kindlichen Auseinandersetzungen drehen sich um diese beiden Sätze: *Ich kann nichts dafür!* und *Du bist schuld!* Manchmal habe ich leider den Eindruck, daß sich dieser Kindergarten ein Leben lang fortsetzt! – Wie kann man dem begegnen? – Ich meine, nur indem man ehrlich mit sich selbst umgeht, falsches Verhalten oder Fehler, die einem unterlaufen sind, sich und den anderen eingesteht und mutig die Verantwortung dafür übernimmt! Eignen Sie sich diesen Mut zur Verantwortung an, auf allen Gebieten! Das macht Sie zu einer echten Führungspersönlichkeit!

Die Flut von Aktennotizen, die in Firmen ab der Größe von 20 Mitarbeitern wie nach einem Naturgesetz zu zirkulieren anfängt, hat – natürlich verklausuliert mit vielen Worten – keinen anderen Inhalt als *Ich kann nichts dafür!* und *Schuld sind immer die anderen!* Aktennotizen sind in der Regel eine einzige Flucht aus der Verantwortung.

Wie oft fliehen Sie jeden Tag mit Ausreden vor einer möglichen Niederlage, indem Sie eine Entscheidung vor sich herschieben? Es sind diese vielen kleinen, mehr oder weniger unbewußten Gewohnheitsentscheidungen bzw. Nicht-Entscheidungen, die unser Leben nachhaltiger beeinflussen als eine echte Entscheidung. Da ist der Anruf bei einem Kunden, der sich über ein Detail beschwert hat und den Sie dringend zurückrufen sollten. Vielleicht befürchten Sie, daß er wegen eines kleinen Versehens Ihrerseits in Zukunft woanders beziehen könnte. Aber wenn Sie nicht umgehend mit ihm sprechen, wird er das ohnehin tun.

Seien Sie ganz ehrlich zu sich, ergründen Sie für sich selbst, was Sie seit Tagen von diesem Telefonat abhält. Haben Sie Angst vor einer Auseinandersetzung oder vor dem Eingestehen eines Fehlers? Irgendwo hat alles Vor-sich-Herschieben einen Grund! Denn wenn uns der Freund oder die Freundin anruft und fragt, ob wir zum Tennisspielen oder zum Abendessen kommen wollen, brauchen wir in der Regel auch nur Bruchteile von Sekunden, um uns zu entscheiden – meistens dafür! Denken Sie darüber nach, schon beim Fußball gibt es kein unbefriedigenderes Ergebnis als ein »Unentschieden«!

Stärken Sie Ihre Entscheidungsfreude!

Sicher, geschäftliche oder berufliche Entscheidungen hängen oft von den widersprüchlichsten Faktoren ab, die zu bedenken sind. Häufig aber dient das Zusammentragen von Entscheidungshilfen und Dutzenden von ach so notwendigen Rückfragen nur der Verschleierung dieser einen Tatsache, nämlich daß wir uns vor einer Entscheidung drücken wollen. Sie müssen sich endlich entscheiden, was Sie lieber sein wollen – Entscheidungsträger oder Bedenkenträger! Sollten Sie eher »Bedenkenträger« sein, machen Sie sich einen »gordischen Knoten« ins Taschen-

tuch und denken Sie an die »Alexander-Lösung«! Werden Sie in jedem Fall »Entscheidungsträger«!
Machen Sie es sich zur Gewohnheit, gerade die Dinge als erstes zu erledigen, die Ihnen unangenehm sind. Erfolgreich sein zu wollen und sich permanent vor Entscheidungen zu drücken sind zwei Dinge, die sich ausschließen. Sie können nicht gleichzeitig singen und gurgeln. Ich kenne keinen erfolgreichen Unternehmer, der nicht nach der Analyse der Fakten schnelle und klare Entscheidungen trifft – und dann auch entgegen der Meinung anderer daran festhält.
Erst wenn neue Fakten dafür sprechen, daß eine Entscheidung falsch war, ändert man seinen Entschluß. Der Mangel an Entschlußkraft, dem wir in Politik und Wirtschaft ständig begegnen, darf Ihnen nur als Ansporn für eigene Entscheidungsfreudigkeit dienen, denn wer sich nicht entscheidet, kann an seinem Betrieb bald das Schild anbringen: Für immer geschlossen! Ich habe in meinem Leben immer versucht, Probleme sofort anzupacken, sie niemals beiseite zu schieben. Im Geschäft wie im Privaten. Nicht immer waren meine Entscheidungen richtig, aber es war richtig, daß ich entschieden habe. Der größte Zeit- und Energiefresser ist die Nicht-Entscheidung!

Eheverträge

Unentschlossenheit im Privatleben ist die größte Folter für die Seele. Sie verbaut einem alle Wege aus der Krise. Ein falscher Entschluß kann einen Irrweg bedeuten oder sogar auf Umwegen zu einem richtigen Ergebnis führen, aber gar keinen Entschluß zu fassen führt in den Sumpf. Von dem großen französischen Philosophen Voltaire wissen wir aus seinen Tagebüchern und auch aus Briefen, daß er entsetzlich unter einer Dreierbeziehung litt, denn er liebte seine Frau wirklich. Dem entgegen stand aber, wie das im Frankreich des 17. und 18. Jahrhunderts üblich war, ein Ehevertrag, der seiner Frau einen Liebhaber ausdrücklich zubilligte.

Die Prüderie des 19. Jahrhunderts verlangte das krasse Gegenteil. Man wurde nach wirtschaftlichen Gesichtspunkten verheiratet. Dennoch galt die Ehe als unauflöslich. Liebschaften und wechselnde Partnerschaften waren ein Skandal, den sich nur berühmte Künstler wie etwa Franz Liszt oder sein späterer Schwiegersohn Richard Wagner leisten konnten. Warum sich heute, in einer, Gott sei Dank, liberalen Zeit, Menschen oft jahrzehntelang nicht dazu entschließen können, klare Trennungen durchzuführen, ist mir unverständlich. Oder gibt es doch einen plausiblen Grund dafür? Die zu aller Überraschung tatsächlich existierende Ehefrau des weltberühmten Filmschauspielers Marcello Mastroianni nannte ihn in einem Interview: »Marcello benützte seinen Trauschein, um nicht eine seiner zahlreichen Liebschaften heiraten zu müssen!«

Wenn Entscheidungen notwendig werden

Diese toten Beziehungen, die Henrik Ibsen so unerträglich eindrucksvoll auf die Bühne gestellt hat, sehe ich in meinem Freundes- und Bekanntenkreis noch häufiger als die halbherzigen Ausbruchsversuche. Nicht allen Ehepartnern gelingt es, auf eine so herzerfrischend hinterhältige Art und Weise eine (Ent-)Scheidung herbeizuführen, wie einer Dame, deren Geschichte mit vor einiger Zeit erzählt wurde. Sie hatte jahrelang und mit wachsender Bitterkeit und Vereinsamung die »Besprechungen ihres Gatten bis zum Morgengrauen«, die »Geschäftsreisen am Wochenende« und seine »dringend erforderlichen Anwesenheiten im Büro während des Urlaubs« hingenommen – bis es ihr eines Tages zuviel wurde.

Ihr Mann kündigte wieder eines seiner »anstrengenden Wochenend-Meetings mit anschließendem Workshop« an. Da sagte sie: »Ach, du Armer, da solltest du dich aber vorher noch stärken!« Und dann kochte sie ihm sein Lieblingsessen. Was allerdings nicht im Kochbuch stand, waren ein paar Löffelchen Rizinusöl. Am nächsten Tag kehrte ihr Mann völlig entnervt und vorzeitig von dieser »Besprechung« zurück – er hatte höllisch gelitten! Dann fand die längst fällige ehrliche Aussprache statt. Nun zeigte auch er Mut, und kurz darauf kam es zur Scheidung. Das war eine ehrliche Befreiung! Für beide!

Der Bettelstudent

Die Entscheidung muß aber nicht immer lauten: auseinandergehen! Sie könnte ja auch bedeuten, eine absterbende Partnerschaft wiederzubeleben! Da gibt es eine junge tüchtige und engagierte Ärztin, die, wie man annehmen muß, ohne große Begeisterung einen langjährigen Jugendfreund geheiratet hat. Dieser Freund studiert schätzungsweise im 29. Semester Psychologie und erklärt seit fünf Jahren mit beredten Worten und immer neuen »Sachzwängen«, warum er seine Dissertation noch immer nicht abschließen kann. Es ist fast mit Händen zu greifen, wie sich diese beiden jungen Menschen nicht nur immer mehr entfremden, sondern wie ihre Persönlichkeiten sich buchstäblich verformen. Dabei bettelt er förmlich um Verständnis für seine Entschlußlosigkeit!
Er entwickelt sich dabei in Richtung eines quengelnden und ständig um Aufmerksamkeit bettelnden Kindes. Sie hat in den wenigen Jahren ihrer Ehe allen Charme und allen Glanz verloren. Sie traut sich in Gegenwart ihres Mannes nicht einmal, von ihren beruflichen Erfolgen zu erzählen. Sie möchte wohl ihren Ehegatten, der seinerseits immer mehr in den Beruf des »Wirtschaftsprüfers« hineinwächst, nicht noch mehr kompromittieren. Eine ganz klare Zielsetzung wäre wahrscheinlich für beide eine Erlösung: »Entweder du stellst dich beruflich auf eigene Füße, oder wir trennen uns!« Persönliche Probleme nicht zu lösen ist wie Leben auf dem Pulverfaß. Man merkt erst, daß es hochgeht, wenn es zu spät ist. Probleme, die man in der Partnerschaft nicht löst, entwickeln eine ungeheure Sprengkraft!

Nicht entscheiden oder überleben?

Auch in finanziellen Dingen kommt die schlimmste Bedrohung aus der Entschlußlosigkeit. Einschreiben von Gläubigern oder Mahnbescheide einfach nicht zur Kenntnis nehmen zu wollen verschlimmert nur die Situation. Wer einem hungrigen Bären begegnet, mag eine Überlebenschance haben, wenn er sich totstellt. Gläubiger und Anwälte lassen sich aber durch Totstellen nicht aufhalten. Wer sich in schwierigen Situationen, nach finanziellen Rückschlägen oder auch dem Zusammenbruch seiner Firma nicht dafür entscheidet, vorübergehend mit weniger auszukommen, sondern versucht, mit Blick auf die Nachbarn, die Freunde, die Familie den gewohnten Lebensstandard beizubehalten – der entscheidet sich auf lange Sicht für den totalen Zusammenbruch.

Eine konsequente Veränderung unserer Gewohnheitsentscheidungen kann unser Leben nachhaltiger beeinflussen als eine der sogenannten großen Entscheidungen, denn leben heißt, sich täglich zu verändern, das Leben täglich neu zu erleben. Ich spüre deutlich: Jeder Tag meines Lebens verändert mich. Und ich verändere mich. Daß heißt nicht, daß etwas mit mir geschieht, sondern daß ich bewußt steuere!

Reflexe oder bewußte Entscheidungen – das ist die Frage!

Ich möchte Sie gerne zu einem kleinen Versuch anregen! Überlegen Sie einmal – wenigstens für eine Stunde –, warum Sie so oder so handeln! Warum lesen Sie diese Zeitung und nicht eine andere? Warum beginnen Sie Ihre Lektüre mit dem Sport und nicht mit den Wirtschaftsnachrichten? Warum stehen Sie um Punkt zwölf Uhr auf und gehen zum Mittagessen, obwohl es nur noch zehn Minuten dauern würde, die angefangene Arbeit ganz zu erledigen?

Ich wette, daß es Ihnen nicht gelingt, diesen Versuch auch nur eine Stunde konsequent durchzuhalten! Sie werden schnell erkennen, daß Sie sich für die meisten Handlungen gar nicht bewußt entscheiden, sondern daß Sie überwiegend reflexartig handeln! Dennoch wird man erkennen, daß das Leben als eine ununterbrochene Kette von großen und kleinen Entscheidungen verläuft. Leben heißt für mich ständige Bewegung. Und da das Leben zeitlich begrenzt ist, bedeutet Leben, sich ständig zu entscheiden.

Wenn man nicht mehr entscheidet, befindet sich das Leben im Stillstand. Es ist leicht zu sterben, aber schwer zu leben. Und nur der denkende Mensch erlebt sein Leben bewußt. Am Gedankenlosen, der alle Entscheidungen vermeidet, zieht das Leben vorüber. Irgend jemand trifft für ihn die Entscheidungen. Diese entscheidungslose Zeit ist aber für ihn unwiederbringlich verloren. Man kann also die Zeit mit Denken verbringen oder gedankenlos an sich vorüberziehen lassen. Ehe Sie sich für Ihre Stellung im Leben entscheiden oder auch nicht, sollen Sie sich ein Grundgesetz des Lebens klar vor Augen führen: Derjenige, der entscheidet, bestimmt den Gang der Handlung! Dieses einfache Gesetz können Sie von jedem noch so unbedeutenden Fernsehfilm ableiten! Deshalb gibt es für Sie im Grunde nur eine Entscheidung: zu entscheiden und damit die Handlung zu bestimmen!

Mut zur Freiheit

Für jeden Menschen gibt es noch eine weitere grundsätzliche Entscheidung: »Will ich frei und unabhängig leben, oder bleibe ich in einer abhängigen Stellung?« Ein Zwischending ist bei genauer Betrachtung nicht möglich. Es ist keine Schande, für jemand anderen zu arbeiten, aber man muß sich darüber im klaren sein, daß das Abhängigkeit bedeutet. Viele Schwierigkeiten im Zusammenleben mit Mitarbeitern erwachsen aus diesem Punkt! Viele Menschen wollen sich nicht eingestehen, daß sie gerne in beschützter Abhängigkeit leben, weil ihnen der Mut zur Freiheit fehlt! Aber dennoch wollen sie vor sich und vor allem vor anderen als unabhängige Menschen erscheinen. Aus dieser Unentschiedenheit erwachsen Anmaßung und Kompetenzüberschreitung auf der einen und Unkollegialität und Überheblichkeit auf der anderen Seite. Und in jedem Fall leidet darunter die Motivation! Wofür haben Sie sich entschieden? Ich hoffe, in jedem Fall für die Motivation!

Entscheidung für ein besseres Leben

Machen Sie sich klar, wie viele Menschenleben sich durch gewohnheitsmäßige Nicht-Entscheidungen in einem grauen, unerfüllten Gewohnheitstrott verlieren. Und treffen Sie die für Sie richtige Entscheidung. Sie können jeden Tag, jede Stunde, jeden Augenblick damit beginnen, weniger zu essen und zu trinken, das Rauchen aufzuhören oder den großen positiven Plan anzupacken, der Ihr Leben verändern wird – vorausgesetzt, Sie fangen an zu erkennen, daß Gewohnheiten vorweggenommene Entscheidungen sind. Der Griff zum nächsten Glas, zur nächsten Flasche, zur nächsten Zigarette, zur nächsten Tafel Schokolade mag in seiner Reflexartigkeit nicht mehr als eine Entscheidung erkannt werden, er hängt aber mit der grundsätzlichen Entscheidung zusammen, seine tiefsitzende Frustration zu betäuben und sie nicht zu überwinden.

Versuchen Sie einmal eine Woche lang, sich gegen alles zu entscheiden, was Sie normalerweise gewohnheitsmäßig tun. Trinken Sie Tee statt Kaffee, essen Sie zum Frühstück Wurst statt Marmelade oder umgekehrt. Nehmen Sie einen ganz anderen Weg ins Büro als den üblichen. Lesen Sie eine andere Tageszeitung, hören Sie einen anderen Sender als den gewohnten. Nützen Sie die übliche Fernsehzeit, um ein Buch zu lesen. Hören Sie einmal bewußt klassische Musik oder auch Rockmusik, eben ganz gegen Ihre Gewohnheit! Eines wird für Sie bei diesem sehr unterhaltsamen Selbstversuch herauskommen: die Erkenntnis, daß es ziemlich schwierig ist, ständig gegen seine Gewohnheiten zu leben! Aber probieren Sie es ruhig aus!

Veränderungen im Alltag

Im beruflichen Alltag gibt es sicher nicht weniger gewohnheitsmäßige Entscheidungen, die Sie täglich treffen! Denken Sie vor allem über die Arbeitsabläufe nach, die Sie völlig routinemäßig erledigen. Gerade damit verschwenden Sie unter Umständen sehr viel Zeit. Essen Sie jeden Tag mit denselben drei Abteilungsleitern zu Mittag? Höchste Zeit, sich einmal zu den Sekretärinnen oder zu den Lagerarbeitern zu setzen. Das mag Ihnen banal erscheinen, aber es schärft Ihr Bewußtsein dafür, daß routinemäßiges Leben routinemäßiges Denken voraussetzt – oder nach sich zieht.

Wenn Ihnen die bisherige Routine keinen Erfolg gebracht hat, wird es höchste Zeit, sie zu ändern. Andernfalls wird früher oder später die Entwicklung für Sie entscheiden! Für die meisten Menschen treten irgendwann in ihrem Leben von einem Tag auf den anderen Veränderungen ein, die ein völliges Umdenken erfordern – im beruflichen Bereich oder im Privatleben. Warum sollten Sie sich nicht einmal ohne Zwang für neue Geleise Ihres Lebens entscheiden?

Ich wurde in der schwärzesten Zeit meines Lebens gezwungen, den Entschluß zur Selbständigkeit zu fassen, der mich letzten Endes dorthin gebracht hat, wo ich heute stehe. Warum wollen Sie mit diesem Entschluß so lange warten, bis Ihnen das Leben die Quittung für Entschlußlosigkeit, Routine und für ein unentschlossenes Leben überreicht? Es ist immer die richtige Zeit für eine richtige Entscheidung – Tag für Tag, Stunde für Stunde, Jahr für Jahr, auch jetzt, in diesem Augenblick!

Leitsätze, Gedanken und Anregungen

1. Schreiben Sie einen genauen Terminplan für die Verwirklichung Ihres Traums, denn nur wer einen genauen Plan hat, kann notfalls davon abweichen, ohne die Richtung zu verlieren.

2. Arbeiten Sie an Ihrer Vielseitigkeit. Menschen, die Erfolg anstreben, müssen ein großes Spektrum an Möglichkeiten aufweisen. Sie brauchen Vorsicht und Mut zum Risiko, einen genauen Plan und schöpferische Phantasie, Teamgeist und eine gesunde Portion Egoismus, Sturheit und Flexibilität. Loten Sie Ihre Grenzen aus!

3. Prüfen Sie täglich, ob Sie noch von dem unerschütterlichen Glauben an die Verwirklichung Ihres Traums durchdrungen sind. Wenn nicht, müssen Sie ehrlich die Frage beantworten, ob sich Ihre Ziele geändert haben oder ob Sie Ihre Motivation erneuern müssen.

4. Ziehen Sie jeden Abend Bilanz, welchen unangenehmen Entscheidungen Sie an diesem Tag aus dem Weg gegangen sind. Entwickeln Sie die Gewohnheit, unangenehme Dinge zuerst zu erledigen.

5. Setzen Sie sich einen Termin für die Klärung eventueller Partnerschaftsprobleme, denn persönliche Probleme nicht zu entscheiden ist wie leben im Treibsand. Man merkt erst, daß man untergeht, wenn es zu spät ist.

6. Verändern Sie bewußt Ihre tägliche Routine. Entdecken Sie Ihren Alltag völlig neu. Lesen Sie eine andere Tageszeitung als die, die täglich in Ihrem Briefkasten liegt. Tun Sie einmal acht Tage lang jeden Tag etwas, das Sie schon lange nicht mehr oder noch nie getan haben. Gehen Sie ins Kino oder ins Fitneßstudio! Hören Sie die Heavy-Metal-CDs Ihrer Kinder, lesen Sie ein Gedicht, oder stecken Sie sich eine Rose ins Knopfloch! Egal was, aber durchbrechen Sie Ihre eingefleischten Gewohnheiten!

7. Kommen Sie den täglichen minimalen Veränderungen in Ihrem Leben auf die Spur, und beeinflussen Sie sie im Hinblick auf Ihren Erfolg! Leben Sie bewußt, und verändern Sie sich bewußt! Lassen Sie nichts mehr aus Routine mit sich geschehen.

8. Treffen Sie alle auch noch so kleinen Entscheidungen so schnell wie möglich und mit Entschiedenheit. Sehen Sie bei jeder Entscheidung Ihr großes Lebensziel im Hintergrund! Erst wenn dieser Zusammenhang in Ihr Unterbewußtsein eingedrungen ist, werden Sie automatisch die richtigen Entscheidungen treffen.

9. Prüfen Sie jede Entscheidung, die andere Menschen betrifft, an der Ehrlichkeit. Eine Entscheidung, die dieser Prüfung nicht standhält, müssen Sie ändern, weil Sie sich sonst auf Dauer selbst schaden.

10. Erfahren Sie täglich den unschätzbaren Wert, ein entscheidungsfreudiger Mensch zu sein oder auch schrittweise zu werden! Sie werden erstaunt sein, wenn Sie feststellen, wie Entscheidungsfreude Ihr Wohlbefinden in allen Lebensbereichen steigert. Können Sie sich jetzt schon vorstellen, daß Entscheidungsfreude auch die Kreativität steigert? Glauben Sie mir, Entscheidungsfreude ist sogar eine Voraussetzung für Kreativität!

TEIL 7

Großes Loblied auf eine verpönte Tugend!

Es geht nichts über Disziplin!

Erfolg haben und reich werden durch Phantasie, Kreativität, Ideenreichtum, Flexibilität, Kommunikation, positive Lebenseinstellung – dafür können sich viele Menschen begeistern. Was wäre schöner als ein »Creativ-Wochenende«, an dem man losgelöst vom Alltagsstreß seiner Phantasie die Sporen geben kann? »Brainstorming« war auch so ein Zauberwort aus den USA, das hierzulande mit Begeisterung aufgegriffen wurde, versprach es doch, ungeahnte Potentiale an Lösungsmöglichkeiten aus den Tiefen des Unterbewußtseins hervorzuholen. Und das in einer Atmosphäre, die viele Menschen ohnehin für die erstrebenswerteste Arbeitsweise halten – man konnte seinen Gedanken freien Lauf lassen und reden, reden und nochmals reden, ohne einen genauen Plan entwerfen zu müssen, wie aus den zwei oder drei brauchbaren Ideen, die bei so einem »Brainstorming« zutage gefördert wurden, neue Produkte oder Organisationsstrukturen entstehen. Aber nach dieser durchaus wichtigen Begeisterungs- und Kreativitätsphase kommt der Punkt, an dem viele Kreative scheitern, um ein Leben als verkanntes Genie zu fristen, während erfolgreiche Kreative absolut vorbildlich sind: bei der Umsetzung einer kreativen Idee mit einem Höchstmaß an Fleiß, Ausdauer, Verläßlichkeit, Genauigkeit.

Die Demut der Disziplin

Daß man diese Disziplin oft auf Umwegen lernen muß, ist in dem historischen Roman des Schriftstellers Yoshikawa über einen der größten japanischen Schwertkämpfer, über Mijamoto Musashi, beschrieben. Der junge Musashi fand den Weg zum größten Meister der Schwertkunst seiner Zeit und bat inständig darum, sein Schüler werden zu dürfen. Er wurde angenommen – unter der Bedingung, sich dem Meister für ein Jahr bedingungslos unterzuordnen und alle Aufträge ohne Widerrede auszuführen. Und der Meister trug ihm auf, Holz zu hacken und Wasser zu schleppen.

Als fast ein Jahr vergangen war und der junge Musashi noch nicht ein einziges Mal aufgefordert worden war, sein Schwert aus der Scheide zu nehmen und Fechtübungen zu machen, durchbrach er sein Versprechen und fragte den Meister, warum er denn immer nur Wasser schleppen dürfe, wo er doch darauf brenne, in die letzten Geheimnisse des »Schwertweges« eingewiesen zu werden. Die Antwort des Meisters war: »Damit du die Demut der Disziplin lernst!«

Soviel auch zum vielgerühmten »Brainstorming«! Man darf mit seinem Denken nicht einfach drauflosstürmen, man muß diesem Denken mit großer Disziplin die richtige Richtung geben. In den bisherigen Kapiteln wurde eine Vielzahl von Fähigkeiten angesprochen, die notwendig sind, wenn man sein Ziel erreichen möchte, aber alle diese Fähigkeiten verlangen danach, mit größtmöglicher Disziplin angewandt zu werden! Sonst sind sie nur in den Wind gesprochen.

Disziplin hat in Deutschland leider immer wieder eine fürchterliche Abwertung erfahren – die lebens- und menschenverachtende Disziplin der Kasernenhöfe, die die penible Einhaltung von Vorschriften über jeden Ansatz von Eigenverantwortung und Menschlichkeit stellte. Disziplin und Gehorsam als willkommene Ausrede für Eigenverantwortung und Zivilcourage – diese historische Erfahrung hat Disziplin hierzulande in Verruf gebracht. Für manche Menschen ist Disziplin geradezu ein Schimpfwort aus dem Wörterbuch des Unmenschen. Falsche Interpretationen dürfen uns aber nicht davon abhalten, uns den hohen Wert dieser Tugend bewußtzumachen.

Ohne Disziplin herrscht Chaos
Disziplin ist einer der Eckpfeiler einer funktionierenden Infrastruktur. Wer einmal eineinhalb Stunden in London in der Waterloo Station in einem Vorortzug saß und auf einen Lokführer wartete, der offensichtlich seinen Dienst verschlafen hatte, weiß die notwendige Disziplin zu schätzen, mit der hierzulande täglich Tausende von disziplinierten Menschen für ein reibungsloses Ineinandergreifen der Verkehrssysteme sorgen. Leben ohne Disziplin ist wie Autofahren in Neapel oder Kairo. Disziplin ist aber wesentlich mehr als nur die pünktliche Einhaltung von Arbeitszeiten. Disziplin ist das Rückgrat jeder Art von Tätigkeit!

Disziplin und Kreativität
Auch Kreativität gedeiht am besten in einer Atmosphäre der zielgerichteten Disziplin. Von dem Literaturnobelpreisträger Thomas Mann ist bekannt, daß er sich Tag für Tag pünktlich um 8 Uhr an den Schreibtisch setzte und zu arbeiten begann. Entgegen allen Vorstellungen, wie schriftstellerische Eingebung funktioniert, zwang er sich mit großer Disziplin zu einem uhrwerkhaften Tagesablauf. Warum? Er wußte, daß Einfälle eher kommen, wenn man sie herbeischreibt, als wenn man im Wirtshaus sitzend darauf wartet, daß sie einem zufliegen. »Carpe diem!« – »Nütze den Tag!« Kürzer kann man die Aufforderung zu einer täglich neu geforderten Disziplin nicht fassen als in diesem lateinischen Spruch, den man in einigen alten Schulgebäuden noch über dem Eingang in Stein gehauen findet.

Disziplin heißt: Nütze jeden Tag deines Lebens!
Dieses »Nütze den Tag!« erinnert uns Menschen auch daran, daß jeder sinnlos vergeudete Tag, jede ungenutzte Stunde unwiederbringlich verloren ist – für die Entwicklung unserer Fähigkeiten, für das Erreichen unserer Ziele, für die Erweiterung unseres Wissens, für ausgefüllte Mußestunden, für unsere An-

näherung an Glück, Zufriedenheit und Erfolg. Und für die Harmonie in unserem Leben!

»Nütze den Tag!« bedeutet für mich in erster Linie: »Du bist dir selbst gegenüber verantwortlich, was du aus dir, aus deinem Leben, aus deiner Arbeit machst!« Wer mich heute über meinen Erfolg befragt, dem kann ich eine offene Antwort geben: »Ich habe über viele Jahre hinweg mit großer Disziplin einfach mehr gearbeitet als andere in vergleichbaren Positionen!«

Die Vorstellung, den Arbeitstag auf dem Golfplatz zu beginnen und gegen 11 Uhr in der Firma vorbeizuschauen, war für mich undenkbar. Ich saß zwei Stunden eher am Schreibtisch als meine Konkurrenten und ging zwei Stunden später nach Hause. Das war über viele Jahre hinweg einfach ein um vier Stunden längerer Arbeitstag. – Disziplin? – Ja, aber getragen von der Begeisterung für meine Arbeit, für mein Ziel, getragen von der Freude über errungene Erfolge und der Vorfreude auf Erfolge, die noch kommen werden! Bedingt waren diese Arbeitszeiten natürlich auch durch unser Brokergeschäft, das schon vor 20 Jahren global war, als man diesen Ausdruck hierzulande noch gar nicht kannte. Herbert E. Graus, meine Frau und ich haben halbe Nächte lang mit unserer Niederlassung und mit Lieferanten in den USA telefoniert, weil wir aufgrund der Zeitverschiebung zu unserer normalen Arbeitszeit in Kalifornien niemand angetroffen hätten.

Genie lebt vom Fleiß

Disziplin heißt Verantwortung übernehmen für die kontinuierliche Entwicklung seiner Fähigkeiten, egal ob im Sport, beim Aufbau eines Unternehmens oder in der Kunst. Johann Sebastian Bach hat im Hinblick auf den Unterschied zwischen Genie und normaler Veranlagung beinahe dieselben Worte gebraucht wie der größte Erfinder der Neuzeit, Thomas Alva Edison. Bach sagte: »Genie lebt zu 90 Prozent von Fleiß!« Das bedeutet auch, daß kleine Talente durch großen Fleiß zu großen Leistungen fähig sind. Und es sagt auch, daß ein Mensch mit außerordentlichen Fähigkeiten scheitern muß, wenn er nicht die Disziplin aufbringt, sie mit Fleiß und Ausdauer zu entwickeln.

Ich erwähnte in dem Kapitel »Erkenne dich selbst« schon den Pianisten Arthur Rubinstein und seinen Ausspruch über das Üben als notwendige Voraussetzung für jede herausragende künstlerische Leistung. Besonders wichtig daran ist mir sein erster Satz: »Wenn ich drei Tage nicht übe, merke ich es selbst!« Disziplin ist eine Tugend, zu der man in erster Linie sich selbst verpflichtet ist. Rubinstein macht damit deutlich, daß seine Disziplin von einem hohen künstlerischen Anspruch, von Begeisterung für sein Fach und von Verantwortung gegenüber seiner Begabung getragen wird. Diese Disziplin erstreckt sich auf alle Lebensbereiche, angefangen beim Tagesablauf, übertragen auf die Lebensweise und die pünktliche Einhaltung der Termine und vor allem natürlich die geistige Entwicklung. Genies wie die weltberühmte Maria Callas, die Konzerte kurzfristig wegen Unpäßlichkeit absagte, hätten heute beim Publikum wenig Aussicht auf Gegenliebe. Ich bewundere immer wieder die große Disziplin, die jeder einzelne Musiker eines Orchesters, jede Sängerin und jeder Sänger aufbringen müssen, damit die Aufführung eines Konzerts oder einer Oper gelingen kann.

Noch weitergehende Anforderungen an Trainingsdisziplin und Lebensweise stellt der Beruf der Ballettänzerin oder des Ballettänzers. Während sich große Tenöre beim ausgiebigen Spaghettiessen noch mit der Ausrede trösten können, daß ein gewisser Umfang dem Volumen der Stimme förderlich sei, muß eine Primaballerina ganz diszipliniert bei jedem Essen jeden Bissen nachrechnen, den sie zu sich nimmt.

Diese Disziplin, die für viele abschreckend sein mag, auch wenn sie sich gerne den vollendet durchtrainierten Körper einer Ballerina ansehen, ist für Menschen, die diesen Beruf als Lebensinhalt gewählt haben, eine absolute Selbstverständlichkeit. Welche Art von Disziplin ist für Ihren Beruf selbstverständlich? Denken Sie darüber bitte einmal sehr ernsthaft nach!

Disziplin und Charakter

Tugenden wie Fleiß, Pünktlichkeit, Verläßlichkeit, Mut zählen unabdingbar zu den selbstverständlichen Voraussetzungen einer jeden Führungsperson. Wer sich nicht selbst beherrscht, kann andere nur durch diktatorische Maßnahmen beherrschen. Wer Vorbild sein will, kommt ohne Disziplin niemals aus. Neben allen fachlichen Voraussetzungen, die man durch eine gute Schule und ein Studium mitbekommt, ist dieses Maß an Selbstdisziplin sicherlich der wichtigste Vorteil, den eine gute Ausbildung vermittelt. Das gepflegte Aussehen, ein geordnetes Büro, Pünktlichkeit und Verläßlichkeit sind nur die äußeren Merkmale einer Tugend, die man im Lauf seiner Erziehung verinnerlichen muß. Disziplin ist weit mehr als eine rein funktionale Voraussetzung für das reibungslose Zusammenspiel eines Orchesters, eines Betriebes oder der öffentlichen Verkehrsmittel. Disziplin gepaart mit Mut ist die wichtigste Voraussetzung für die Formung des Charakters.

Scheindisziplin

Da ich in jungen Jahren bei dem Chef, den ich mir wegen seiner weltmännischen Art zum Idol erkoren hatte, erlebt habe, wie eng ein Mangel an Fleiß, an persönlichem Einsatz, an Pünktlichkeit und an Zuverlässigkeit mit Lüge und Unehrlichkeit verbunden sind, lege ich auf Disziplin größten Wert. Er sagte zum Beispiel: »Ich komme morgen etwas später ins Büro, weil ich zu Hause Handwerker habe!« Dann kam er gegen 11 Uhr – mit einer vorabendlichen Alkoholfahne.

In seinem Haus mußte offensichtlich ständig etwas repariert oder umgebaut werden, denn er hatte fast jede Woche die Handwerker da. Es dauerte eine geraume Weile, bis ich merkte, daß er an solchen Tagen gar nicht vor 11 Uhr im Büro sein konnte, weil er vorher noch völlig unansprechbar war. Am Nachmittag hatte er dann häufig Besprechungen außer Haus, was ich so lange für bare Münze nahm, bis mir eines Tages auf-

fiel, daß er nicht in die Richtung fuhr, wo seinen Angaben nach die Besprechung hätte stattfinden sollen.
Ich folgte meiner Intuition und fand sein Auto auf dem Parkplatz seines Tennisclubs. Er hatte nicht einmal die Disziplin, Verabredungen mit Mitarbeitern so einzuhalten, wie sie besprochen waren. Er verschob sie, wie es ihm paßte. Das war ein Teil seiner gesamten Unehrlichkeit. Er sagte zum Beispiel: »Herr Lejeune, wir treffen uns morgen um acht!« Wenn ich dann um acht zu ihm kam, er aber keine Lust zu dieser Besprechung hatte, sagte er: »Können Sie sich die Termine nicht mal so aufschreiben, wie sie vereinbart waren? Ich weiß genau, wir waren um 10 Uhr verabredet!« Er warf seinen Mitarbeitern tatsächlich mangelnde Disziplin vor, um von seiner Disziplinlosigkeit in der eigenen Planung abzulenken. Für diese Unehrlichkeit nützte er schamlos seine Stellung als Inhaber aus. Wie jämmerlich, wenn man einen Friedrich den Großen danebenhält, der sich als erster Diener seines Staates verstand und sich mit absoluter Disziplin seinen eigenen Gesetzen unterwarf!
Man kann nur ehrlich bleiben, wenn man die Disziplin aufbringt, nicht jedem Gedankenimpuls, nicht jeder Versuchung zu einer einstweiligen Vergnügung nachzugeben. Und eines ist sicher: *Wer wenig Disziplin hat, muß viel lügen!*

Das Parkinsonsche Gesetz

Peinlich genaue Einhaltung von Vereinbarungen und Verabredungen ist für mich aufgrund meiner Erfahrungen von allergrößter Bedeutung für eine erfolgreiche Zusammenarbeit. Diese Disziplin fordere ich vor allem von mir selbst. Neben Pünktlichkeit und Verläßlichkeit bedeutet Disziplin auch erfolgsorientiertes »Time-Management« – angefangen von Telefongesprächen, die nicht in endlose Unterhaltungen ausufern dürfen, bis hin zu Besprechungen, die nicht der Selbstdarstellung einzelner Gesprächsteilnehmer dienen, sondern auf die möglichst effektive Bewältigung eines Themas gerichtet sind. Dabei bin ich mir stets der großartigen Erkenntnis bewußt, die C. Northcote Parkinson so unnachahmlich formuliert hat: *Work expands so as to fill the time available for its completion!* Zu deutsch: »Arbeit dehnt sich in dem Maße aus, wie Zeit für ihre Erledigung zur Verfügung steht!«

Das Time-Management der alten Dame

Parkinson gibt dafür ein sehr einprägsames Beispiel: »Eine alte Dame beschließt eines Morgens beim Aufwachen, ihrer Nichte eine Postkarte zu schicken. Nach dem Frühstück beginnt sie damit, in verschiedenen Schachteln nach einer passenden Ansichtskarte zu suchen. Diese Tätigkeit hält sie den ganzen Vormittag in Atem, da bei jedem Motiv, das ihr in die Hände fällt, zu überlegen ist, wie es den Geschmack der Nichte treffen könnte. Nach dem Mittagessen beginnt die alte Dame mit dem Schreiben der Postkarte. Am Spätnachmittag beschließt sie, die Karte unverzüglich zur Post zu bringen, da sie sich über die Höhe des Portos nicht im klaren ist.

Nun ist zu überlegen, ob es nicht ratsam ist, bei der Art der Bewölkung einen leichten oder einen warmen Mantel anzuziehen oder vielleicht sogar einen Regenschirm mitzunehmen. Dennoch schafft sie es, kurz vor Schließung des Postamts ihre Karte frankieren und stempeln zu lassen. Auf diese Weise hat sie einen ganzen Tag mit einer Angelegenheit ausgefüllt, die einen vielbeschäftigten Unternehmer ganze drei Minuten in Anspruch nimmt. Heute dauert ein solcher Vorgang mit E-Mail nicht einmal 10 Sekunden!«

Denken Sie an Mr. Parkinson und seine alte Dame, wenn Sie Ihren nächsten Bericht schreiben, an einer Sitzung teilnehmen oder Ihren nächsten Workshop planen. Ist Ihnen schon einmal aufgefallen, daß Besprechungen mit mehreren Mitarbeitern, die um 10 Uhr beginnen, sich gerne bis zum Mittagessen hinziehen? Wenn man sie dagegen auf 11 Uhr ansetzt, ist bis zum Mittagessen ebenfalls alles Wichtige besprochen. Zeitgewinn pro Teilnehmer: eine Stunde! Das rentiert sich!

Die Disziplin des Zeitmanagements

Disziplin bedeutet keinesfalls, daß für zwischenmenschliche Kontakte, für Gespräche mit jüngeren Mitarbeitern keine Zeit ist – ganz im Gegenteil. Diese Disziplin verschafft mir Zeit, nicht Hetze, Zeit für Motivation und persönliche Kommunikation. Ein früher Arbeitsbeginn und ein sehr effektives Zeitmanagement geben mir zum Beispiel die Möglichkeit, fast jeden Tag mit einem oder mehreren Mitarbeitern zu frühstücken und dabei auf persönliche Probleme einzugehen, die die meist jungen Leute gerade beschäftigen. In dieser vertrauensvollen Atmosphäre können wir ganz schnell auf den Punkt kommen, faire Kritik äußern, uns gegenseitig Ratschläge geben, um dann wieder frisch motiviert an die Arbeit zu gehen.
Das Ziel dieser morgendlichen Treffen ist nicht die Umsatzsteigerung, sondern die Schaffung einer Atmosphäre des gegenseitigen Interesses und der lebendigen Zusammenarbeit. Da in einer derartigen Atmosphäre leistungshemmende Blockaden abgebaut und eine kreativitätsfördernde Motivation aufgebaut werden, ist das Ergebnis selbstverständlich auch an den Umsatzzahlen abzulesen!

Disziplin als Wunderdroge

Der Hintergrund für diese Form des Zusammenlebens – und nicht nur Zusammenarbeitens – sind die Erfahrungen aus meiner Zeit als »Diener eines vermeintlich großen Herrn«! Immer wenn das Geschäft nicht so lief, wie er sich das vorstellte, machte er mir Druck mit den aufmunternden Worten: »Herr Lejeune, Sie sind mein Ruin!« Den Druck auf sich selbst versuchte er neben seinen Exzessen durch Einnahme von Aufputschtabletten zu mildern. Auch ich versuchte, diesem Druck durch die

Einnahme dieser Pillen zu entfliehen. Immer wenn ich diese Tabletten genommen hatte, war ich unheimlich aktiviert. Das führte natürlich dazu, daß ich jedesmal, wenn ich Druck bekam, wieder zu diesen Muntermachern griff.
Plötzlich merkte ich, daß ich begann, abhängig zu werden. Aber ich konnte trotz dieser Einsicht nicht darauf verzichten. Bis mir mein Körper ein sehr deutliches Warnsignal gab. Eines Nachts – ich war auf einer Geschäftsreise in Düsseldorf – raste mein Herz wie verrückt. Mein Kreislauf war völlig durcheinander. Ich lief auf die Straße, hielt ein Taxi an und fuhr in meiner Angst zur nächsten Apotheke.
Der Apotheker fragte mich: »Wie können Sie als junger Mann so Ihren Kreislauf ruinieren?« Als ich ihm erzählte, daß ich häufig diese Pillen eingenommen hatte, gab er mir den dringenden Rat, ein für allemal die Finger von diesem Teufelszeug zu lassen. Denselben Rat bekam ich dann auch noch von dem Arzt, der am nächsten Tag meinen total ruinierten Kreislauf untersuchte.
Nach diesem deutlichen Warnsignal meines Körpers hörte ich von einem Tag auf den anderen auf, diese »leistungssteigernden« Muntermacher zu nehmen. Und seither ist in mir die Überzeugung gewachsen, daß es kein besseres und erfolgreicheres Stimulans gibt als Motivation und Begeisterung. Das allerstärkste Aufputschmittel kommt nicht aus der Apotheke. Es kommt aus der Disziplin, sich einen gesunden Geist in einem gesunden Körper zu erhalten!

Frustrationsausgleich

Man kann eben nur auf Dauer gesund bleiben, wenn man mit Disziplin den ständigen Verlockungen auf Suchtbefriedigung und Frustrationsausgleich widersteht – vor allem der Gesellschaftdroge Nummer eins, dem Alkohol. Es ist nichts dagegen einzuwenden, bei einer Einladung oder auch zu einem schönen Essen zu Hause ein oder zwei Gläser Wein zu trinken. Es verlangt aber von vielen sehr viel Disziplin, es dabei zu belassen.

Jeder Suchtberater kann Ihnen bestätigen: »Wer tagtäglich Alkohol braucht, auch wenn es nur zwei Flaschen Bier oder eine Flasche Wein sind, befindet sich auf dem besten Weg zur Abhängigkeit!«
In der Regel besteht ein direkter Zusammenhang zwischen dem Verlust der Lebensziele und damit wachsender Frustration und dem übermäßigen »Genuß« von Alkohol, Zigaretten und auch übermäßigem Essen. Es gibt einen dummen Spruch: »Ein Mann ohne Bauch ist ein Krüppel!« Aber einen Menschen, der ständig zuviel ißt, trinkt und raucht, können Sie, ohne Psychologie studiert zu haben, direkt fragen: »Worüber sind Sie in Ihrem Leben unzufrieden?«, »Was müssen Sie verdrängen?« oder »Was können Sie psychisch nicht mehr verkraften?« und »Warum brauchen gerade Sie diesen Ausgleich?«
Die Sprache gibt uns auch hier sehr deutlich Auskunft: »Das ist der Kummerspeck der Seele!« Kummer über Ziele, die man nicht erreicht hat, Kummer über Erfolge, die einen nicht befriedigen, Kummer über eine Partnerschaft, die nicht mehr trägt – Gründe für diese Art von Seelenbefriedigung gibt es genug, wenn man einmal angefangen hat, die Disziplin gegenüber sich selbst aufzuweichen.

Der kleine Prinz auf dem einsamen Planeten

Es ist natürlich nicht so, daß ein Mensch sofort und völlig seine Haltung verliert, wenn er z. B. zuviel trinkt – wie etwa der Alkoholiker, den der kleine Prinz in der gleichnamigen Geschichte von Antoine de Saint-Exupéry auf seinem einsamen Planeten besucht. Der kleine Prinz fragt ihn: »Warum trinkst du?« – »Um zu vergessen!« Und der kleine Prinz fragt weiter: »Um was zu vergessen?« – Da antwortet der Trinker: »Daß ich mich schäme!« Und nun möchte der kleine Prinz natürlich wissen: »Weshalb schämst du dich?« – Darauf der Trinker: »Weil ich trinke!« Wenn man nur immer wüßte, warum Menschen trinken! Da gab es zum Beispiel einen großen Bachinterpreten und international anerkannten Musiker. Von ihm war bekannt, daß er sich manchmal in einem Zustand der völligen Trunkenheit an die Orgel setzte und spielte. Da gab es offenbar Tiefen, die vom Alkohol nicht berührt wurden. Denn anders war es nicht erklärlich, wie er auf einem Instrument, das mit vier, fünf Manualen und Dutzenden von Registern sicherlich das schwierigste ist, das es gibt, die herrlichste Musik produzieren konnte. Dieser weltberühmte Bachinterpret hat den Mißbrauch seines Körpers leider mit einem viel zu frühen Tod bezahlt.

Alkohol oder Drogen als Stimulans für Kreativität sind jedenfalls eine sehr zweischneidige Sache. Von Li Tai-pe, dem größten Lyriker der Tangzeit, stammt die Gedichtzeile: »Unsterblich nur ist Li Tai-pe, wenn er besoffen!«, die manchem sogenannten Genie als Entschuldigung dienen mag, aber die Biographie Li Tai-pes endet mit dem Hinweis, daß er im Jahr 762 in volltrunkenem Zustand bei Nangking in die reißenden Fluten des Jangtsekiang fiel, als er den Vollmond betrachtete.

K. A. setzt sich durch

Daß Disziplin sehr stark mit Lebenssinn, Lebensziel und Lebensinhalt zusammenhängt, wurde mir auch an dem »fremden Reporter« klar, als wir uns die ersten Male begegneten. Er hatte durchaus seine äußere Disziplin bewahrt. Er kam pünktlich zur vereinbarten Zeit, meist sogar ein paar Minuten früher. Er war ordentlich gekleidet, aber als ich ihn eines Tages zu einem kleinen Imbiß mit einigen meiner Mitarbeiter einlud, trank er in kürzester Zeit eine Flasche Wein leer – und war dann einfach nicht mehr ganz er selbst. Das machte sich im Gesichtsausdruck und in der Sprache bemerkbar. Dieser regelmäßige »Über«-Konsum von Alkohol als Frustrationsausgleich schlug sich natürlich auch in seiner Figur nieder. Ein gehöriger Bauchansatz war nicht zu übersehen. Irgendwann gestand er mir, daß er mindestens 15 Kilo Übergewicht hatte.

Ich wußte, daß er sich damit nicht wohl fühlte. Er betrieb auch keinerlei Sport mehr, obwohl er im Grunde ein sehr sportlicher Typ war. Aber dann geschah ein kleines Wunder, auf das ich auch ein wenig stolz bin. Unsere Gespräche hatten ihn so aufgebaut, daß er wieder an eine Zukunft ohne Schulden glaubte, an eine Zukunft mit einem eigenen Büro, mit einer Arbeit, die ihn wirklich ausfüllte. Und eines Tages sagte er ganz stolz zu mir: »Ich habe seit 14 Tagen keinen Tropfen Alkohol mehr getrunken und schon fünf Kilo abgenommen!« Außerdem hatte er wieder angefangen zu laufen, mühsam erst, wie er mir berichtete, aber von Mal zu Mal über längere Strecken. Er war dabei, zu seiner alten Disziplin und Form zurückzufinden. Genauso wie sich sein Körper straffte, bekam auch seine Stimme wieder Klang und straffte sich sein Geist. Er wirkte plötzlich viel positiver, zuversichtlicher.

Es entstand eine Wechselwirkung zwischen der Disziplin, diese Schwäche abzubauen, auf sein Laster zu verzichten, und seinem zunehmenden Selbstvertrauen. Wenn er bei Einladungen höflich, aber bestimmt Bier und Wein ablehnte und nur Wasser trank und dann fast mitleidig gefragt wurde: »Du trinkst doch sonst so gerne! Wie hältst du das aus?«, dann war er richtig stolz auf diese Leistung. Damit wuchs seine Disziplin, er dehnte die alkoholfreie Phase auf mehrere Monate aus – bis er sich stark genug fühlte, zu einem Abendessen wirklich nur ein Glas Wein zu trinken, was noch weit mehr Disziplin erfordert, als gar nichts zu trinken. Er hat heute auch wieder Freude an einem guten Schluck Mineralwasser!

Der Körper ist der Handschuh der Seele

Dieser Satz des berühmten Pantomimen und Professors für Körpersprache Samy Molcho stimmt nicht nur für Haltung, Mimik und Gestik. Unser Körper verrät tatsächlich mehr über unseren geistigen Zustand, als uns manchmal lieb sein kann. Wer seinen Aufstieg plant, wer seinen Abschied von drückenden Schulden beschließt, wer seine eigene Firma gründet, muß bereit sein, dafür bis an die Grenzen seiner physischen Leistungsfähigkeit zu gehen. Und dazu gehört auch, daß man ehrlich gegenüber seinem Körper werden muß – abgesehen von der Tatsache, daß diese tägliche Disziplinlosigkeit ganz schön an den Geldbeutel geht. Da sind schnell die 300 oder 400 Mark für Bier, Wein oder Zigaretten ausgegeben, die dann, wenn das Monatsende kommt, anderweitig fehlen.

Wer seinen Ist-Zustand ganz ehrlich analysiert, kommt mit Sicherheit auch zu dem Ergebnis, daß sich all die finanziellen Sorgen, der Frust im Beruf, der Ärger mit dem Freund oder der Freundin, die Angst vor einem unangenehmen Kundengespräch in seinem Körper niedergeschlagen haben in zu vielen Pfunden, die man mit sich herumträgt, in Kurzatmigkeit, in mangelnder Spannkraft. Alkohol ist vor allem die Droge, mit der wir uns selbst belügen, mit der wir aus der Verantwortung für unser Handeln fliehen, mit der wir die Risse in unseren Beziehungen übertünchen. Wer sich angewöhnt hat, die ganzen Verkrampfungen und fühlbaren Verspannungen, mit denen unser Körper auf unseren falsch programmierten Geist reagiert, mit Alkohol, zum Teil schon am Arbeitsplatz, zu lockern, der befindet sich wirklich auf einem ganz gefährlichen Trip.

K. A. – eine wichtige Eintragung für Ihren Terminkalender

Wenn Sie bei der ehrlichen Analyse Ihres Ist-Zustandes zugeben müssen, daß es keinen Tag in der Woche ohne den Sherry zum Beginn des Feierabends, die Flasche Wein zum Essen und den Whisky vor dem Schlafengehen gibt, wird es höchste Zeit, eine Änderung herbeizuführen. Wie zu jedem Erfolg führen auch hier die kleinen Schritte weiter. Sehen Sie in Ihren Terminkalender, und nehmen Sie sich einen Tag vor, an dem Sie weder ein Geschäftsessen, eine Party noch sonst eine Veranstaltung stehen haben, und notieren Sie sich für diesen Tag das Kürzel K. A. – Kein Alkohol! Das ist nicht einfach, denn pünktlich wie die Pawlowschen Hunde beim Glockenschlag, zu dem sie sonst im-

mer gefüttert wurden, zu sabbern anfingen, werden Ihre Magennerven nach dem Sherry, dem Glas Bier oder dem Prosecco verlangen.
Stellen Sie sich vor, wie wunderbar Ihnen ein kühles Glas Mineralwasser schmeckt, wenn Sie stundenlang in sengender Hitze gewandert sind. Nach Monaten oder vielleicht sogar Jahren des täglichen Alkoholgenusses ist der erste Tag *ohne* der schlimmste. Halten Sie durch in dem Bewußtsein, daß dieser kleine Verzicht einer der notwendigsten Schritte auf dem Weg zum Erfolg ist. Sie werden mit größter Befriedigung feststellen, welche Kraft Ihnen aus einem einzigen Tag, den Sie geschafft haben, zuwächst. Schon am darauffolgenden Tag haben Sie dieses kleine Guthaben von einem alkoholfreien Tag, das Sie nicht so ohne weiteres verschenken wollen. Sie können es auf einen Schlag verdoppeln! Und nach einer Woche werden Sie spüren, wie dieser Reflex nachläßt und wie gut andere Getränke schmecken.
Machen Sie nicht die geringste Ausnahme! Das ist von entscheidender Bedeutung! Denn selbst an der kleinsten Ausnahme können Sie die Entschuldigung für die nächste Flasche aufhängen! Die freiwillige Enthaltsamkeit hat eine ungeahnte Wirkung auf Ihr Unterbewußtsein, auf Ihr Selbstbewußtsein und auf Ihren Stolz! Dasselbe gilt für die Zigaretten, mit denen wir unsere klare Sicht auf die Dinge vernebeln. Das mögen Sie vielleicht für übertrieben halten, aber ich versichere Ihnen, unter all den erfolgreichen Menschen, die ich in den letzten zwanzig Jahren kennengelernt habe, gibt es sehr wenige Kettenraucher oder Alkoholiker. Und das hat auch mit einer großen inneren Freiheit und Unabhängigkeit zu tun, die man nur mit Disziplin erreicht.

Frei nach Knigge

Selbstdisziplin ist die unabdingbare Voraussetzung für die Führung anderer Menschen. Dazu gehört vor allem der gesamte Bereich »Umgangsformen« und »Beherrschung seiner Stimmungen«. Adolf Freiherr von Knigge, der so gründlich als Verfechter kleinkarierter Benimmregeln mißverstanden wurde, zielt in seinem Buch »Über den Umgang mit Menschen« von 1788 auf nichts anderes als das Zurücknehmen der eigenen Person und die Achtung und Wertschätzung seiner Mitmenschen. Was ihn in seiner Zeit so verdächtig machte, war die Tatsache, daß er diese Achtung auch für Menschen forderte, die nicht dem Adel angehörten.

Der erste Satz seines ersten Kapitels lautet: »Jeder Mensch gilt in dieser Welt nur so viel, als wozu er sich selbst macht.« Das könnte als Motto über **Lebe ehrlich – werde reich!** stehen. Es wird von Knigge durch den Satz ergänzt: »Strebe nach Vollkommenheit, aber nicht nach dem Scheine der Vollkommenheit und Unfehlbarkeit!« Sein weiser Ratschlag für die Beherrschung der eigenen Stimmungen lautet: »Sobald dein Nebenmann auf deiner Stirne Mißmut und Verzweiflung liest, – so ist alles aus!« Disziplin bedeutet für Knigge vor allem Disziplin gegenüber den eigenen schwankenden Gefühlen. Und Disziplin gegenüber den eigenen Bedürfnissen: »Um nun fremden Beistandes entbehren zu können, dazu ist das beste Mittel, wenig Bedürfnisse zu haben, mäßig zu sein und bescheidene Wünsche zu nähren!«

Die Disziplin, die Knigge fordert, geht direkt ins Zentrum menschlichen Zusammenlebens, gegenseitiger Achtung und fast religiös fundierter Aufrichtigkeit: »Keine Regel ist so allgemein, keine so heilig zu halten, keine führt so sicher dahin, uns dauerhafte Achtung und Freundschaft zu erwerben, als die: unverbrüchlich, auch in den geringsten Kleinigkeiten, Wort zu halten, seiner Zusage treu und stets wahrhaftig zu sein in seinen Reden!« Man kann das Wesen der Disziplin nicht besser in Worte fassen, als Adolf Freiherr von Knigge es getan hat: »Sei streng, pünktlich, ordentlich, arbeitsam, fleißig in deinem Berufe! ... (denn) jedermann geht gern mit einem Menschen um und treibt Geschäfte mit ihm, wenn man sich auf seine Pünktlichkeit in Wort und Tat verlassen kann!«

Was hat den adelig Erzogenen zu diesen tiefen Einsichten geführt? Nach dem frühen Tod beider Eltern gingen die hochverschuldeten väterlichen Güter in die Zwangsverwaltung der Gläubiger über. So entstand die Notwendigkeit, sich unter fremden Menschen zurechtzufinden und seine Erziehung einer neuen Realität anzupassen! Armut ist wohl auch der beste Lehrmeister für Disziplin! Und für positives Denken, denn Knigge schrieb auch: »Zeige, so viel du kannst, eine immer gleiche, heitere Stirn!« Disziplin drückt sich auch im Gesicht eines Menschen aus. Zeigen Sie also immer eine heitere Stirn!

Leitsätze, Gedanken und Anregungen

1. Machen Sie sich als erstes klar, auf welchen Gebieten Sie große Disziplin aufbringen, und überlegen Sie, was Ihnen diese Disziplin bedeutet. Was bedeutet für Sie die Selbstdisziplin, Tag für Tag pünktlich zur Arbeit zu gehen?

2. Sie wissen sicher, ohne lange nachdenken zu müssen, welches Ihre größte Schwäche ist. Begegnen Sie ihr in kleinen Schritten. Setzen Sie einen Tag fest, an dem Sie Ihrer Schwäche ohne die geringste Ausnahme widerstehen.

3. Machen Sie diesen Entschluß Ihrem Lebenspartner oder Ihren Kollegen bekannt. Sie haben dann zumindest einen Mitstreiter, der auf Sie schaut und sich vielleicht sogar mitreißen läßt. Sollten Sie allerdings auf ein ungläubiges Staunen treffen, nehmen Sie das als untrügliches Zeichen, daß es höchste Zeit ist, mit der Enthaltsamkeit und dem Training für Disziplin zu beginnen!

4. Wenn Sie merken, daß Ihnen K. A. (oder K. N. = kein Nikotin!) sehr schwer fällt, räumen Sie konsequent Flaschen bzw. Schachteln aus Ihrer nächsten Umgebung! Erhöhen Sie Ihre Disziplin!

5. Belohnen Sie sich für kleine Erfolge! Rechnen Sie aus, wieviel Geld Sie z. B. für nichtgerauchte Zigaretten und nichtgetrunkene Biere gespart haben. Kaufen Sie sich dafür ein schönes Buch oder irgendeine kleine Kostbarkeit, die Sie sich sonst nicht leisten würden.

6. Unterstützen Sie Ihren Kampf gegen die kleinen oder großen Abhängigkeiten, indem Sie besonders in der Anfangszeit täglich ein paar Bahnen schwimmen, wenigstens ein paar hundert Meter laufen oder auch nur eine halbe Stunde stramm spazierengehen. Sie wissen selbst doch am allerbesten, was Ihnen am meisten Spaß macht!

7. Um diese Zeit freizubekommen, müssen Sie Ihr Zeitmanagement trainieren. Schreiben Sie Parkinsons Gesetz in Ihren Terminkalender: *Arbeit dehnt sich in dem Maße aus, wie Zeit für ihre Erledigung zur Verfügung steht.* Reduzieren Sie die Zeitfresser in Ihrem Tagesablauf. Fangen Sie einfach eine Stunde früher an zu arbeiten, oder hören Sie eine Stunde später auf! Denken Sie bei Verhandlungen daran: »Uferlose Gespräche führen selten zum Erfolg!«

8. Überprüfen Sie Ihre Disziplin im Umsetzen von Ideen, Plänen oder im Erledigen von unangenehmen Arbeiten! Überlegen Sie, was Sie davon schon seit geraumer Zeit vor sich herschieben. Sparen Sie Zeit, indem Sie den Mut und die Disziplin zu einer klaren Entscheidung aufbringen! Ein klares Nein kann eine Zeitersparnis von zwanzig frustrierenden Telefongesprächen bedeuten.

9. Zeigen Sie Ihre neugewonnene Disziplin in einem besonders gepflegten Äußeren. Das gilt für Handwerker genauso wie für Politiker. Besonders letztere zeigen ihren Willen zum Comeback häufig mit einem neuen Outfit, einer neuen Frisur, einer neuen Brille und einer deutlich gestrafften Figur! Der Lebensstil hängt eng mit dem Bedürfnis zu siegen zusammen. Ein Mensch, der siegen will, läuft nicht mit ungebügelten Hosen und ungeputzten Schuhen durch die Gegend. Das hat etwas mit Selbstwertgefühl und Zuverlässigkeit zu tun.

10. Üben Sie Disziplin nicht nur im Umgang mit sich selbst, sondern vor allem im Umgang mit den anderen. Zeigen Sie durch Ihre immer heitere Stirn, daß Disziplin Freude macht und ein Teil des positiven Denkens ist.

TEIL 8

Mut – drei Buchstaben, die alles entscheiden

Eine klassische Formulierung
Der Münchner Komiker und Querdenker Karl Valentin sagte einmal: »Mögen hätten wir schon wollen, aber dürfen haben wir uns nicht getraut!« Kein Satz könnte das Mutpotential des durchschnittlichen Filzpantoffelträgers treffender charakterisieren: ein Mensch voller Zweifel, voller Bedenken, ohne den Mut, sich wenigstens zu seinen Wünschen zu bekennen, und sofort bereit, in vorauseilendem Gehorsam sich dem Willen eines Vorgesetzten zu unterwerfen. Das ist die Haltung der Verängstigten, der Hilflosen, der Mitläufer, der Dünnbrettbohrer, die nur im uniformierten Rudel stark sind, die sich aber mit Demutsgebärden dem Imponiergehabe jedes Leitwolfs unterwerfen – und die, wenn der Spuk vorbei ist, jede persönliche Verantwortung entrüstet von sich weisen.
Mitläufer kennen nur Uniformcourage, aber keine Zivilcourage. Stark fühlen sie sich vor allem im Einverständnis mit ihrer Gruppe. Es ist sehr leicht, mutig zu sein, wenn man sich der Anerkennung seiner Clique, seiner Gesinnungsfreunde, seiner Partei oder der breiten Stammtischmehrheit sicher sein kann, vor allem wenn man sich gemeinsam »Mut antrinkt«. Aber es ist schwer, eine Meinung gegen die herrschende Mehrheit mutig zu vertreten.

Nobelpreis für Mut
Am meisten zählt für mich der Mut, den man ohne alle Zustimmung, nur seinen eigenen Grundsätzen verpflichtet, aufbringt.

Eines der großartigsten Beispiele dieser Art von Mut, die ich kenne, hat der polnische Kinderarzt und Pädagoge Janusz Korczak gelebt – mit der Gewißheit, daß seine Entscheidung den Tod bedeutete. Er hatte in Warschau ein jüdisches Waisenhaus gegründet und begleitete die Kinder dieses Heims in die Gaskammern von Treblinka, obwohl ihm die SS freigestellt hatte, sein Leben zu retten. Er brachte den Mut auf, sich für seine Verantwortung gegenüber diesen schutzlosen Kindern zu entscheiden und nicht seiner Todesangst nachzugeben. Er entschied sich für den Mut und ging mit den Kindern in die Gaskammer! Was für ein unglaublicher Mensch!
Um so weniger Respekt habe ich vor Menschen, die in unserer freiheitlichen Demokratie, in der eine eigene Meinung schlimmstenfalls die Karriere kostet, nicht einmal den Mut aufbringen, einem Vorgesetzten oder einem Parteifreund die unbequeme Wahrheit zu sagen. Ja, die sich noch nicht einmal im Freundeskreis trauen, eine andere bzw. ihre eigene Meinung auszusprechen!

Mut und Beharrungsvermögen führen zum Ziel

Ein Leben ohne eigene Meinung ist ein nicht gelebtes Leben. Denn nur ein selbstbestimmtes Leben führt zum Erfolg. Erfolg bedeutet in erster Linie, ein selbstbestimmtes Leben führen zu können. Diogenes in seiner Tonne war reich, denn er führte ein selbstbestimmtes Leben. Er brauchte weder Geld, Luxus noch Anerkennung. Auch viele Firmengründer, die weltberühmt wurden, verzichteten in ihrer Anfangsphase auf diese angenehmen Begleiterscheinungen des Erfolgs. Es ist kein Zufall, daß viele von ihnen als eigensinnig, ja geradezu störrisch bezeichnet wurden. Das kann Nachteile bringen, wie etwa bei Henry Ford, der so lange auf der Farbe Schwarz für sein Ford Modell T, den amerikanischen »Volkswagen«, bestand, bis der Umsatz merklich einbrach. Mit derselben Unnachgiebigkeit hatte er aber auch die Entwicklung des V8-Ford-Motors betrieben, von dem seine Ingenieure lange Zeit behaupteten, daß es unmöglich sei, so viele Ventile hintereinander anzuordnen.

Diese Entwicklung kostete ihn viel Mut, viel Beharrungsvermögen und viel Geld – das natürlich vervielfacht wieder zurückfloß, als dieser Motor endlich in die Serienproduktion ging. Hätte Ford seine Entwicklung nur vorangetrieben, um möglichst viel Geld zu verdienen, hätte er wahrscheinlich mit Blick auf sein Bankkonto oder auf den »Shareholder Value« lange vor Erreichen seines Ziels aufgegeben. Aber ihm ging es darum, seine Vorstellung zu verwirklichen. Henry Ford war ein mutiger Vordenker!

Ich mache mir ein Bild von mir

Wo kommen die Blockaden her, die Ihren Erfolg bisher verhindert haben? Mangel an Geld ist eine große Blockade, aber wo kommt dieser Mangel her? Meist aus einem Mangel an Ehrgeiz, einem Mangel an Einsatz, einem Mangel an Ideen und vor allem einem Mangel an Mut. Eine der wichtigsten Voraussetzungen für Ihren Erfolg ist, daß Sie sich ein Bild Ihres eigenen Lebens formen und Tag für Tag lernen, ohne Einschränkungen dazu zu stehen.

Das klingt sehr viel einfacher und selbstverständlicher, als es ist, denn alle Menschen, mit denen wir zusammen leben und arbeiten, haben die Tendenz, sich ein Bild von der Rolle zu machen, die wir zu spielen haben. Und sie fordern, daß wir diese Rolle nach ihrer Vorstellung von uns ausfüllen. Bert Brecht sagt in den Geschichten von Herrn Keuner: »Was machen Sie, wenn Sie einen Menschen lieben?« – »Ich mache mir ein Bild von ihm und sehe, daß er ihm ähnlich wird!« Machen Sie sich deshalb bewußt, welcher Rolle, die mit Ihrer Person, mit Ihren Wünschen und Vorstellungen nichts zu tun hat, Sie entsprechen sollen.

Wessen Gewissen spricht zu mir?

Da ist die Frau, die es trotz finanzieller Unabhängigkeit und eigenem Beruf nicht wagt, ihr eigenes Leben zu leben, die widerstrebend, aber ohne zu widersprechen den ständigen Bitten ihrer Mutter folgt und ihr an Wochenenden Gesellschaft leistet. Auf die Frage, warum sie nicht endlich ihr eigenes Leben lebt, antwortet sie: »Weil ich dann ein schlechtes Gewissen haben müßte!« Sie ist von ihrer Erziehung so perfekt konditioniert, daß ihr ihr eigenes Leben weniger wichtig zu sein scheint als die Vermeidung eines schlechten Gewissens – obwohl ihre Mutter bestens in der Lage wäre, auch einmal ein paar Wochen ohne sie auszukommen. Aber diese Mutter schafft es immer wieder, ihre Tochter zu sich zu holen und ihr gleichzeitig ein schlechtes Gewissen zu erhalten! Stellen Sie sich also die Frage: Wessen Gewissen spricht aus mir? Und ziehen Sie die Konsequenz, wenn es nicht Ihr eigenes sein sollte!

Bauen Sie Dämme gegen den Egoismus der anderen!

Zu einem selbstbestimmten Leben gehört es, mit Mut eine gesunde Portion Egoismus aufzubringen. Manchmal muß man Dämme gegen den Egoismus der anderen bauen, weil einem sonst ein Stück des eigenen Lebens nach dem anderen weggespült wird. Dieser Mut ist notwendig, dieser Mut macht frei und glücklich. Dieser Mut macht auch gesund, denn unzählige Menschen leiden körperlich unter dem Egoismus der anderen, dem sie aus Mutlosigkeit und wegen ihres schlechten Gewissens nichts entgegensetzen. Wer dieser Mutlosigkeit nachgibt, kann nicht erfolgreich sein. Wer nicht erfolgreich ist, ist nicht belastbar, hat nur geringe psychische und physische Reserven und ist verletzbarer. Dadurch wird er angreifbar. Es ist wirklich ein Teufelskreis, aus dem man nur herauskommt, wenn man mit Mut und Kraft versucht, auf die positive Seite des Lebens zu gelangen.

Haben Sie Mut gegen die Rollenklischees!

Denken Sie immer daran: Gerade die Menschen, die Ihnen nahestehen, machen sich ein Bild von Ihnen »und sehen zu, daß Sie diesem Bild ähnlich werden«! In dem Augenblick, wenn Sie die Diskrepanz zwischen diesen unterschiedlichen Bildern erkannt haben, werden Sie einsehen, daß die Kritik an Ihnen häufig nicht sachlich begründet ist, sondern einzig und allein auf der Tatsache beruht, daß Sie sich nicht so verhalten haben, wie andere es von Ihnen erwarten. Es erfordert viel Mut, das Recht auf Ihr eigenes Bild gegen die Rollenklischees der anderen zu verteidigen.

Nicht wenige Ehen scheitern an dem Punkt, wenn Frauen beginnen, dieses selbstverständliche Recht für sich in Anspruch zu nehmen. Aber auch die meisten Männer leben nicht so selbstbestimmt, wie sie von sich selbst annehmen. Männer sind ihren Rollenklischees mindestens genauso stark ausgeliefert wie Frauen. Ein Mann zeigt keine Rührung, ein Mann weint nicht, ein Mann ist ein Held, und wenn die Hose noch so flattert. Und ein Mann bittet niemals um Verzeihung.

Ein großartiges und einprägsames Bild des Mutes gegen diese Klischees ist für mich der Kniefall Willy Brandts in Warschau. Er brachte vor aller Welt den Mut auf, seine Ergriffenheit vor den Opfern der deutschen Greueltaten zu zeigen und dafür mit seiner Geste um Verzeihung zu bitten. Es muß ihm in diesem Augenblick auch bewußt gewesen sein, daß er mit dieser Geste bei vielen Deutschen auf heftige Kritik stoßen würde.

Mut gegen die Angst vor Kritik

Denken Sie also immer wieder an das Wort Zivilcourage, wenn Sie sich dabei ertappen, daß Sie wieder einmal ja gesagt haben, wo Sie eigentlich nein hätten sagen müssen. Die meisten Menschen fürchten sich vor selbständigem Denken, weil sie sich vor Kritik fürchten. Überprüfen Sie deshalb, ob Ihr Mut ausreicht, um die Angst vor Kritik zu überwinden. Wenn Sie sich nur das zutrauen, was Ihnen andere freiwillig zugestehen, müssen Sie

Ihren Mut einfach noch trainieren. Sie müssen auch lernen, negative Bilder zu ertragen, die sich andere von Ihnen machen. Nicht der Mut ist Ihr Gegner, sondern Ihre Angst!

Der Mut des »Retters der Mütter«

Versetzen Sie sich in die Lage eines jungen Assistenzarztes an der Gynäkologischen Universitätsklinik in Wien um 1850. Er hatte erkannt, warum in dieser Klinik von 100 Wöchnerinnen 20 bis 30 innerhalb weniger Tage nach der Entbindung am Kindbettfieber starben. Einer seiner Freunde, der sich aus Unachtsamkeit beim Sezieren verletzt hatte, war an denselben Symptomen gestorben. Die Herren Professoren und ihre Studenten kamen mit ungewaschenen Händen aus der Anatomie, um die Gebärenden zu untersuchen.
Aus tiefem Mitgefühl für das Schicksal dieser Frauen forderte er, daß die Kollegen sich vor der Untersuchung die Hände in einer Chlorsalzlösung wuschen. Für diese Erkenntnis wurde er nicht nur mit Hohn, Spott und Verachtung übergossen, er wurde angefeindet. Sein Professor verweigerte ihm die Dozentur, und er wurde von seiner Assistentenstelle entlassen. Dabei hätte ein demütiges »Jawohl, Herr Professor!« genügt, um ihm eine sehr lukrative Karriere zu eröffnen. So mußte er verbittert zusehen, wie seine einfachen hygienischen Grundsätze in der Fachwelt verrissen wurden, während überall dort, wo man seinen Ratschlägen Folge leistete, Tausenden von Frauen das Leben gerettet wurde. Er wurde schließlich mit schweren Depressionen in eine Irrenanstalt eingeliefert, aber noch heute bezeichnet man den ungarischen Arzt Dr. Ignaz Semmelweis als den »Retter der Mütter«. Ist das nicht ein bewegendes Beispiel von Mut?

Meine Gedanken sind mein Leben

Lernen Sie, der Kritik der anderen mit Selbstvertrauen zu begegnen und Ihre eigene Meinung mit aller Selbstverständlich-

keit zu behaupten. Es ist bewundernswert, wenn mehrere Personen einer Meinung sind. Ich allein habe oft schon verschiedene Meinungen zu einer Sache. Aber diese Unbequemlichkeit muß man ertragen. Sie müssen sich immer wieder klarmachen: »Meine Gedanken sind mein Leben!« Ich persönlich habe nie andere für mich denken lassen. Ich habe mir zwar die Meinungen anderer angehört, aber ich habe nie zugelassen, daß sie für mich denken. Ich habe mein Leben aus wirklich mehr als bescheidenen Verhältnissen in meinen Gedanken vorgelebt und dann versucht, es in die Richtung des Erfolgs zu bringen.
Als ich mein Unternehmen als Handelsgesellschaft ohne eigenes Lager gründete, wurde ich milde belächelt und insgeheim für verrückt erklärt. Auch meine Freunde waren der Meinung, daß ich nur wieder einer meiner maßlosen Phantasien nachhing. Ich habe mich dadurch nicht von meinem Weg abbringen lassen.
Wenn ich mich zurückerinnere, wie ich meine Karriere aufgebaut habe, so schaffte ich den Durchbruch immer wieder durch die Dinge, die ich offen gesagt habe. Das heißt, ich ging auch gegen Widerstände an, auch gegen Spott und gegen die Herablassung derer, die das Glück hatten, von ihren Eltern auf das Gymnasium und die Universität geschickt worden zu sein. Meine Karriere war ein Hürdenlauf, gewonnen durch eine eigene Meinung, eigenen Fleiß und eigenen Mut!

Als Double bleibt man namenlos!

Ich habe sehr bald erkannt, daß der Mikrochip etwas grundlegend anderes war als irgendein Zubehör, das man wie Schrauben dort kauft, wo es am billigsten ist. Ich erkannte die Abhängigkeit unserer Wirtschaft von diesen Silikonplättchen, die aus dem billigsten Rohstoff der Erde, aus einfachem Sand, hergestellt werden. Ich ahnte, daß sie die Geschichte der gesamten Menschheit nachhaltiger beeinflussen würden als Stahl und alle Maschinen, die man daraus fertigen kann.
Daraufhin habe ich ab Anfang der 80er Jahre die Kurzsichtig-

keit unserer damaligen Führungskräfte und Politiker angeprangert, die es nicht für notwendig erachteten, sich um die Forschung und Produktion dieser Schaltstelle der Zukunft zu kümmern. Sie sahen wohl hauptsächlich den Sand, aus dem die Mikrochips gefertigt waren. Als ich in Diskussionen, Vorträgen und Zeitungsinterviews sehr mutig und deutlich sagte: »Wir verspielen unsere Zukunft, denn unsere wirtschaftliche Entwicklung ist abhängig von einem daumennagelgroßen Silikonplättchen, das in einer Sekunde mehr Rechenoperationen durchführen kann als Hunderte von Mathematikern in einem Jahr!«, hat mir der damalige Vorstandsvorsitzende eines Weltkonzerns fast den Mund verboten.
Aber der Mut, bei meiner richtigen Aussage zu bleiben, hat letzten Endes meinen Stand als Manager gefestigt. Meine Meinung kundzutun war mir so selbstverständlich, daß ich nicht einmal sagen kann, ob ich dazu Mut brauchte. Ich kann Sie deshalb nur immer wieder auffordern: Haben Sie den Mut zur eigenen Meinung, denn als Double bleiben Sie namenlos!

Eine Frau gegen ein ganzes Militärregime

Mut wird eigenartigerweise immer als eine männliche Domäne gesehen. Dabei gibt es durch die ganze Geschichte hindurch bis in unsere heutige Zeit sehr viele Frauen, die ungewöhnlichen Mut bewiesen haben. Beeindruckt bin ich zum Beispiel vom Mut der burmesischen Friedensnobelpreisträgerin Auung San Suu Kyi, die sechs Jahre Hausarrest durchgestanden hat und bis heute den Schikanen und physischen Bedrohungen des Militärregimes ihres Landes die Stirn bietet.

Sagen Sie öfter mal nein!

Niemand braucht sich hierzulande solchen lebensbedrohenden Herausforderungen zu stellen. Wir leben in einem Land, das alle demokratischen Freiheiten garantiert – auch wenn man manchmal darum kämpfen muß. Angesichts des Erfolgs, den Sie anstreben, müßte es Ihnen leichtfallen, Ihre »persönliche Unabhängigkeitserklärung« zu unterzeichnen. Sie brauchen nur ein bißchen Mut dazu – den aber täglich –, um Ihre Fähigkeiten und Ihr Selbstvertrauen auf dieses Ziel hin zu bündeln. Wenn Sie spüren, daß Ihr Mut noch ein wenig schwach entwickelt ist, müssen Sie zum einen überprüfen, ob Sie das für Sie richtige Ziel anpeilen. Ich persönlich bekomme zum Beispiel nie Mut für eine Entscheidung, wenn ich von einer Sache nicht wirklich überzeugt bin.

Sie können Ihren Mut aber auch in kleinen Schritten üben: mit einem der ersten Wörter, die ein kleiner Mensch lernt und dann mit Nachdruck verwendet: »Nein!« Sagen Sie öfter mal ein ehrliches Nein aus Überzeugung, auch dann, wenn alle ein schwaches Ja von Ihnen erwarten. Lassen Sie nicht mehr zu, daß Ihre Kollegialität, Hilfsbereitschaft und Mutlosigkeit ausgenützt wird.

Bieten Sie Ihrer permanenten Gängelung die Stirn, auch wenn Sie sich insgesamt noch unterlegen fühlen. Gehen Sie beherzt auf die sogenannten bellenden Hunde zu. Sie werden dann oft die Erfahrung machen, daß diese sofort vor Ihnen davonlaufen. Und auch die meisten Löwen lassen sich bändigen, wenn man ihnen fest in die Augen schaut. Lassen Sie mich dazu noch einmal den Verhaltensforscher Desmond Morris zitieren, der über den sprichwörtlichen Löwenmut schreibt: »Wenn das Beutetier aufblickt und den Löwen oder Tiger direkt anstarrt, schaut die Großkatze schüchtern beiseite, so als stehe sie plötzlich dem ganzen Jagdbetrieb völlig indifferent gegenüber. Deshalb kann jedes Beutetier, das den Mut besitzt, den jagenden Löwen einfach anzustarren, einen wichtigen Feldvorteil erringen …!« Ja sogar überleben!

Der Gefahr ins Auge schauen

Stellen Sie sich die Frage: »Wann habe ich das letzte Mal gekämpft?« Hören Sie auf, beiseite zu schauen oder die Hände vors Gesicht zu schlagen, wenn Gefahr droht – von Ihrem Chef, von Ihren Gläubigern, von Ihrem Umfeld. Warten Sie nicht, bis der »Löwe« hinter Ihnen herjagt. Gehen Sie auf ihn zu, schauen Sie ihm in die Augen. Machen Sie von sich aus einen Vorschlag, wie Sie sich vorstellen, daß die Gefahrensituation bereinigt werden kann. Und erringen Sie damit einen wichtigen »Feldvorteil«! Keine Gefahr ist größer als die, vor der man die Augen verschließt. Denken Sie an die tiefe Einsicht in das Verhältnis von Körper und Geist, das in dem Satz zum Ausdruck kommt: »Er oder sie hat Haltung bewahrt!« Wer seine Meinung nur mit schüchternem Blick zur Seite und hinter vorgehaltener Hand äußert, wird, wenn es darauf ankommt, nicht dazu stehen.

Mutprobe international

Man muß sich manchmal selbst einen kräftigen Schubs in die richtige Richtung geben. Man muß sich Dinge trauen, auch wenn man sich völlig darüber im klaren ist, daß man sie nicht immer perfekt erledigen kann. Daß ich mich vor Jahren traute, mein erstes Referat vor internationalen Wirtschaftsleuten zu halten, hat auf lange Sicht gesehen einen anderen Menschen aus mir gemacht. Ich wurde eines Tages gefragt, ob ich bereit sei, im Rahmen eines Elektronikkongresses in Paris ein Referat über den europäischen Chipmarkt zu halten.
Ich sagte spontan zu, obwohl ich dieses Referat in Englisch halten mußte. Und ich wußte genau, daß mein Englisch damals noch sehr holprig war. Aber ich nahm meinen Mut zusammen und sprach vor 300 Leuten. Und so stand ich plötzlich in einer Reihe mit den Topmanagern von Apple, AMD, Intel, Motorola, Texas Instruments. Auch das veränderte mein Leben. Das war eine noch größere Herausforderung als der erste Vortrag, den ich überhaupt in meinem Leben hielt.
Was glauben Sie, wieviel Angst ich davor hatte! Je näher mein Vortragstermin rückte, um so leerer schien mein Gehirn zu werden. Ich hatte eine panische Angst, daß mir nichts mehr einfällt,

wenn ich vor dem Publikum stehe. Deshalb hatte ich mir meinen Vortrag minutiös aufgeschrieben. Aber das half mir noch nicht sehr viel weiter. Ich hatte Angst, daß ich mich hoffnungslos verhaspeln würde. Und vor lauter Angst war ich so aufgeregt, daß ich meinen Text nicht einmal richtig ablesen konnte. Erst als ich in meiner Not mein Manuskript weglegte und aus den Augen meiner Zuhörer Einverständnis und vielleicht auch ein gewisses Mitgefühl ablesen konnte, wurde es besser. Ich wurde freier, und gegen Ende des Vortrags fand ich sogar den Mut, tief durchzuatmen und einige Sätze spontan und ohne Manuskript zu formulieren.

Lampenfieber

Mut wächst in dem Maße, in dem man sich bewußt Situationen aussetzt, die in einem Lampenfieber entfachen. Selbstverständlich spüre ich auch heute noch, nachdem ich Hunderte von öffentlichen Reden gehalten habe und die Medien kenne, ein leichtes Kribbeln in der Magengegend. Aber in dem Moment, in dem ich mit Mut vor das Publikum trete, bin ich völlig ruhig, auch wenn ich einen Vortrag vor über 1000 Leuten halten muß. Einen kleinen Rest Lampenfieber braucht allerdings jeder, um wirklich voll dazusein.
Als ich meinen Jugendfreund Franz Beckenbauer einmal fragte: »Franz, hast du eigentlich noch Lampenfieber?«, sagte er lächelnd: »Ja, sonst wäre ich nicht mehr Franz Beckenbauer.« Und er ist wahrhaft einer der größten Medienprofis, die ich kenne!
Aber auch Sie können Ihr Lampenfieber spürbar verringern, wenn Sie sich täglich mit Mut in Situationen begeben, die Ihnen Mut abverlangen. Die großen Bergsteiger besteigen nicht nur deshalb einen Achttausender nach dem anderen, um ihr bergsteigerisches Können zu testen und zu vervollkommnen. Sie wollen damit auch immer wieder ihre Angst überwinden, um ihren Erfolg auf dem Gipfel zu erleben!

Kampf gegen die eigenen Ausreden

Ich komme immer wieder darauf zurück: Nehmen Sie den Kampf auch mit Ihrer Angst auf. Trauen Sie sich, Dinge zu tun, die über die Rolle hinausgehen, die andere Ihnen zugewiesen haben. Das ist Kampf, zunächst mit sich selbst, Kampf mit den ständigen Ausreden, die ein verängstigtes Denken wie von selbst am laufenden Band produziert.

Jeder Vertreter kennt die Situation, wenn er einen schwierigen Kunden aufsuchen soll und nicht ohne Auftrag zurückkommen darf: »Ich rufe erst gegen Mittag an. Dann sind die Besprechungen vorbei!« »Sicher ist es günstiger, nach dem Mittagessen anzurufen.« »Vielleicht sollte ich erst noch in meiner Firma anrufen, ob der Kunde nicht schon von sich aus bestellt hat.« Und so weiter. Ein Lügendetektor könnte Schluckauf bekommen, wenn man ihn mit diesen Ausreden füttern würde. Überlegen Sie, um wieviel besser Sie dastehen, wenn Sie Ihren Termin am Morgen vereinbaren und das Gespräch mit der Einstellung führen, daß es nicht schiefgehen kann. Daraus entsteht der Mut, der Sie weiterträgt!

Dieser Mut wird Ihnen auch helfen, die ganz alltäglichen Ängste zu überwinden: die Angst vor Armut, die Angst vor dem Bruch zwischenmenschlicher Beziehungen, die Angst vor Alter, Krankheit und Tod. Angst hat die Tendenz, gerade die Situationen anzulocken, vor denen wir uns fürchten. Diese tief in unserer Psyche sitzende Logik steckt in den ermunternden Worten, die wir jemandem auf den Weg geben: »Ich wünsch' dir Hals- und Beinbruch!« Das wirkt wie ein magischer Schutz im Gegensatz zu der gutgemeinten Mahnung: »Paß ja auf, daß du dir nichts brichst!« Damit lockt man die Pannen förmlich an. Und der andere kann noch triumphieren, wenn erwartungsgemäß etwas passiert: »Ich habe dir doch gesagt, daß du aufpassen sollst!« Lassen Sie sich nicht von anderen Menschen in Niederlagen hineinreden. Zeigen Sie Mut zu einer positiven Grundhaltung!

Selbstvertrauen schafft Vertrauen

Angst ist ein ganz großer Erfolgsverhinderer – im Beruf wie im Privatleben. Haben Sie schon einmal aufmerksam beobachtet, wie Menschen einen Festsaal oder einen Partyraum betreten? Die meisten drücken sich an der Wand entlang, bis sie glücklich die hinterste Ecke erreicht haben. Aber Sie wissen auch, auf wen sich das Interesse aller Partygäste konzentriert? Auf denjenigen, der sich mit Mut und Selbstvertrauen in die Mitte bewegt. Wie betreten Sie einen Festsaal oder einen Seminarraum?
Manchmal braucht man auch den Mut, ganz große Leute anzurufen. Zum Beispiel, um einen Termin zu vereinbaren und sich dem Gespräch mit einem Ministerpräsidenten oder dem Bundeskanzler zu stellen. Diesen Mut kann man schrittweise schulen. Ich kenne das. Ich hätte deshalb heute kein Problem, mit dem amerikanischen Präsidenten ein Gespräch zu führen. Dafür muß man natürlich die Inhalte parat haben, weil einen sonst der Mut verläßt, aber grundsätzlich ist nicht einzusehen, warum man vor so einem Gespräch Angst haben sollte. Ich werde darauf noch ausführlich in Teil 11 »Der K-Faktor und wie man mit einer Briefmarke sein Leben verändert« zu sprechen kommen.

Entdecken Sie den Reiz des Fremden!

Unsere Angstblockaden lauern überall. Viele Menschen haben Angst, allein ins Ausland zu reisen. Sie haben Angst vor fremden Menschen, vor einer Sprache, die sie nicht verstehen, vor einer Schrift, die sie nicht lesen können. Manchmal hängt aber das Sein oder Nichtsein einer Familie oder einer Firma ganz entscheidend davon ab, ob man den Mut aufbringt, diese Angst zu überwinden. Ich habe großen Respekt vor dem Mut, den ein anatolischer Bauer aufbringen muß, wenn er ohne Familie, ohne den Rückhalt seiner Dorfgemeinschaft, ohne Sprachkenntnisse aufbricht, um in einer total fremden Industriewelt wie Deutschland seinen Lebensunterhalt zu verdienen.

Ich habe durch meine Tätigkeit in der Schweiz, die mich in 60 Länder der Erde brachte, diese Angst überwinden gelernt. Ich wurde sogar so mutig, in Japan, wo ich nicht ein einziges Schriftstück lesen konnte, mit Hilfe eines Anwalts eine Firma zu gründen. Im Silicon Valley mußte ich damals, wenn ich direkt von den Produzenten kaufen wollte, als ein Kleinunternehmer zu Firmen wie AMD und Intel gehen, mein Konzept erklären und fragen, ob sie mich beliefern. Dazu gehörte Mut, aber die Antwort war meistens: »Why not!« Ich muß dazusagen, daß ich auf diese Menschen mit der fröhlichen Zuversicht zuging, meinen Liefervertrag zu bekommen. Die Vorstellung, daß ich scheitern könnte, habe ich einfach ausgeschaltet. Ich konnte sie mir auch gar nicht leisten. Das gab mir Mut und die nötige Haltung. Angst kann man »weg-muten«.

Gehen Sie auf Menschen zu, von denen Sie etwas erwarten können, und stellen Sie sich vor, wie die Sie freundlich anlächeln und sagen: »Warum nicht?« Erwarten Sie kein Nein, wenn Sie ein Ja so dringend benötigen. Einen Versuch wagen und dabei scheitern bringt zumindest eines – einen Gewinn an Wissen und Erfahrung. Nichts riskieren dagegen bedeutet von vornherein, sich mit einem nicht abschätzbaren Verlust abzufinden – dem Verlust des Gewinns, den das Wagnis möglicherweise eingebracht hätte.

Der Storno-Direktor

Mein Partner Herbert E. Graus und ich erlebten eine Geschichte, die unseren ganzen Mut herausforderte. Wir waren gerade in New York, als uns meine Frau den Auftrag eines Großkunden übermittelte, einen Auftrag für ein unbeschaffbares Teil, das gesucht wurde wie ein Edelstein. Wir machten uns sofort auf die Suche, führten Dutzende von Telefonaten, und tatsächlich gelang es uns, die Ware bei Intel ausfindig zu machen, die damals noch eine ganz junge Firma war. Wir bestätigten unseren Fund nach München, und der Auftraggeber be-

stätigte seine Bestellung. Wir waren glücklich über einen Millionenauftrag, der auf einen Schlag den Gesamtumsatz des vorangegangenen Jahres übertraf. Herbert und ich lagen uns vor Freude in den Armen.
Als wir wieder zurück waren, begannen die Teillieferungen. Nach der ersten oder zweiten Lieferung meldete sich einer der Direktoren aus der Firma des Großkunden und sagte, wir sollten vorbeikommen, er hätte etwas Ernstes mit uns zu besprechen. Ich hatte sofort ein sehr ungutes Gefühl. Wie üblich bei solchen Leuten, ließ er uns erst mal warten, dann legte er los: Er wisse zwar, daß er uns einen ordnungsgemäßen Auftrag ohne Stornorecht gegeben habe. Aber er möchte uns ans Herz legen, hinzunehmen, was er uns jetzt zu sagen habe. Er habe nun doch ein Storno in der Hand – und zwar für die restlichen 75 Prozent des Auftrags. Falls wir das nicht akzeptieren würden, bekämen wir von seiner Firma nie wieder einen Auftrag.
Die meisten unerfahrenen Kaufleute würden in einer solch bedrohlichen Situation wohl sagen: »Lieber nur ein Geschäft über dieses erste Viertel als einen Großkunden auf Dauer verlieren!« Sie würden aus Mutlosigkeit die ganze Unfairneß, die da im Gange war, akzeptieren. Wir waren wirklich in einer höchst kritischen Situation, denn wir mußten unseren Lieferauftrag bei unserem Lieferanten einhalten und bezahlen. In dieser Minute ging es um Kopf und Kragen, um die Existenz unserer Firma und um unsere eigene. Wir verweigerten die Annahme des Stornos.
Ich fuhr nach dieser unerfreulichen Unterredung zurück in die Firma und begann einen Brief zu schreiben – an den Einkaufschef dieses Konzerns. Darauf wurden wir zu einem Gespräch gebeten – und wir bekamen recht. Wir zogen die Lieferung durch und blieben Geschäftspartner bis heute. Für diesen Mut muß man allerdings die Wahrheit auf seiner Seite haben. Und man muß diesen wahrscheinlich normalen Fluchtreflex überwinden und auf sein Gegenüber zugehen.

Mut ist mehr als Wagemut

Mut braucht man aber nicht nur nach außen, sondern auch nach innen. Ich habe meine Firma immer so geführt, daß meine Mitarbeiter und ich einen sehr offenen Umgang miteinander pflegen. Offenheit ist äußerst wichtig, wenn man im Leben vorwärtskommen will. Nur wer ein reines Gewissen hat, kann anderen Menschen gegenüber offen sein. Dazu gehört auch, daß man Niederlagen nicht stillschweigend übergeht, um sie einen Mitarbeiter durch Nichtbeachtung oder andere Hinterhältigkeiten um so stärker spüren zu lassen. Ich führe unangenehme Gespräche sofort.

Ich führe diese Dialoge unmißverständlich, aber fair. Gerade zur Erledigung unangenehmer Dinge braucht man viel Mut. Wer bei diesem Einsatz gewinnt, steigert automatisch seinen Mut. Dazu muß man sich aber antreiben, denn Mut ist immer etwas, das auch nachläßt – wie Muskeln, die man nicht trainiert. Die Richtschnur für Mut ist die Ehrlichkeit.

Auf der hohen Kante

Mut ist, wie jede Tugend, selten anzutreffen. In Zeiten, die scheinbar keine Herausforderungen mehr bieten, wuchern die absurdesten Mutproben. Nächtliche Geschwindigkeitsduelle auf der Autobahn, S-Bahn-Surfen oder Fallschirmspringen von Wolkenkratzern – wir hören meistens davon, wenn wieder einer dieser Wagemutigen seine Todesverachtung mit dem Leben bezahlt hat. Es gibt natürlich auch den gut abgesicherten Nervenkitzel für die Yuppies, die irgendwo das Bedürfnis verspüren, aus ihrem Alltag auszubrechen, der ihnen möglicherweise nur Streß, aber keine echte Herausforderung bietet.

Ich fahre auf meinem Weg zum Büro täglich an einem dreißigstöckigen Hotel vorbei, an dem ein vom Dach hängendes Transparent verkündet: *We take you over the edge!* Oben ist eine Vorrichtung angebracht, von der aus man, gut angeseilt, mit Skiern über die Kante gehen und senkrecht die Wand hinunterlaufen kann. Für mich ist das ein deutliches Zeichen für die Sinnlosigkeit, die viele Menschen hinter der strahlenden Fassade ihres Lebens sehen. Ich frage mich immer wieder, warum diesen jungen Menschen niemand klarmacht, daß es weitaus interessantere Mutproben gibt, deren Spannung sich täglich wiederholt und ein Leben lang anhält.

Mit Mut in den finsteren Tunnel

Mut bedeutet für mich, mit Verstand ein kalkulierbares Risiko einzugehen. Mut heißt, die Gefahren einer Unternehmung zu kennen und die Angst vor dem möglichen Scheitern zu überwinden. Mut heißt, durch einen langen, finsteren Tunnel unbeirrbar auf sein Ziel zuzugehen.

Diesen Mut bekommt man aber nur, wenn man ein Ziel vor Augen hat. Diese Ziele können so unterschiedlich sein wie das Leben, egal ob es sich um das Lebensziel eines Albert Schweitzer handelt, der zu einer Zeit nach Afrika ging, als es noch keine wöchentlichen Holiday Charter nach Nairobi gab, oder um das Lebensziel des Ingenieurs und Flugtechnikers Otto von Lilienthal, der nach Wegen suchte, den uralten Menschheitstraum vom Fliegen wahr zu machen, und nach vielen geglückten Gleitflugversuchen in den Stöllner Bergen tödlich abstürzte. Mut ist keine Garantie gegen das Scheitern, aber ohne Mut ist das Scheitern garantiert.

Glaube macht Mut!

Wenn Sie mich fragen: »Woher nehmen Sie Ihren Mut?«, kann ich Ihnen ehrlichen Herzens sagen: »Aus meinem Glauben!« Ich glaube zunächst an Selbstverständlichkeiten, zum Beispiel, daß jeden Morgen die Sonne aufgeht. Dieser Glaube an Selbstverständlichkeiten verhindert bei mir jeglichen Pessimismus. Einer der großen Politiker der Nachkriegszeit, Carlo Schmid, erfand das herrliche Wortspiel: »Der einzige Mist, auf dem nichts wächst, ist der Pessimist!« Ich glaube an meine Fähigkeit, den Erfolg, den ich gestern hatte, auch heute zu wiederholen. Ich glaube aber vor allem an Gott. Wenn ich Kraft suche, lese ich in der Bibel. Ich kann dem amerikanischen Präsidenten Bill Clinton nachfühlen, wenn er sagt, daß auch er seine Kraft aus dem Lesen der Bibel schöpft. Sie ist das beste Buch gegen Mutlosigkeit.

Mein Glaube ist nicht unbedingt ein konfessionell ausgerichteter Glaube, auch wenn ich jeden Tag mit einem Gebet beginne. Dieser Glaube gibt mir den Mut, alle Lebensängste zu überwinden, die jeden Menschen begleiten. Dieser Glaube stärkt mein Selbstvertrauen und meine Kraft, täglich neue Türen aufzumachen – wie ein Kind, das voller Neugierde jeden Tag ein Türchen am Adventskalender öffnet.

Leben heißt für mich, ständig Türen zu öffnen. Jeden Tag steht man vor verschlossenen Türen, die einem Konkurrenten vor der Nase zugemacht haben, vor verschlossenen Türen, zu denen man vielleicht noch nicht den passenden Schlüssel hat, oder vor Türen, die weit offenstehen – wenn man nur den Mut hätte, hineinzugehen. Sehen Sie Ihren Erfolg hinter einer Tür, die Sie selbst weit aufstoßen können!

Diese Tür kann man nur öffnen, indem man mutig ist. Aber wenn Sie kein Ziel haben, können Sie auch keinen Mut entwickeln. Leben heißt für mich kämpfen, sich täglich verändern. Viele bringen nicht diesen Mut zur Veränderung auf. Sie leben nach dem Motto »Lieber schlecht gefahren als gut gegangen!« Aber wer seine Lebensentwürfe an die Mitfahrzentrale des Lebens abgegeben hat, darf sich nicht wundern, wenn er plötzlich an der Endstation landet. Nur mit Mut kann man sein Leben selbständig gestalten. Dem Mutigen gehört die Welt.

Leitsätze, Gedanken und Anregungen

1. Schreiben Sie Ihre ganz persönliche Unabhängigkeitserklärung. Legen Sie für sich fest, welche Rolle Sie in Ihrer Familie, in Ihrem Freundeskreis und in Ihrer Firma einnehmen möchten, und bereiten Sie sich auf Gespräche vor, die Sie Ihrer Vorstellung näher bringen.

2. Beweisen Sie Ihren Mut nicht im Bungeespringen, sondern durch unabhängige Meinungen und selbständiges Denken. Nehmen Sie jede Gelegenheit wahr, Ihren Mut zu trainieren.

3. Verwenden Sie die Angst vor Kritik als Prüfstein für Ihren Mut.

4. Überprüfen Sie, ob die Rolle, die von Ihnen erwartet wird, mit Ihrem eigenen Rollenverständnis übereinstimmt.

5. Schauen Sie jeden Abend in den Spiegel, und stellen Sie sich dabei die Frage, ob Sie an diesem Tag den Mut hatten, ganz Sie selbst zu sein. Machen Sie sich aber keine Selbstvorwürfe. Mut kann man genauso trainieren wie Laufen.

6. Machen Sie eine Aufstellung von unangenehmen Dingen, zu deren Erledigung Ihnen bisher der Mut fehlte.

7. Nehmen Sie sich für jeden Tag vor, einen Punkt Ihrer Aufstellung zu erledigen. Die Erleichterung, die Sie dabei verspüren, belohnt Sie für den Mut, den Sie dazu aufbringen mußten.

8. Seien Sie ehrlich, und durchschauen Sie Ihre eigenen Ausweichmanöver. Haben Sie den Mut, ehrlich zu sich selbst zu sein.

9. Schauen Sie hin, wo es gilt, mutig zu sein. Mischen Sie sich ein, wo Sie Zeuge von Unrecht und Ungerechtigkeit werden, wo Ihre Grundsätze und Überzeugungen auf dem Spiel stehen.

10. Gegen den Strom zu schwimmen kostet Mut – und bringt Kraft. Probieren Sie es so oft wie möglich aus.

TEIL 9

Angst – ein Zustand, der jeden Erfolg verhindert

Wer seine Träume leben will, muß seiner Angst begegnen!
Ja! Bleiben Sie ruhig an diesem Satz hängen. Sprechen Sie ihn laut vor sich hin. Schreiben Sie ihn ab. Nehmen Sie ihn in Ihr Denken auf. Ich halte ihn für einen der wichtigsten Sätze in diesem Buch, denn wahrscheinlich ist Ihnen noch nie bewußt geworden, daß nichts so sehr zwischen Ihnen und Ihrem eigentlichen Leben, zwischen Ihnen und Ihren Träumen und Wünschen steht wie Ihre Ängste. – Warum? – Weil Ihre Ängste eine negative Erwartungshaltung produzieren und Ihr Unterbewußtsein ständig mit negativen Bildern versorgen. Sie können nicht in der beklemmenden Angst vor der Armut leben und gleichzeitig das Selbstvertrauen ausstrahlen, das Sie für die Verwirklichung Ihres Traums von Reichtum und Erfolg so dringend benötigen.
Unsere negativen Gedanken sind wie die böse dreizehnte Fee. Ihre Verwünschungen werden letzten Endes Wirklichkeit. Deshalb hängt Ihre ganze persönliche Entwicklung, die Entdeckung Ihres wahren Ichs, die Entfaltung Ihrer – noch – verborgenen Kräfte, des ganzen Potentials Ihrer Kreativität davon ab, daß Sie sich Ihrer Ängste nicht nur bewußt werden, sondern daß Sie sie unter Kontrolle bringen und überwinden. Auch wenn Sie sich schon so sehr an Ihre Ängste gewöhnt haben, daß Sie sich ein Leben ohne sie fast nicht mehr vorstellen können!

Angst hat viele Gesichter

Angst frißt unser Selbstvertrauen auf. Angst frißt unsere Zuneigung und Liebe auf. Angst vor der Gegenwart und Angst vor der Zukunft entziehen unserem Körper jegliche Kraft. Sie zerstören unsere Ausstrahlung und damit unsere wichtigste Verbindung zu den Mitmenschen. Sie machen uns impotent, nicht nur in sexueller Hinsicht. Sie lähmen unsere Kreativität.

Angst ist eines der schlimmsten Gifte, die unser Leben bedrohen. Sie begleitet unser ganzes Leben von frühester Kindheit: Angst vor dem Allein-gelassen-Werden, Angst vor Strafe, Angst vor dem schwarzen Mann, Angst vor der Wut der Erwachsenen, Angst vor dem Liebesentzug durch die Eltern, die uns damit am schlimmsten bestrafen können. Dann kommt die Angst vor strengen oder ungerechten Lehrern, Angst vor Mitschülern, die nur darauf lauern, einen fertigzumachen, Angst vor Schulaufgaben, vor dem Versagen oder auch Angst, daß sich die Eltern trennen.

Eine der schlimmsten Ängste, die in dieser Endphase der Industriegesellschaft die so dringend benötigte Initiative und Motivation nimmt, ist die Angst, den Arbeitsplatz zu verlieren oder keinen mehr zu bekommen. Wer einen Arbeitsplatz hat, erlebt tagtäglich die Angst vor dem Chef, vor den Kollegen und wieder, wie schon zu Schulzeiten, die Angst vor dem Versagen. Diese Ängste sind auf keine Schicht, auf keinen Intelligenzquotienten und auf keinen Berufsstand beschränkt. Im Gegenteil, man bekommt den Eindruck: Je höher der IQ, um so höher der AQ – der Angst-Quotient.

Angst ist schlimmer als echte Gefahren

Diese Angst in der Arbeitswelt, das unwägbare Gefühl der Bedrohung, das aus einer lähmenden Ungewißheit geboren wird, ist schlimmer, als wenn man bereits sein Kündigungsschreiben bekommen hat. Leider wird in vielen Firmen diese Angst in einer schändlichen Weise ausgenützt, um Löhne zu drücken und aus den Arbeitnehmern Leistung bis an den Rand des Machbaren herauszupressen. So sagte der Geschäftsführer eines weltbekannten Unternehmens in Deutschland zu Frauen, die sich über Lohnkürzungen beschwerten, in Thailand würden Frauen für eine Schale Reis am Tag arbeiten.

Einem solchen Zynismus und psychischen Druck ist auf Dauer kein Mensch gewachsen, ohne krank zu werden. Wenn man diese Krankheiten nur an den Symptomen zu kurieren versucht, kann sich die Angstspirale munter weiterdrehen.

Wer anderen angst macht, hat meistens selber Angst

Aber auch die Menschen, die diese Ängste skrupellos zur Beherrschung ihrer Untergebenen einsetzen, werden von Ängsten verfolgt. William Shakespeare, der vielleicht großartigste Kenner der menschlichen Psyche, zeigt den Machtmenschen Richard III. in seinen furchtbaren Angstträumen vor der entscheidenden Schlacht, von der er ahnt, daß er sie verlieren wird.

Von einem der blutrünstigsten Diktatoren des 20. Jahrhunderts, von Josip Stalin, wissen wir durch einen seiner engsten Vertrauten, Nikita Chruschtschow, daß er ständig Angst vor den Menschen in seiner nächsten Umgebung hatte und daß er sie deshalb bei jeder sich bietenden Gelegenheit demütigte.

Wenn Sie das nächste Mal vor einem brüllenden Chef stehen, der Sie nach allen Regeln der Kunst fertigzumachen versucht, überlegen Sie ganz nüchtern, wo dieser scheinbar so furchteinflößende Mensch seinen ganz spezifischen Angstpunkt hat und warum er ausgerechnet Sie ausgewählt hat, um seine Angst abzureagieren. Vielleicht sind Sie ihm zuwenig unterwürfig. Dann nehmen Sie seinen Ausbruch als Kompliment.

»Unsere« Ängste

Einen Menschen, der keine Angst hat und niemals Angst verspürt, gibt es nicht. Das Gefühl der Angst scheint mit dem menschlichen Dasein verknüpft zu sein. Dieses Gefühl hängt eng mit unseren Wahrnehmungen zusammen. Wer keine Ängste kennt, scheint aus einer anderen Welt zu kommen. Das ist jedenfalls der Inhalt des Märchens »Von einem, der auszog, das Fürchten zu lernen«. Unsere Ängste gehören zu uns wie unser »genetischer Fingerabdruck«. Dabei spreche ich von den alltäglichen Ängsten, nicht von den krankhaften Angstzuständen, die nur von einem erfahrenen Psychotherapeuten behandelt werden können.

Jeder Mensch schleppt seine ganz spezifische Angst mit sich herum. Das ist nicht die völlig normale Angst um Leib und Leben, die entsteht, wenn ich bei Gewitter in der Eigernordwand hänge. Diese Angst hat etwas durchaus Positives; sie warnt mich vor einer Situation, die unangenehm oder gefährlich werden könnte. Ich meine die Angst, die mich überfällt, das heißt, die ich aus mir heraus produziere, wenn ich nachts im Bett liege, oder die mit einem Vertreter herumläuft, der zum zehnten Mal ein schwieriges Kundengespräch auf einen günstigeren Zeitpunkt verlegt. Für diese Art von Angst können wir auch »konditioniert« werden.

Wenn wir dreimal hintereinander erlebt haben, daß morgens um acht Uhr ein unangenehmer Anruf kommt, werden wir automatisch Herzklopfen bekommen, wenn um diese Zeit wieder das Telefon klingelt, selbst wenn es ein Freund ist, der uns zum Geburtstag gratulieren will. Wer immer wieder von seinem cholerischen Chef wegen kleinster Fehler getadelt wird, bekommt schon einen trockenen Mund, wenn er ihm nur auf dem Gang begegnet. Es sind die vielen kleinen Ängste, die sich vor unserem Erfolg zu einem unüberwindlichen Berg auftürmen. Deshalb können Sie Ihre Träume erst leben, wenn Sie Ihren Ängsten begegnet sind, sie analysiert und überwunden haben. Wenn Sie Ihre Ängste gleichsam in einen Harnisch von Mut eingehüllt haben!

Die Warnsignale des Körpers

In unserer Sprache ist sehr genau registriert, wie die Angst körperlich auf uns wirkt: Es verschlägt uns die Stimme, wir bekommen Herzklopfen und Beklemmungen, uns bleibt die Luft weg, wir werden kreidebleich, die Knie werden weich, der kalte Schweiß bricht uns aus, uns stehen die Haare zu Berge, wir sind starr vor Angst; die Angst schlägt uns auf den Magen, sie sitzt uns im Nacken, sie geht uns unter die Haut und an die Nieren! – Die Liste ließe sich noch beliebig verlängern. Exakt diese Symptome finden Sie auf der Liste der häufigsten psychosomatischen Erkrankungen wieder.

Kürzlich unterhielt ich mich am Rande einer Tagung mit einem Mediziner, der mir eine erschreckende Zahl nannte. Er sagte mir, daß etwa 20 Millionen Deutsche im weitesten Sinn Angstpatienten sind. Sie leiden unter den Symptomen von Angst: Bluthochdruck, Schilddrüsenüberfunktion, Magengeschwüre, Atemnot, Arthrose. Als er erkannte, daß er in seiner Praxis jahrelang immer nur an dem von der Angst am stärksten betroffenen Organ, dem Herzen, herumtherapiert hatte, ohne dem Grundübel an die Wurzel zu gehen, beendete er seine Arbeit auf der medizinischen Seite und verlegte sich auf die Psychotherapie!

Dieser Psychotherapeut machte mir auch deutlich, welche körperlichen Schäden durch unzureichende Bewältigungsversuche von Angst entstehen können: Lebererkrankungen aufgrund von Alkoholmißbrauch, Nierenversagen, hervorgerufen durch Tablettensucht, und Fettleibigkeit von Menschen, die ihre Angst buchstäblich in sich hineinfressen. Noch nie war mir das dramatische Ausmaß der täglichen Angst so deutlich wie nach diesem Gespräch.

Dabei erfuhr ich auch, daß Deutschland über ebenso viele Betten in psychosomatischen Kliniken verfügt wie alle übrigen Länder der restlichen Welt zusammen. Außerdem werden in Deutschland jährlich 5000 Tonnen Schlaftabletten verbraucht! Ist das nicht ein trauriger Rekord? Daß sich diese unbewältigten Ängste so stark in der Statistik niederschlagen, machte mich doch sehr nachdenklich. Diese Statistik zeigt aber auch eines: daß es unbegründet ist, wenn viele Menschen glauben, daß sie ganz allein seien mit ihrer Angst! Und daß es jedenfalls keine Schande ist, sich zu seiner Angst zu bekennen.

Nimm uns unsere tägliche Angst!

Wir sollten deshalb nicht nur beten: *Gib uns unser tägliches Brot!*, sondern: *Nimm uns unsere tägliche Angst!* Und ich möchte hinzufügen: Schenke uns wieder unsere tägliche Energie, unsere tägliche Entschlußkraft und vor allem unsere tägliche Lebensfreude. Gib uns unser tägliches Selbstvertrauen, unseren täglichen Mut, jeder Herausforderung zu begegnen, unsere Fähigkeit, logisch zu denken, unseren Willen, unsere Phantasie!«

Je mehr Mut und Kraft wir in uns finden, um so geringer werden unsere Ängste. Je bewußter wir Freude in unser Leben bringen, Optimismus und positives Denken, um so schwächer werden diese irrationalen Ängste, die den Streß verursachen.

Kein Mensch kann im Ernst behaupten, daß ihn ein normaler Achtstundentag im Büro physisch völlig fertigmacht. Wer ständig über Arbeitsstreß jammert, signalisiert damit nur, daß ihm die Arbeit keinen Spaß macht, daß er sich von seinen Aufgaben überfordert fühlt und daß er Angst vor Entscheidungen hat – oder auch nur, daß er nicht in der Lage ist, seine Zeit richtig einzuteilen bzw. die richtigen Prioritäten zu setzen!

Alptraum Prüfungsangst

Vor nicht allzu langer Zeit erzählte mir ein angesehener, erfolgreicher Bankier, daß er regelmäßig von seiner Abiturprüfung träumt und nachts schweißgebadet aufwacht. Da er als erfolgreicher Mann in seinen besten Jahren nicht einmal mit seiner Frau über seine Ängste sprechen kann, verfolgen sie ihn bis in

seine Träume. Es dauerte lange, bis er sich selbst eingestehen konnte, daß sich hinter diesem Prüfungstrauma seine irrationale Angst vor dem Versagen im Beruf verbirgt. Menschen, die von sich behaupten, daß sie diese Angst nicht kennen, neigen zu dem kurzen und verächtlichen Kommentar: »Alles Einbildung!« Sie haben damit sogar recht. Aber gerade diese Einbildung macht krank!
Es gab für diesen Bankier gar keinen realistischen Grund, Angst zu haben, daß er versagen könnte – außer dieser eingebildeten Angst! Er fing an, schlecht zu schlafen. Die Folge: Er war am Morgen müde. Gegen die Müdigkeit trank er schon am Morgen mehrere Tassen Kaffee, und seine Sekretärin hatte dafür zu sorgen, daß auch den Tag über ständig eine volle Kanne Kaffee an seinem Schreibtisch stand. Kein Wunder, daß er nun abends noch schlechter einschlafen konnte und Schlaftabletten nehmen mußte. Ein Teufelskreis begann. Das permanente Gefühl von Müdigkeit schlug sich auf seine Stimmung. Er war gereizt, bekam immer häufiger Streit mit seiner Frau. Dieser Streit verfolgte ihn während der Arbeit. Dadurch war er unkonzentriert, und allmählich hatte er wirklich Grund, sich über seine Leistung Gedanken zu machen.

Bekenne dich zu deiner Angst!

Die Angst, die dieser Mann selbst produzierte, war durchaus dazu angetan, den Zustand herbeizuführen, vor dem er Angst hatte. Er bekämpfte seine Angst mit der Droge Kaffee und mit Schlaftabletten, weil er nicht wußte, daß es ein viel wirksameres Heilmittel dagegen gibt: die Mobilisierung aller positiven Kräfte in uns. Wie bei allen anderen negativen Erscheinungen unseres Lebens ist für eine erfolgreiche Bekämpfung aber auch in diesem Bereich eines wichtig: *Erkenne deine Angst, und bekenne dich zu ihr!*
In unserem Gespräch wurde deutlich, daß diesem von einer scheinbar irrationalen Angst geplagten Menschen der Zusam-

menhang zwischen seiner Angst und einem zunehmenden körperlichen Unbehagen nicht bewußt war. Hätte ihm sein Hausarzt nach der Generaluntersuchung eine Litanei von Symptomen vorgelesen und ihm erklärt, daß diese Beschwerden von seiner beruflichen Belastung kämen und er ab sofort Herztropfen und Tabletten gegen sein Magendrücken nehmen müsse, hätte sich dieser Mann höchstwahrscheinlich bestätigt gefühlt und wäre vielleicht sogar mit einer gewissen Befriedigung zur Apotheke gegangen.

Mut hilft mehr als Medikamente

Als er sich bei mir einmal aussprach, sagte ich ihm, daß er sich vor allem darüber klarwerden muß, woher seine Alpträume von einer längst vergangenen Prüfungsangst kommen, und daß dann seine Beschwerden von selbst verschwinden würden. Er sah mich zunächst sehr erstaunt an. Er wollte nicht an die negativen Zusammenhänge von Körper und Geist glauben. Ich fragte ihn: »Wie haben Sie sich gefühlt, als Sie diesen Posten übernommen haben?« Seine Antwort war: »Phantastisch! Das war noch einmal so ein richtiger Kick. Auch körperlich! Ich hatte ein Gefühl, als könnte ich Bäume ausreißen.« Dann erzählte er von den großen Transaktionen, die er zustande gebracht hatte.
Aber nun war er an einem Punkt angelangt, wo er sich entscheiden mußte, ob er in der gegenwärtigen Position bleiben sollte – und das würde zwangsläufig ein Abstellgleis werden – oder ob er sich zutraute, in die nächste Ebene aufzurücken und ganz neue Aufgaben zu übernehmen. Und davor hatte er, wie er sich bei ehrlicher Überlegung eingestehen mußte, insgeheim Angst. Das war weiter oben, als er sich je hatte vorstellen können aufzusteigen! Aber er hatte auch Angst vor der Alternative, nämlich bis zur Pensionierung auf demselben Fleck zu sitzen und sozusagen mit den Mitarbeitern dieser Abteilung alt zu werden. Was für ein Unsinn, einen tief im eigenen Bewußtsein sitzenden Zweifel an den eigenen Fähigkeiten mit Medikamenten be-

kämpfen zu wollen! Für die meisten Menschen in derartigen Positionen ist es hierzulande – im Gegensatz zu den USA – immer noch völlig undenkbar, sich in derartigen Konfliktsituationen in eine psychotherapeutische Behandlung zu begeben. Dann schon lieber Herzbeschwerden! Aber letzten Endes konnte ich ihn doch überzeugen. Er entschied sich für einen Schritt zurück, der ihm erlaubte, wieder zu sich selbst zu finden!

Ängste kann man »wegmuten«
Haben Sie schon einmal am späten Vormittag auf einem Gipfel gestanden und zugesehen, wie die Wolken, die am Morgen noch drückend im Tal lagen, langsam hochsteigen und sich unter der Einwirkung der Sonnenstrahlen auflösen? In der gleichen Weise müssen wir unsere tiefsitzenden Ängste aus unserem Unterbewußtsein hervorholen und sie der Einstrahlung einer positiven Lebenseinstellung aussetzen. Das erfordert Mut und große Ehrlichkeit gegenüber sich selbst! Wer Schwierigkeiten hat, sich seine Ängste einzugestehen, kann auch kein sinnvolles Angstmanagement betreiben, das alle drei Bereiche unseres Daseins einbezieht – Körper, Geist, Seele. Zeigen Sie Mut! Stellen Sie sich auf den Gipfel des positiven Denkens. Dann können Sie die dunklen Wolken der Angst »wegmuten«.

Betrachten Sie immer die helle Seite!
Wie kann man Ängste abbauen und den positiven Energiefluß, der in erster Linie im Körper ins Stocken gerät, wieder zum Fließen bringen und zu einer Begeisterung für das Leben, zur Akzeptanz von sich und anderen, kurz: zu einer positiven Lebenseinstellung und zu Optimismus zurückkehren? Wie ich aus meinem Leben gelernt habe, kann man seinen Geist zum Optimismus erziehen und negative Erfahrungen und Ängste »wegmuten«. Man kann lernen, die Dinge von ihrer hellen Seite zu betrachten. Aber wie lernt man das?

Wie man seinen Körper von der Angst reinigt

Viele Menschen versuchen, ihre Ängste über den Körper abzubauen. Sie hoffen, daß die Verkrampfungen der Seele nachlassen, wenn sie die Verkrampfungen des Körpers mit Hilfe »geistiger« Getränke oder Psychopharmaka auflösen. Das ist der negative Weg! Denn er vernebelt die klare Sicht! Dennoch ist es richtig, vom Körper her zu beginnen, die Verkrampfungen der Seele und des Geistes zu lösen, denn die körperlichen Symptome stehen in enger Verbindung mit unserem Denken und Fühlen und mit unserem Nervensystem.

Das Gefühl der Angst ist ja nicht im Büroalltag oder im Berufsstreß entstanden, sondern in der Savanne, wo die Angst vor ständig drohenden Gefahren eine wichtige Überlebensstrategie des homo *erectus*, dieser Vorform des Menschen, war und je nach Art der Gefahr und der augenblicklichen Position des »Verängstigten« zweierlei Reflexe auslösen konnte: den Fluchtreflex oder den Reflex, sich totzustellen oder sich zumindest so unauffällig zu verhalten, daß man hoffen konnte, übersehen zu werden. Der Gefahr durch Angriff, also mit Mut zu begegnen war aufgrund der körperlichen Unterlegenheit dieser »nackten Affen«, die gerade den aufrechten Gang gelernt hatten, ein weniger erfolgversprechendes und daher selten angewandtes Verhaltensmuster.

Mutig auf Gefahren zuzugehen, selbst wenn es sich um Drachen und andere Ungeheurer handelte, war auf die wenigen Ausnahmeerscheinungen beschränkt, die, wenn sie überlebten, erst zu Helden erklärt und dann zu Anführern gemacht wurden. Mir scheint, daß das im wesentlichen so geblieben ist. Ich bin tatsächlich der Meinung: Nur wer seine Angst überwindet und in gefährlichen Situationen Mut bewiesen hat, sollte die Chance bekommen, in Führungs- und Verantwortungspositionen aufzurücken. Nur wer seine eigene Angst mit Mut überwunden hat und über ein gesundes Selbstvertrauen verfügt, wird gute Leistungen seiner Mitarbeiter nicht mit Argwohn betrachten. Das ist der tiefe Sinn hinter dem Satz Thomas Manns: »Niemand kann andere gut führen, wenn er sich nicht ehrlich an deren Erfolg zu freuen vermag!« Das ist die Freude, die aus dem Mut und der eigenen Sicherheit kommt.

Mut ist auch die einzige Form der Angstbewältigung, die – zumindest im Büroalltag – keine negativen körperlichen Symptome hervorruft – im Gegensatz zum nicht ausgelebten Fluchtreflex und dem in unserer gläsernen Gesellschaft kaum noch möglichen »Sich-Verdrücken«.

Lösen Sie die Spannungen aus Ihrem Körper!

Dieses »Nicht-ausleben-Können« der Angst führt dazu, daß die Angst sozusagen im Körper steckenbleibt – in der mildesten Form in Verkrampfungen im Nacken- und Schulterbereich. Wer Angst hat, Schläge zu bekommen, zieht unwillkürlich die Schultern hoch, um den mit den empfindlichen Schlagadern sehr gefährdeten Hals zu schützen. Er zieht buchstäblich den Kopf ein! Das Herzrasen ist der Reflex, mit dem das vegetative Nervensystem den Körper auf die Flucht vorbereitet, und auch die Magenschmerzen gehören in diesen Bereich. Vom Adrenalin, das die Verengung der Blutgefäße, die Beschleunigung des Herzschlags und die Hemmungen der Darmbewegungen auslöst, aber in der Bewegungslosigkeit nicht abgebaut wird, nicht zu reden.

Aus diesem animalischen Zusammenhang heraus macht es Sinn, seinen Ängsten und ihren körperlichen Folgen nicht mit noch mehr Grübeln, sondern mit Bewegung zu begegnen. Ein Bekannter von mir hat in einer beruflich sehr schwierigen Situation genau diese Erfahrung gemacht. Er hatte zusammen mit seinem ehemaligen Chef in euphorischer Stimmung ein Handelsunternehmen gegründet, um nach kurzer Zeit feststellen zu müssen, daß er trotz eines vierzehn- bis sechzehnstündigen Arbeitstages, und das sieben Tage in der Woche, nur Vorwürfe und verachtungsvolle Behandlung erntete. Da der Betrieb in den ersten beiden Jahren keinen Gewinn abwarf und sein Einkommen dementsprechend gering war, kamen zu dem Ärger im Büro die Angst um die Zukunft und wachsende Schwierigkeiten in der Ehe. Seine Frau hatte ihm bereits mehrfach angedeutet, daß sie nicht bereit sei, diese Situation noch lange mitzutragen.

Mit Turnschuhen gegen die Angst

Eines Tages, als er sich nervlich und physisch richtig fertig fühlte, hatte er angesichts eines herrlichen Frühlingstages intuitiv den richtigen Gedanken: »Ich muß versuchen, dieses Gefühl aus meinem Körper loszuwerden!« Jogging war ihm kein Begriff. Das wurde erst ein paar Jahre später erfunden. Er zog einfach seine Turnschuhe und seine Trainingshose an und lief eine ganze Stunde lang durch den nahe gelegenen Park. Nicht sehr schnell, aber mit dem festen Willen, nicht aufzuhören, bis er den Park umrundet hatte.

Nach einiger Zeit merkte er, wie sich die Verkrampfung aus seinem Körper löste, wie die Magenschmerzen nachließen, wie er dieses körperliche Unbehagen förmlich herausschwitzte und wie der ganze Ärger dieses Tages einer tiefen Befriedigung über die körperliche Anstrengung wich. Er lief seinen Ängsten und seinem Ärger nicht davon, er baute sie durch Laufen ab – und machte dabei ganz wertvolle Erfahrungen, z. B. daß seine Kraft immer gerade so weit reichte, wie er sich vorgenommen hatte zu laufen! Und noch wichtiger war die folgende Erkenntnis: Wenn er zuließ, daß sich seine Gedanken beim Laufen zu sehr mit den negativen Erlebnissen des Tages beschäftigten, kam er viel schneller an den Punkt, daß er aufgeben wollte!

Er lernte durch diese Form der Angst- und Ärgerbewältigung auch sehr viel über Ausdauer. Wenn er dem Bedürfnis stehenzubleiben nicht nachgab, kam nach einiger Zeit von irgendwoher eine Kraftreserve, mit der er fast unbegrenzt weiterlaufen konnte. Und er lernte, daß es wichtig ist, allein zu laufen. Nur dann kann man diesen Kampf gegen das Aufgebenwollen mit sich führen.

Freude über Leistung besiegt die Angst

Aber das wichtigste war die Erkenntnis, daß man nicht zwei entgegengesetzte Gefühle gleichzeitig haben kann: Freude über eine körperliche Leistung und Angst vor der Zukunft oder Ärger über den beruflichen Alltag! Wenn er unter der Dusche stand, gab es nur das Gefühl tiefer Befriedigung, daß er es wieder einmal geschafft hatte, die ganze Strecke durchzuhalten! Über diese intuitiv richtige Entscheidung, das Unbehagen der Seele und des Geistes über die körperliche Anstrengung abzubauen, gibt es mittlerweile eine Reihe von wissenschaftlichen Untersuchungen. Das Laufen scheint dafür ganz besonders geeignet zu sein – vielleicht weil es dem natürlichen Fluchtreflex in der Savanne am nächsten kommt. Außerdem ist das Denken nicht wie beim Tennisspielen auf einen Gegner und den Ball konzentriert. Man kann sich bis zu einem gewissen Grad mit seinen Problemen beschäftigen, aber man kann nicht grübeln, während man läuft!

Neben den positiven Auswirkungen, Normalisierung des Blutdrucks und Verbesserung der Sauerstoffversorgung, ist sogar die Stärkung des Immunsystems nachgewiesen und von Tausenden von Joggern bestätigt. Bei vielen Streßgeplagten und auch bei ehemals Suchtkranken ist das Laufen zu ihrer neuen, sehr positiven »Sucht« geworden. Wie kommt das? Weil durch das Laufen Verspannungen auf ganz natürlichem Wege abgebaut und in erhöhtem Maße die körpereigenen Drogen, die Endorphine, produziert und ausgeschüttet werden. Laufen Sie sich gesund!

»Dann tu's doch!«

Fangen Sie an, die Dinge, die Ihnen angst machen, die Sie als Verspannung spüren und die sich wie eine beginnende Erkältung in körperlichem Unbehagen niederschlagen, als körperliche und geistige Herausforderung zu nehmen. Vor einiger Zeit las ich die Geschichte eines großen Abenteurers unserer Zeit,

David Miln Smith. Er hat laufend halb Ostafrika durchquert, ist vom Victoriasee mit dem Kajak den Nil hinuntergepaddelt und ist allein zu Fuß über das Atlasgebirge gegangen.
Er war genausowenig wie Sie und ich als Abenteurer geboren worden. Seine Abenteuerlaufbahn begann damit, daß er mit seiner Freundin in San Francisco auf der Golden Gate Bridge stand und darüber jammerte, daß ihn sein Leben in keiner Weise befriedige, obwohl es äußerlich großartig zu verlaufen schien. Er verdiente eine Menge Geld, er besaß eine Superwohnung, teure Kleidung, mehrere Autos, Dutzende von Kreditkarten, er war Mitglied in den richtigen Clubs, kurz, er hatte alles, was man sich für ein angenehmes Leben wünschen kann. Aber ihm fehlte ein Lebensinhalt, der ihn befriedigte. Er hatte keine Ziele, für die es sich lohnte zu kämpfen. Und er fügte dieser Schilderung der Inhaltslosigkeit seines Lebens bedauernd hinzu: »Eigentlich wollte ich schon immer mal über das Golden Gate schwimmen!« Dieses »eigentlich« wischte seine Freundin mit einem fröhlichen Lachen und dem entwaffnenden Satz beiseite: »**Dann tu's doch!**« Die einzige Voraussetzung, die er dafür mitbrachte, war, daß er früher mal sportlich gewesen war. Davon war aber nichts mehr zu spüren. Er betrieb eine gutgehende Bar, wo er selbst zu seinen besten Gästen zählte und jeden Abend seine Cocktails durchprobierte. Außerdem rauchte er zuviel. Aber dieses *Dann tu's doch!* hatte in ihm eine ungeheure Verwandlung bewirkt. Seine Freundin hatte ihm dieses »Eigentlich wollte ich schon immer mal ...!« mit ihrem simplen *Dann tu's doch!* aus der Hand geschlagen und ins Golden Gate gekickt.

Überwindung der Angst verleiht neuen Mut
Er erkannte plötzlich den entscheidenden Unterschied zwischen vagen Illusionen und ernsthaften Intentionen. Intentionen verlangen eine Entscheidung und einen Einsatz, der das ganze Leben verändern kann. Nur Intentionen, hinter denen man mit

seinem ganzen Willen, mit seiner ganzen Person steht, verwandeln sich Schritt für Schritt in Wirklichkeit. Und sie verwandeln den, der diesen Unterschied begriffen hat, schlagartig in eine völlig neue Persönlichkeit. Dazu gehört auch, daß man sich durch seinen gegenwärtigen Zustand und die »realistische« Einschätzung seiner Möglichkeiten nicht von seinen Intentionen abbringen läßt. Man muß einfach anfangen, sich in Richtung seiner Intentionen zu bewegen, und sei es nur in winzigen Schritten. Aber dieser Entschluß verwandelt das Grundmuster unseres Lebens!

Als David Miln Smith dieses Vorhaben seinen Freunden erzählte, lachten sie ihn aus. Der Blick auf seine Figur und die Ankündigung, übers Golden Gate zu schwimmen, waren der Party-Joke des Abends! Nur seine Freundin ermutigte ihn, und er gab von einem Tag auf den anderen den Alkohol und die Zigaretten auf und fing an zu trainieren. Beim ersten Mal schaffte er ganze zwei Längen im Schwimmbad. Dann war er völlig außer Atem und ziemlich niedergeschlagen, war er doch einmal der beste Schwimmer seiner Schule gewesen. Aber er zwang sich, jeden Tag eine Länge mehr zu schwimmen. Merken Sie sich schon jetzt dieses Rezept: »Jeden Tag eine Länge mehr!« Nach erstaunlich kurzer Zeit konnte er mit dem Training im eiskalten Wasser der Bucht von San Francisco beginnen. Um sein Vorhaben zu Ende zu führen, trat er einem Club erfahrener Golden-Gate-Schwimmer bei und fand dabei ganz neue Freunde, die ihn in seinem Vorhaben bestärkten. Suchen auch Sie sich Freunde, die Sie in Ihren positiven Unternehmungen bestärken!

Er schwamm über das Golden Gate

Auch das ist ein wichtiger Punkt! Suchen Sie den Umgang mit Menschen, die Sie in Ihrem Mut bestärken! Meiden Sie den Umgang mit Menschen, die Ihre Ängste schüren und Sie mit ihren negativen Prognosen nicht hochkommen lassen wollen! Mit einigen von diesen neuen Freunden schwamm David Miln Smith an seinem 26. Geburtstag, nur fünf Monate nachdem er seinen Entschluß gefaßt hatte, über das Golden Gate. Diesen Tag hatte er insgeheim von Anfang an dafür festgelegt! Und er veränderte damit sein ganzes Leben. Die Unzufriedenheit mit seinem Leben und die Angst, ziellos sein Leben zu verplempern, waren einem völlig neuen Abenteuerdrang gewichen.

Er forderte seinen Mut mit immer größeren Vorhaben heraus. Er war der erste Mensch, der über die Meerenge von Gibraltar von Afrika nach Europa schwamm. Und er fand eine phantastische Methode, die Angst, die immer noch tief in seinem Innern saß, zu überwältigen. Er ließ sich eine Nacht in der berüchtigten St.-Michaels-Höhle auf Gibraltar einschließen, deren vollständige Tiefe bis heute nicht genau bekannt ist. Mehrere Menschen, die diese Höhle vor ihm erforschen wollten, waren bereits spurlos verschwunden. Niemand wußte, was mit ihnen passiert war. Eine Theorie war, daß die äußerst aggressiven Berberaffen, die den Felsen von Gibraltar bevölkern, ihnen den Garaus gemacht haben könnten. Jedenfalls schien sich die Höhle mit undefinierbaren Geräuschen zu füllen, kurz nachdem er sich in seinem Schlafsack in einer kleineren Seitenkammer niedergelassen hatte. Ein undefinierbares Grauen schien in seiner Vorstellung die Höhle zu füllen. Aber er konnte nicht zurück, das Tor war fest verschlossen. Das hatte er so vereinbart. Die totale Finsternis tat ein übriges. Er geriet zusehends in Panik – bis er buchstäblich starr vor Schreck war und fast vergaß zu atmen. In diesem Zustand totaler Bewegungslosigkeit blieb er über eine Stunde gefangen.

Umarmen Sie Ihre Monster!

Da geschah etwas völlig Unerwartetes: Er sah plötzlich sich selbst und seinen erbärmlichen Zustand wie von außen. Aber damit kam zugleich ein ganz neues, für ihn bisher unbekanntes Gefühl, das sich wie ein schützender Panzer um ihn zu legen schien. Jedenfalls dachte er: »Wenn jetzt dieses Monster auf-

taucht, werde ich es einfach umarmen!« (Er nannte übrigens auch sein Buch »Hug the Monster!«) Und dann schlief er ein. Seither spürt er in sich diese ungeheure Sicherheit: *Egal welches Monster auf mich zukommt, ich werde es umarmen!*
Welches sind die Vorhaben, die Sie »eigentlich schon immer mal durchführen wollten«? Wann fangen Sie an, auf Ihre Monster zuzugehen? Ich empfinde das als eine hervorragende bildliche Beschreibung dessen, was ich in ganz anderer Weise in meinen dunkelsten Stunden erlebt habe. Auch ich wußte: »Egal was auf mich zukommt, ich werde es akzeptieren und damit kämpfen oder untergehen!« Ich habe jedenfalls eines gelernt: Der Angst und der Gefahr aus dem Weg zu gehen bringt keinesfalls eine größere Sicherheit, als wenn man direkt auf sie zugeht. Wie real die Gefahr ist, vor der wir Angst haben, werden wir nur erfahren, wenn wir uns – wie Siegfried und all die anderen Drachentöter aus der Mythologie – dem Kampf stellen!

Öffnen Sie immer den Briefkasten!

Sich dem Kampf gegen die Angst stellen heißt in erster Linie, die Verantwortung für sein Leben selbst zu übernehmen, denn Angst kommt auch aus der Tatsache, daß man die Verantwortung für sein Leben über lange Zeit auf andere Menschen übertragen hat. Angst entsteht durch Flucht aus der Verantwortung. Je mehr ich selbst entscheiden kann, um so weniger Angst brauche ich vor falschen Entscheidungen anderer zu haben!
Angst kommt häufig auch aus der Vergangenheit, aus all den negativen Erfahrungen, die wir gemacht haben.
Ich erinnere mich zum Beispiel noch sehr genau an meine Angst vor dem Briefkasten. Angst kommt natürlich auch durch zuviel Grübeln, was die Zukunft Schlimmes bringen könnte. Glauben Sie ja nicht, daß ich frei bin von Angst, nur weil ich darüber schreiben kann. Meine frühere Angst vor dem Briefkasten stand sicherlich in Zusammenhang mit einer sehr tiefsitzenden Angst – nämlich wieder so arm zu sein, wie ich in meiner Kind-

heit war. Das ist aber nicht die irrationale Angst, die einen lähmt. Es ist, wie wenn ich mich in Kenntnis des Risikos ans Steuer meines Autos setze. Ich weiß, was ich zu tun habe, um einen Unfall zu vermeiden. Deshalb löst diese Angst in mir nicht den Reflex aus, mich totzustellen – im Gegenteil! Sie weckt meine totale Aufmerksamkeit und augenblickliche Reaktion! Ich habe auch keine Angst, daß ich an einer Aufgabe scheitern könnte. Je größer die Gefahr ist zu scheitern, um so mehr Gedanken mache ich mir, was ich an Wissen und Fähigkeiten noch benötige, um der Aufgabe gerecht zu werden und sie zu meistern.

Bringen Sie Ihr Denken unter Kontrolle!
Stellen Sie sich mutig Ihren Ängsten, der Angst vor der Zukunft und der Angst, die aus der Vergangenheit kommt, und der Angst, einer Aufgabe nicht gewachsen zu sein! Umarmen Sie Ihre persönlichen Monster mit Mut, mit Optimismus, mit einer positiven Lebenseinstellung, indem Sie Ihre Denkgewohnheiten ändern. Bringen Sie Ihr Denken unter Kontrolle, hören Sie auf, sich ständig die schrecklichsten Ereignisse vorzustellen, die in naher Zukunft passieren könnten. Diese optimistische Haltung erfordert um so mehr Übung, je länger man sein Denken von negativen Vorstellungen hat regieren lassen.
Durchbrechen Sie die Angstspirale mit der Überlegung: »Was kann mir schlimmstenfalls passieren?« – Wenn Sie diesen »worst case« einmal akzeptiert haben, gelangen Sie meistens zu einem Ergebnis, das wesentlich besser aussieht, als Sie befürchtet haben. Ich hätte mit meinem Unternehmen in den ersten beiden Jahren scheitern können! Das hätte mir noch lange nicht die Möglichkeit genommen, es ein zweites Mal zu versuchen. Mein Freund Manfred hat sich jahrelang dagegen gewehrt, seine Eigentumswohnungen zu verlieren. Das hat ihn Hunderttausende von Mark gekostet. Hätte er von Anfang an gesagt: »Gut! Ich kann sie nicht mehr finanzieren. Ich verkaufe sie!«, hätte er

nicht in der ständigen Angst vor der Bank gelebt. Letzten Endes mußte er doch verkaufen und war dann viel schlechter dran, als wenn er diese Lösung gleich akzeptiert hätte.
Er wollte sich mit dieser Frage »Was kann mir schlimmstenfalls passieren?« nicht auseinandersetzen – und deshalb ist dieser schlimmste Fall tatsächlich eingetreten! Die Angst vor dem Briefkasten ist in dem Moment vorbei, wenn man ihn öffnet! Erst wenn man ihn geöffnet hat, weiß man, von wem der gefürchtete Mahnbescheid kommt. Vielleicht findet man statt dessen einen Scheck, mit dem man nicht gerechnet hat, oder ein paar aufmunternde Zeilen von einem Freund, den man seit Jahren nicht mehr gesehen hat.

Mut zum Risiko

Mit persönlichen Beziehungen ist es nicht anders. Wer jahrelang Angst davor hat, sein eigenes Leben zu leben, weil er oder sie sonst die Ehe oder die Partnerschaft gefährden könnte, der verliert diese Partnerschaft eben stückweise. Mit jedem faulen Kompromiß rinnt ein bißchen mehr Glück, Liebe und Selbstvertrauen durch die Sanduhr unserer Gefühle! Mut zum Risiko fordert klare Entscheidungen vom Partner! Er erkennt den Ernst der Entscheidung und kann sich seinerseits nicht mehr davor drücken! Lebenserfahrung gewinnt man nur durch die Probleme, denen man sich stellt!
Ihr Mut muß immer nur ein klein wenig größer sein als Ihre Ängste! Nehmen Sie Ihre Ängste einfach als Gradmesser für Ihren Mut, für Ihr gewachsenes Selbstvertrauen. Alle Ihre großen und kleinen Ängste stehen zwischen Ihnen und Ihrem Erfolg. Jede Angst gebiert eine neue Angst! Jede mutige Tat stärkt Ihren Mut, und deshalb ist jeder noch so kleine Erfolg der Grundstein für weitere Erfolge. Es ist beim Kampf mit den Ängsten wie beim Stierkampf: Man muß nah am Stier kämpfen, wenn man seinen Hörnern entgehen will!

Leitsätze, Gedanken und Anregungen

1. *Wer seine Träume leben will, muß seiner Angst begegnen!* Sprechen Sie diesen Satz laut vor sich hin. Schreiben Sie ihn ab. Nehmen Sie ihn in Ihr Denken auf. Ich halte ihn für einen der wichtigsten Sätze in diesem Buch!

2. Angst frißt unser Selbstvertrauen auf. Angst frißt unsere Zuneigung und Liebe auf. Angst vor der Gegenwart und Angst vor der Zukunft entziehen unserem Körper jegliche Kraft. Überlegen Sie genau, welche Ängste an Ihnen zerren, und entwickeln Sie ein Programm gegen die Angst!

3. Mit der Angst ist es wie mit Hunden. Sie beißen nur, wenn man davonläuft. Schauen Sie Ihren Ängsten ins Auge! Schreiben Sie Ihr kleines Angstregister. Jede Angst, der Sie entgegengehen – durch einen Anruf, durch einen Brief, durch ein klärendes Gespräch –, dürfen Sie von diesem Angstregister streichen!

4. Erkennen Sie eine Grundregel der Angst: Menschen, die anderen angst machen, haben in der Regel selbst Angst! Nur wer wegschaut, kann nicht erkennen, wo diese Angst sitzt! Ein Chef, der schreit, hat vielleicht Angst, nicht befördert zu werden oder mit seiner Firma zu scheitern. Vielleicht hat er auch nur Angst vor seiner Frau: Helfen Sie ihm, mit seiner Angst fertig zu werden, indem Sie ihn anlächeln!

5. Befreien Sie Ihren Körper von den Angstsymptomen nicht durch Mittel, die ihn lähmen. Geben Sie ihm frische Luft, Bewegung und einmal täglich Schwitzen!

6. Welches sind die Vorhaben, die Sie eigentlich schon immer mal ausführen wollten? Fassen Sie eines davon ins Auge und sagen dazu laut und deutlich: »Dann tu's doch!« Fangen Sie umgehend mit der Planung an! Geben Sie diesem Vorhaben einen festen Ter-

min! Sie werden sehen, das wirkt Wunder! Mit jedem gefaßten Entschluß verschwinden kleine Ängste!

7. Beschaffen Sie sich über alles, was Ihnen angst macht, so viele Informationen wie möglich! Schach spielen können Sie auch nur, wenn Sie alle Figuren sehen! Mit jeder Information schwindet die Angst vor der Ungewißheit.

8. Lebenserfahrung gewinnt man nur durch die Probleme, denen man sich stellt! Je öfter Sie sich Situationen aussetzen, die Ihnen angst machen, um so besser lernen Sie, diese zu überwinden.

9. Betrachten Sie immer die helle Seite der Lebenssituationen. Sehen Sie nicht immer in die Dunkelkammer Ihrer Seele!

10. Muten Sie sich etwas zu. Freude über vollbrachte Leistungen kann die Angst »wegmuten«!

TEIL 10

Geistesblitze werden Wirklichkeit

Not macht erfinderisch
Das sagt der Volksmund mit großer Berechtigung. Not kann einen zum Beispiel auf die Idee bringen, einmal gebrauchte Teebeutel auf der Wäscheleine zu trocknen, um damit, wie ein niederländischer Knauserpapst ausgerechnet hat, in 40 Jahren 1000 Mark zu sparen! Derselbe Mann empfiehlt auch, im Winter direkt vom Büro ins Bett zu gehen, um die Heizung zu sparen, oder nur einmal am Tag die Toilettenspülung zu benutzen, um kein Wasser zu verschwenden.

Der einzige, der mit diesen Spartips wirklich zu Geld kommt, ist der Mann, der sich diese Tips einfallen läßt und sie in Büchern nach dem Motto »1000 Tips für Knauserkönige« unter die Leute bringt. Nichts gegen Sparsamkeit, wo sie ökonomisch und vor allem ökologisch sinnvoll ist, aber wenn es nur darum geht, mit mehrfach verwendeten Teebeuteln in 40 Jahren 1000 Mark zu sparen, kann man nur noch von Geiz reden.

Der Teebeutel selbst wurde aus Sparsamkeitsgründen erfunden. Ein Teeimporteur in New York, Thomas Sullivan, konnte es sich mit seinem kleinen Unternehmen nicht länger leisten, die Teeproben, wie allgemein üblich, in teuren Blechdosen zu versenden. Da kam er auf die Idee, die Teeportionen in kleine Säckchen aus chinesischer Seide abzufüllen. Das war nicht nur in der Herstellung erheblich billiger, sondern auch im Versand. Seine Kunden wiederum dachten praktisch, hängten diese Beutelchen in die Teekanne und gossen kochendes Wasser darüber. So hatte

Sullivan – zusammen mit seinen nicht weniger erfinderischen Kunden – den Teebeutel erfunden. Die deutsche Firma Teekanne griff diese praktische Idee auf und ließ sich 1913 die Marke *Teefix* schützen – ein großer Erfolg mit einer kleinen Einschränkung: Echte Teeliebhaber störten sich an dem leichten Beigeschmack von Mull mit einem Hauch Klebstoff. Es dauerte noch bis 1950, bis der absolut geschmacksneutrale »Doppelkammerteebeutel« aus feinstem Filterpapier und ohne jeden Klebstoff entwickelt war – und damit wurde die Firma *Teekanne* zu einem der größten Teehandelshäuser auf dem europäischen Kontinent.

1 Prozent Inspiration. Und der Rest?

Warum ich Ihnen diese Geschichten so ausführlich erzähle? Weil in unseren Köpfen die irrige Vorstellung herrscht, daß Erfindungen nur von Genies wie Leonardo da Vinci oder Thomas Alva Edison gemacht werden. Was die sächsische Hausfrau Melitta Bentz dem großen Leonardo übrigens voraushat: Sie hat ihren Kaffeefilter tatsächlich produziert, während die meisten Erfindungen des Universalgenies, vom mechanischen Bratspieß bis zum Helikopter, selten über das Stadium der Papierskizze hinauskamen.

Von Edison, der mit seinen fast 1100 Patenten noch heute als der Inbegriff des modernen Erfinders gilt, stammt der Satz, zu dessen ernüchternder Weisheit Sie zurückkehren müssen, wenn Sie selbst eine zündende Idee haben: »Eine Erfindung entsteht zu einem Prozent aus Inspiration und zu 99 Prozent aus Transpiration!« Sprich Idee + intensive Arbeit + unermüdliche Ausdauer. Er setzte seine Ideen von der Glühlampe bis zum Phonographen um mit Hilfe einer Erfindung, die nicht patentiert wurde: Er erfand das moderne Forschungslaboratorium, in dem er Spezialisten ganz genaue Aufgaben stellte. Er sagte zum Beispiel nicht: »Es wäre schön, wenn es uns gelänge, elektrisches Licht zu erfinden!« Seine Aufgabenstellung war marktorientiert. Er

sagte: »Wir müssen in Manhattan elektrisches Licht zum Preis von Gaslicht anbieten!«
Das war der kleine, aber entscheidende Unterschied zu den 20 anderen Erfindern, die die Erfindung der Glühlampe für sich reklamierten. Der in Hannover geborene Mechaniker Heinrich Goebel z. B., der schon 1854 eine elektrische Glühbirne gebaut hatte, begnügte sich damit, mit dieser bahnbrechenden Erfindung seine eigene Werkstatt zu beleuchten. Edison dagegen hatte schon immer marktorientiert gedacht. Mit 13 Jahren war er der erste Zeitungsverkäufer der Welt, der sich auf Bahnhöfe und Eisenbahnzüge spezialisierte!

Das Lager von ☯ befindet sich in der Luft!

Reichtum entsteht in erster Linie auf der Basis von Ideenreichtum. Die zahlreichen verkannten Genies entstehen aus Ideenreichtum plus Mutlosigkeit und Mangel an Ausdauer. Irrigerweise herrscht auch die weitverbreitete Vorstellung, daß Ideen und Reichtum eine Sache des Glücks und des Zufalls sind. Deshalb warten viele Menschen geduldig ein Leben lang auf diesen Glückszufall – vergebens. Man muß aber seinen Geist auf diese Glückszufälle, auf diese Ideen ansetzen, und nicht selten geht einer Idee eine schmerzliche Niederlage voraus.
Ich selbst hatte in der dunkelsten Phase meines Lebens die Idee, ein Handelshaus ohne Lager zu gründen, weil ich für ein Lager gar kein Geld gehabt hätte. Meine Vorstellung war: »Dein Lager befindet sich in der Luft – auf dem direkten Weg vom Produzenten zum Endabnehmer!« Die Idee dazu stammte, wie schon erwähnt, noch aus meiner Lehrlingszeit, als ich immer zu benachbarten Firmen geschickt wurde, wenn wir ein Teil nicht auf Lager hatten. Der Kundenwunsch sollte aber unbedingt erfüllt werden.
Sie werden vielleicht einwenden, daß diese Geschäftsidee ziemlich einfach war. Vollkommen richtig! Aber ich kann in aller Bescheidenheit hinzufügen: Sie war in meiner Branche revolutio-

när und goldrichtig, denn bei einer rasanten technologischen Entwicklung können teure Lagerbestände von gestern morgen als wertloser Technologiemüll im Recycling landen.
Richten Sie deshalb Ihren Geist, Ihre Intuition, Ihren sechsten und Ihren siebten Sinn nicht auf die höchst komplizierte Entwicklung des 1017. Patents einer todsicheren Mausefalle, sondern auf ganz einfache Ideen. Machen Sie sich bereit für den Zufall, der Ihnen jeden Tag begegnen kann, wenn Sie nur bereit dafür sind. Programmieren Sie Ihr Denken auf einfache (Geschäfts-)Ideen. Bei den meisten durchschlagenden Erfindungen und Geschäftsideen fragen sich hinterher Tausende von Leuten: »Warum bin ich nicht darauf gekommen?«

Der Küster von St. John's

Der englische Schriftsteller T. S. Eliot erzählt die hübsche Geschichte eines Küsters aus einem Londoner Vorort, der nicht lesen und schreiben konnte und deshalb vom Nachfolger seines Pfarrers, mit dem er jahrzehntelang zusammengearbeitet hatte, entlassen wurde. Niedergeschlagen und verzweifelt wanderte er durch die Straßen seines Stadtviertels und verspürte zum ersten Mal in seinem Leben das Bedürfnis, eine Zigarette zu rauchen. Das Problem war: Er fand nirgends einen Kiosk. Da kam ihm die Idee: »Wenn ich schon keine Arbeit mehr habe, kann ich an einer verkehrsreichen Straßenecke einen Kiosk betreiben.« Gedacht, getan, warf diese Idee gutes Geld ab. Daraufhin setzte er einen Angestellten in seinen Kiosk und suchte nach weiteren Straßenzügen, in denen es weit und breit kein Lädchen gab.
So eröffnete er einen Kiosk nach dem anderen und wurde, gemessen an seinem bescheidenen Auskommen als Küster, sehr wohlhabend. Eines Tages kam er in seine Bank und wurde von einem neuen Angestellten – die anderen kannten alle seine Bildungslücke – gebeten, ein Schriftstück zu lesen und es dann zu unterschreiben. Er mußte dem jungen Mann erklären, daß er

dazu leider nicht in der Lage war und daß er ihm dieses Schriftstück schon vorlesen müsse. Da sagte der: »Was wären Sie erst, wenn Sie lesen könnten?« Darauf antwortete der rührige Spätunternehmer bescheiden: »Küster von St. John's!«

Alle großen Erfolge entstehen aus einer Idee

Eine Niederlage, die ihn völlig aus seiner gewohnten Lebensbahn warf, hatte seine Sinne für eine für ihn völlig neue Idee geschärft. Er sagte sich nicht: »Mein Gott, jetzt bin ich schon über fünfzig, den Rest meines Lebens werde ich schon irgendwie rumkriegen!« Er hatte den Mut, sein Denken völlig neu zu programmieren. Er fing auf einer Talsohle seines Lebens an, seine Umgebung völlig neu zu sehen. Er plante auch nicht von vornherein eine Ladenkette, um gleich darauf die wunderbare Ausrede zu haben: »Dieses Ziel ist mir viel zu groß!« Er fing ganz praktisch mit einem Kiosk an. Alles Weitere entwickelte sich aus dieser kleinen Kernzelle.

Alle großen Erfolge, die wir heute bewundern oder – je nach Mentalität – auch beneiden, entstanden aus der Verwirklichung einer ganz einfachen Idee, mit dem ersten Schritt einer Reise von 1000 Meilen. Was war so genial an Gutenbergs Erfindung des Buchdrucks mit beweglichen Lettern? Tausende von Menschen hatten seit Jahrhunderten, ja bereits im alten Babylon, Stempel mit Monogrammen oder kleinen Bildchen benutzt, um sie zur Kennzeichnung ihres Besitzes mit Rußfarbe auf Sklaven und Vieh, in Siegellack auf Papier oder auch in Ziegelsteine und Tongefäße zu drücken.

Die Chinesen kannten bereits den Holztafeldruck, der den Nachteil hatte, daß man jeweils eine ganze Buchseite spiegelverkehrt schneiden mußte. Beide Techniken zum Buchdruck mit beweglichen Lettern zusammenzuführen war eigentlich relativ einfach. Aber diese einfache Idee in ungefähr 200 Exemplaren einer Bibel zu verwirklichen, von denen übrigens noch 40 erhalten sind, hat die Zivilisation unseres Planeten vielleicht noch stärker revolutioniert als die Erfindung des Computers. Diese Idee breitete sich in Windeseile aus. 1455 in Mainz erfunden, eröffnete bereits 1464 die erste Druckerei in Rom und 1476 in London, und noch vor der Jahrhundertwende stand eine Druckerei im fernen Lima.

Kindheitserinnerungen und der Untergang der Titanic

Sie haben alle schon vom Untergang der Titanic gehört, gelesen, Filme gesehen, in denen die menschlichen Tragödien ihrer letzten Stunden nachgezeichnet sind. Vielleicht kennen Sie auch das Video, das von ihrer Wiederauffindung in 4000 Metern Tiefe von einem ferngesteuerten Kleinst-U-Boot gedreht wurde. Können Sie sich vorstellen, wie sehr diese Schiffskatastrophe die Menschen im April des Jahres 1912 aufwühlte?
Unter all diesen vielen Millionen Menschen, die sich davon erschüttern und aufwühlen ließen, gab es einen einzigen, der ganz konkret darüber nachdachte, wie in Zukunft ein derartiges Unglück vermieden werden könnte. Er hatte auf einem Spaziergang mit seiner Frau durch die Mariahilfer Straße in Wien eines der erschütternden Extrablätter gelesen – und sich in einem Gedankenblitz an ein Spiel erinnert, das er als Junge beim Baden mit seinen Spielkameraden erfunden hatte. Sie hatten unter Wasser kurze Schreie ausgestoßen und Gegenstände aufeinandergeschlagen und sich jedesmal gewundert, wie weit entfernt diese Schallwellen unter Wasser zu hören waren. Der Mann hieß Alexander Behm. Er hatte Physik studiert und beschäftigte sich vornehmlich mit akustischen und wärmetechnischen Fragen.
Nach diesem Spaziergang machte er sich ganz gezielt daran, das Echolot zu entwickeln, mit dem man nicht nur Hindernisse erfassen, sondern auch die Meerestiefe messen kann. Während des 2. Weltkriegs wurde das Prinzip des Echolots zum Radar weiterentwickelt, es ist heute das wesentlichste Sicherheitsgerät der modernen Luft- und Seefahrt.

Alles wurde irgendwann einmal erfunden!

Sagen Sie nun nicht: »Es ist bereits alles erfunden, was es zu erfinden gibt!«, sondern fangen Sie an, Ihre Umgebung wieder mit den staunenden Augen eines Kindes zu sehen. Wir stehen auf, schalten das Radio an, drücken auf den Lichtschalter, drehen am Wasserhahn, rasieren uns naß oder elektrisch, ziehen die verschiedenen Kleidungsstücke an, setzen die Kaffeemaschine in Gang, stecken die Brötchen in den Toaster, nehmen die Brille zur Hand und schlagen die Zeitung auf, schließen die Wohnungstür ab, steigen ins Auto oder gehen zum Bus, nehmen den Lift in unser Büro und beginnen zu telefonieren.
Ich habe allein bis zu diesem Punkt Hunderte von Gegenständen ausgelassen, die wir mit der allergrößten Selbstverständlichkeit benützen, ohne uns klarzumachen, daß vom Hemdknopf bis zum Kugelschreiber, von der Türklinke bis zur Videokamera, vom Rasierapparat bis zum Fernseher alles irgendwann einmal erfunden und weiterentwickelt wurde.

Ein Kleber, der nicht klebt!

Vieles, was unser Leben täglich erleichtert, ist bei weitem nicht so hochkompliziert wie das Transistorradio, der Ottomotor oder gar der Laptop mit Internet-Anschluß. Wir haben uns zum Beispiel bei der Büroarbeit alle daran gewöhnt, diese kleinen selbsthaftenden Zettel zu verwenden, um einem Kollegen oder einer Kollegin eine kleine Nachricht an ein Schriftstück zu heften, die sich nach dem Lesen wieder »spurlos« beseitigen läßt. Eine Erfindung von 1974, die weniger als 20 Jahre später zu den fünf meistverkauften Büroartikeln der Welt gehörte! Der Auslöser für diese millionenschwere Idee?
Art Fry aus St. Paul, Minnesota, bei der 3M Company in der Produktforschung tätig, sang gerne im Kirchenchor. Er ärgerte sich jeden Sonntag darüber, daß die Zettel, mit denen er die Lieder in seinem Gesangbuch einmerkte, beim ersten Gottesdienst herausfielen und er während des zweiten Gottesdienstes hastig

herumblättern mußte, um die richtigen Seiten wiederzufinden. Eines Sonntags, während er mehr oder weniger aufmerksam der Predigt lauschte, schweiften seine Gedanken ab zu diesem leidigen Zettelproblem. Da fiel ihm ein Klebstoff ein, den ein Wissenschaftler einige Jahre zuvor entwickelt hatte und mit dem niemand etwas anzufangen wußte, weil er zwar gut haftete, aber nicht dauerhaft klebte. In einem Gedankenblitz brachte er diese beiden Dinge zusammen: die Zettel und den nicht klebenden Kleber. Die Idee für Haftnotizen war geboren.

Wie die Kletten

Die Lösung für ein anderes »Haftproblem« fiel dem Schweizer Erfinder George de Mestral 1948 bei einer Wanderung mit seinem Hund ein. Im Fell seines Hundes hatten sich Kletten verfangen, und während er diese abzupfte, erinnerte er sich an einen ärgerlichen Zwischenfall, als er kurz vor einem festlichen Essen den verklemmten Reißverschluß am Kleid seiner Frau lösen mußte. Schlagartig stand ihm ein Verschluß vor Augen, bei dem sich nichts verklemmen konnte – ein Verschlußband, bei dem auf der einen Seite ein Streifen mit Häkchen und auf der anderen einer mit winzigen Stoffschlingen saß.

Er brauchte allerdings noch sechs Jahre intensiver Arbeit und technisch höchst komplizierter Versuche, bis ein Klettverschluß in Serie produziert werden konnte, der fest zusammenhielt, sich leicht lösen ließ und praktisch endlos wiederverwendbar war. Heute ist diese Erfindung unentbehrlich: an Sportschuhen, Baseballkappen, Polsterbezügen bis hin zu einem Verankerungssystem für Astronauten in der Schwerelosigkeit. Ausgangspunkt: ein Waldspaziergang!

Er erfand den Supermarkt

Die meisten von uns gehen jede Woche mindestens einmal in einen Supermarkt und benützen dazu natürlich einen Einkaufswagen. Eine Selbstverständlichkeit? – Erfunden hat dieses nach dem Automobil am häufigsten verwendete vierrädrige Vehikel ein verzweifelter Ladenbesitzer, Sylvan Goldman, 1934 während der schlimmsten Zeit der Depression in den USA. Er hatte viel Zeit, das Kaufverhalten seiner Kunden zu beobachten, denn die Läden, die er einer bankrotten Einzelhandelskette abgekauft hatte, litten nicht gerade unter einem übermäßigen Ansturm. Dabei fiel ihm eines auf: Kunden, die mit einem Tragekorb einkauften, beendeten ihre Einkäufe, sobald der Korb voll war – eine für Goldman äußerst alarmierende Erkenntnis, die ihn aber nicht entmutigte, sondern inspirierte.

Er ließ an die Beine eines Klappstuhls vier Räder anschrauben und auf dem Stuhl zwei Körbe befestigen. Fertig war der erste Einkaufswagen. Wenig später gründete Goldman ein Unternehmen, das diese Wagen in Serie herstellte. Und dann begann er, Supermärkte mit ausgedehnten Ladenflächen zu bauen, denn diese Art des Einkaufs war mit seiner Erfindung möglich geworden. Als Goldman 1984 starb, hinterließ er ein geschätztes Vermögen von 400 Millionen Dollar.

Ich meine, er hat diesen Reichtum mehr als verdient, denn seine beiden Erfindungen – der Einkaufswagen und der Supermarkt – haben das tägliche Leben rund um den Erdball radikal verändert. Rechnen Sie nur einmal aus, wie viele Einkaufswagen allein in der Bundesrepublik durch die Regalreihen geschoben werden und wie viele Arbeitsplätze durch ihre Produktion entstanden sind. Können Sie sich denken, was Sylvan Goldman hinterlassen hätte, wenn er beim Anblick seiner halbleeren Läden in Mutlosigkeit und Resignation verfallen wäre? Auch Ideen brauchen den Nährboden des positiven Denkens und den Mut, sich von keiner noch so großen Finanzkrise unterkriegen zu lassen.

Verbohrt!

Es könnte sich also durchaus für Sie lohnen, aufmerksam auf Dinge zu achten, die Sie stören, die Sie ärgern und die einen unnötigen Arbeitsaufwand erfordern. Ich erinnere mich noch sehr genau, was passierte, wenn zur Zeit meiner Kindheit ein Kästchen angebracht oder eine Lampe aufgehängt wurde. Als erstes wurde ein viereckiges Loch aus der Wand gestemmt, ein passendes Holzstück gesägt und eingepaßt, Gips angerührt und mit einem Spachtel über Loch und Holzstück verstrichen – und dann mußte man mehrere Stunden warten, bis der Gips abgebunden hatte. In dieser Zeit konnte man wenigstens die schlimmsten Spuren dieser Transaktion wieder beseitigen. Und heute?

Wir haben das Glück, daß der gelernte Handwerker Artur Fischer aus Tumlingen im Schwarzwald zugriff, als ihm eine britische Firma einen Kunststoffdübel zur Produktion anbot, der in seinen Augen allerdings noch keineswegs perfekt war. Kurz entschlossen machte sich Fischer daran, einen eigenen Dübel zu entwickeln. 1958 wurde der erste graue *fischerdübel S* mit seinen charakteristischen Sperrzungen und der Zahnung in die Wand gedübelt.

Fischers Instinkt für die richtige Idee zur richtigen Zeit begründete nicht nur einen völlig neuen Markt der Befestigungstechnik mit bisher über 3000 Patenten – ohne seinen Dübel gäbe es keine Bohrmaschine und sicherlich auch keine Einbauküche mit Hängeschränken, denn keine Hausfrau würde auch nur einen Teller in einen Hängeschrank stellen, den ihr Mann mit einem Holzklotz und ein wenig Gips an die Wand gezaubert hat. Das spektakulärste Experiment mit einem *fischerdübel:* Ein Kran sollte an einem 90 mm langen S-Dübel, in den eine Schlüsselschraube eingedreht war, ein Gewicht von fünf Tonnen hochheben. Ergebnis: Die Sicherungen, die den Kran vor Überlastung schützten, schlugen durch. Der Dübel und die Schlüsselschraube hielten.

Nieten, die die Hose halten

Man muß nicht alles selbst erfinden, um reich zu werden. Levi Strauss, ein in Deutschland geborener Kaufmannssohn, ist entgegen einer landläufigen Meinung nicht der Erfinder der berühmten Levi's Jeans. Er wurde von einem mittellosen Schneider namens Jacob Davis, der dieses Hosenmodell aus reißfestem Segeltuch und mit den unverwechselbaren Nieten erfunden hatte, gebeten, für diese Hosen ein Patent zu erwerben und sie in Vertrieb zu nehmen, weil seine Hosen schon damals widerrechtlich Nachahmer fanden. Davis wurde Produktionsleiter der Firma, die Levi Strauss für die Verwirklichung dieser Idee gründete. Die Hosen fanden reißenden Absatz, vor allem bei Minenarbeitern, und verhalfen beiden, dem Erfinder und dem Unternehmer, zu ungeahntem Reichtum. 1997 wurde eine über 100 Jahre alte echte »Levi's«, die man in einem Bergwerksstollen gefunden hatte, für 40 000 Dollar versteigert.

Weltstars tragen seine Hosen

Erfolge dieser Art gibt es aber nicht nur im »Land der unbegrenzten Möglichkeiten«. Nehmen Sie die »Bogner-Story«. 1932 gründete der Skipionier Willy Bogner zusammen mit einem Freund in München ein Importgeschäft für Ski, Skizubehör und Strickwaren aus Norwegen. Er arbeitete untertags im Geschäft und trainierte abends in den Isarauen. Bei den Olympischen Winterspielen trugen er und die Olympiamannschaft zum ersten Mal auffallend gut geschnittene Windblusen, die Bogners Braut Maria Lux entworfen hatte. Sie hatte auch die Idee für eine andere Skibekleidung, eine unglaublich fetzig geschnittene Keilhose, die von Marilyn Monroe, Jane Mansfield, Ingrid Bergman und allen, die in Aspen, Colorado, »en vogue« sein wollten, getragen wurde und in den USA noch heute »a Bogner« heißt. Aber Maria Bogner hatte nicht nur große Modeideen.

Mit Wickelschürzen aus der Krise

Als der 2. Weltkrieg alle großen Pläne und Hoffnungen zerstört hatte, setzte Maria Bogner eine viel bescheidenere Idee in die

Tat um: die Wickelschürze, das Markenzeichen der Trümmerfrauen. Als ihr Mann 1947 aus der Gefangenschaft zurückkehrte, hatte sie in einer Baracke in Oberaudorf mit 25 Frauen und ebenso vielen nahezu schrottreifen Nähmaschinen längst die Produktion dieses Nachkriegshits aufgenommen.

Willy Bogner jun., den ich sehr schätze, verkörpert heute diesen wachen und mutigen Unternehmergeist. Denselben Mut, mit dem der großartige Skifahrer und Filmemacher als Double von James Bond 007 auf Skiern über eine Schlucht springt, wendet er zusammen mit seiner Frau Sonja in der Führung seines Unternehmens an.

Wasserdicht!

Ein weltweit begehrtes und vielfach kopiertes Produkt stammt ebenfalls aus der Not dieser Zeit. Als ein Bombenangriff im 2. Weltkrieg die Kölner Kofferfabrik Morszek zerstörte, überstanden nur die Aluminiumvorräte den Brand. Leder, Stoffe und Holz sowie alle anderen Materialien, aus denen man normalerweise Koffer produziert, waren zu Asche zerfallen. Der Firmeninhaber Richard Morszek ging aber nun nicht durch die Ruinen und sagte: »Ich bin am Ende!«, sondern er dachte: »Ich stehe am Anfang einer ganz neuen Art, Koffer zu produzieren!« Ein Koffer aus Aluminium, der immer mehr Kunden durch seine Robustheit überzeugte. Morszek hatte nämlich herausgefunden, daß die Kofferschalen aus der Aluminium-Magnesium-Legierung wesentlich stabiler waren, wenn man sie wie bei der Ju-52 mit der typischen Rillenstruktur versah. Mit seinem geringen Eigengewicht und der hohen Stabilität war das der ideale Flugkoffer, der unter dem Namen RIMOWA (für **Ri**chard **Mo**rszek **Wa**renzeichen) seinen Siegeszug antrat. Der Enkel des Firmengründers, ein begeisterter Hobbyfotograf, entwickelte daraus Mitte der 70er Jahre, zunächst für seine eigene Ausrüstung, den ersten wasserdichten Fotokoffer der Welt.

Er gab mir die Idee!

Sagen Sie nun nicht: »Nach dem Krieg war es leicht, aus dem Nichts etwas aufzubauen. Jeder konnte alles brauchen. Heute ist die Situation einerseits mit der Übersättigung des Marktes und andererseits mit der stetig ansteigenden Arbeitslosigkeit viel schwieriger!« Gerade in Krisenzeiten sind die Chancen für einfache Lösungen von Problemen ganz besonders groß. In Deutschland leben 80 Millionen Menschen, die essen müssen, die sich kleiden müssen, die sich fortbewegen wollen und die immer mehr Freizeit haben, die sie sinnvoll gestalten wollen. Und in der Europäischen Gemeinschaft sind es über 600 Millionen.

Eine wirklich gute Idee hat allemal die Chance, millionenfach verkauft zu werden. Denken Sie nur an Dale Carnegie, der mit seiner Idee, Bücher zu schreiben, Millionen Menschen auf der Welt seine Botschaft übermitteln konnte. Er gab mir wiederum die Idee, **Lebe ehrlich – werde reich!** zu schreiben, ein Buch, das den Menschen an der Schwelle zum 3. Jahrtausend Mut, Kraft und Begeisterung vermitteln soll. Denn **Lebe ehrlich – werde reich!** ist ein Thema für die ganze Welt!

Die wenigen Beispiele zeigen aber auch, daß gute Ideen allein wertlos sind, wenn man nicht eine gehörige Portion beharrlicher Entwicklungsarbeit aufwendet, um sie zur Serienproduktion weiterzuentwickeln. Und dann benötigt man in der Regel Kapital und vor allem Verkaufsideen, um den Erfindungen oder auch nur Neuentwicklungen zum Durchbruch zu verhelfen. Diese Beispiele belegen aber auch sehr deutlich, daß Reichtum kein »Nullsummenspiel« ist, bei dem der Reichtum des einen die Armut des anderen bedingt, im Gegenteil: Die Verbindung von Ideenreichtum, Kapital und Arbeit kann Hunderttausende ins Brot setzen. Deshalb haben gerade in einer Zeit, in der die Arbeitsplätze in den Großindustrien immer weniger werden, Menschen mit so »einfachen« Ideen eine Chance.

Was ist besser:
Reichtum oder Rohstoffknappheit?

Armut ist weniger eine Einkommensfrage als vielmehr eine Frage der geistigen Einstellung. Anfang des 20. Jahrhunderts kamen ca. dreieinhalb Millionen jüdische Einwanderer in die USA. Sie hatten im Durchschnitt neun Dollar in der Tasche und zählten zusammen mit den Iren zu den ärmsten Einwanderern überhaupt. Sechs Jahrzehnte später war das mittlere Einkommen dieser fleißigen Menschen doppelt so hoch wie das des nationalen Durchschnitts.

Wir haben in Deutschland nach dem Krieg etwas Ähnliches erlebt. Die Flüchtlinge wurden nicht selten von den Alteingesessenen beneidet, ja sogar angefeindet. Warum? Weil sie es viel schneller zu Wohlstand gebracht hatten als der Rest der Bevölkerung. Aus einem ganz einfachen Grund: Sie hatten alles verloren, und deshalb hatten sie gar keine Alternative zu Ideenreichtum und bedingungslosem Einsatz und Fleiß, wenn sie überleben wollten.

Unser Reichtum gründet sich nach wie vor auf Ideen. Die Grundlage unseres Reichtums ist die Kreativität. Ideen sind unerläßlich angesichts der weltweiten Energie- und Rohstoffknappheit. Aber worin besteht der Unterschied zwischen einem Land wie Deutschland und Saudi-Arabien, das mit seinem Pro-Kopf-Einkommen an der Weltspitze steht? In Saudi-Arabien könnte sich vielleicht jeder zehnte einen Rolls-Royce leisten, sich eine Segeljacht nach Marbella legen, seine Frauen mit den erlesensten Juwelen behängen, bei Sotheby's einen Louis-XVI-Schreibtisch oder einen van Gogh ersteigern. Aber in dem Moment, in dem das letzte Barrel Öl aus dem Wüstensand gefördert sein wird, dürfte die Lage ziemlich schwierig werden. Denn wenn bis dahin keine andere Anbindung an die internationale Wirtschaft gefunden wird, gehen nach tausendundeiner Nacht die Lichter aus.

Energie fließt länger als Erdöl!

Nur derjenige, der etwas selbst erfindet und herstellt, ist in der Lage, es weiterzuentwickeln und veränderten Gegebenheiten anzupassen. Saudi-Arabien und die übrigen Ölscheichtümer sind in der Situation des König Midas der griechischen Sage. Alles, was er anfaßte, verwandelte sich in Gold – bis er verhungerte. Reichtum, der nur aus dem Sprudeln des Erdöls und nicht aus dem Fließen geistiger Energie entsteht, versiegt in absehbarer Zeit.

Denken Sie in diesem Zusammenhang noch einmal an Werner von Siemens und seinen Vetter Johann Georg Siemens, dessen 6842,50 Thaler sich durch Ideenreichtum, durch Weitsicht und Mut, eben durch Fließen geistiger Energie, zu einem Weltkonzern entwickelt haben, der noch lange nicht am Ende der Entwicklung steht. Die 6842,50 Thaler haben sich jedenfalls in den 150 Jahren seit seiner Gründung in einen gigantischen Jahresumsatz von 100 Milliarden DM gesteigert.

In Ziffern: 6842 = 100 000 000 000

durch Ideen, Visionen, Mut, Begeisterung, harte Arbeit, Kooperation und globales Denken!

Ideen gegen Goldreichtum

Die jüngere Geschichte kennt das Beispiel Spaniens, in das fast der gesamte Gold- und Silberreichtum Südamerikas floß. Die bis zur Unerträglichkeit vergoldeten Kirchen Spaniens zeugen noch heute von dieser kurzen Episode eines Eldorado! Aber dieses einseitige und geistlose Anhäufen von sogenanntem Reichtum war ebenso tot wie ein Herz aus Stein. Letzten Endes zählt nur der Reichtum, den einzelne ideenreiche und unternehmungsfreudige Menschen für sich und für die Allgemeinheit erwirtschaften. Reichtum muß leben! Ich sage das ganz deutlich in die Richtung der Erbengeneration unseres Landes, die sich dem natürlichen Lauf der Menschheit entsprechend von Generation zu Generation vergrößert und damit Reichtum zerfallen läßt, der mit Ideen und persönlichem Einsatz erwirtschaftet wurde. Wer Reichtum nicht mit Ideen und Arbeit »anreichert«, verliert ihn!

Verarbeiten Sie nie Saatkartoffeln zu Püree!

Ererbtes Vermögen, das nicht mit Ideenreichtum und unternehmerischen Fähigkeiten verbunden ist, ist wie ein Park, den man zubetoniert. Das Grundstück ist noch vorhanden, aber es lebt nicht mehr. Ein Unternehmer, der aufhört, seine Erträge in lebendige Ideen zu investieren, ist wie ein Bauer, der seine Saatkartoffeln zu Püree verarbeitet. Das bedauerlichste Beispiel dieser Art ist der Zerfall des einstigen Weltunternehmens Grundig, bei dem es den Erben offenbar nur noch darum geht, möglichst viel Geld aus dem Unternehmen zu ziehen, bevor es seine Tore auch deswegen schließen muß. Ich kenne dieses Unternehmen seit vielen Jahren. Was für ein enormes Potential an Know-how steckt in diesen Grundig-Mitarbeitern!

Ich wage zu behaupten, daß ich mit meinen letzten 5000 Mark, die ich in die Gründung meines Unternehmens steckte, reicher war als eine Witwe, die jährlich 50 Millionen DM auf ihr Konto gutschreiben kann. Das erinnert mich an einen Lottogewinner, von dem ich vor vielen Jahren las. Er betrieb eine kleine Wirtschaft, und als ihm der Geldbote die Million überreicht hatte, hängte er ein Schild an die Tür: »Wegen Reichtum geschlossen!« und begab sich auf eine Weltreise, von der er nach einem Jahr mittellos zurückkehrte. Als ihn ein Reporter fragte, wie es nun weiterginge, meinte er trocken: »Ich gewinne schon wieder!« Er mußte allerdings nie wieder ein Schild raushängen.

Erfinden kann man lernen

Deshalb mein Rat, ehe Sie wieder Ihre teuren Kreuzchen machen: Kaufen Sie sich für dieses Geld ein Buch, das Ihre Kreativität in Bewegung bringt. Meine Botschaft lautet: Jeder Mensch ist kreativ – auf unterschiedliche Weise und auf unterschiedlichen Gebieten. Da die meisten Menschen ihre Kreativität noch weniger trainieren als ihren Körper, verkümmert sie. Wir leben zudem in einer kreativitätsfeindlichen Umgebung. Viele Menschen leben in normierten Wohnungen mit normierten Gegenständen, und für die meisten besteht Berufsarbeit aus gleichförmiger Routine.

Schon der Alltag der Kinder ist alles andere als kreativitätsfördernd. Ihre Bewegungsfreiheit ist aufgrund der Gefahren durch Verbote eingeschränkt, und in der Schule werden überwiegend abfragbare Stoffe gepaukt. Es gibt in Bayern nur eine Schule, in der »Erfinden« auf dem Lehrplan steht, das Internat Fürstenzell bei Passau. Ist es da ein Wunder, daß sich Kinder im Fernsehen eine Pseudo-Erlebniswelt suchen, die nachgewiesenermaßen bei vier Stunden Durchschnittsberieselung pro Tag jegliche Kreativität dezimiert!?

Kreativität im Alltag

Nur mit Anstrengungen, die von Kreativität getragen sind, können wir unser Leben zum Positiven hin verändern. Das gilt für den persönlichen Bereich wie für die Lösung der großen wirtschaftlichen und gesellschaftlichen Probleme. Sie müssen sich täglich neu die Frage stellen: »Wie bringe ich Kreativität in meinen Alltag, in den Umgang mit meinen Mitmenschen; wie finde ich überhaupt heraus, wo meine kreativen Neigungen liegen?« Schaffensrausch ist besser als Konsumrausch. Aus seinem Schaffensrausch braucht man nie zu erwachen, weil die wirklich kreativen Ziele unerreichbar scheinen und letztlich nur durch große Leistung erreichbar sind. Lassen Sie sich deshalb vom Geheimnis der Kreativität im Alltag begeistern. Der große Naturforscher und Weltreisende Alexander von Humboldt, der in den Jahren zwischen 1799 und 1804 den Orinoko erforschte und in Ecuador als erster den Chimborasso bestieg, sagte, als er beim Aufstieg auf den Vulkan Cotopaxi scheiterte: »Das, was unerreichbar scheint, hat eine geheimnisvolle Ziehkraft!« Was für ein wunderbar bejahender Satz für das scheinbar Unerreichbare!

Leitsätze, Gedanken und Anregungen

1. Sie müssen nicht das Rad neu erfinden, aber Sie können an Ihrem Arbeitsplatz notieren, welche Fehler Sie abstellen wollen und wie man sie beheben kann.

2. Ohne eine gute Portion Neugier und Staunen über ganz alltägliche Dinge ist es unmöglich, auf interessante Probleme zu stoßen. Bereiten Sie sich deshalb das Vergnügen, einen Tag im Monat nichts als selbstverständlich anzusehen.

3. Bedenken Sie, daß alles, womit wir täglich umgehen, irgendwann von jemandem erfunden wurde. Gehen Sie der Lebensgeschichte von großen Wissenschaftlern, Erfindern und Unternehmern nach. Sie werden feststellen, daß sich Ihre Lebensgeschichte zunächst in keiner Weise von der eines Werner Siemens oder King Gillette, eines Rudolf Diesel oder Thomas Alva Edison unterscheidet. Ziehen Sie daraus den einzig richtigen Schluß: Fangen Sie an, Ihrem Leben eine unverwechselbare Richtung zu geben!

4. Reichtum entsteht in erster Linie auf der Basis von Ideenreichtum. Aber bedenken Sie auch, daß die einfachen Ideen in sich die größte Chance für ihre Verwirklichung bergen.

5. Ideen, die man nicht umsetzt, taugen nicht einmal als Ausrede für Mißerfolg. Gewöhnen Sie sich an, auch scheinbar ganz einfache Ideen und Gedankenblitze sofort in die Praxis umzusetzen, und

wenn es nur eine geringfügige Verbesserung der Organisationsstruktur ist.

6. Sicher haben Sie erkannt, daß Rohstoffknappheit plus Ideen besser sind als Ölreichtum oder große Goldvorräte. Bringen Sie deshalb Kreativität in Ihr Leben! Und bedenken Sie: Hinter allem, was einen stört oder ärgert, lauert eine Erfindung!

7. Wenn Sie an Geldknappheit leiden, gehen Sie in den nächsten Supermarkt und überlegen, welche Idee diese Einkaufsparadiese geschaffen hat! In jeder Krise steckt eben die Möglichkeit zu ihrer Lösung. Mit welcher Idee werden Sie Ihre Krisensituation retten?

8. Ideen schaffen Arbeitsplätze – zunächst immer für den, der sie hat! Denken Sie an Isaac Newton! Legen Sie sich unter einen Apfelbaum, und konzentrieren Sie sich auf die Lösung eines Problems!

9. Mit 15 Mark kann man einen Gewerbeschein bekommen. Mit 5000 Mark kann man eine Firma gründen. Das ist besser als 50 Millionen, die man nicht in Ideen umsetzt! Sehen Sie in Ihr Portemonnaie, und überlegen Sie, was Sie mit dem Inhalt kreativ anfangen können!

10. Aus den Sätzen »Da müßte man …!«, »Da könnte man …!« ist noch nie eine Erfindung entstanden. Sagen Sie: »Ich werde …! Ich will …!« Ich kann!«, und verbinden Sie diese Sätze mit einer Idee, die Sie schon lange hatten!

TEIL 11

Der K-Faktor und wie man mit einer Briefmarke sein Leben verändert

Selbstvertrauen schafft Zutrauen

Ein paar Fragen vorneweg: Welches Bild haben Sie von sich selbst? Mögen Sie sich selbst? Sind Sie mit sich grundsätzlich zufrieden? Haben Sie eine gute Portion Selbstvertrauen, oder glauben Sie, daß Ihnen die meisten Menschen, mit denen Sie zu tun haben, geistig überlegen sind? Oder fühlen Sie sich geistig überlegen, aber im Machtapparat unterlegen – nach dem Motto »Ich habe recht, aber auf mich hört ja niemand«?
Bei wem suchen Sie die Schuld, wenn etwas schiefgeht? Es gibt Menschen, die, wenn sie ein Glas hinunterwerfen, vorwurfsvoll zu Ihrem Partner sagen: »Warum hast du das dorthin gestellt?« Wie gut sind Sie im Austragen von Konflikten? Müssen Sie immer nachgeben, oder können Sie Ihren Standpunkt ohne Aggressionen behaupten? Haben Sie das großartige Gefühl, die volle Verantwortung für alle Entscheidungen zu tragen, die in Ihrem Leben wichtig sind? Sind Sie im Einklang mit Ihren Gefühlen?

Welche Vorbilder haben Sie?

Sind Sie von dem Ziel, das Sie sich gesetzt haben, überzeugt, oder haben es andere für Sie festgelegt? Welche Entwicklungsmöglichkeiten sehen Sie für Ihre Persönlichkeit? Glauben Sie, daß sich in Ihrem Leben noch eine Menge verändern kann, oder haben Sie den Eindruck, daß Ihre Entwicklung mehr oder weniger abgeschlossen ist? Welche Vorbilder haben Sie? Sind Sie stark mit sich selbst beschäftigt, oder interessieren Sie sich für die Meinung anderer Menschen? Was ist Ihnen wichtiger: beliebt zu sein oder zu einer Meinung zu stehen, die Sie als richtig erkannt haben?

Wie groß ist Ihr K-Faktor?

Das Bild, das Sie von sich selbst haben, ist ganz entscheidend dafür, wie Sie auf andere Menschen wirken und wie andere Menschen auf Sie reagieren! Es bestimmt Ihren K-Faktor – Ihren Kommunikationsfaktor! Denn ob wir es wahrhaben wollen oder nicht: Ob wir mit unseren Mitmenschen in einem lebendigen geistigen Austausch stehen, uns gegenseitig anregen, uns in der Gesellschaft anderer Menschen wohl fühlen oder ob wir ständig Schwierigkeiten haben, ist ein ganz getreues Abbild der Vorstellung, die wir von unserem Leben haben. *Liebe deinen Nächsten wie dich selbst!* gilt auch in seiner Umkehrung: *Deine Nächsten lieben dich wie du dich selbst!*

Gesprächspartner findet man überall

Ich habe von Kind auf sehr stark den Kontakt zu anderen Menschen gesucht, um die engen Grenzen, die mir von zu Hause gesetzt waren, zu überwinden. Das ist mir bis heute geblieben. Wo immer ich bin, fange ich an, mit anderen Menschen zu sprechen oder auch nur eine Geste auszutauschen. Mich interessiert einfach, wie andere Menschen denken, wie sie reagieren. Egal ob es der Mann an der Kasse ist oder der Kellner im Restaurant, die mitwartenden Hotelgäste in einer Lobby oder die Mitreisenden im Flugzeug. Ich trete immer in Kontakt zu meinen Mitmenschen. Glauben Sie mir, Gesprächspartner, die Ihnen etwas Neues, Unerwartetes und Interessantes erzählen können, finden Sie überall. Nutzen Sie Ihre »Leer-Zeiten« zum Lernen durch Gespräche!

Sympathiekurven

Ich halte das für ganz wichtig. Ohne diese Wegzehrung für unser Herz, unser Gemüt, unseren Geist und unsere Seele würden wir verhungern oder geistig absterben wie das Gras, wenn der Regen ausbleibt. Warum fühlen wir uns in Italien so wohl, genießen türkische Gastfreundschaft oder erinnern uns jahrelang an ein herzliches Gespräch mit einem griechischen Fischer?
Und warum liegt unser Land in der Sympathiekurve bei unseren Nachbarn so weit unten? Weil wir wieder lernen müssen, den Menschen, denen wir begegnen, Freundlichkeit, Sympathie, ja Herz entgegenzubringen – ohne Berechnung, ohne etwas dafür als Gegenleistung haben zu wollen. Ich kann natürlich sagen: »Was geht mich dieser Verkäufer an, der soll mir gefälligst den Anzug verkaufen, den ich haben möchte, und damit basta!« Aber wer so denkt, geht am Leben vorbei, denn Leben bedeutet, daß immer Energie fließt, daß wir uns mit unseren Mitreisenden auf diesem Planeten geistig und seelisch und herzlich austauschen.
Wenn wir in ihnen nicht mehr sehen als ihre Funktion, in der sie uns nützlich sind, ist unser Dasein eine einzige »Endstation Sehnsucht«! Diese Begegnungen sind ein wichtiger Teil unseres täglichen Erlebens. In viel stärkerem Maß gilt das natürlich für die Verbindungen, die wir zu unseren Geschäftspartnern, zu unseren Kollegen, zu unseren Freunden und zu unserer Familie herstellen. Wenn diese Beziehungen in Ordnung sind, befinden wir uns in der Mitte des Lebens, ganz egal wieviel Geld wir in der Tasche oder auf dem Konto haben. Ganz egal ob wir im Streß stehen oder nicht!
Für mich waren und sind andere Menschen, ihre Gefühle, ihre Hobbys, ihre Anregungen, ihre Interessen und Meinungen immer wichtig. Als Jugendlicher habe ich alle möglichen Unternehmungen veranstaltet, um mit Gleichaltrigen und Gleichgesinnten etwas Sinnvolles zu tun und nicht nur herumzuträumen. Später habe ich in einer Band mitgespielt und nächtelang mit Freunden über Musik diskutiert. Diese offene Grundein-

stellung war ganz ausschlaggebend für meinen Erfolg, und ich bin der felsenfesten Überzeugung: Wenn Sie Ihrem Leben eine erfolgreiche Richtung geben wollen, können Sie durch einen lebendigen Gedanken- und Gefühlsaustausch mit den Menschen, die Sie bereits kennen und die Sie durch ein Öffnen Ihres Herzens noch kennenlernen werden, am schnellsten und wirkungsvollsten einen Umschwung in Ihrem Leben herbeiführen.

Danke – Die Brücke von Mensch zu Mensch
Sicher kennen Sie die Situation als Autofahrer. Sie bremsen ab, um einen anderen Verkehrsteilnehmer aus einer unübersichtlichen Einfahrt oder Nebenstraße herauszulassen. Sie haben ganz bewußt Ihr Vorfahrtsrecht an ihn abgegeben, weil Ihnen diese Höflichkeit und dieses Entgegenkommen eine wichtige Brücke zu anderen Menschen ist. Natürlich freuen Sie sich, wenn Ihnen der andere dafür als kleines Dankeschön ein freundliches Handzeichen, ein dankbares Kopfnicken oder auch ein herzliches Lächeln zurückschenkt.
Aber was geht in Ihnen vor, wenn dieses Dankeschön ausbleibt? Sind Sie enttäuscht? Sagen Sie sich vielleicht sogar verärgert: »Beim nächsten Mal gebe ich nicht mehr nach. Soll der doch warten!« Das wäre schade!
Denn dieses dankbare Lächeln, das Sie ja meistens bekommen, schenkt Ihnen im Austausch für Ihr Entgegenkommen Freude. Die Freude des Einverständnisses mit einem wildfremden Menschen! Und das tut gut! Mit diesem wortlosen, aber inhaltsreichen Dankeschön eines Lächelns entsteht eine kleine Brücke der Harmonie. Das sind die vielen kleinen Verbindungen der Herzlichkeit, die uns das Gefühl eines gemeinsamen Lebens geben. Das sind die spontanen Kontakte, die uns und den anderen aus der Anonymität herausholen und unser Leben lebenswert und liebenswert machen! Das ist das wunderbare Gefühl des Dankes, das aus dem Herzen kommt und direkt in Ihr Herz zurückfließt.

Warum fällt es vielen Menschen so schwer, diese kleinen oder auch großen Brücken mit einem ehrlichen und herzlichen Dankeschön zu schlagen? Ich kann das nicht verstehen! Was hält Menschen davon ab, ihr eigenes Leben mit einem Dankeschön zu bereichern?

Der geniale Chirurg

Kürzlich hatte ich eine wunderbare Begegnung. Sie steht seither in meinem Denken als ein Symbol für unermeßlichen Dank an das Leben. Gute Freunde hatten meine Frau und mich zu einer bayerischen Fahnenweihe auf ihre Alm in den Bergen eingeladen. Dort kam ich mit einem Professor der Medizin ins Gespräch. Dieser Arzt aus Leidenschaft leitet seit vielen Jahren mit Leib und Seele – und mit einem großen Herzen – die Abteilung Unfallchirurgie einer der größten Münchner Universitätskliniken. Tag für Tag, Nacht für Nacht bekommen er und sein Team Unfallopfer mit den unvorstellbarsten Verletzungen zur Behandlung eingeliefert. Dabei vollbringt dieser geniale Chirurg mit seinem Team wahre Wunder. Über diese Arbeit erzählte er bei unserem Zusammentreffen mit großer Eindringlichkeit.

Dieser ungewöhnliche Mensch interessierte mich immer mehr. Ich fragte ihn, wie er ertragen könne, täglich schwierigste, lebensrettende Operationen durchzuführen und dabei ein so ausgeglichener und lebensfroher Mensch zu sein. Er antwortete mir: »Mein Beruf ist mein Leben. Und Leben retten ist mein Beruf! Das tue ich wirklich mit ganzem Herzen!«

An diesem Punkt sagte ich zu ihm: »Da werden Ihnen aber sicher viele Menschen sehr dankbar sein! Denn Sie schenken ihnen doch mit Ihrem Können und mit Ihrem Einsatz oftmals das Leben neu!« Seine Antwort war zunächst ein langes, nachdenkliches Lächeln. Und dann gab mir dieser bescheidene Mann zur Antwort: »Herr Lejeune, Sie werden es kaum glauben: Aber von den vielen, vielen Patienten, die ich in all den Jahren zusam-

men mit meinem Team ins Leben zurückholen konnte, haben sich nur etwa eine Handvoll bei mir persönlich bedankt.«
Ich war sprachlos! Wie ist es möglich, daß Menschen so wenig Dankbarkeit empfinden können? Was mich aber noch mehr verwunderte, war, daß dieser wunderbare Arzt über das Ausbleiben eines persönlichen Dankeschöns keineswegs verbittert war. Ich fragte weiter: »Wie können Sie Tag für Tag Ihren verantwortungsvollen Beruf ausüben, wenn Sie so gut wie nie ein Dankeschön dafür bekommen?« Darauf antwortete er mir: »Mein schönster Dank ist, wenn es mir wieder einmal gelungen ist, ein Menschenleben zu retten!«
Was für eine großartige Berufsauffassung und was für ein großartiger Glaube stehen hinter einem Menschen, daß ihm das Gelingen seiner Arbeit und »Gotteslohn« als Dank ausreichen! Ich war von diesem Arzt aus Passion wirklich sehr beeindruckt.
Danken heißt doch auch: an den anderen zu denken, in Gedanken und hoffentlich auch in Worten seine Leistung zu achten und ihm dafür Freude zu schenken. Der K-Faktor des Denkens bedeutet: *Nicht nur nehmen, sondern auch zurückgeben!* Denn wer nicht dankt, steht letzten Endes mit leeren Händen vor dem, der ihm Gutes hat angedeihen lassen! Nehmen Sie diese kleine Geschichte als Erinnerung in Ihr Denken auf. Achten Sie darauf, daß Sie Ihren K-Faktor immer auch durch ein Dankeschön stärken!

Erfolg durch Kontakte

Ganz entscheidende Weichenstellungen in meiner Laufbahn und in der Erfolgsgeschichte meines Unternehmens sind durch Dank und persönliche Kontakte entstanden. Erfolge kann man nie allein und auf sich gestellt erringen. Man braucht immer Menschen, die einen mögen und die einem gelegentlich einen guten Hinweis geben – ohne daß man den Kontakt zu ihnen auf der egoistischen Basis aufbaut: »Wie kann mir der nützlich sein?«

Dieses wertfreie Interesse an anderen Menschen hat in meinem Leben immer eine große Rolle gespielt. Bedenken Sie den Satz: Beziehungen schaden nur dem, der sie nicht schätzt! Wer aber Beziehungen »ausnutzt«, der verspielt sie früher oder später!

Man muß den Mund aufmachen, wenn es sonst keiner tut!

Es war in der Anfangszeit meines Unternehmens, als ich noch nicht einmal eine richtige Hausbank hatte, da wurde ich durch meinen Kundenbetreuer zu einer Vortragsveranstaltung eingeladen. Der Generaldirektor der Ungarischen Nationalbank sprach über Devisengeschäfte mit dem damals noch kommunistischen Ungarn. Bei den Schwierigkeiten, die mir mein ehemaliger Arbeitgeber auf dem deutschen Markt machte, lag es nahe, daß ich mich für Handelsbeziehungen zu anderen Ländern interessierte. Nach dem Vortrag sollte eine Diskussion stattfinden, aber, wie das bei derartigen Veranstaltungen oft der Fall ist, es herrschte tiefes Schweigen. Niemand folgte der freundlichen Aufforderung des Moderators, in die Diskussion einzusteigen – einerseits, um nicht durch Unkenntnis aufzufallen, andererseits, um nicht den Eindruck zu erwecken, man wolle sich mit seinem Wissen in Positur setzen.

Ich stellte nur eine Frage!

Kurz bevor diese Stille anfing peinlich zu werden, meldete ich mich mutig zu Wort. Ich hatte gehört, daß die Ungarn angefangen hatten, Fernsehgeräte zu produzieren, und so fragte ich nach dem Stand der ungarischen Fernseher-Produktion. Das war offenbar ein Volltreffer. Der Generaldirektor kannte sich mit diesem Thema ganz besonders gut aus, und ich war sozusagen in dieser Branche aufgewachsen. Aus dieser ganz konkreten Frage entspann sich eine lebhafte Diskussion, an der nun auch andere teilnahmen.

Was ich aber zu diesem Zeitpunkt nicht ahnen konnte: Der Mitinhaber dieser Privatbank, die zu dieser Veranstaltung eingeladen hatte, befand sich auch im Saal. Ihm war offensichtlich meine einzige Frage aufgefallen. Er erkundigte sich anschließend bei seinen Leuten: »Wer ist denn dieser Herr Lejeune?« Er bekam die Auskunft, daß ich ein neuer Kunde sei, über den man noch nichts Genaues sagen könne. Noch ehe die Veranstaltung zu Ende war, wurde ich zu ihm gebeten und ihm vorgestellt. Er hieß Dr. Heinrich Ritter von Srbik. Er war eine beeindruckende Persönlichkeit. Mich faszinierte vor allem seine Erscheinung. Am nächsten Tag schrieb ich ihm einen Brief, bedankte mich für die Einladung und das Gespräch und äußerte den Wunsch, daß ich mich gerne ausführlicher mit ihm unterhalten würde.

Aus diesem ersten sehr persönlichen Gespräch entstand eine langjährige Geschäftsbeziehung und ein Vertrauensverhältnis, das mir ungeahnte Wege aufzeigte. So ebnete mir Dr. von Srbik den Kontakt zu Bosch. Ich als Kleinunternehmer, dessen Firma damals aus drei Leuten bestand, wurde an einen Weltkonzern als Lieferant empfohlen. Das forderte von mir in dieser Anfangszeit nicht nur eine enorme Disziplin. Der Bankier setzte auch eine sehr hohe Meßlatte für mich. Das gab meinem Selbstverständnis einen ungeheuren Auftrieb. Außerdem konnte ich bei anderen künftigen Kunden darauf hinweisen, daß dieser wirklich großartige Mensch mich empfohlen hatte.

Dieses eine Mal den Mut aufgebracht und im richtigen Moment die richtige Frage gestellt zu haben verschaffte ✍ im Laufe der Jahre viele Geschäfte in einer Größenordnung, von der ich nicht einmal zu träumen gewagt hatte. Mit wenigen Sätzen hatte ich andere von mir überzeugt und so den Weg zu einem intensiven Kontakt geebnet. Mein darauffolgender Brief sorgte dafür, daß es nicht bei dieser zufälligen Begegnung blieb. Das war meine aufrichtige Wertschätzung. Denken Sie an dieses Erlebnis, wenn Sie wieder in einem Vortrag mit anschließender Diskussionsrunde oder in einem Workshop sitzen, bei dem kein rechtes Gespräch aufkommen will. Ihr Diskussionsbeitrag kann, wenn Sie damit durch die Oberfläche der Wörter hindurch die Gefühle Ihrer Mitmenschen berühren, der Start zu ungeahnten Begegnungen sein!

Eine Frage allein genügt nicht!
Daß auch aus diesem Gespräch mehr wurde als ein unverbindliches Kontaktgespräch mit einem Kunden, erforderte dann ganz andere Qualitäten als den Mut für einen Diskussionsbeitrag und die Kenntnisse für ein längeres Gespräch. Ich mußte mir mit großer Disziplin und Ehrlichkeit den Glauben dieses Dr. von Srbik an mich erarbeiten. Ich mußte mich seines Vertrauens würdig erweisen. Daß Vertrauen in der ursprünglichen Bedeutung des Wortes »Kredit« bedeutet, konnte ich erleben und mit Händen greifen, als unsere Firma gerade fünf Jahre alt war und wir immer noch in einer Dreizimmerwohnung mit der Küche als Packraum arbeiteten. Eines Tages hatte ich das Gefühl: »Jetzt wird es Zeit, daß wir die nächste Stufe anvisieren!« Ich sagte damals zu meinem Partner Herbert Graus: »Komm, wir gehen jetzt mal spazieren und schauen, ob es in unserer Gegend irgendwo größere Räumlichkeiten für ⓒⓔ gibt!«
Tatsächlich kamen wir an einem Gebäude vorbei, das uns geeignet erschien. Es gehörte einer Immobilienmaklerin, die sich auch als Bauträger betätigte. Ich erkundigte mich, ob man diese Räume mieten könne. Da sagte die Inhaberin: »Mieten nicht, aber kaufen!« Das machte uns stutzig. Wir zogen Erkundigungen ein und erfuhren, daß diese Firma kurz vor dem Konkurs stand. Wir einigten uns nach zähen Verhandlungen zur beiderseitigen Zufriedenheit. Aber nun kam die größte Hürde! Wir hatten den Kaufpreis natürlich nicht auf dem Konto!

Das Geschenk des Vertrauens
In dieser Situation ging ich zu Dr. von Srbik und schilderte ihm unsere große Chance. Der schickte schnellstens einen Immobi-

lienfachmann vorbei und gab mir dann telefonisch den Bescheid: »Stellen Sie den Scheck aus! Die Immobilie ist das Geld wert!« Das überstieg unsere Möglichkeiten damals um ein Vielfaches. Ich unterschrieb den Scheck auf Anraten unserer Bank, allerdings mit zitternden Händen. Aber das war genau der richtige Schritt.

Enttäusche nie deinen Banker!

Manchmal muß man sich im Leben große Schuhe anziehen und zusehen, daß man hineinwächst. In einer solchen Phase ist es wichtig, Menschen zu haben, bei denen man seine Träume artikulieren kann. In solchen Situationen hat es auch keinen Sinn, sich von sogenannten »guten Freunden« beraten zu lassen. Die haben oft ein festgefügtes Bild von dir, und sie haben irgendwo im Unterbewußten die Vorstellung, daß du nicht größer werden darfst als sie. Davon muß man sich unbedingt freimachen. Das hat nichts mit Höhenflug zu tun, sondern damit, daß man sich in bestimmten Situationen einen Schritt nach vorne zutrauen muß.

Und da ist es natürlich gut, wenn man einen Bankdirektor hat, der einem sein Vertrauen schenkt und »Kredit gewährt« für die Zukunft. Deshalb kommt zu den notwendigen Kontakten noch ein weiterer Punkt dazu: Seien Sie immer ehrlich zu Ihrer Bank!

Kontakte schaffen Wachstum!

Nachdem wir in diese neuen Räume gezogen waren, sorgte Dr. von Srbik sogar dafür, daß wir diese Vergrößerung ausfüllen und unsere Verbindlichkeiten verringern konnten. Er saß nämlich auch im Aufsichtsrat der damaligen Telenorma, kurz TN, einer Vertragsfirma der Deutschen Bundespost. Bei einer der nächsten Zusammenkünfte sagte Dr. von Srbik zu mir: »Was macht CO eigentlich im Telefonbereich?« Ich antwortete wahrheitsgemäß: »Zur Zeit noch wenig!« Darauf gab er mir

die Telefonnummer des Vorstandsvorsitzenden dieser Firma und sagte, daß er mich bei ihm avisieren würde.
Bei meinem Besuch stellte mich der Vorstand seinen Direktoren vor, mich, den kleinen Gesellschafter von ⓒⓒ, der verzweifelt versuchte, sich seine Aufregung nicht anmerken zu lassen. Aber aus dieser Begegnung entstand eine Geschäftsbeziehung, die unserem Unternehmen im Lauf der Jahre ganz bedeutende Erfolge brachte. Wir schafften damit den Durchbruch und wuchsen wie von selbst in unsere neuen Büroräume hinein. Über die Rückzahlung der Hypothek brauchten wir uns bald keine Sorgen mehr zu machen.
Wer viele Vertrauenskonten hat, besitzt ein unschätzbares Vermögen, denn Kredit heißt nichts anderes als gegenseitiges Vertrauen. Mit diesem »Vertrauenskredit« ist nicht nur ⓒⓒ gewachsen. Auch ich bin durch die Begegnungen gewachsen, die dadurch erst möglich wurden.

Ich mußte ihn einfach sprechen!

Die Beziehung zur Siemens AG entstand ebenfalls Mitte der 70er Jahre in der Anfangsphase von ⓒⓒ! Ich hatte den damaligen Senior der Familie Siemens, Ernst Albrecht von Siemens, gelegentlich in einem Café in der Nähe der Siemens-Zentrale in München gesehen und war von seiner würdigen Erscheinung tief beeindruckt. Da ich als völlig Unbekannter ihn logischerweise nicht im Café ansprechen konnte, schrieb ich ihm einen persönlichen Brief. Dieser enthielt nur wenige Zeilen. Ich schrieb: »Sehr geehrter Herr von Siemens! Ich habe einen Wunsch, den nur Sie mir erfüllen können. Ich möchte Sie persönlich kennenlernen! Ich freue mich darauf!« Tatsächlich meldete sich sein Sekretariat, und ich wurde zu einem Gespräch in die Siemens-Hauptverwaltung am Wittelsbacher Platz in München gebeten. Die erste Frage von Ernst Albrecht von Siemens war: »Herr Lejeune, sagen Sie mir bitte, was wollen Sie von mir?«, und das klang eher so, als würde unser Gespräch von kurzer Dauer sein. Meine Antwort überraschte ihn: »Herr von Siemens, ich wollte Sie wirklich nur kennenlernen.« Darauf sagte Herr von Siemens: »Das kann ich gar nicht glauben!« – »Doch«, beteuerte ich, »ich wollte nur Ihre Lebensgeschichte erfahren!« Darauf meinte er: »Ach, jetzt verstehe ich Sie. Sie meinen die Geschichte des Hauses Siemens!« – »Ja«, sagte ich, »aber zuerst interessiert mich Ihr Leben!«

Ein alter Herr erzählt aus seinem Leben

Das schien ihn zu überzeugen, und er erzählte mir tatsächlich, wie sein Leben verlaufen ist! Es war wirklich ein unbeschreibliches Gefühl, in diesem Büro zu sitzen und den Erzählungen des Mannes zuzuhören, der dem Siemens-Konzern nach den Kriegsjahren so viele wertvolle Impulse gegeben hatte. Glauben Sie mir, Ernst Albrecht von Siemens konnte erzählen! Und dann wollte er plötzlich auch meine Geschichte hören. Ich schilderte sie ihm in groben Zügen und ohne Beschönigungen. Daraus entspann sich ein lebhaftes Gespräch von über drei Stunden, in dem er sich vor allem für meine Zukunftspläne interessierte.

Ernst Albrecht von Siemens verabschiedete mich mit den Worten: »Mit Ihrer Lebensgeschichte im Hintergrund werden Sie nie untergehen. Sie und Ihre kleine CC werden Ihren Weg machen. Ich wünsche Ihnen viel Erfolg!« Ernst Albrecht von Siemens und ich sahen uns immer wieder. Es waren kraftspendende Begegnungen!

Auch aus diesen Begegnungen entstand eine langjährige, erfolgreiche Geschäftsbeziehung zur Siemens AG, die bis heute lebendig ist und immer intensiver wird. Ich habe damals buchstäblich mit einer einzigen Briefmarke den Weg zu Siemens geebnet und den Weg unseres Unternehmens und mein Leben maßgeblich verändert – mit einer Fertigkeit, die ich von einem Menschen gelernt habe, der mir ansonsten ziemlich wenig Glück gebracht hat. Mein früherer Chef war ein ausgezeichneter Briefschreiber. Er verstand es, Briefe so zu formulieren, daß der Empfänger sich wirklich angesprochen fühlte. Ja, das habe ich von ihm gelernt!

Kurze Briefe kosten Zeit!

Wenn Sie beabsichtigen, alte, ausgefahrene Wege zu verlassen und neue Ziele anzustreben, kann ich Ihnen mit diesen beiden wirklich wichtigsten Begegnungen meines Lebens nur Mut machen, in ähnlicher Weise mit anderen Menschen in Kontakt zu treten. Es funktioniert. Sie müssen es nur wollen! Was macht es aus, wenn Sie an der Formulierung eines solchen, möglichst kurzen, aber inhaltsreichen Briefes einen ganzen Tag feilen? Denken Sie dabei an den großen Dramatiker George Bernard Shaw, der einmal ans Ende eines Briefes schrieb: »Leider ist es ein langer Brief geworden, weil ich für einen kurzen keine Zeit hatte!« Der Gewinn, den Sie aus einem solchen kurzen Schreiben, das bei aller Kürze eine Botschaft enthalten muß, ziehen können, steht in keinem Verhältnis zu diesem Zeitaufwand! Denn bei allem Vertrauen in unser eigenes Können, in unsere Fähigkeiten und Talente – wir können auf die Sympathie anderer Menschen und die daraus entstehende Unterstützung auf dem Weg zu unserem Ziel nicht verzichten. Suchen Sie den Umgang mit erfolgreichen Menschen. Nehmen Sie Maß an ihnen. Versuchen Sie, sich in ihre Lage zu versetzen. Lesen Sie ihre Erfolgsgeschichten. Das hat eine ungeheure Suggestivkraft. Das schafft Vorbilder!

Der erste, der aufmerksam zuhörte

Eine der beeindruckendsten Begegnungen, die ich in meinem Leben hatte, war die mit Dr. Alfred Herrhausen, dem Vorstandsvorsitzenden der Deutschen Bank. Ich hatte ihn am Rande einer Veranstaltung in München, wo er einen Vortrag hielt, angesprochen und um ein Gespräch gebeten. Er gab mir ver-

blüffenderweise seine Telefonnummer mit der Aufforderung, ihn wegen eines Termins anzurufen.
Sie können sich kaum vorstellen, wie überrascht ich war, als ich diese Nummer wählte und nicht seine Vorzimmerdame, sondern er selbst am Apparat war. Er hatte auch innerhalb weniger Tage einen Termin für dieses Gespräch frei! Das war eine Erkenntnis, die ich bisher immer wieder bestätigt fand: Bei wirklich wichtigen Leuten ist es sehr viel einfacher, einen Termin zu bekommen, als bei solchen, die sich nur für wichtig halten!

Ganz oben ist man immer erreichbar!
Als ich in sein Büro in dem Wolkenkratzer der Deutschen Bank in Frankfurt kam, bat er mich, Platz zu nehmen, fragte mich, was ich trinken möchte – und schenkte mir selbst ein! Da wurde keine Sekretärin gerufen – nein, einer der einflußreichsten Banker Europas und Berater des Bundeskanzlers schenkte mir persönlich Tee ein! Dann kam allerdings trotz aller Freundlichkeit die sehr ernüchternde Frage: »Herr Lejeune, Sie sind Kaufmann. Darf ich Sie deshalb etwas fragen? Welches ist das Ende des Gesprächs oder vielmehr, was möchten Sie, daß ich davon behielte, wenn es in fünf Minuten zu Ende wäre?« Dr. Herrhausen war ein Meister der direkten Frage!
Sie dürfen mir glauben, daß mir angesichts dieser »Audienz« ohnehin die Knie zitterten. Und dann noch diese unausweichliche Frage! Aber ich nahm meinen ganzen Mut zusammen und sagte: »Ich muß Sie zum einen über die Abhängigkeit der deutschen Wirtschaft von den japanischen Speicherchips informieren. Und zum anderen wollte ich Sie persönlich kennenlernen, weil Sie für mich ein großes Vorbild sind!« Und das war Alfred Herrhausen in der Tat. Er strahlte menschliche Wärme aus, er hatte große Disziplin, und er besaß eine Klarheit des Denkens, die sich in absolut druckreifer Rhetorik niederschlug.

Alfred Herrhausen war alles andere als ein eiskalter Macher. Er war vielmehr der Visionär, der der Weltbank den Vorschlag unterbreitet hatte, den ärmsten Ländern der Dritten Welt die Schulden zu erlassen, um ihnen Hoffnung zu geben und sie mit dieser Maßnahme auf eine vernünftige wirtschaftliche Basis zu stellen. Andererseits brachte er den Mut auf, in einer Zeit, in der es bis in höchste Politikerkreise hinauf opportun schien, die Ausübung von Macht zu verteufeln, zu sagen: »Macht ist nicht verkehrt, wenn der Charakter dessen stimmt, der sie ausübt!« Alfred Herrhausen war ein genialer Mutmacher, der die Kardinaltugenden selbst vorlebte!

Absichtslosigkeit überrascht!

Wie alle Menschen, die mit Macht umgehen, war er gewohnt, daß jeder, der das Gespräch mit ihm suchte, damit eine nutzbringende Absicht verband. Deshalb war er völlig überrascht, von einem Menschen aufgesucht zu werden, der nichts von ihm wollte, als ihm eine Botschaft zu übermitteln und ihn kennenzulernen. Und diese Botschaft war, die deutsche Wirtschaft – und vor allem ihre Topmanager – über die zukünftige Bedeutung der Mikrochips aufzuklären. Dabei war es mir auch wichtig, daß Alfred Herrhausen meine Botschaft von der großen Gefahr der Abhängigkeit Deutschlands von Japan als persönlicher Berater des Kanzlers an die richtige Stelle weitergab. Und das tat er!
Dieses Gespräch dauerte über eineinhalb Stunden. Es hat meinen Werdegang in einer ungeheuren Weise angestoßen – nicht etwa weil ich nun einen Consultingauftrag der Deutschen Bank bekommen hätte. Nein, Alfred Herrhausen hat mir Mut gemacht, auch mit seinem Wahlspruch: *Sagen Sie, was Sie tun; tun Sie, was Sie sagen!* In unserem letzten Gespräch sagte mir dieser großartige Mann: »Herr Lejeune, hören Sie nie auf, Ihre Botschaft zu verkünden. Bleiben Sie ein großer Unbequemer!«

Meine Botschaft kam an!

Dieses Gespräch gab mir Kraft und Motivation, denn er war der erste Topmanager, der aufmerksam und verständnisvoll zuhörte, als ich über die ungeheure Bedeutung sprach, die dieses kleine Bauteil aus Quarzsand einmal bekommen würde. Das war damals noch alles andere als selbstverständlich. Mit meiner Botschaft, daß wir vom Chip abhängig sind, wurde ich zu der Zeit noch überall belächelt. Man konnte ihn doch wie ganz normale Schrauben an jeder Ecke kaufen.
Niemand wollte sehen, daß der Mikrochip das Gehirn der zukünftigen Maschinen sein würde und man bereits beim Einkauf seine gesamten Pläne preisgeben muß. Das war natürlich besonders in Japan kritisch, wo die Chipproduktion eingebunden ist in riesige Konzerne, in denen alles produziert wird – vom Motorrad bis zum Saxophon. Zudem entstanden plötzlich Lieferengpässe für bestimmte Produkte, weil die Amerikaner und Japaner natürlich bei steigendem Bedarf in erster Linie ihre eigenen Firmen belieferten.
Die Firma Toshiba zum Beispiel: Sie hat mehr oder weniger den Laptop erfunden, den tragbaren PC. Toshiba war damals alleiniger Hersteller von 1 Mega D-REM, der schnellrechnenden Chipsensation! Aber Toshiba hat natürlich in erster Linie den eigenen Markt beliefert, und nicht etwa die amerikanische oder deutsche Konkurrenz. Einfacher kann man erfolgreiche Marktpolitik gar nicht betreiben. Heute wird deutlich, daß durch die Abhängigkeit vom Mikrochip gegenüber USA, Japan und Korea unserer deutschen Wirtschaft Hunderttausende von Arbeitsplätzen für immer verlorengegangen sind!

Herkömmliche Autos

Ungefähr zur selben Zeit, als ich das Gespräch mit Alfred Herrhausen führen konnte, hatte ich an den damaligen Vorstandsvorsitzenden der Daimler Benz AG in Stuttgart geschrieben und ihm dargestellt, was für eine entscheidende Rolle der Mikro-

chip in der Zukunft des Autobaus spielen würde. Ich erhielt von ihm zur Antwort: »Das kann ich mir nicht vorstellen. Wir setzen nach wie vor auf die bekannten Komponenten, mit denen man Autos baut.«
Aber auch mit diesem Brief hatte ich einen zukunftsträchtigen Kontakt zu Daimler Benz hergestellt, der zwei Jahre später zu einer intensiven Zusammenarbeit führte. Daimler Benz konnte einen Mikrochip nicht bekommen, mit dem man in der Luxusklasse die automatische Sitzverstellung speichert. Ohne Sitzmemory konnte man aber schon zu dieser Zeit in den USA kein Auto der oberen Preisklasse mehr verkaufen. Dieses Geschäft hätte also für mehrere Monate auf Eis gelegen. Und das war für uns der Einstieg, weil ☯ diesen Chip in ausreichender Menge herbeischaffen konnte.
Der allgemeine Umschwung in der Einstellung zu meiner Botschaft kam erst, als die Vorstandsvorsitzenden der großen Industriebetriebe die Abhängigkeit vom Mikrochip in den Bilanzen lesen konnten. Dann erst entstand das lebhafte Interesse: »Wenn Erich Lejeune spricht, müssen wir zuhören, weil wir sonst etwas verpassen!« Ich bin heute froh darüber, daß meine Warnungen in der Zwischenzeit sehr ernst genommen werden! Sie erinnern sich an die vier Stationen des Visionärs!

Optimismus verbindet

Überlegen Sie mal, auf wen Sie selbst intuitiv zugehen, wenn Sie in einer belebten Straße nach dem Weg fragen! Doch nicht auf jemanden, der Sie mit abweisender Miene von unten bis oben taxiert oder der den Kopf wegdreht, wenn Sie ihn fragend anschauen. Wer in Schwierigkeiten steckt, braucht unbedingt positive Begegnungen mit anderen Menschen! Das wirkt wie ein Heißluftballon, der einen mit Optimismus in die Sphäre des Erfolgs hinaufträgt. Diese optimistische Grundhaltung hat mich getragen, als ich auf der Elektronik-Fachmesse vor dem Stand der Schweizer Weltfirma stehenblieb, obwohl ich mit meiner

gerade gegründeten Firma schon fast wieder am Ende war. Mit diesem Optimismus und mit diesem unerschütterlichen Selbstvertrauen bin ich in die Gespräche mit Leuten gegangen, die bei »realistischer« Einschätzung nicht das geringste Interesse an einem Mr. Nobody haben konnten.
Meine Gespräche mit diesen Menschen haben mich in einer unglaublichen Weise gestärkt! Im nachhinein sieht diese Erfolgsgeschichte völlig zwangsläufig aus. Ich habe aber nur getan, was jeder andere auch hätte tun können. Briefe schreiben kann jeder, und telefonieren kann auch jeder. Man muß nur seinen Mut zusammennehmen, sich aufraffen und an einen Menschen schreiben, der einen brennend interessiert.

Optimismus ist ein Magnet

Warum sollten für Sie andere Erfolgsgesetze gelten? Derselbe Optimismus wird Menschen in Ihrer Umgebung dazu bringen, Ihnen zu helfen. Von diesem Optimismus und dieser positiven Grundeinstellung anderen Menschen gegenüber müssen Ihr Denken und Ihre Haltung durchdrungen sein. Optimismus ist die alles bewirkende Kraft. Sie gilt für Große und Kleine, für Arme und Reiche gleichermaßen! Nur wenn Sie das beherzigen, werden Sie wie ein Magnet die nötige psychische und materielle Unterstützung bereits erfolgreicher Menschen auf sich ziehen. Einem Menschen, der mit hängenden Schultern und unterwürfiger Geste am Straßenrand beim Betteln sitzt, wirft man sicher eine Münze in den Hut, aber man macht ihm keine Hilfsangebote, die ihn wieder auf die Beine stellen, und einem Menschen mit griesgrämigem, abweisendem oder gar bösartigem Gesichtsausdruck genausowenig.
Deshalb ist es so ungeheuer wichtig, daß Sie sich jeden Tag aufs neue positiv programmieren und alle negativen Gefühle aus Ihrem Denken verbannen. Solange Sie in Ihrem Denken der Unsicherheit, dem Haß, dem Neid, der Eifersucht, der Mißgunst, der Überheblichkeit und der Verachtung Raum geben, können

Sie keine vertrauensvollen Beziehungen zu anderen Menschen aufbauen. Sicher, es gibt diese Neid- und Haßgemeinschaften und auch das Einverständnis derer, das von gemeinsamem Dünkel und Hochmut getragen ist. Aber diese Negativklüngel sind alle dazu verurteilt, daß sich die negativen Einstellungen irgendwann gegen sie selber richten.

Sprechen Sie niemals schlecht über andere!
Meiden Sie jede Gesellschaft, die ihre Identität darin findet, über andere Menschen abfällig zu urteilen. Denken Sie immer wieder an das grundlegende Gesetz des menschlichen Fühlens und Handelns: Man kann nicht gleichzeitig zwei entgegengesetzten Gefühlen Raum geben – Gutes tun und Schlechtes reden! Bei sich selbst an das Gute glauben und andere schlechtmachen! Selbst sein Bestes geben und andere abfällig beurteilen! Konzentrieren Sie sich auf die positive Seite! Treten Sie in Wettstreit mit den Besten, und sprechen Sie sich täglich mehrmals den Satz vor: »Ich weiß, daß ich fähig bin, mein Lebensziel zu erreichen, und ich werde bei jeder auch noch so unbedeutenden Aufgabe mein Bestes dafür geben!« Reden Sie mit einer Zunge! Sprechen Sie gut über andere Menschen! Es tut gut! Ihnen und Ihren Mitmenschen!

Spitzengespräche und Spitzenleistungen
Die Menschen, die wirklich oben angekommen sind, sind dort, weil sie genau diesen Grundsatz befolgt und immer ihr Bestes gegeben haben. Sie haben deshalb ein sehr feines Gespür dafür, ob jemand, der ihnen gegenübersteht, bereit ist, ebenfalls sein Bestes zu geben. Ihnen genügt ein Blick, um festzustellen, ob jemand von demselben Anspruch auf Spitzenleistungen besessen ist wie sie oder nicht. Diese Leistungsbereitschaft ist eine Frage der Ehrlichkeit und des Vertrauens.
Das Vertrauen, das Sie benötigen, um Ihr Ziel zu erreichen, be-

kommen Sie nur, wenn Sie bereit sind, immer Ihr Bestes zu geben! Zu diesem Vertrauen gehört der offene, ehrliche Dialog. Gespräche können nicht im Vertrauen enden, wenn man seine ehrliche Meinung zurückhält oder verdreht. Das setzt voraus, daß man ständig einen offenen Dialog mit sich selber führt und daß man bereit ist, für sich selbst festzustellen, ob man sich richtig verhalten hat oder ob man Gewohnheiten oder auch Umgangsformen ändern müßte. Verbessern Sie Ihren K-Faktor, indem Sie ständig an sich und an der Vertrauensbasis mit Ihrer Umgebung arbeiten.

Globalisierung mit menschlichem Antlitz

Unvoreingenommen auf fremde Menschen zugehen ist gerade auch in fremden Ländern lebensnotwendig. Nur so kann man von anderen lernen oder mit ihnen Geschäfte machen. Sie werden es kaum glauben, wie ich unseren ersten Partner in den USA fand. Nicht mit einer Annonce in Fachzeitschriften und nicht durch Empfehlung. Ich fand ihn mit dem K-Faktor! Wenn man viel fliegt, hängt man viel auf Flughäfen rum. Eines Tages fing ich auf dem John-F.-Kennedy-Flughafen ein Gespräch mit einem ebenfalls wartenden Fluggast an. Es stellte sich heraus, daß er ursprünglich von den Philippinen kam, daß er früher im Stab von Präsident Marcos gewesen war und die Aufgabe gehabt hatte, amerikanische Elektronik ins Land zu holen. Er kannte Silicon Valley wie seine Westentasche – Präsidenten, Manager, Einkaufschefs. Er hatte die besten Kontakte, die man sich wünschen konnte.

Aber nun saß er ein wenig auf dem trockenen. Seine Frau war Kinderärztin und hatte das Angebot bekommen, in New York eine Kinderklinik zu leiten. Dieses Angebot hatte sie angenommen, und er war mitgegangen. Nun war er zwar Präsident der philippinischen Handelskammer in New York, hatte aber ansonsten unwahrscheinlich viel Zeit. Ich weiß nicht mehr, ob es an diesem Punkt unseres Gesprächs war, daß wir unsere Visitenkarten austauschten. Jedenfalls wurde Evan Prado unser erster Partner in den USA. Wir sind bis heute Freunde geblieben. Durch diese Auslandsbeziehungen bekamen wir Neuerungen viel schneller mit als der Rest der Branche. So waren wir in der ganzen Branche die ersten, die ein Faxgerät hatten. Unser japanischer Partner hatte uns darauf aufmerksam gemacht. Evan Prado wurde der Leuchtturm und Leitstrahl für unser Amerikageschäft! So wurde ein kurzes Gespräch auf dem John-F.-Kennedy-Flughafen in New York zu einer lang anhaltenden, goldenen Begegnung!

Vertrauensphilosophie

Vertrauen aufzubauen ist eine ganz wichtige Angelegenheit auf dem Weg zum Erfolg! Vertrauen zu anderen kann man nur aufbauen, wenn man »Selbst-Vertrauen« hat, wenn man sich seiner Person sicher ist, wenn man selbstbewußt ist. Vertrauen heißt in erster Linie, ehrlich zu sich und zu den anderen zu sein. Man kann kein Vertrauen schaffen, wenn man sich selbst anlügt.

Vertrauen aufbauen kann man nur, indem man sich dem anderen zuwendet und sich ehrlich für ihn interessiert. Es ist wichtig, in die Schicksale der Menschen, mit denen man zusammenarbeitet, eingeweiht zu sein. Umgekehrt müssen die auch wissen, wie es mir geht. In einem überschaubaren Mittelstandsunternehmen wie der ©© kann das noch ein einzelner leisten. In einem Konzern muß das als Philosophie so ausgeprägt sein, daß diese Funktion von jeder Führungsperson übernommen und gelebt wird.

Zuständig für das Zwischenmenschliche

Bei einer bekannten Werkzeugfirma in München gab es einen Mann, der hatte keine andere Aufgabe, als diese zwischenmenschlichen Dinge abzufragen: »Wie geht es Ihrer Frau, was

machen die Kinder, wie geht es Ihrem Hund? Wie hat Ihre Fußballmannschaft am Samstag gespielt?« Dieser Mann war für seine Firma Gold wert! Denken Sie daran, wenn Sie in Ihrem Unternehmen den K-Faktor verbessern wollen! Wenn Sie mit Ihrer Empfangsdame am Morgen ein freundliches Wort wechseln, multipliziert sich diese Geste den ganzen Tag über mehrere dutzendmal!
Dafür muß man sich als Unternehmer mehr Zeit nehmen als für Gespräche mit den Anlageberatern. In großen Firmen herrscht zum Teil die Mentalität: »Wenn die da oben glauben, sie können führen, dann tun wir hier unten so, als ob wir arbeiten.« Das heißt, wenn eine Botschaft nicht ankommt, verkehrt sie sich oftmals ins Gegenteil.
Man kann heute nur erfolgreich sein, wenn man im Team arbeitet, und dafür muß man wissen, was am Arbeitsplatz an Emotionen und Problemen entsteht. Kontakte schaffen, hinschauen, ständig den Markt beobachten, zuverlässig sein, nichts versprechen, was man nicht halten kann, flexibel sein, kreativ und innovativ sein – das waren und sind die Tugenden, die ❡❡ und ihre Mitarbeiter heute leben, und diese Tugenden, diese lebendigen Kontakte sind auf jede Branche, auf jedes Geschäft, auf jeden Menschen übertragbar.

Kontakt und Motivation schaffen »Mit«-arbeiter!

Ich suche ständig den Kontakt zu meinen Mitarbeitern. Ich weiß, wie es dem Bein des einen geht, der gerade operiert wurde, ich weiß, wie es dem Kind des anderen geht, das Fieber hatte. Oder sollte ich ehrlicherweise sagen, ich weiß es wieder? In einer Welle des Erfolgs kam ich zu der Einstellung, das interessiert mich nicht mehr so stark, dafür habe ich keine Zeit mehr, und das hat sich bitter gerächt! Ich hatte kein Gefühl mehr dafür, welche Niederlagen aus dieser Richtung drohen.
Das hängt sehr wahrscheinlich mit diesem Erfolg und mit dem Neid auf denjenigen zusammen, der Erfolg hat. Die Menschen

sehen nicht, mit welchem Einsatz dieser Erfolg erkämpft wurde. Sie sehen nur das Ergebnis, und sie denken sich: »Warum hat der so einen sagenhaften Erfolg? Der steht mir eigentlich genauso zu!« Sie sehen das schöne Auto, sie genießen es, daß man sie privat einlädt, sie sehen, wie man lebt, wie man in der Öffentlichkeit steht und Anerkennung findet. Das führt dazu, daß sie den Erfolgreichen nicht mehr als Menschen betrachten, sondern als Bank, der sie eine Rechnung aufmachen und die sie notfalls hintergehen, anschwindeln und belügen.

Das Spiel von Lüge und Zufall

Wir hatten in unserem Unternehmen eine Mitarbeiterin, lieb, nett, immer freundlich, nach außen hin immer in Übereinstimmung mit der Geschäftsleitung und scheinbar immer loyal. Aber leider bot gerade sie ein unglaubliches Beispiel für Lüge! An einem Donnerstagnachmittag kam sie zu mir und zu meiner Frau und sagte, es täte ihr so wahnsinnig leid, sie hätte gerade einen Anruf aus Karlsruhe bekommen. Ihre Mutter sei schwer gestürzt, und sie müsse sich dringend um sie kümmern. Da sagte meine Frau: »Aber Ihr Vater ist doch Arzt!« Darauf kam die Antwort, der sei auf einem Kongreß. Nun fiel meiner Frau ein, daß die Geschwister dieser Mitarbeiterin auch in Karlsruhe lebten. Das sei richtig, aber die seien leider in Urlaub. So hatte sie auf alle unsere Fragen sehr plausible Antworten!
Darauf stellten wir ihr natürlich frei zu fahren, obwohl wir mitten in der Urlaubszeit im Sommer einen ziemlichen Engpaß hatten. Wir sagten ihr sogar noch, daß sie dafür keinen Urlaub abrechnen müsse. Gegen 16 Uhr kam sie noch mal und sagte mit bekümmertem Gesicht, nun sei ihr zu allem Unglück auch noch ein Stück von einem Zahn abgebrochen, nun müsse sie sofort aufbrechen. Meine Frau machte sich große Sorgen, ob diese Mitarbeiterin mit einer Spritze für die Zahnbehandlung anschließend noch mit dem Auto bis nach Karlsruhe fahren könne.

Das darauffolgende Wochenende verbrachten meine Frau und ich geschäftlich in Hamburg. Am Freitag nachmittag beschlossen wir, einen kleinen Rundgang durch die Innenstadt zu machen. Also schlenderten wir zwischen zwei Terminen über den Jungfernstieg. Plötzlich blieb meine Frau wie angewurzelt stehen. Dann sagte sie zu mir: »Du schau mal, da drüben geht unsere Mitarbeiterin. Wieso ist die nicht bei ihrer Mutter in Karlsruhe?« Ich antwortete, ohne hinzusehen: »Ich glaube, du siehst Gespenster!« Aber da lief meine Frau auch schon über die Straße geradewegs auf unsere Mitarbeiterin zu, die mit einem ehemaligen Mitarbeiter von uns verliebt Hand in Hand spazierenging! Von ihm hatten wir uns in gegenseitigem Einvernehmen getrennt. Meine Frau sagte nur einen Satz zu dieser jungen Frau: »Sie sind fristlos entlassen!« Und die glaubte nun ihrerseits, Gespenster zu sehen.

Das Urteil einer klugen Putzfrau

Können Sie sich vorstellen, daß diese Frau noch die Stirn hatte, uns beim Arbeitsgericht zu verklagen? Der Richter tat allerdings beim ersten Termin einen wahrhaft salomonischen Ausspruch: »Wissen Sie, bei solchen Sachverhalten frage ich immer meine Putzfrau, wie sie entscheiden würde, und die sagte nur: ›Feuern!‹« Und er riet ihr noch: »Nehmen Sie dieses Geschenk einer normalen Kündigung zum Monatsende an!« Ihr Anwalt meinte jedoch, diesen Ausflug nach Hamburg würde er schon glattbügeln! Aber am Ende siegte doch die Gerechtigkeit.

Eine Million Mal Vertrauen schaffen!

Trotzdem ist und bleibt der Motor in meinem Leben, anderen Menschen vollkommen zu vertrauen. Das ist die Grundlage meines Berufs. Wenn man mich fragt: »Was sind Sie von Beruf?«, antworte ich immer: »Ich bin Verkäufer!« Ich habe seit meinem 14. Lebensjahr ungefähr eine Million Mal verkauft.

Das habe ich mal hochgerechnet. Darauf bin ich stolz, denn erfolgreich verkaufen bedeutet immer auch, das Herz und die Seele des anderen zu erreichen.
Alles, was man im Leben macht, hat mit Verkaufen zu tun, egal ob man sich um einen Auftrag bemüht oder eine Erfindung in den Markt bringen will. Dazu gehört, daß ich den anderen motiviere, daß er sich für mich interessiert. Das setzt aber auch voraus, daß man sich für den anderen interessiert, denn Verkaufen ist keine Einbahnstraße. Das ist bei Freundschaften nicht anders. Wenn man sich in einer Freundschaft nur zurücklehnt und darauf wartet, daß immer der andere einen Vorstoß macht, anruft, Unternehmungen organisiert, dann ist eine Freundschaft zum Scheitern verurteilt. Spätestens dann, wenn der andere sich nach einiger Zeit die Frage stellt: »Wieso immer ich?«
Verkaufen funktioniert dann am besten, wenn der eine weiß, ich kann etwas anbieten, was er braucht, und er weiß, ich brauche etwas, das er hat. Im besten Fall hält sich das die Waage, denn auch der Abnehmer wird nie die bestmögliche Ware und den bestmöglichen Service bekommen, wenn er von oben herab sagt: »Nun zeigen Sie mal, was Sie haben!« Für mich heißt verkaufen: dienen, begeistern und Vertrauen schaffen!

Ehrliche Körpersprache

Verkaufen bedeutet auch gegenseitige Wertschätzung, den anderen zum Partner zu machen. Den Kunden als Partner zu sehen hat nichts mit psychologischer Raffinesse zu tun. Und dazu gehört natürlich der gesamte Bereich der Körpersprache. Man betrachtet den anderen, wie er sich bewegt, wie er aussieht. Unwillkürlich nimmt man die Botschaften seiner Körpersprache auf, und man weiß meist nach wenigen Sekunden der ersten Begegnung, wie man mit dem Geschäftspartner zurechtkommt. Und vor allem spürt man hundertprozentig, ob es zwischen den Gesten und den Aussagen eine ehrliche Übereinstimmung gibt und ob man sich auf die Gefühle verlassen kann, die er aussendet.

Was für mich wichtig ist, ist das Herz. Wer ein reiches Herz hat, erlebt viel intensiver. Sympathie läuft immer über das Herz. Leben heißt auch, sich über andere zu freuen. Das einfachste Mittel, Sympathie und Freude zu schenken, ist ein Lächeln. Es ist der direkteste Weg von einem Herzen zum anderen. Es wird höchste Zeit, daß wir in diesem sogenannten Kommunikationszeitalter, das in zunehmendem Maße bestimmt wird von Handy, Internet, Satellitenbildtelefon und permanenter Erreichbarkeit rund um den Erdball, zu diesem ursprünglichsten Kommunikationsmittel zurückkehren. Außerdem kostet ein Lächeln viel weniger Kraft als ein mißmutiger Gesichtsausdruck – man braucht dafür nur zwei Muskeln im Gegensatz zu über 40 für eine verkniffene Miene.

Lächeln benötigt keine Sprache!

Deshalb funktioniert es über alle Sprachbarrieren hinweg. Sie können dieses einfachste Mittel menschlicher Kommunikation sofort ausprobieren. Falls Sie das schon länger nicht mehr getan haben, werden Sie überrascht sein, wie schnell es wirkt – sogar ohne daß man es sieht. Sie können ein Lächeln nämlich durchs Telefon hören! Aber auch an diesem Lächeln können Sie erkennen, daß es auf dem Weg zu Ihrem Erfolg nichts gibt, was man isoliert lernen oder anwenden kann! Wer kein überzeugendes Selbstvertrauen hat, kann auch nicht überzeugend lächeln!

Das gleiche gilt für die Freude, die man einem anderen Menschen bereitet. Freude, die man ohne das richtige Selbstvertrauen schenkt, wird schnell zu einer Geste der Unterwürfigkeit oder Anbiederung. Und Freude, die man aus einem Gefühl der Überlegenheit schenkt, wird von dem Beschenkten sehr schnell als Geste der Herablassung durchschaut und auf die negative Seite gebucht! Echte Freude kann man nur schenken, wenn man selbst Freude am Schenken hat und den anderen als ebenbürtigen Partner ansieht.

Die Freude am Erfolg

Was mir an meinem Erfolg am meisten Freude bereitet, ist, andere Menschen glücklich machen zu können, sie zu motivieren, sie aus einem negativen Lebensgefühl herauszuholen und ihr Denken ins Positive zu wandeln. Ich denke dabei nicht nur an den Mann, der ursprünglich zu mir kam, um mich für einen Zeitungsartikel zu interviewen und den ich zu dem Selbstvertrauen zurückführen konnte, das ihm wirklich angemessen ist. Es ist mir bei vielen Menschen gelungen, sie aus ihren Tiefs herauszuholen und ihnen den Weg zu einem erfolgreichen Leben zu zeigen. Es macht mir einfach Freude, meinen Erfolg auf andere zu übertragen und mich selbst dabei immer mehr zurückzunehmen. Dabei wird mir eines immer deutlicher: Man kann nur sinnvoll leben, wenn die vier Grundbeziehungen im Leben stimmen.
Erstens: die Beziehung zu sich selbst. Man muß sich mögen, denn sich selber lieben und annehmen ist die Brücke zum Leben. Dazu gehört auch die Einsamkeit. Einsamkeit ist wichtig für die Bildung des Charakters. Wer nicht allein sein kann, wird es auch schwer haben, mit anderen zu leben. Man muß bis zu einem gewissen Grad auch Egoist sein und für andere unberechenbar bleiben. Man muß sein Leben selbst in die Hand nehmen. Man kann es nicht immer zugunsten eines anderen leben.
Wer sich selbst nicht mag, mag auch andere nicht. Das führt zu den größten Irritationen im zweiten Bereich, nämlich in den Beziehungen zu anderen. Das scheint nach allem, was wir täglich aus dem Bekanntenkreis hören, in der Zeitung lesen oder in den Nachrichten mitgeteilt bekommen, der schwierigste Bereich zu sein. Es ist wichtig, Dinge, die mir Spaß machen, auch anderen Menschen zu zeigen. Daraus entstehen gemeinsame Hobbys, z. B. gemeinsames Tennisspiel oder gemeinsames Bergwandern. Es gehört dazu, daß man in den privaten Beziehungen aktiv bleibt. Man muß auch ständig mit seinem Lebenspartner diskutieren, denn sonst stellt man plötzlich fest, daß der in ganz anderen Kategorien denkt.

Natürlich gelingt uns das nicht immer, und gerade in den Auseinandersetzungen wird oft deutlich, wie sehr wir den anderen brauchen. Zum Ausgleich zwischen den Bereichen eins und zwei gehört auch, daß wir nicht jeden Müll annehmen, den andere auf uns abladen wollen, sei es, daß sie uns anschreien, uns schlecht behandeln oder uns immer nur Negatives berichten über sich oder von anderen. Da müssen wir ganz kategorisch sagen: »Diesen Müll nehme ich nicht an!« Reinigen Sie Ihr Umfeld!
Dafür gibt es ganz einfache Techniken. Lassen Sie die schlechte Laune anderer an Ihrem fröhlichen Gemüt abprallen wie an einem gut imprägnierten Regenmantel. Nicht jeder finstere Blick, der uns trifft, ist für uns bestimmt. Häufig weiß der, der ihn aussendet, einfach nicht, wie er mit seiner eigenen schlechten Laune fertig werden soll. Also versucht er, sie auf uns abzuladen. Aber das dürfen Sie nicht zulassen.
Für unseren Ideenreichtum, für unsere Kreativität und für das Alleinsein ist der dritte Bereich besonders wichtig: die Beziehung zur Schöpfung, die uns mit ihrem unendlichen Reichtum das Gefühl der Fülle vermittelt und uns gleichzeitig Demut lehrt.
Die vierte Grundbeziehung ist die zu dem Bereich, dem wir uns mit unserem ganzen Nicht-Wissen und mit unseren größten Hoffnungen nähern – der Glaube.
Nur wenn diese vier Grundbeziehungen stimmen, kann man seinen Erfolg aufbauen und ihn auch verdauen. Nur mit ehrlichen Beziehungen in diesen vier Bereichen kann man ein menschliches Fundament für den Erfolg legen.
Dieses menschliche Fundament ist ungeheuer wichtig, wenn man wie ich durch Vorträge, Zeitschriftenartikel und durch Fernsehdiskussionen eine gewisse Popularität erreicht hat. Popularität ist der Vorzug, auch bei denen bekannt zu sein, die einen nicht kennen.
Popularität bedeutet aber auch Gefährdung, weil sie dazu angetan ist, einen blind gegenüber seinem wahren Selbst zu machen.

Das fängt damit an, daß man sich daran gewöhnt, ständig im Fernsehen zu sein oder ständig irgendwo sein Konterfei abgebildet zu sehen. Setzt das mal aus, wird man sofort kribbelig, wenn Popularität wie bei einigen Prominenten die einzige Basis für den Erfolg ist. Es lohnt sich nicht, für Popularität Karriere zu machen.

Popularität ist eine sehr schale Pseudobelohnung. Popularität ist häufig ein Grund für Niederlagen, die man ganz allein zu verantworten hat. Daß z. B. ein Fernsehteam kommt und mir den Vorschlag macht, mein Leben zu verfilmen. Es wird mir ein aufwendiges Drehbuch vorgelegt, und irgendwann kommt der Pferdefuß zum Vorschein: Sie wollen mein Leben verfilmen, aber ich soll es selbst finanzieren. Dann muß ich mich fragen: »War mein Leben nicht interessant genug, daß man mir mit einem solchen Angebot kommt?«

So wichtig es mir ist, ein guter und überzeugender Mutmacher zu sein, viel wichtiger ist es mir, Menschen für ihre Arbeit und für ihren Erfolg im Leben zu motivieren. Das ist auch der Inhalt meiner Vorträge! Denn je stärker wir selbst motiviert sind, um so empfänglicher werden wir für die Gedanken anderer, und um so besser können wir uns geistig aufeinander einstellen. Ich weiß nicht, ob es Gedankenübertragung wirklich gibt, aber eines weiß ich ganz genau: Es gibt die Übertragung der Gefühle! Und dafür braucht man etwas, das noch über der Sympathie steht – dafür braucht man Vertrauen, aufgebaut durch viele innige Gespräche in einer Atmosphäre, in der nicht im Vordergrund steht, daß man von dem anderen etwas will. Echte Beziehungen brauchen Zeit!

TEIL 12

Begeisterung – die Fanfare Ihres Lebens

Ein wunderbarer Tag – Freitag, der 13. Juni

An diesem Tag befand ich mich auf der Fahrt zur Mutter meiner Frau Irène. Sie lebt in der Schweiz in einem Pflegeheim. Ein Schlaganfall hat im Jahr zuvor einen dunklen Schatten über ihr Leben geworfen.

An diesem Freitag, dem 13. Juni, am Ende des 2. Jahrtausends, hatte ich ein unbeschreiblich schönes Erlebnis! Ich wurde beschenkt mit einem herrlichen, klaren, fast wolkenlosen Morgen! Auf der Fahrt durch das Wallis war ich so fasziniert von der unübertrefflich schönen Landschaft dieser Schweizer Berge, daß ich völlig vergessen hatte, meinen Wagen rechtzeitig aufzutanken. Nun stand ich auf der Höhe des Grimselpasses, beobachtete die Murmeltiere und war von der Schönheit dieses Lebens überwältigt.

Da fiel mein Blick auf den Bordcomputer. Ich hatte noch Benzin für genau drei Kilometer! Ratlos blickte ich um mich. Hier oben gab es natürlich keine Tankstelle! Da fragte ich einen Einheimischen, der zufällig vorbeikam, ob er mir helfen könne! »Ja«, sagte er, »mit einem guten Rat! Sie lassen ganz einfach Ihren Wagen im Leerlauf die Straße hinunterrollen. Dann kommen Sie nach 12 Kilometern an eine Tankstelle!« Und genau das tat ich! Mit leerem Tank rollte ich nach genau 12 Kilometern vor die Zapfsäule! Ein fröhlicher Tankwart begrüßte mich mit seinem freundlichen, typisch schwyzerischen »Güete Tag, der Herr! Volltanken?« – »Ja, ganz voll bitte!« antwortete ich mit großer Erleichterung.

Ich begegnete der Weisheit großer Philosophen

Ich war begeistert von diesem unglaublichen Erlebnis und von diesem herrlichen Morgen, von den schneeweiß und kristallen leuchtenden Berggipfeln des Schweizer Wallis! Ich hätte zerspringen können vor Freude über diesen wunderbaren Tag in meinem Leben! Urplötzlich spürte ich das Verlangen, für diesen Tag zu danken. In dem Walliser Ort Reckingen hielt ich vor der Pfarrkirche und ging hinein, um für meine Frau, ihre Mutter und mich eine Kerze anzuzünden. Ich wollte für unser Leben danken und um Gesundheit für uns drei beten. Da sah ich neben dem vielarmigen Kerzenständer ein aufgeschlagenes Buch liegen. Ich las den letzten Eintrag. Es waren kindliche Schriftzüge, denen man ansehen konnte, wie sehr sich dieser kleine Mensch bemüht hatte, sein Bestes zu geben. Ich las unter dem Datum dieses Tages, Freitag, der 13. Juni, den einen Satz:

Lieber Gott! Ich danke Dir aus ganzem Herzen für mein wunderbares Leben!
Sylvie

Diese kleine Sylvie hat uns mit diesen Zeilen ein großartiges Geschenk zurückgelassen. Es wird auch mich für immer begleiten!
Dieses kleine und lebensfrohe Mädchen hatte offenbar auf dem Weg in die Schule dasselbe empfunden wie ich und mit wunderbarer Begeisterung den spontanen Entschluß gefaßt, für das Geschenk dieses herrlichen Tages in ihrem Leben zu danken! Dieser eine Satz und ihr spontaner Entschluß haben sie für diesen Moment neben die großen Weisen der Menschheitsgeschichte gestellt! Schöner kann man für mein Empfinden die Freude am Leben und die Begeisterung über unser Dasein auf dieser Erde wahrlich nicht ausdrücken!

So wird Freude zur Erfüllung!

Mit dieser tiefen Freude im Herzen fuhr ich weiter zu meiner Schwiegermutter. Ich begrüßte sie mit einem langen Händedruck und mit einem frohen, zuversichtlichen Blick, der ihre Augen zum Leuchten brachte. In Stunden des Gesprächs, das meine Frau, die ich dort traf, und ich mit ihr führten, wich dieses Leuchten nicht mehr aus ihrem Gesicht! Es war mir offenbar gelungen, das Glück, das ich an diesem Tag erfahren hatte, von Herzen an sie weiterzugeben!

Dieses Leuchten möchte ich auch all denen schenken, die selbst gerade eine nicht ganz einfache Zeit erleben oder zu einem kranken oder trostbedürftigen Menschen fahren!

Dieser Freitag, der 13., bestätigte mir wieder, daß es die Begeisterung ist, die unserem Leben seinen unermeßlichen Wert verleiht! Was wäre unser Leben ohne dieses kosmische Feuer der Begeisterung? Es ist dieses Feuer der Begeisterung, das alles Gute und Wahre in uns zum Leben erweckt und alle Kräfte, die wir brauchen, um es zu bewältigen und glücklich zu gestalten!

Alles menschliche Schaffen entsteht aus Begeisterung

Mit diesem Feuer der Begeisterung können wir unser Leben anzünden, die verborgenen Schätze unserer unermeßlichen Kreativität ans Licht tragen, Pläne entwerfen und Träume und Visionen verwirklichen! Glauben Sie mir, das Beste, was es in unserem Leben gibt, kommt aus der Begeisterung! Nichts Großes kann je entstehen ohne diese Begeisterung. Nicht die Sonnenblumen eines Vincent van Gogh, der in seiner lodernden Begeisterung für die Farben des Lebens einmal an seinen Bruder schrieb: »Ich muß einfach mit dem ganzen Körper malen!«

Wie könnte man eines der großartigsten Werke des menschlichen Geistes, den Schlußchor der 9. Sinfonie auf Friedrich Schillers Ode an die Freude, »Freude, schöner Götterfunken!«, hören und nicht in sich diese Fanfare der Begeisterung widerhallen spüren, die alles Elend dieser Menschheit übertönt! Sie hat nicht nur das unfaßbar harte Schicksal des tauben Komponisten Ludwig van Beethoven überstrahlt. Sie hat Millionen Menschen mit Begeisterung, mit diesem göttlichen Funken des Lebens für das Schöne, das Gute und das Wahre erfüllt!

Was noch fehlt in Darwins Theorie

Es ist dieser göttliche Funke der alles überstrahlenden Begeisterung, der unserem Leben, dem Leben der Menschheit Hoffnung schenkt, Freude schenkt, Leben schenkt und uns begreifen läßt, was uns Menschen an Glück möglich ist! Begeisterung ist der Atem, den Gott dem Menschen eingegeben und ihn damit erst zum Menschen geschaffen hat. Ohne diesen göttlichen Funken stünde der Mensch nur am Ende der Darwinschen Entwicklungstheorie vom Ursprung der Arten. Er hätte dann nur eine etwas höhere Form animalischen Lebens erreicht!

Begeisterung – die göttliche Inspiration

Nein, der Mensch steht deshalb an der Spitze der Schöpfung, weil die Begeisterung für den Geist und seine Kreativität aus dem ersten aufrecht gehenden Primaten den *homo sapiens,* den schöpferischen Menschen, erschaffen hat! Sie gab den Menschen die göttliche Inspiration, die die wunderbaren Gemälde in den Höhlen von Altamira entstehen ließ. Aus Begeisterung über die Größe des menschlichen Geistes wurden die Pyramiden von Gise gebaut. Sie vereinen in sich alles an mathematischem und astronomischem Wissen, das die damaligen Menschen ergründet hatten! Es ist diese ungeheure Begeisterung für die Möglichkeiten des menschlichen Geistes und seiner Erfindungskraft, mit denen Michelangelo seine unübertrefflichen Skulpturen schuf und zu einem unverlierbaren Schatz der Menschheit werden ließ.

Begeisterung für Ideen und für ihre Durchführung schuf die großartige Grundlage menschlichen Wissens, Denkens und

Fühlens, die in der Philosophie der Griechen unser Leben bis heute bestimmt. Begeisterung für Fortschritt schuf das Rad und alles, was sich davon ableiten läßt. Begeisterung für Fortschritt schuf innerhalb eines Jahrhunderts aus dem kleinen motorgetriebenen Einsitzer der Gebrüder Wright Flugzeuge, in denen wir unseren Erdball umkreisen! Sie ließ den Menschen Denkmaschinen entwickeln, die in einer Sekunde 200 Millionen Schachkombinationen durchrechnen können und die die Flugbahn eines Raumschiffes zentimetergenau zu einer Raumstation in 400 Kilometer Höhe über dem Erdball lenken!

Unermeßliche Räume der Phantasie

Klingt es nicht unwahrscheinlich, was diese Kraft der Motivation und Begeisterung im Laufe der Menschheitsgeschichte zustande gebracht hat? Ist es nicht unglaublich, wie diese höchste Form der Geisteskraft die menschliche Kreativität und deren Beweise über alle Grenzen hinwegträgt? Lassen Sie sich von der unvorstellbaren Tatsache dieser unermeßlichen Energie des menschlichen Geistes überzeugen!

Sie gab dem Menschen die Kraft der Phantasie, seine Vorstellung in Räume zu richten, die er nie selbst wird betreten können. Und sie verlieh ihm die Fähigkeit, diese Phantasie in Wirklichkeit zu verwandeln! 1979 startete eine Raumsonde ihren Flug, der sie 12 Jahre später über den äußersten Planeten unseres Sonnensystems hinaustrug. Zum ersten Mal in der Geschichte der Menschheit verließ in unserem Jahrhundert ein von Menschenhand gefertigter Gegenstand nicht nur unsere Erde, sondern unser Planetensystem. Diese Raumsonde wird in 48 000 Jahren das nächste Mal an einem Stern vorbeifliegen!

Und wissen Sie, was sich neben anderen Zeugnissen des menschlichen Geistes an Bord dieser Raumsonde befindet? Eine Einspielung des Schlußchores von Ludwig van Beethovens 9. Sinfonie: »Freude schöner Götterfunken«! Denken Sie an dieses Wunder menschlichen Geistes, wenn Sie das nächste Mal zum Sternenhimmel aufblicken!

Sie stehen unter dem Sternenhimmel! Immer!
Entzünden Sie an diesem göttlichen Funken der Begeisterung Ihr Leben. Er schenkt dem Menschen Hoffnung, weil mit seiner Hilfe alle Schwierigkeiten und Hindernisse unseres Lebens überwunden werden können! Oder glauben Sie etwa nicht, daß Schwierigkeiten, mit denen Sie vielleicht zur Zeit kämpfen, mit dieser unendlichen Kraft überwunden werden können?
Der junge Johann Wolfgang von Goethe schrieb ein übermütiges Gedicht: »Freisinn«. Es strotzt vor Begeisterung über dieses wunderbare Leben. Nehmen Sie zwei Zeilen daraus in Ihr Leben:

Und ich reite froh in alle Ferne,
Über meiner Mütze nur die Sterne!

Lassen Sie sich von dieser überschäumenden Begeisterung für das Leben, für Ihr Leben anstecken! Blicken Sie stets in die Höhe und ins Licht, wenn Schwierigkeiten Sie auf Ihrem Lebensweg aufhalten wollen, und nicht in die Tiefe der Dunkelkammer!
Begeisterung hilft immer. Sie ist die Antriebskraft, die uns die unendliche Energie verleiht, unser Dasein in gelebtes und erfülltes Leben zu verwandeln! Begeistern deshalb auch Sie sich für Ihr Leben! Begeistern Sie sich für die Wahrheit und Ehrlichkeit in Ihrem Leben! Begeistern Sie sich für die Menschen, die dieses Leben zusammen mit Ihnen leben!
Erinnern Sie sich noch an die Begeisterung der ersten Liebe in Ihrem Leben? An dieses unglaublich glückliche Gefühl, aus Liebe zu einem anderen Menschen wie über der Erde zu schweben! Wann waren Sie zuletzt von einem Menschen aus Liebe so begeistert, daß Sie die Kraft spürten, ihn nicht nur zu umarmen,

sondern ihn auf Händen tragen zu können? Ihn mit Ihrer Begeisterung für Ihr neugewonnenes Leben anzustecken und auch ihm Kraft für sein neues Leben zu schenken?

Sinfonie der Begeisterung!
Wann haben Sie sich zuletzt für die wunderbare Schönheit eines strahlenden Morgens begeistert, für den jubilierenden Gesang der Vögel, mit dem sie den neuen Tag begrüßen? Wann sind Sie zuletzt bewußt durch einen Wald spaziert und haben den Duft des Mooses und der Bäume aufgesogen, das Wunder eines Spinnennetzes und der glitzernden Tauperlen im ersten Morgenlicht in sich aufgenommen? Begrüßen Sie jeden neuen Tag Ihres Lebens mit der Freude, die Sie auf einem Gang barfuß durch eine taufrische Wiese in sich vernommen haben! Begrüßen Sie jeden Tag mit der Fanfare der überschäumenden Begeisterung über das Wunder, daß Sie leben!
Schauen Sie mit dieser Freude am Geschenk Ihres Lebens auf die Wunder unseres blauen Planeten! Alle Theorien über ökologisch richtiges Verhalten werden durch diese Begeisterung überflüssig, weil Sie Ihr Leben ganz von selbst so gestalten werden, daß diese Wunder auch den kommenden Generationen erhalten bleiben! Stimmen Sie ein in die Sinfonie dieser Begeisterung!

So werden Träume Wirklichkeit!
Unter den Posaunenklängen dieser Fanfare der Begeisterung werden die dunklen Seiten aus dem Buch Ihres Lebens wie von selbst verschwinden! Sie werden alle methodischen Anleitungen zur Verwirklichung Ihrer Träume und Ihres Erfolgs vergessen können, denn mit dieser unglaublichen Energie der Begeisterung werden Sie einfach – Erfolg haben! Das kann gar nicht anders sein!
Alle Talente, alle Fähigkeiten, all die Tugenden wie Mut, Ehr-

lichkeit, Ausdauer und Disziplin werden Ihnen aus diesem unauslöschlichen Feuer der Begeisterung zuströmen! Sie werden sich nie mehr zu sagen brauchen: »Ich muß zielstrebiger sein. Ich muß erfolgreicher werden. Ich muß mein Leben ändern. Ich muß mein Selbstvertrauen zurückgewinnen und mein Unterbewußtsein auf Erfolgskurs trimmen. Ich muß mehr auf andere Menschen zugehen. Ich muß lernen, sie zu verstehen. Ich muß mehr Güte und Geduld aufbringen. Ich muß eine positive Einstellung zu meinen Mitmenschen finden. Ich muß ständig mein Wissen erweitern und so Autorität und Persönlichkeit erwerben. Ich muß ausdauernder und disziplinierter werden und meine Arbeit besser organisieren! Ich will mich in Zukunft besser auf das Wesentliche in meinem Leben konzentrieren!« Nein, Sie werden alles das wie von selbst tun und sein, wenn Sie anfangen, sich wieder für Ihr Leben zu begeistern!

Die kürzeste Maxime des positiven Denkens

Sie müssen sich dann auch nicht mehr vornehmen: »Ich will meinen Körper und meinen Geist von allen negativen Einflüssen reinigen.« Nein, das alles müssen Sie sich nicht einzeln und nacheinander vornehmen, wenn Sie sich zur kürzesten Philosophie des Lebensglücks, des Erfolgs, der Freude und der tiefen Erfüllung Ihres Daseins bekennen! Sprechen Sie ein lautes und deutliches

Ja!

zur Begeisterung! An jedem Tag in Ihrem Leben! Denn mit Begeisterung wird alles »Ich muß, ich will, ich möchte, ich werde« überflüssig! Denn mit dem Feuer der Begeisterung sind Sie einfach zielstrebig und erfolgreich! Dann sind Sie voll Selbstvertrauen! Dann sind Sie diszipliniert, in Ihrer Arbeit zielstrebig, ausdauernd, zuverlässig und im Umgang mit Ihren Mitmenschen angenehm, freundlich und liebenswürdig – zu Hause und am Ort Ihres Wirkens!

Geben Sie das Feuer der Begeisterung an andere weiter!

Die Menschen um Sie herum werden dieses Feuer der Begeisterung in Ihnen brennen sehen, und sie werden wie von selbst auf Sie zugehen und Ihnen ihre Hilfe angedeihen lassen! Ihre Mitmenschen werden sich an Ihrer Begeisterung entzünden und alle Kraft aufwenden, um Sie in Ihren Plänen zu unterstützen. Denn Sie werden die Hilfsbereitschaft Ihrer Mitmenschen aus dieser Begeisterung heraus wie magisch an sich ziehen! Warum das so ist? – Weil Sie ihnen mit Takt und Feingefühl und mit der Achtung, die aus Ihrer Selbstachtung erwächst, begegnen werden! Diese Hilfe zur Verwandlung Ihrer Träume und Visionen in sichtbare, greifbare und fühlbare Wirklichkeit wird sich wie von selbst auf Sie zubewegen, weil aus Ihrer Begeisterung zu spüren ist, daß auch Sie alles Ihnen Menschenmögliche tun werden, um anderen Menschen bei der Verwirklichung ihrer Träume und Visionen zu helfen!

Dieses spontane und selbstverständliche Geben und Nehmen, das aus der tiefen Glut der Begeisterung entspringt, wird in Ihnen – und in anderen – einen Strom der Energie hervorrufen! Und dieser Strom an Energie wird Ihnen und den Menschen um Sie herum Glück, Erfolg und Reichtum zufließen lassen!

Begeisterung, Motivation und Freude am Leben!

Der göttliche Funke der Begeisterung wird in Ihnen ein Feuer entzünden! Alle negativen Gefühle und Einstellungen, die bis jetzt Ihren Erfolg verhindert haben, werden wie im Schmelzofen eines Goldschmiedes gereinigt. Sie werden in einem nicht für möglich gehaltenen Glanz erstrahlen! Lassen Sie bitte ja nicht zu, daß dieser Glanz Sie jemals wieder verläßt! Warum ich gerade das so stark betone? – Lesen Sie noch einmal und immer wieder die weise und tiefe Erkenntnis des römischen Kaisers Mark Aurel:

**Das Leben eines Menschen ist das,
was seine Gedanken daraus machen!**

Wundert es Sie, daß ihn schon die Menschen seiner Zeit den Philosophen auf dem Kaiserthron nannten?
Das heißt nichts anderes, als daß Sie mit Ihrem Denken zu einem ganz großen Teil an jeder Lebenssituation, in der Sie sich befinden, die Verantwortung tragen! Dieses Denken kann positiv sein und somit eine positive Kraft entwickeln! Es kann aber auch, wenn Sie nicht sehr sorgsam darauf achten, zum Negativen tendieren. Das müssen Sie in jedem Fall verhindern, auch in Kleinigkeiten! Dazu gehören Mut und eine große Charakterstärke! Denn nicht alle Menschen in Ihrer nächsten Umgebung werden sofort verstehen, was sich tief in Ihrem Inneren verändert hat, sobald Sie einmal angefangen haben, durch Begeisterung die Motivation und den Mut, die Freude am Leben und damit am Erfolg und am Reichtum zu entwickeln! Dieses Feuer innerer Begeisterung wird Sie völlig neu erschaffen! Sie werden dann die unglaubliche Erfahrung machen: Einen Menschen, der mit ehrlichen Mitteln ein ehrliches Ziel anstrebt und mit der ungeheuren Kraft der Begeisterung und positiven Motivation an die Verwirklichung seiner Ziele geht, kann nichts auf Dauer von diesen Zielen abhalten!
Ihre Begeisterung für die Schönheit, für das Glück und den Erfolg wird Ihnen das Höchste an Reichtum schenken, das Sie in Ihrem Leben erreichen können: die unauslöschliche Liebe zu Ihrem eigenen wunderbaren Leben, zum Leben Ihrer liebsten Mitmenschen, die Freude an Ihrer Arbeit und an dem Reichtum, der daraus erwächst, die tiefe Freude an der Kreatur, an der unübertreffbaren Schönheit der Natur und der unermeßlichen Größe des Kosmos!

Harmonisieren Sie Ihr Leben!
Stimmen Sie ein in die Fanfare
der Begeisterung!
Leben Sie ehrlich – werden Sie reich!

Das wünscht Ihnen
Erich J. Lejeune

Namenverzeichnis

3M Company 374

A

Adenauer, Konrad 51
Alexander der Große 280, 299
Ali, Muhammad 237 f.
Allen, Paul 138
AMD 336, 340
Amundsen, Roald 216 f.
Apple 130, 336
Aurel, Marc 108, 234, 271, 425

B

Bach, Johann Sebastian 146, 276, 282, 311
Bartes, Stephan 156
BASF 150
Beatles 22 f., 48
Beckenbauer, Franz 337
Becker, Boris 274 f.
Beethoven, Ludwig van 276, 282, 419 f.
Behm, Alexander 373
Bentz, Melitta 147, 369
Bergman, Ingrid 378
Bogner (Lux), Maria 378
Bogner, Sonja 379
Bogner, Willy 378
Bogner, Willy jun. 379
Böll, Heinrich 40
Bosch 394
Brandt, Willy 331
Brecht, Bert 282, 329
Buchenberger, Franz 149
Bundesverband mittelständischer Wirtschaft (BVMW) 93
Busch, Wilhelm 186

C

Callas, Maria 173, 312
Carnegie, Dale 16, 219, 380
Carreras, José 273 ff.
Cézanne, Paul 107
Chruschtschow, Nikita 349
Churchill, Winston 172, 278

Clay, Cassius 237
Clinton, Bill 344
Crichton, Michael 225 f.

D

Daimler Benz AG 402 f.
Darwin, Charles 419
Davis, Jacob 378
Deutsche Bank 399 ff.
Deutsche Bundespost 396
Diesel, Rudolf 385
Diogenes 328
Dussmann, Peter 158 ff., 165

E

Edison, Thomas Alva 49, 233, 311, 369 f., 385
Einstein, Albert 28, 234, 288
Eliot, T. S. 371

F

Faulhaber, Kardinal 38
Fellini, Federico 141 ff.
Fischer, Artur 377
Ford 150
Ford, Henry 48, 328 f.
Franz von Assisi 31
Friedrich der Große 314
Fry, Art 374

G

Gates, Bill 136 ff.
Gauguin, Paul 107
Gerber, Charles 82 f., 86
Giersch, Carlo 69
Giersch, Karin 69
Gillette, King 385
Glück, Manfred O. 13
Goebel, Heinrich 370
Goethe, Johann Wolfgang von 282, 421
Gogh, Vincent van 107, 136, 418
Goldman, Sylvan 376
Graus, Herbert E. 74-77, 80, 134, 220, 274, 311, 340 f., 395
Gross, Günter F. 17
Grundig 383
Gutenberg, Johannes 372

H

Haley, Bill 58
Haydn, Joseph 282
Herrhausen, Alfred 135, 399 ff.
Hertz, Heinrich 154
Hesse, Hermann 113
Hill, Napoleon 219
Hitchcock, Alfred 278
Homer 219
Hornek, Erwin 139
Hugo, Victor 131
Humboldt, Alexander von 384
Hünnemeier, Heinz 156

I

IBM 126
Ibsen, Henrik 300
Intel 336, 340
Isabella von Kastilien 107

J

Jaspers, Karl 204
Jobs, Steve 130

K

Kant, Immanuel 122, 147
Kasparow, Garri 126
Kästner, Erich 52, 123, 164
Keaton, Buster 142
Keller, Helen 124
Kennan, G. F. 123
Kennedy, Jacqueline 173
Kennedy, John F. 17 f., 172
Kirch, Leo 142 f.
Kissinger, Henry 263
Knigge, Adolf Freiherr von 322 ff.
Kolumbus, Christoph 106 f., 118, 283
Korczak, Janusz 328
Kraus, Peter 58
Krock, Ray 152
Krüger, Hardy 170
Kurosawa, Akira 142
Kyi, Auung San Suu 334

L

Lejeune, Agnes 51 f., 54

Lejeune, Irène 88, 90, 94, 167, 233, 416
Lejeune, Monika 58 f., 89
Lejeune, Sandra 72, 254
Leonardo da Vinci 369
Levi Strauss 377f.
Liebig, Justus von 144
Lilienthal, Otto von 343
Liszt, Franz 300
Luther, Martin 209

M

Mandela, Nelson 131
Mann, Thomas 310, 356
Manpower 157
Mansfield, Jane 378
Marconi, Guglielmo 154, 156, 162
Marcos, Ferdinand 406
Massina, Giulietta 141
Mastroianni, Marcello 300
McCartney, Paul 21 ff., 119
McDonald, Dick 152
McDonald, Mac 152
McDonald's 153, 162
Mendelssohn, Abraham 231
Mendelssohn, Moses 232
Mendelssohn Bartholdy, Felix 231
Mestral, George de 375
Michelangelo 419
Microsoft 137, 162
Mitsubishi 150
Mitsukoshi 136
Molcho, Samy 320
Monroe, Marilyn 378
Morris, Desmond 335
Morszek, Richard 379
Motke 181
Motorola 336
Mozart, Wolfgang Amadeus 282
Musashi, Mijamoto 309

N

Negel, Michael 56
Newton, Isaac 129
Nixon, Richard 263

O

Odysseus 220
Oetker, Dr. August 116, 144 ff., 156, 162, 180
Onassis, Aristoteles 48, 172 f.

P

Parkinson, C. Northcote 315
Pedus 158, 162
Picasso, Pablo 174
Pierer, Heinrich von 117
Platon 202 f., 205
Prado, Evan 407
Presley, Elvis 58
Pukke, Carolin 148 f., 162

Q

Quinn, Anthony 141

R

Reagan, Ronald 249
Richard III. 349
RIMOWA 379
Rockefeller, John D. 48
Röntgen, Konrad 163
Rubinstein, Arthur 273 ff., 312

S

Saint-Exupéry, Antoine de 39, 318
Salchen, Julia 161 f.
Sandwich, Earl of 153
Schäuble, Wolfgang 295
Schiller, Friedrich 282, 418
Schliemann, Heinrich 181
Schmeling, Max 237
Schmid, Carlo 343
Schweitzer, Albert 343
Scott, Robert Falcon 216 f.
Semmelweis, Dr. Ignaz 332
Shakespeare, William 241, 349
Shaw, George Bernard 175, 399
Siemens AG 117, 397 f.
Siemens, Carl von 115 f.
Siemens, Ernst Albrecht von 135, 397 f.
Siemens, Johann Georg 145, 382
Siemens, Werner von 115 ff., 145 f., 150, 154, 156, 162 f., 180, 282, 382, 385

Siemens, Wilhelm von 116
Smith, David Miln 360 f.
Sokrates 202-207, 209
Sony 266
Spielberg, Steven 222-226
Srbik, Dr. Heinrich Ritter von 394 ff.
Stalin, Josip 349
Stich, Michael 274
Sullivan, Thomas 368 f.

T

Tai-pe, Li 319
Teekanne 369
Telenorma (TN) 396
Texas Instruments 336
Tho, Le Duc 263
Toshiba 266, 402

U

Ungarische Nationalbank 393

V

Valentin, Karl 327
Victoria, Queen 116
Voltaire 299

W

Wagner, Richard 300
Webber, Andrew Lloyd 175
Weltbank 401
Wozniak, Steven 129 f.
Wright, Gebrüder 163, 420

Y

Yoshikawa, Eiji 308
Yutan, Lin 34